메타저널리즘
META-JOURNALISM

이 도서의 국립중앙도서관 출판시도서목록(CIP)은 e-CIP홈페이지(http://www.nl.go.kr/ecip)와 국가자료공동목록시스템(http://www.nl.go.kr/kolisnet)에서 이용하실 수 있습니다.(CIP 제어번호: CIP2012003822)

메타
저널
리즘

박진용 지음

META
JOURNALISM

한울
아카데미

머리말

　지금은 메타저널리즘(meta-journalism)의 시대다. 인터넷 등장 이후 배타적으로 구획된 개별 미디어만의 저널리즘은 더 이상 존재하지 않는다. 신문, 방송, 온라인, 소셜미디어로 이어지는 다세대의 저널리즘이 함께(meta) 협력하고 경쟁하는 시대가 된 것이다. 신문, 방송의 뉴스와 정보를 온라인이 이어받고, 온라인의 뉴스와 정보를 신문, 방송이 확대하는 일이 일상화되고 있다. 저널리즘은 이들 전체를 하나의 경계, 하나의 범주로 바라봐야 한다. 동시에 서로 이질적인 개별 저널리즘들을 이해해야 할 필요성도 커지고 있다.

　이 책은 정보화시대의 언론 종합입문서로 기획됐다. 저자의 언론경험과 기존 강의 교재들을 바탕으로 현대 저널리즘의 전체 윤곽을 그려보고자 했다. 성격적으로는 현업 언론인들과 예비 언론인들을 위한 교양서나 언론 실무서의 범주에 있다. 학술적 형식이나 이론적 바탕에 구애되지 않고 언론인의 시각으로 서술했다. 저술의 주안점은 3가지다. 먼저 별개로 존재하던 신문·방송·온라인·소셜미디어 저널리즘을 함께 모아 보았다. 통합 뉴스룸과 OSMU(one source multi-use) 보도제작 체제가 일반화되고 있는 현시점에서 반드시 필요한 작업이다. 둘째는 언론 핵심지식을 실용적으로 정리해보고자 했다. 예비 언론인들이나 현업 언론인들이 꼭 알아야 할 내용들을 추리는 데 중점을 뒀다. 셋째는 대학 예비 언론인 교육이나 교양교재로 활용될 수 있게 했다. 언론 교재가 시시각각 변화하는 저널리즘의 현장을 따라잡지 못하는 것은 어쩔 수 없는 현상이다. 하지만 현장과 학습의 괴리를 줄여 교재의 현실성을 높여야 한다는 것은 일상적 과제가 되고 있다. 교재의 시대성을 조금이나마 개선해줄 수 있을 것으로 기대해본다.

저널리즘의 패러다임 이 책을 읽는 데 밑그림으로 삼아야 할 현대 저널리즘의 패러다임은 크게 3가지다. 첫째, 현대 저널리즘은 무경계, 무정형으로 가고 있다. 인터넷 등장 이후 언론과 산업, 언론매체와 정보·생활 매체, 뉴스 제공자와 소비자, 이 모든 것들의 경계가 무너지고 있다. 뉴스, 취재, 게이트키핑, 기사 쓰기의 방식, 보도 등 저널리즘의 정형들도 그 중심부터 흔들리고 있다. 고유의 언론과 언론현상을 말하기가 어려워진 것이다. 둘째, 현대 저널리즘은 기자, 시민의 협력체제로 바뀌고 있다. 기자들만의 배타적 영역이었던 저널리즘은 그 바탕이 축소되고 있다. 모든 언론활동에서 시민 저널리즘이 중요한 국면을 차지하게 된 것이다. 보도 여부의 결정, 보도 내용의 결정이라는 언론의 2가지 핵심권력도 언론기관에서 시민에게로 되돌려지고 있다. 마지막으로 현대 저널리즘은 소셜미디어와 모바일 중심으로 재편되는 양상을 보이고 있다. 그 여파와 속성의 변화를 깊이 있게 통찰할 필요가 있다.

전체 구성 책은 2부 10장으로 구성된다. 제1부 제5장까지는 저널리즘 일반편(Macro-journalism), 제2부 제10장까지는 저널리즘 분야편(Micro-journalism)이다. 제1부에서는 언론직 종사자라면 꼭 알아야 할 큰 범위의 언론 이론 및 실무지식을 소개하고, 제2부에서는 신문·방송·온라인·소셜미디어 저널리즘을 분야별로 서술했다. 책 전체나 각 장은 저널리즘의 큰 흐름이나 양상을 제시한 뒤 세부적인 사항들을 부연하는 방식으로 구성했다. 상식성이나 언론 현장의 실용적 가치를 우선했다. 책의 구성에서 전통과 온라인, 직업 저널리즘과 시민 저널리즘, 언론매체와 이용자를 병립되는 개념으로 부각시키고자 했다. 저널리즘의 패러다임 변화를 수렴해보려는 의도에서다. 책은 또 게이트키핑, 취재, 기사 쓰기, 언론윤리에서의 오류들을 일관되게 조명하고 있다. 언론활동의 1차적 목표가 오류를 줄이는 것이기 때문이다.

제1부 구성　제1장 미디어에서는 미디어와 사회·문화·언론과의 관계를 살펴본다. 미디어의 발전은 항상 근원적인 사회변동을 가져왔다. 미디어는 또한 사회의 구조를 결정하고, 문화와 언론을 작동시키는 핵심 메커니즘이기도 하다. 제2장 언론사에서는 이념사, 문명사, 저널리즘사의 3가지 측면을 설명한다. 이념사에서는 언론 4이론, 문명사에서는 언론매체의 발달, 저널리즘사에서는 시대별 주류 저널리즘들을 소개한다. 제3장 뉴스에서는 미디어 발달에 따른 뉴스의 의미 변화와 인터넷 이후의 뉴스 개념 붕괴를 살펴본다. 뉴스가치 결정이론, 게이트키핑, 오류 등이 목차로 설정된다. 제4장 취재와 기사 쓰기에서는 취재의 일반사항을 종합하고 전통매체와 온라인 미디어의 취재 변화, 취재의 오류 들을 다양한 차원에서 접근해본다. 이어 기사 쓰기 원칙과 기사의 유형, 구조, 특성, 심리, 오류 들이 설명된다. 제5장 기자와 언론윤리에서는 기자의 역할, 자질에 대한 기존 연구들을 종합하고 기자의 직업생리와 보도생리를 정리해본다. 언론윤리에서는 보도의 객관성과 공정성 이론을 소개한 뒤 보도의 편향성 요인들과 대비시킨다. 언론 실무윤리와 언론법제의 쟁점들을 덧붙였다.

제2부 구성　제6장 한국 언론에서는 한국 언론의 구성, 이용자, 경영 실태를 소개하고 언론과 양면 관계인 광고, 홍보를 살펴본다. 언론의 구성에서는 전체 언론기관을 대범위, 중범위, 소범위로 압축해봤다. 미디어 이용자와 언론 경영에서는 신문·방송·온라인 그룹을 뉴스 이용과 영향력, 경영

8

측면에서 종합 및 개별 차원으로 분석했다. 광고, 홍보에서는 언론의 이해와 현업활동에 도움이 될 만한 내용을 간추리는 데 중점을 뒀다. 제7장부터 제10장까지는 신문·방송·온라인·소셜미디어 저널리즘을 각 1개의 장으로 구성해 이론과 실무에 대한 이해를 돕고자 했다. 각 장별로 해당 매체의 개황과 저널리즘 특성, 보도의 과정, 보도의 형식과 내용, 기사 쓰기 실무, 보도제작, 보도 환경요인들을 조명했다. 제7장 신문 저널리즘에서는 기사 쓰기, 제8장 방송 저널리즘에서는 리포트 제작, 제9장 온라인 저널리즘에서는 보도의 기술성, 제10장 소셜미디어 저널리즘에서는 전통매체에 미치는 여파에 강조점을 두었다.

용어 책의 서술에서 시종일관 어려움을 느낀 부분은 용어의 통일 문제였다. 저널리즘의 개념이 붕괴되는 데 따른 현상도 있었고, 국어와 외래어의 일상적 혼용에서 비롯된 경우도 있었다. 언어 관행이나 사용습관도 한몫을 했다. 이 책에서는 서로 다른 용어들을 같은 뜻으로 적절히 섞어 썼다. 글쓰기의 일반 원칙과 상치되지만 어쩔 수 없는 현실이다. 예를 들면 뉴스와 기사라는 두 용어는 문장의 맥락이나 전후 관계에 따라 편의대로 사용했다. 이외에 혼용된 용어들로는 미디어 - 매체 - 언론, 저널리즘 - 언론, 전통매체 - 주류 미디어 - 기성 언론, 이용자 - 독자 - 수용자 - 시청자, 온라인 - 인터넷, 소셜미디어 - SNS, 기자 - 언론인 - 언론종사자, 정보원 - 취재원 - 뉴스원, 방송 - TV, 케이블TV - 유선TV - 유선방송, 일간신문 - 일간지, 표제 - 제목 - 헤드라인, 홍보 - PR 등등이 있다. 표기에서는 중점(·)을 동격으로, 슬래시(/)는 대체가능 용어, 병립되는 용어, 분수 또는 이어지는 연도 (2010/2011)에 사용했다.

감사의 말씀 1998년 언론 실무서인 『기자학 입문』을 저술한 지 10여 년이 지났다. 그 후로 『기자학 입문』이란 제명은 저자의 언론인생에 화두가 됐다. 그 인연이 『실전기자론』, 『언론과 홍보』로 이어졌고 다시 오늘에 이르러 『메타저널리즘』으로 연결되고 있다. 신문 실무서였던 앞의 두 책과 『언론과 홍보』에서의 언론 부분을 발전시킨 것이 『메타저널리즘』이다. 몸 담았던 언론사와 동료, 선후배 들의 성원에 힘입은 바 크다. 저널리즘의 격변 시대, 구조조정의 와중에서 이름 없이 스러져간 선배, 동료, 후배 언론인들이 머릿속을 스쳐 지나간다. 지난 3년 동안 객원교수, 겸임교수로 서 언론학을 여유 있게 접근할 수 있도록 해주신 영남대 언론정보학과 선생님들의 후원도 적지 않았다. 선행 저작자들의 도움 또한 절대적이었다. 이 자리를 빌려 깊은 감사의 말씀을 드린다. 출판의 필요성을 공감해주신 한울 가족들과 편집 작업을 꼼꼼하게 진행해주신 이교혜 님, 조수임 님, 윤순현 님에게 특별한 고마움을 전하고 싶다. 개인적인 격려 또한 큰 힘이 됐다. 글만 쓰고 있는 남편을 조용히 바라봐준 아내, 무덤덤한 듯 관심을 잃지 않은 아들, 아버지의 아버지를 대망하는 또 다른 작은 눈길들이 모두 이 책을 도와주었다. 일일이 감사한 마음을 전할 수 없다. 더 훌륭한 입문서 의 디딤돌이 될 수 있었으면 하는 바람을 가진다.

2012년 7월 月村에서

박진용

■ 차례

제1부 저널리즘 일반편 Macro-journalism

제2부 저널리즘 분야편 Micro-journalism

14

표 차례

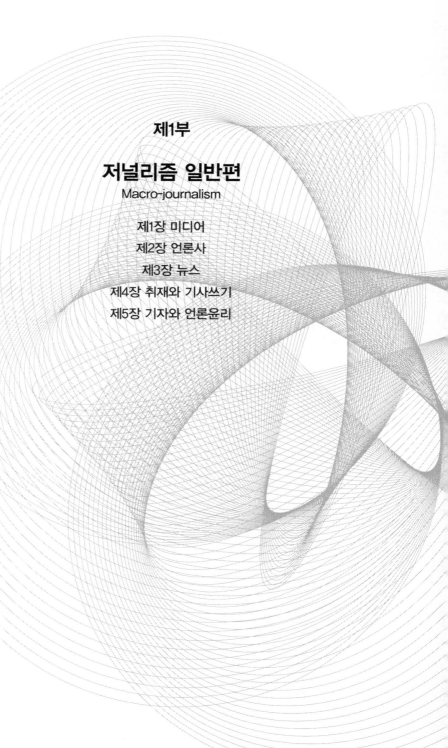

제1부

저널리즘 일반편
Macro-journalism

제1장

미디어

1. 미디어와 사회변동

인류문명의 발달과정에서 새로운 소통 방식의 등장은 사회 및 문화를 근본적으로 바꿔놓았다. 서적 인쇄는 교육의 대중화를, 신문과 TV의 보편화는 대중 민주주의를, 뉴미디어는 지식산업 시대를 열었다. 물론 사회나 미디어 기술의 발전이 역으로 커뮤니케이션의 방법을 바꾸게도 했다(배규한 외, 2006). 그 관계가 어떠하든 미디어 특히 매스미디어가 우리 사회를 규정하고 정의하는 강력한 힘으로 존재한다는 사실에는 변함이 없어 보인다.

1) 전통 미디어

15세기 인쇄술과 인쇄미디어의 발달은 문자 문화의 독점을 해체시켰다. 이는 특정 계층에 집중됐던 권위와 권력의 분산을 가져왔다. 시민계급은 자신들의 활동을 제약하는 구질서에 도전하며 인쇄미디어를 사상적 무기로 활용했다(한균태 외, 2008).

인쇄미디어 매스미디어는 인쇄미디어에서 음성미디어, 영상미디어, 뉴미디어로 발전해왔다. 이들 개개 미디어의 등장은 광범한 사회변화를 초래했다. 아이젠스타인(Elizabeth L. Eisenstein)은 중세에서 근대로 넘어오며 이성적 사고와 과학이 성립된 것은 모두 인쇄미디어의 발달에 기인한 것으로 생각한다(서정우, 2002). 문예부흥과 종교개혁, 과학혁명, 뒤이은 프랑스 대혁명까지도 인쇄미디어와의 직접적 관련 속에서 성립될 수 있었다는 것이다. 그뿐만 아니라 인쇄미디어는 사람들로 하여금 언어공동체에 기반한 하나의 사회, 즉 근대국가의 구성원이라는 관념을 심어주었다(한균태 외, 2008). 사람들이 공동체를 이루려면 공유된 정보와 공동으로 접근 가능한 미디어를 필요로 한다. 신문은 접근 가능성과 일상적 규칙성을 가져 '나 말고도 다른 사람들도 같은 뉴스를 접했을 것'이라는 '너 역시 가정(you-too assumption)'을 가능하게 했고, 이것이 여론을 만들어냈다. 이를 바탕으로 공동체 의사결정에 참여할 수 있는 평등한 개인이란 관념이 싹틀 수 있었다. 하버마스(Jurgen Habermas)는 민주주의의 기본이 되는 공론장이 신문 보급에 의해 가능했던 것으로 지적한다. 신문 등 인쇄미디어는 근대 민족국가와 민주주의의 원동력으로 작용했던 것이다(서정우, 2002). 인쇄미디어가 시민사회의 출현을 가져왔다면, 시민사회의 발전은 신문의 성장에 결정적으로 기여했다.

전자미디어 신문에 이은 라디오와 TV, 즉 전자미디어의 등장은 사회문화적 혁명을 가져왔다. 전자미디어는 시민사회를 대중사회로 이끌고 동시에 대중문화, 대중정치 시대를 여는 기반을 제공했다(서정우, 2002). 대중사회는 촌락중심 농업사회(공동사회)에서 도시중심 산업사회(이익사회)로의 전환을 의미하며, 도시 노동대중 중심의 새로운 사회질서와 교환경제 체제를 특징으로 한다(한균태 외, 2008). TV와 같은 영상미디어는 사회의 이데올로기를 개념적 상징체계(신문)에서 도상적 상징체계로 중심을 이동시켰다(쑤쑤, 2009에서 재인용). 이성적·합리적 사고를 감성적·피상적 사고로 바꾼

것과 같은 맥락이다.

2) 뉴미디어

매클루언(Marshall McLuhan)은 미디어 기술이 사회에 미치는 영향력을 분석한 사상가의 한 사람이다(쑤쑤, 2009에서 재인용). 그는 역사적 관점에서 볼 때 특정 사회에서 발견된 미디어의 성격(기술)은 미디어의 내용이나 메시지보다 더 강하게 사회적 영향력을 미쳤다고 주장한다. 기술 결정주의적 시각인(기든스, 2010) 그의 통찰은 뉴미디어 시대에도 시사하는 바가 크다.

개념 뉴미디어는 올드미디어에 대치되는 개념이다. 과거 라디오에 대해 TV가 뉴미디어였듯이 현재는 TV에 대한 대체물 내지 보완물이 뉴미디어다. 일반적으로 사용하는 뉴미디어의 개념은 광통신망과 멀티미디어가 융합된 매체를 말한다(한국언론학회, 1994). 방송과 통신의 융합으로 생겨난 뉴미디어들은 방송인지 통신인지 구분하기가 쉽지 않다. 뉴미디어 시대는 1960년대 케이블TV의 등장으로부터 시작된다. 케이블TV는 지상파 TV를 다채널로 확장시켰다는 점에서 올드미디어와 구분된다. 이후 50여 년 동안 인터넷, DMB, IPTV, 스마트폰, 태블릿PC, 스마트TV, 3DTV 등의 눈부신 기술적 발전을 가져왔다. 이 기간 동안 인류는 1만 년 이상의 농경시대, 200년 이상의 산업사회를 뛰어넘는 사회변화를 만들어냈다(한균태 외, 2008).

인터넷 인터넷 네트워크는 세계를 잇는 정보사회의 하부구조, 즉 정보 초고속도로가 됐다. 뉴미디어의 대명사인 인터넷이 오늘날과 같은 사회변화를 가져올 것으로 예상한 사람은 아무도 없었다(쑤쑤, 2009). 전 세계가 인터넷이라는 하나의 네트워크, 하나의 통신권으로 연결되면서 국제화·세계화도 빠르게 진행되고 있다. 정보와 뉴스의 전파가 순간화되면서 커뮤니케이션의 불안정성도 커졌다. 계속되는 정보통신 기술의 발달은 사람들로 하여금 기술을 제대로 소화하지 못한 채 또 다른 기술에 종속되게 하는 현상을 일상화시키고 있다(서정우, 2002). 새로운 정보통신 기술은 이념의 쇠퇴에 기여했다는 주장도 있다. 굴드너(Alvin Gouldner)는 18, 19세기의 인쇄술과 신문을 통해 이데올로기가 출현했고, 이후 등장한 라디오, 영화, TV로 인해 이데올로기는 쇠퇴했으며, 컴퓨터 네트워크 역시 이데올로기의 쇠퇴를 이끌고 있다고 지적했다(쑤쑤, 2009에서 재인용). 세계 단위의 컴퓨터 커뮤니케이션은 일상생활에서 이념의 영향을 더욱 축소시킬 것으로 전망된다(쑤쑤, 2009).

2. 매스커뮤니케이션

사회화의 매개자 가운데 매스미디어만큼 지속적이고 강력한 것은 없다. KBS·서울대 언론정보연구소에서 실시한 2000년 국민생활시간조사에 따르면 한국인들은 평일 여가시간의 66%(2시간 59분)를 TV 등 매스미디어와 함께 보내는 것으로 나타났다(유재천 외, 2010).

1) 전통적 개념

매스커뮤니케이션은 기업 조직의 송신자가 일정한 메시지를 신문, 방송, 인터넷 등의 매스미디어를 통해 불특정 다수 수신자(수용자)에게 널리 신속하게 전달하는 커뮤니케이션을 말한다. 신문·방송의 보도뿐 아니라 잡지의 광고, TV의 드라마, 쇼, 케이블TV의 영화, 포털 사이트의 서비스와 콘텐츠도 매스커뮤니케이션이다. 매스커뮤니케이션의 전통적 개념은 다음과 같이 정리된다.

송수신자 송신자는 개인이나 집단이 아닌 미디어 전문인 조직이다. 송수신 관계는 일방향적이고 비개인적이다. 송수신자 사이에는 사회적 간격뿐 아니라 물리적 거리가 존재한다. 수신자는 다양한 분포를 가진 불특정 다수다. 피드백이 즉각적으로 일어나지 않을 뿐 아니라 초기 메시지 발신자에게 직접 가지 않는 점에서 대인 커뮤니케이션과 구분된다.

메시지 메시지는 신속하게 수많은 사람에게 동시에 전달되며, 메시지 내용은 공개적이다. 따라서 사회적 통제의 대상이 된다. 메시지는 표준화된 방식을 통해 대량생산되며 동일한 양식으로 반복된다. 메시지는 미디어 소비자에게 사용가치가 있고, 미디어 시장에서는 교환가치를 지닌 생산물이다. 메시지는 일시성이 강하고 피상적인 경향이 있으며 센세이셔널리즘에 빠지기 쉽다. 메시지는 의견지도자에 의해 대면적 커뮤니케이션의 방식으로 2단계 또는 그 이상의 다단계 커뮤니케이션이 이뤄진다(한균태 외, 2008; 맥퀘일, 2008; 배규한 외, 2006; 한국언론학회, 1994).

2) 패러다임의 전환

20세기의 미디어 기능주의에 초점을 맞춘 SMCR(송신자, 메시지, 채널, 수신자) 패러다임은 정보사회적 커뮤니케이션을 설명하기에 역부족이다. 인터넷 등장 이후 매스커뮤니케이션에 대한 종래의 개념에 수정이 불가피해진 것이다(한균태 외, 2008). 온라인 환경에서는 매스커뮤니케이션과 대인 커뮤니케이션을 나눌 수 있는 경계가 모호하다. 양자가 하나의 미디어로 통합 처리되고 있기 때문이다. 매스커뮤니케이션의 성격도 공적인 것에서 사적이면서 동시에 공적인 것으로 변화됐다(나은영, 2009).

송수신자 매스미디어가 꼭 전문적, 관료적 조직이어야 할 필요가 없어졌다. 일반인도 정보생산자 또는 송신자의 기능을 수행할 수 있게 됐다. 송신자의 독점적 권한과 우월성이 붕괴되면서 뉴스 생산의 보편화가 이뤄지고 있다. 수용자란 용어는 온라인 환경에서 부적절할 때가 많다. 이용자 또는 참여자라는 능동적인 존재와 이들의 상호작용이 있을 뿐이다(한균태 외, 2008).

메시지 획일적이고 고정적이던 메시지가 유동적, 다원적인 것으로 성격이 바뀌었다. 전통 저널리즘의 뉴스 생산은 투입(취재), 가공(편집), 산출(뉴스)의 선형적인 구조를 가지고 있었으나 온라인에서는 마감 시간 붕괴와 함께 비선형적 과정을 보여준다. 뉴스의 생산과 소비의 순차성이 사라지고 생산 중에도 소비가 이뤄진다(김사승·김효동·김광제, 2006). 인터넷의 즉시성이 메시지가 항상 유동적인 상태에 있도록 만들고 있는 것이다. 뉴스는 기사 항목뿐 아니라 댓글, 의견들이 합쳐져서 사실을 전달하는 다원성을 띤다. 해석의 방향이나 위력 또한 예측할 수 없다. 매스커뮤니케이션은 과거 메시지의 생산과 배포만을 의미했으나 지금은 메시지 처리, 교환, 저장과도 관련된다(한균태 외, 2008).

채널 인쇄매체와 전파매체로 구분됐던 채널 곧 미디어는 온라인 통합의 길을 걸으면서 온오프로 구분될 뿐이다. 신문, 잡지, 라디오, TV의 모든 콘텐츠가 온라인 모니터로 통합되면서 구별의 의미가 사라지고 있다(한균태 외, 2008).

3) 수용자와 이용자

수용자(audience)란 영어 단어가 처음 등장한 것은 14세기 무렵으로 연주나 연극의 청중이나 관객이란 의미로 사용됐다. 미디어와 관련된 의미를 지니게 된 것은 19세기 중반 이후 인쇄매체 공중의 형성을 바탕으로 한다. 20세기 초 전자미디어의 등장과 함께 수용자는 시각, 청각, 시청각 매체를 이용하는 사람들을 총칭하는 개념으로 확대됐다(유재천 외, 2010). 인터넷 등장 이후에는 수동적이고 소극적인 의미의 수용자에서 미디어 활동에 직접 참여하는 정보 생산자 및 이용자 개념으로 진화하고 있다.

수용자 변화의 여파 새로운 미디어 환경은 송신자의 힘이 강력했던 과거의 커뮤니케이션 구조를 수용자 곧 이용자 중심 구조로 변화시키고 있다. 이용자 또는 수용자들은 세분화, 극화, 파편화와 같은 변화의 중심에 서 있다. 세분화는 미디어 공급이 가장 적합한 소비자층에게 더욱 정밀하게 맞춰지는 과정이다. 매스미디어의 영향력이 그만큼 축소된다는 의미로 받아들일 수 있다. 세분화는 특정 미디어 내용만 접하고(정보의 편식 현상) 다른 내용을 피하는 극화 현상을 수반한다. 파편화는 다양한 미디어 출처를 두고 이용자 또는 수용자의 관심의 양이 분산되는 것을 말한다. 궁극적으로 모든 미디어 선택은 개인화되고, 사회적 집단으로서의 수용자는 종말을 가져올 수 있다(유재천 외, 2010).

미디어 규범 신문 읽기 행동은 가치 있고 바람직한 것으로 여겨진다. 독서와 학습에 대한 관습적, 긍정적 인식이 신문에 연장된 것이라 할 수 있다. 반면에 사고 작용을 제한하는 TV의 경우는 부정적이거나 위계적인 미디어 규범을 보여주고 있다. 스타이너(G. Steiner)는 사람들이 TV 과다 시청에 죄책감을 느끼는 경향을 발견했다. 그는 이를 비생산적인 시간 이용을 비판하는 청교도적 도덕률에 영향받은 것으로 분석한다. 자책감은 여가와 놀이보다 일에 가치를 두는 문화 속에서 사회화된 결과라 할 수 있다(맥퀘일, 2008에서 재인용). 2000년에 발표된 노르웨이의 한 연구에서는 TV가 시간 도둑으로 인식됐고, 다른 활동보다 도덕적으로나 미적으로 저급한 것으로 평가됐다. 핀란드 시청자들은 뉴스와 정보 프로그램은 수준이 있는 것으로, 드라마는 수준이 낮은 것으로 보는 도덕적 위계를 드러냈다(맥퀘일, 2008에서 재인용). 전통적·문화적 가치와 취향, 리얼리티와 정보에 대해 높이 평가하는 경향을 반영하는 것이다. 이런 조사 결과에도 불구하고 수용자의 TV 이용행위는 규범에 별로 제약을 받지 않는다. 이는 개인의 취향과 선호에 기반한 사적 규범들이 공적 규범과 일치하지 않는다는 사실을 반영한다(맥퀘일, 2008).

수용자들의 언론관 수용자들은 미디어의 표현의 자유에 대한 권리보다 불편부당과 신뢰성을 더 강조한다. 극단적이거나 비정상적인 정치적 견해를 공적으로 제시하는 주류 미디어에 대해 용납지 않으려는 경향을 보인다. 수용자들이 미디어 정보에 대해 적용하는 규범들로는 정보의 완전성, 정확성, 균형성, 다양성이 있다. 미디어가 일단 신뢰를 잃으면 회복하기가 매우 어렵다. 수용자들은 미디어가 수준 높은 취향과 도덕성, 때로는 애국심, 민주주의와 같은 중요한 가치에 부합하는 콘텐츠를 제공해야 한다고 믿는다. 픽션과 오락물에서는 저속한 언어와 폭력, 성, 행동모델 등이 논의의 대상이 된다(맥퀘일, 2008).

3. 미디어와 사회

미디어는 사회현실과 정상적인 상태에 대한 우리의 지각과 정의를 형성하는 데 중요한 역할을 하며 사회적 표준과 모델, 규범을 알려주는 정보원이 된다. 특히 매스미디어는 가치나 이념과 관련해 기존의 학교, 부모, 종교, 형제, 동료 들이 행사하는 영향력을 대체하는 경향이 있다(맥퀘일, 2008).

1) 미디어 사회이론

매스미디어가 사회에 미치는 영향 또는 사회와의 관계에 대해서는 다양한 접근법과 해석이 있다. 긍정적, 비판적 입장에 대한 포괄적 이해가 필요하다.

기능주의 이론 보수적, 긍정적 주류이론이다. 20세기 중반 라스웰(Harold Lasswell)과 라이트(Charles Wright) 같은 기능주의 이론가는 미디어가 사회통합에 기여하는 방식에 초점을 맞춰 이론을 정립했다. 최근 미디어 기능주의 이론은 쇠퇴하고 있다. 수용자를 수동적 존재로 본다는 점과 미디어를 설명하는 게 아니라 기술한다는 점에서 비판을 받는다. 기능주의 이론이 시들해지면서 마르크스주의에 영향을 받은 갈등이론[1]이 부각됐다(기든스, 2010). 기능주의 이론은 뒤에서 따로 설명된다.

정치경제학 이론 경제적 구조와 미디어 콘텐츠의 이데올로기에 초점을 맞추는 비판적 이론이다. 미디어 조직을 경제시스템의 한 부분으로 인식하며 정치시스템과도 밀접히 연결된 것으로 본다. 일부 변형된 접근은 미디어의 가장 중요한 생산물을 수용자로 규정한다. 미디어 소유의 집중, 방송통신의 융합, 정보 불평등의 증가 등이 이론의 적합성을 넓혀주고 있다(맥퀘일, 2008). 마르크스주의 이론,[2] 대중사회 이론[3]과 궤를 같이한다.

사회구성주의 이론 사회구성주의는 1960년대 버거(Peter L. Berger)와 루크만(Thomas Luckmann)의 『현실의 사회적 구성(Social Construction of Reality)』[4]

1) 사회적 갈등의 생성, 발전, 연속성을 설명하는 이론으로 마르크스(Karl Marx), 베버(Max Weber)의 영향을 받았다. 마르크스주의 이론, 정치경제학 이론 등이 이 범주에 속한다. 베버 쪽의 다렌도르프(Ralf G. Dahrendorf)는 갈등은 사회 발전을 위해 끊임없이 드러나야 하며 갈등이 조정되면서 사회통합과 발전이 이루어진다고 보았다.
2) 실패한 이론이나 그 분석 전통은 자본주의 사회의 미디어를 진단하는 데 적합한 부분이 있다. 오늘날 비판적 정치경제학으로 통합된다. 마르크스주의 이론은 경제적 소유권과 메시지 배포 사이에 직접적 관계가 있다고 전제한다. 미디어의 소유 독점, 콘텐츠 보수화 등이 관점의 근거가 된다. 미디어가 자본주의를 정당화하고, 노동자계급의 종속을 강조한다고 본다.
3) 권력을 행사하는 사회적 기관의 상호의존성과 권력과 권위를 가진 정보원에 미디어가 통합되는 측면을 강조한다. 미디어 콘텐츠는 정치적·경제적 권력을 가진 이들의 이익을 위해 존재하는 것으로 본다. 미디어가 세상에 대한 대안적 시각을 제공하지 못해 결과적으로 공중을 의존적으로 만드는 경향이 있다고 믿는다.
4) 매스미디어는 의제설정을 통해 우리의 인식을 형성케 해주고 특정 방향으로 이끄는 작용을 한다. 여과과정(gatekeeping)을 통해 정보와 이미지를 선택 또는 배제하거나 강조 또는 약화함으로써 사회현실의 창 역할을 한다. 가치, 이념적 틀, 문화적 원칙 등에 따라 세상의 성격을 객관적으로 반영하기보다 구성하고 해석하는 데 중심적

이란 저서에서 비롯됐다. 이론의 전제는 다음의 5가지다. ① 사회는 고정된 현실이라기보다 구성되는 것이며, ② 미디어는 현실구성을 위한 자료를 제공한다. ③ 의미는 미디어에 의해 부여되며, ④ 미디어는 특정한 의미를 선별적으로 재생산한다. ⑤ 미디어는 사회적 현실을 객관적으로 보도할 수 없다. 이론에 따르면 사회적 구성은 사건, 인물, 가치, 아이디어가 특정한 방식이나 주어진 가치와 선호에 따라 정의, 해석되는 과정을 의미한다. 이는 대부분 매스미디어에 의해 수행되며 수용자가 현실의 모습을 구성하도록 영향을 미친다. 미디어에 의해 조장되는 민족주의, 애국심 등이 사회적 구성의 사례로 해석될 수 있다. 틀 짓기나 스키마 개념과 연결된다(맥퀘일, 2008).

기술결정주의 이론 커뮤니케이션 기술이 사회변화의 원동력이며, 다른 변인은 기술에 종속되는 것으로 본다. 캐나다의 경제사학자로 토론토학파를 창시한 이니스(Herald A. Innis)가 이론의 출발점이다. 그는 인쇄술은 관료주의의 권력독점에 도전할 수 있는 터전을 마련했고, 개인주의와 민족주의를 촉진시켰다고 본다. 뒤를 이은 매클루언은 커뮤니케이션 양식이 인간 존재를 틀 짓는다고 말한다. 책은 눈의 확장, 바퀴는 발의 확장, 옷은 피부의 확장, 전자회로는 중추신경의 확장으로 설명한다. 미디어는 우리의 능력을 확장시킬 뿐만 아니라 우리의 사회적 존재를 체계화하고 해석하는 여과 역할을 하기도 한다. 미디어는 메시지 그 자체라는 것이다. 미디어 내용 전체의 합보다는 미디어 자체가 사람들을 더 많이 변화시킨다고 본다. 동일한 내용이라도 얼굴을 보고 말하는 것과, 종이 위에 쓴 것, TV로 보는 것은 전혀 다른 메시지라는 관점을 강조한다(그리핀, 2010).

역할을 하고 있다.

2) 기능주의 이론

기능주의는 사회를 그것을 구성하는 다양한 부분이 함께 작동해 사회 전체의 안정과 결속을 유지하는 복잡한 체계로 간주한다. 1960년대까지 미국 사회학의 주도적인 이론 전통이었다(기든스, 2010).

사회체계 이론 기능주의를 뒷받침하는 사회체계 이론은 체계가 존속하기 위해서는 불가결하고 대체 불가능한 4가지 기능요건을 가져야 한다고 지적한다. 즉 적응, 목표, 통합 그리고 잠재적 유형의 유지다. 전체 사회에서 적응의 기능요건은 경제, 목표의 달성은 정치, 통합은 커뮤니케이션, 잠재적 유형의 유지는 교육·문화 하위체계가 담당한다. 커뮤니케이션, 즉 미디어 하위체계는 경제, 정치, 교육·문화 하위체계와 상호의존적 연계를 통해 전체 사회의 유지, 존속, 균형 그리고 통합에 기여하게 된다.[5] 기능주의 관점에서는 사회적 붕괴나 와해를 야기하는 미디어 효과는 논리적이지 않을 수 있다. 미디어가 수행해야 할 사회적 기능에 대해 라스웰은 환경감시, 상관조정, 문화유산 전달, 라이트는 오락, 맥퀘일(Denis McQuail)은 동원 기능을 들고 있다(기든스, 2010).

미디어의 4기능 라스웰은 미디어의 사회적 기능으로 환경감시, 사회 각 부분의 상관조정(해설 기능, 해석 기능), 문화유산 전달(사회화) 기능을 주장했다. 라이트는 여기에 오락 기능을 추가했다. 환경감시 기능은 생존 및 정신활동과 관련된 직접 환경이나 외부환경에 대한 언론의 파수 기능이

---

5) 미국의 행동과학적 기능주의 이론에 대항해 형성된 프랑크푸르트학파의 하버마스, 호르크하이머(Max Horkheimer) 등의 비판이론가는 자본주의 사회의 미시적 기능론을 비판적으로 바라본다. 그들은 매스커뮤니케이션을 권력의 자기보존 및 확대를 위한 이데올로기적 도구로 간주하고, 부르주아 계급에 의해 소유되는 매스미디어가 사회주의 사회로의 진보를 억제하고 방해한다고 본다. 알철(Herbert Altschull)은 언론을 현대사회의 권력의 중개자(agent of power)로 규정했다.

다. 언론의 뉴스 보도가 여기에 해당된다. 상관조정 기능은 사회적 조정 기능으로 언론의 사설이나 논평, 해설 기능과 연관된다. 문화유산 전달 기능은 미디어가 지식뿐 아니라 사회의 규범, 가치, 태도 등을 교육시켜 사람들의 사회화에 기여하고 거시적으로는 한 사회의 문화나 전통을 계승하도록 하는 기능이다.[6] 오락 기능은 즐거움과 휴식을 제공함으로써 심리적 보상과 긴장을 해소시켜주는 기능이다. 미디어의 연예오락, 스포츠, 소설, 취미 프로그램 등이 이 부류에 속한다(한균태 외, 2008; 배규한 외, 2006; 한국언론학회, 1994).

동원 기능 맥퀘일은 어떤 사회에서든 미디어는 국가의 이익을 증진시키고 특정의 중요한 가치나 행동유형을 장려한다고 본다.[7] 그는 미디어의 기능을 정보적 기능, 조정 기능, 연속성 유지 기능, 오락 기능, 동원 기능으로 분류했다. 동원 기능을 제외하면 앞의 4기능과 유사하다. 동원은 정치, 전쟁, 경제개발, 노동, 종교 등의 영역에서 구성원들의 참여를 독려하는 것을 말한다. 일제 때의 국채보상 운동, 새마을 운동, IMF 때의 금 모으기 운동 보도는 모두 미디어의 동원 기능이라 할 수 있다(서정우, 2002; 한국언론학회, 1994).

이념 기능, 생활안내 기능 매스미디어는 본질적으로 이념 기능을 가진다. 지구상에 존재하는 어떤 형태의 미디어도 사회질서 유지라는 역할을 공통

---

6) 라자스펠드와 머튼(Lazarsfeld and Merton)은 뉴스 보도의 기능으로 지위부여 기능과 사회규범의 윤리화 또는 보강 기능을 들고 있다. 언론의 관심 자체가 사물에 대해 남다른 의미를 부여해주며, 관심을 둔 사항을 기정사실화하고 합법화하는 지위를 부여한다는 것이다. 또 흉악범, 반사회범 등의 규탄은 사회규범의 보강기능을 한다고 본다. 전체적으로 사회화 기능과 맥락을 같이하고 있다.

7) 이와 관련, 갠스(Herbert Gans)의 언급을 음미해볼 만하다. 미디어는 사회문화의 틀 안에서 해결 가능한 문제를 반복적으로 보여주는 경향이 있다. 하지만 늘 합의와 현상유지만 추구하는 것은 아니다. 뉴스는 때로 개혁적 속성을 지닌다. 사회의 변화 역량 안에서 기존 질서에 반하는 사고를 전파한다.

적으로 수행한다. 사회체제에 따라 교육의 목적이나 내용, 주입방법, 매체이용의 공개성 등에 차이가 있지만 사회구성원들을 교육한다는 점에서는 동일하다. 자본주의 체제의 미디어가 다원주의 사회질서가 유지되도록 하는 것이라면, 사회주의 체제에서는 사회주의 건설에 참여하도록 교육하는 기능을 한다.

학자에 따라서는 생활안내를 미디어의 기능으로 추가한다. 각종 행사, 상품이나 서비스, 여가활동, 물가, TV 프로그램 안내, 건강·세무·법률·육아 상담 등은 모두 생활안내 범주의 정보다(한국언론학회, 1994).

3) 미디어와 공론장

역사적으로 서구 대중민주주의의 발달은 공론장(公論場)으로서의 매스미디어의 등장과 함께 진행됐다(김경희, 2009에서 재인용). 하버마스(1962)는 공론장을 이성의 공적 사용을 전제로 시민이 자유롭게 토론에 참여해 공공의 이익과 관련된 문제들을 논의하고 여론을 형성하는 사회적 영역으로 규정했다(김병철, 2005).

공론장 이론 그러나 하버마스는 현대사회에서 민주적 토론은 문화산업의 발달과 함께 퇴보했고, 대중매체와 대중오락의 보급은 공공영역을 공허하게 만들었다고 지적한다. 정치는 국회와 미디어에 의해 무대 위의 연기처럼 됐으며, 상업적 이해관계가 공공의 이해관계보다 우선하게 됐다는 것이다. 공공여론은 개방적이고 합리적인 토론이 아니라 광고에서처럼 조직과 통제를 통해 형성된다고 비판했다(기든스, 2010). 자본의 논리에 의해 지배되는 매스미디어의 등장으로 공론장의 비판적 기능이 상실되고, PR 및 로비회사를 통해 정보를 관리·조작할 수 있는 힘이 커지면서 공론장의 재봉건화가 이뤄졌다는 것이다.

하버마스의 공론장 개념은 후기 구조주의 학자들의 비판을 받았다. 리오

타르(Jean-François Lyotard)는 하버마스가 상정하고 있는 자율적이고 이성적인 주체는 계몽주의의 이상에 지나지 않는다고 본다. 또 공론장 개념은 이성적 측면과 비이성적 측면이 혼재되어 나타나는 현대사회에서는 설명력이 부족하다고 본다. 학자들은 하버마스의 이성적이며 합의지향적인 공론장을 이성적인 측면과 탈이성적인 측면이 혼재하는 포스트모더니즘적 개념으로 재정립하고 있다. 또 공론장을 파편화된 사회집단들의 견해가 충돌하고 투쟁하는 갈등과 대립의 공간으로 개념화하고 있다(김병철, 2005).

온라인 공론장 학자들은 다차원적 커뮤니케이션이 이뤄지는 온라인 공간이 사회적 이슈나 공공문제 해결을 위한 새로운 토론공간, 즉 공론장으로서 기능할 가능성에 주목하고 있다(김병철, 2005). 하버마스는 공론장의 공통기준으로 참여의 개방성, 평등성, 주제의 무제한성을 제시했다. 이 기준에서는 온라인이 신문, 방송 등 전통매체보다 적합성이 훨씬 높다. 개방성에서 신문, 방송은 제약이 큰 데 비해 온라인은 장벽이 거의 없다. 의견 공간의 크기, 의견의 비중 등 평등성에서도 온라인이 신문, 방송에 앞선다. 주제의 무제한성에서는 게이트키핑이 없고 상호작용성을 가진다는 점에서 온라인의 적합성이 높아진다. 그러나 전통매체와 같은 체계적 토론이 힘들고 다수의 관심을 끌기 힘들다는 한계가 있다(유재천 외, 2010). 온라인 공간이 공론장이 될 수 있을까에 대해서는 아직 결론을 내리지 못하고 있다(김경희, 2009). 그러나 민주주의 발전에 기여할 것이라는 낙관적 기대와 달리 무책임한 의견과 주장이 범람하면서 점점 한계를 지적하는 사람들이 늘고 있다(김병철, 2005).

4. 미디어와 문화

문화 영역과 미디어 영역을 구분하는 것은 이제 무의미해졌다. 20세기 전반에는 라디오, TV, 영화 등이 문화에 미치는 효과를 논의하는 것이 가능했으나 지금은 미디어가 곧 문화인 시대가 됐다. 영역구분은 이해의 편의를 위한 것일 뿐이다(맥퀘일, 2008).

1) 대중문화의 부상

산업화 이후 도시민들은 전통문화의 뿌리로부터 단절되면서 대중문화의 소비자가 됐다. 동시에 매스미디어는 산업화로 인한 문화적 공백을 메우기 위해 대중적인 문화 조류를 이끌어냈다. 대중문화의 초기적 정의, 즉 하층민들의 저급한 문화적 취향이란 설명은 이제 더 이상 통용되지 않는다. 계급, 교육, 직업, 문화적 취향의 상하 경계가 무너져버렸기 때문이다(맥퀘일, 2008).

대중문화의 속성 자본주의 사회에서는 모든 것이 상품으로 전환된다. 매스미디어가 생산해내는 드라마, 음악, 쇼 등의 대중문화 역시 산업적 조직에서 이윤확보를 목표로 생산된 상품이다. 따라서 최대한의 소비시장을 원하게 되며, 예술적 가치보다 상업적 성공 여부를 중시한다. 문화산업이 가진 이데올로기성은 미디어 소유주나 문화생산자들의 음모가 아니라 미디어상품의 상업적 생산논리에 기인한다. 대중문화의 가장 큰 특성은 생산주체와 소비주체의 분리다. 이 분리는 노동과 놀이의 분리, 생산과 소비의 분리라는 자본주의적 특성과 연관된다. 대중사회8)의 문화산업이란 상품화되고 산업화된 현대의 대중문화를 가리킨다(한균태 외, 2008).

대중문화의 부상 저급한 것으로 여겨지던 대중문화는 서서히 주류문화로 부상했다. 초창기 대중문화 이론은 미디어가 획일적 지배 이데올로기를 강압한다고 가정했으나 뉴미디어 시대 이후 대중문화는 이념적 논의의

---

8) 농업사회에서 도시중심 산업사회로의 전환은 공동사회에서 이익사회로의 이행, 노동대중 중심의 사회질서, 교환경제 체제, 정당중심 체제 같은 사회현상을 만들어냈는데 이를 대중사회라고 한다.

대상이 아니라 산업적 차원의 대상으로 성격이 바뀌었다(한균태 외, 2008). 최근 대중문화는 이론가들로부터 독창성, 창의성이 결여된 것으로 평가되지 않는다. 의미와 문화적 중요성, 표현적 가치도 긍정적으로 설명된다(맥퀘일, 2008).

2) 대중문화론

대중문화의 속성이 가진 모순적 측면과 광범한 문화적 영향 때문에 오랫동안 학자나 학파들은 여러 입장의 긍정론과 비판론(부정론)을 제기했다. 긍정론은 대중문화의 당위성을 주장하는 것이어서 관점과 논의에서 한계가 있을 수밖에 없었다. 반면 비판론은 대중문화를 바라보는 시각에 따라 여러 주장들이 제기돼 논의의 숲을 이뤘다. 긍정론과 비판론은 통합적으로 이해해야겠지만 비판론에서 좀 더 많은 대중문화의 숨은 뜻을 찾아볼 수 있다(한균태 외, 2008; 배규한 외, 2006).

긍정론 모든 문화에는 비판론의 근거가 되는 본질적 차이가 없는 것으로 간주한다. 문화에 대한 해석은 단지 그것을 바라보는 시각의 차이일 뿐이라는 것이다. 긍정론자들은 산업화 과정에서 정치적으로는 민주주의, 사회적으로는 다원주의적 기반이 조성되었으며 이런 변화의 문화적 표징으로 대중문화를 받아들인다. 대중문화 비판은 대중문화 자체에 대한 비판이 아니라 대중문화를 선호하는 하류층 사람들에 대한 비판이라는 입장이다. 대중문화는 정치와 무관하며 사람들의 취향에 따른 능동적 선택일 뿐이라고 지적하는 학자도 있다.

비판론 대중문화는 상업적인 대량생산으로 표준화되고 규격화되어, 소비자들은 문화제품을 선택하도록 강제될 뿐이라고 본다. 고급문화의 발전을 저해하며 개인이나 사회에 부정적 영향을 끼치는 것으로 간주한다. 문화취향의 저속화와 건전한 판단의식의 상실, 민주적 질서의 훼손과 정치적 선동을 우려한다. ① 전통적 비판론, ② 마르크스주의 비판론, ③ 프랑크푸르트학파의 비판론, ④ 정치경제학적 비판론이 있다. 전통적 비판론은 니체, 엘리엇 등으로 대표된다. 대중사회의 도래로 문화가 저급한 노동계급, 중산계급 등에 의해 위기에 직면했으며 산업주의와 이기주의의 팽배로 문화공동체의 유대가 약화되었다고 본다. 대중문화의 상업적 성격에 비판 논리의 근거를 두고 있다. 마르크스주의 비판론은 생산양식의 변화에 따라 문화도 변화된다는 것이 핵심논리다. 대중문화의 이데올로기가 지배계급에 의해 결정되는 허위의식이라고 본다. 프랑크푸르트학파[9]의 비판론은 올바른 이성을 통한 계급 지배의 지양, 즉 인간해방을 이념으로 한다. 인간의 의식구조는 마르크스주의의 유물사관이 내세우는 경제적 요인에 의해서만 결정되는 것은 아니라고 본다. 전체주의적 착취를 용이하게 한다는 측면에서 대중문화를 위험한 존재로 이해하고 있다. 대중문화가 사람들의 판단의식을 흐리게 만들어 모순적 자본주의에서 사회주의로 넘어가지 못한다고 주장한다. 정치경제학적 비판론은 문화적 산물이 자본주의적 생산양식에 따른 하나의 상품이라는 사실에 비판의 근거를 둔다. 하부구조인 문화에 미치는 경제적 측면(상부구조)을 주목한다. 수동적인 수용자 모델에 빠져 있다는 한계점이 지적된다(한균태 외, 2008; 배규한 외, 2006).

---

9) 마르크스가 예견한 혁명적 사회변화가 실패한 원인을 살펴보기 위해 1933년 이후 결성됐다. 중요 연구자로 호르크하이머, 아도르노(Theodor W. Adorno), 마르쿠제(Herbert Marcuse) 등이 있다. 이들은 사회변화 실패의 원인으로 상부구조(특히 매스미디어에 의해 표현되는 아이디어나 이데올로기)의 역할을 주목했다. 마르쿠제는 상업, 광고, 가짜 평등주의에 기초한 대중 소비사회를 일차원적 사회로 기술한 바 있다. 문화에 대한 시각은 반자본주의적이며 대중사회이론과 유사하다(맥퀘일, 2008).

3) 구조주의 문화론

보드리야르(Jean Baudrillard)는 대중매체가 도처에 존재하는 시대에는 초현실(幻影)이 조성돼 사람들의 행동과 미디어 이미지가 뒤섞이는 사회가 된다고 말한다. 걸프전은 행동과 이미지가 뒤섞인 TV 장면 속의 전쟁, 즉 초현실이라 할 수 있다. 그는 이 같은 미디어에 의한 의사 중재적 상호작용이 얼굴을 마주하는 대면적 상호작용이나 문서나 전파 등을 통한 중재적 상호작용을 압도할 것이라 전망한다(기든스, 2010).

구조주의 문화론 구조주의 문화론과 포스트모더니즘(후기 구조주의) 문화론은 미디어가 문화에 미치는 영향을 독특한 관점으로 설명하며, 현대적 상황에 대한 깊이 있는 통찰을 보여준다. 구조주의는 어떤 실체나 경험의 완전한 의미는 그것을 부분으로 삼고 있는 구조 안으로 통합됐을 때 제대로 인식될 수 있다고 말한다. 구조주의적 사유의 틀은 인간의 모든 행위와 산물에 내재한 구조를 분석하고 찾는 것이다. 언어는 형식이지 실체가 아니라는 명제를 제시한 소쉬르(Ferdinand de Saussure)의 구조언어학에서 출발해 거대사조를 형성했다. 기호학, 정신분석학, 문학평론, 문화인류학에 두루 적용되고 있다(한균태 외, 2008).

포스트모더니즘 문화론 포스트모더니즘[10]은 문화예술 등 사회 전반에 나타난 20세기 후반의 시대정신이나 세계관이다. 철학이나 사회과학에 나타난 포스트모더니즘을 후기 구조주의(해체주의)[11]라 하는데, 구조주의

---

10) 모더니즘에 뒤를 뜻하는 접두어 포스트(post)를 붙여 만든 말로 1960~1970년대 미국, 프랑스를 중심으로 문학과 건축 등의 분야에서 생성됐다. 모더니즘과 상반되는 특징을 갖는 작품이나 작가, 혹은 취향이나 태도 등을 지칭한다. 탈중심적 사고, 탈이성적 사고가 특징이다. 대표적 철학자로 리오타르, 푸코, 보드리야르 등이 있다. 각 분야에서 나타나는 의미와 양상이 조금씩 달라 개념 이해에 혼란이 빚어진다.

11) 구조주의란 세상의 현상들이 아무리 다양하고 복잡해도 그것을 뒷받침하는 어떤

를 계승하면서도 비판적 입장을 취한다(한균태 외, 2008). 포스트모더니즘은 이성보다 감성에 소구하고 표피적인 기쁨, 순간적 문화형태를 선호한다. 비논리적이고 변화무쌍하며 쾌락적인 특징을 보인다. 정치적 이데올로기로부터의 후퇴, 이념과 과학에 대한 신념의 상실을 상징한다. 현재 작동하는 미디어의 경향과 미디어 논리의 본질을 이해하는 데 많은 시사점을 던진다(맥퀘일, 2008).

4) TV와 대중문화

TV는 대중문화를 공급하는 일방적 창구 역할을 해왔으나 뉴미디어 시대가 되면서 이용자들이 직접 대중문화를 찾아 즐기는 구조로 변했다. 그러나 아직도 TV는 대중문화의 중심에 위치해 있다.

TV의 준거력 거브너(George Gerbner)와 매클루언은 사람들의 정체성이 폭넓게 공유된 매스미디어의 메시지를 통해 확립된다는 점을 암시한다. 거브너와 동료들은 사람들이 TV가 제공하는 선별적 관점에 체계적으로 노출되고, 그를 통해 신념과 가치를 형성하는 경향이 있다고 보았다.[12] 우리 환경은 TV에 의해 너무 독점되어 그 안에서 사회를 배운다는 것이다.[13] 이런 주장은 정체성과 사회적 목표의 인식을 위해 매스미디어가

구조가 존재한다고 보는 생각이다. 이에 비해 후기 구조주의는 세상이 반드시 일정한 구조, 즉 질서로만 이뤄져 있는 것이 아니라 무질서도 있고 이성이 아닌 몸, 정형화된 코드가 아닌 욕망으로도 존재한다고 보는 관점이다.

12) 대중문화에서 매스미디어는 결정적 조건이다. 거브너는 TV를 많이 본 사람은 다른 사람들에 비해 범죄와 폭력을 과대평가하고, 현실세계가 매우 위험한 곳이라는 인식을 형성하는 경향이 있음을 발견했다. 이처럼 수용자들은 매스미디어의 규범을 내면화시키는데, 이를 문화계발 효과 또는 배양 효과(cultivation effects)라고 한다.

13) 드라마가 허구인 것은 알지만 시청이나 비평의 태도는 사실을 전제하는 경향이 있다. 이는 드라마 인물이 바람직한 행위모델이 아니고, 현실성이 떨어진다는 것을

가장 중요한 정보원이 된다는 밀스(Charles W. Mills)의 시각과도 부합된다. 이에 따라 우리는 TV가 묘사하는 환상의 세계를 실제세계로 생각하는 경향을 드러낸다(맥퀘일, 2008).

TV의 문화결정력 20세기 중반 이후 문화적 양상을 특징짓는 매체는 TV였고 대중문화연구는 TV 연구 그 자체였다. 대중문화가 대량소비시장을 전제로 한 것이라면 TV는 대중문화를 가능케 한 원동력이었다. 매체 역할을 인터넷 등에 나눠 주고 있지만 TV는 여전히 사회의 문화적 성격을 규정짓는 매체다. TV가 묘사하는 내용은 시대를 지배하는 중심적 이데올로기를 갖게 된다. 한국의 경우 가부장적이고 권위적인 남성상은 TV에서 사라지고 있다. 일상생활에서 TV에 나온 사실들이 대화 소재의 주류가 된다는 점에서 TV의 문화결정력을 짐작할 수 있다(한균태 외, 2008).

TV의 경험영역 파괴 메이로비츠(Joshua Meyrowitz)는 어디에나 존재하는 전자미디어가 이전 시대에 전형적이었던 사회적 구획을 깨뜨리며, 사람들의 사회 경험을 근본적으로 변화시켰다고 말한다. 전자미디어 이전 시대에는 연령·성별·사회계층별 경험과 사적·공적인 측면이 완전히 분리되어 있었다. 그러나 TV는 사회적 경험의 모든 단면을 모든 사람들에게 함께 보여 줬다. 권력, 섹스 등 성인들만의 특별한 비밀도 없어졌다. 이런 변화는 사회적·물리적으로 특별한 공간이 없는 문화를 만들어내고 있다(맥퀘일, 2008).

5) TV와 공동체 생활

퍼트넘(Robert P. Putnam)은 '사회적 자본' 개념을 제시한 미국의 정치이론가다. 그는 『나 홀로 볼링(Bowling Alone: The Collapse and Revival of American

---

알면서도 일상적인 삶의 가이드로 이용될 수 있다는 것을 의미한다. TV드라마의 '가이드 기능'이다.

Community)』(2001)이라는 책에서 미국의 사회적 자본은 지난 수십 년 동안 크게 감소한 것으로 조사했다. 그 원인은 여러 가지로 해석할 수 있으나 TV시청에 시간을 빼앗겨 공동체 활동이 어려워진 점이 핵심으로 꼽힌다. TV시청은 사회적 신뢰, 집단소속감과 강한 반비례로 연결돼 있다. 긍정적 상관관계인 신문과 정반대다. 미국에서 사회적 자본이 정점을 이룬 1950년 에는 단지 10%의 미국인들만이 집에 TV를 보유했다(기든스, 2010에서 재인용).

개인의 공동체 분리 미국에서 사회적 자본의 감소를 보여주는 중요한 징표 중 한 가지는 혼자서 볼링을 치는 사람이 늘어났다는 사실이다. 함께 볼링을 치는 사람들은 어울려 놀고 토론하며 혼자일 때보다 3배나 많은 맥주를 마신다고 한다. 퍼트넘은 1970년대 이후 모든 종류의 미국 조직에서 회원이 많게는 25%까지 감소한 현상을 사람들이 어울리거나(공동체성) 신뢰할 만한(신뢰성) 대상이 줄어든 것으로 인식했다. 지난 세월 동안 우리 는 의식하지 못하는 사이에 서로로부터, 공동체로부터 분리된 것이다(기든 스, 2010에서 재인용).

민주적 참여의 감소 이런 현상은 민주적 참여의 감소현상과 동시에 나타나 고 있다. 대선 및 의회선거의 투표율은 1960년대 후반 이래 상당히 떨어졌 다(기든스, 2010). 이는 한국에서도 마찬가지 현상이다. 1987년 13대 대선부 터 2007년 17대 대선까지의 투표율을 보면 89.2%에서 81.9%, 80.7%, 70.8%, 63.0%로 줄곧 하락했다. 총선이나 지방자치 선거의 투표율은 이보 다 더 현격히 떨어진다(중앙선거관리위원회, http://www.nec.go.kr/). 미국의 경 우 공공문제를 다루는 공식모임 참여율도 1970년대 이후 빠르게 감소하고 있다. 그 대신 사람들은 몸짱 만들기 그룹처럼 전체 사회의 이익보다 개인 적 성장과 건강을 강조하는 모임에 빠져들고 있다(기든스, 2010에서 재인용).

5. 미디어와 언론

언론은 3가지 차원을 가지는 용어다. 넓게는 사람들의 모든 생활상의 언어적·비언어적 의사교류 행위인 커뮤니케이션과 같은 개념으로 사용된다. 중간적 의미로는 커뮤니케이션의 한 중요 부분인 매스미디어에 의한 커뮤니케이션, 즉 매스커뮤니케이션을 말한다. 여기에는 뉴스, TV드라마, 광고 등이 모두 포함된다. 좁은 의미로는 매스커뮤니케이션 중에서 보도 분야에 국한되는 저널리즘을 지칭한다. 앞 절들에서는 매스미디어 중심으로 미디어를 살펴봤으나 이 절에서는 저널리즘 미디어로서의 매스미디어를 살펴보고자 한다.

1) 저널리즘

정보통신 기술의 발달은 저널리즘의 영역과 개념을 혁신적으로 바꿔놓았다. 개인의 미디어 사용능력과 표현능력이 무한대로 확장되면서 저널리즘은 일상생활의 한가운데로 진입한 것이다. 기성 미디어들이 저널리즘의 중심을 차지하고 있는 것은 변함이 없지만 과거의 정의로는 저널리즘을 규정할 수 없는 시대가 됐다.

저널리즘의 조건 저널리즘은 원래 주간지, 월간지, 학술지 등 정기간행물(인쇄출판물)의 발행양상을 지칭하는 개념이었다. 그러나 신문언론의 중요성이 커지면서 보도 및 논평을 통해 다수의 독자를 상대로 구독수입과 광고수입을 올리고자 하는 상업적 출판물로 저널리즘의 중심이 이동됐다. 방송 미디어 등장 이후에는 정치, 경제, 사회, 문화의 여러 분야에서 시사성과 공공성을 갖는 내용을 전달하거나 토의하는 행위 또는 행위 내용으로 의미가 확장됐다. 신문과 방송 뉴스로 대표되는 전통 저널리즘에서는 ① 매스미디어, ② 정기성, ③ 전문인을 3가지 기본조건으로 했다(한국언론학회, 1994).

저널리즘의 재구성 인터넷 등장 이후 전통 저널리즘의 3가지 조건들은 모두 와해되고 말았다. 매스미디어 조건은 같은 기능을 할 수 있는 비매스미디어들이 생기면서 더 이상 저널리즘을 배타적으로 규정할 수 없게 됐다. 예컨대 검색엔진, 포털, 웹 커뮤니티, 블로그를 비롯한 여러 소셜미디어도 매스미디어 기능을 가지고 있다. 신문, 방송은 더 이상 정보 전달자로서의 기능을 독점할 수 없게 된 것이다. 하루 단위 또는 시간 단위의 정기성은 24시간 개방되는 인터넷의 항시성으로 인해 그 의미가 없어졌다. 보도에 대한 전문적 훈련을 받은 사람, 즉 전문인 조건도 현재의 환경에서는 적용이 곤란하다. 보도의 양상이 다변화, 다양화되면서 일반인들도 저널리즘의 주체로 대거 참여하고 있기 때문이다. 큰 틀에서 볼 때 저널리즘의 주체가 언론인 중심에서 이용자 중심으로 바뀌고 있고, 전문적 활동이라는 경계도 사라지고 있는 마당이다(서정우, 2002).

저널리즘의 확대 저널리즘의 영역도 전통매체 시대와 달리 계속 확대되는 추세다. 20세기 말까지는 신문 저널리즘, 방송 저널리즘이 모두였지만 지금은 온라인 저널리즘에 이어 블로그 저널리즘, 트위터 저널리즘, 모바일 저널리즘과 같은 파생 저널리즘들이 잇따라 등장하고 있다. 사회적·문화적 변동으로 인한 뉴스개념의 변화도 저널리즘의 지형을 바꿔놓고 있다. 신문 방송 시대 경성뉴스 중심의 저널리즘에 연성뉴스 저널리즘이 대거 유입되면서 스포츠 저널리즘, 연예 저널리즘, 영화 저널리즘, 생활 저널리즘, 여행 저널리즘 등의 장르가 독자성을 키워가고 있다. 저널리즘의 세분화, 다양화 경향을 읽을 수 있다(서정우, 2002).

2) 저널리즘 미디어

언론이 국제 문화산업으로서의 성격이 강해지면서 언론제도의 건전화란 사회적 요구와 정보산업 육성이란 산업적 요구 사이의 마찰이나 갈등도 불가피해지고 있다. 여기에 언론 소비자인 공중들의 다양한 욕구와 압력이 일상화되면서 언론제도의 역학관계가 더욱 복잡해지고 있다. 이런 가운데서도 언론의 민주적 기능과 사회적 책임에 대한 근본적인 기대는 여전한 실정이어서 그 해답을 찾기가 쉽지 않다.

미디어의 특성 저널리즘 미디어는 민주사회가 필요로 하는 사회제도(social institution)의 하나로서 몇 가지 특성이 있다. 먼저 사기업 형태로 운영되고 있으나 미디어 행위에는 공공적인 요소가 더 많다. 사회적 파급효과가 크기 때문에 공공기관에 의한 규제와 관여가 필요하다는 것이 일반적 인식이다. 미디어에 대한 참여는 자발적이며 수용자나 이용자와의 사이에 어떤 공식적 관계도 성립되지 않는다. 미디어는 독립적이어서 사회기관의 통제 가능성은 줄어들지만 외부 영향에는 취약한 편이다(배규한 외, 2006).

미디어와 공익 규범적 입장에서 보면 미디어는 공익을 위해 작동해야 할 당위성이 있다. 따라서 사회에 기여해야 하는 언론으로서의 의무와 책임에서 자유로울 수 없다. 미디어에는 특히 사회적 통합의 역할이 주어진다. 공교육을 보완하며, 사회교육적 기능도 수행해야 한다. 그러나 대부분의 미디어는 스스로 선택한 목표를 달성하기 위해 등장했지 공익을 추구하기 위해 설립된 것은 아니다. 미디어가 상업적 기반에서 운영되는 곳에서는 공중의 관심이 곧 공익으로 동일시되는 경향을 발견할 수 있다. 치열한 시장경쟁 속에서 교육과 예술보다 오락분야의 시장가치에 기울어 있다는 우려의 목소리가 높다. 미디어가 사회문제 발생의 근원으로 지목되는 경우도 많다. 미디어의 부정적 영향은 정치적 무관심과 냉소주의에서 범죄·폭력·섹스에 대한 과도한 노출, 우울증, 자신감의 상실까지로 확대되고 있다(맥퀘일, 2008).

방송의 특수성 방송은 신문이나 온라인과 달리 공공성이 특히 강조된다. 신문은 자유주의 이론에서 출발해 사회적 규제가 거의 없었던 반면, 방송은

〈표 1-1〉 저널리즘 미디어로서의 신문과 방송의 차이점

구분	신문	방송
1차적 기능	보도	오락(보도는 2차적)
적합한 뉴스	경성뉴스	연성뉴스
전달수단	언어적/시각적	언어적·비언어적/시청각적
기사체	구어체 가미 문어체/중화체	문어체 가미 구어체/경어체
정보처리	적극적, 정보손실이 적다	소극적, 정보손실이 많다

사회책임주의 전통이 강해 공공성 또는 공익 목적에 충실해야 한다는 사회적 요구가 있다. 한때 미국에서는 방송사설을 금지했는데 이는 방송국이 특정 입장으로 현실을 비판하는 것이 공공의 이익에 부합하지 않는다고 보았기 때문이다. 방송은 또 신문과 같은 보도 중심의 단원적 미디어가 아니라 광범위한 종합문화 미디어로서의 복합성을 가진다. 이 때문에 프로그램, 즉 문화 자산을 끊임없이 공급해줘야 하는 소모적 특성을 보인다. 그 출범부터 유흥 프로그램의 공급을 1차적 목적으로 한 만큼 오락성이라는 본질에서도 벗어나기 어렵다. 방송 저널리즘의 본질이 오락산업에 의해 붕괴될 수 있다는 경고가 나오는 이유다(배규한 외, 2006).

3) 성격, 기능

공간매체인 신문은 정보를 담기에 편리해 심층뉴스 전달에 적합하다. 반면 방송뉴스는 체험과 인상을 극적으로 내보내는 데 효과적이다. 방송뉴스는 신문과 같은 익명의 정보가 아니라 얼굴을 가진 정보다. 방송뉴스에서는 뉴스 전달자의 외모나 개성이 시청자에게 상당한 영향을 미친다(김춘식 외, 2010).

콘텐츠 성격 미디어의 콘텐츠 성격을 비교해보면 신문의 경우 매스커뮤니케이션보다 저널리즘이 강하게 나타난다. 보도 또는 정보 중심의 미디어라

할 수 있다. 방송은 매스커뮤니케이션과 저널리즘의 성격을 동시에 보여주나 전체적으로 전자의 비중이 훨씬 크다. 방송을 접촉하는 가장 큰 이유가 흥미, 오락, 휴식이다. 이는 방송이 보도매체(저널리즘)보다는 오락매체(매스커뮤니케이션)에 가깝다는 사실을 확인시켜준다. 뉴스는 2차적인 콘텐츠다. 인터넷 역시 양자의 성격이 혼재돼 있으나 전체 콘텐츠 구성상으로 매스커뮤니케이션의 의미가 강하다. 인터넷 콘텐츠는 생활, 경제, 커뮤니케이션 등 비보도적인 내용이 압도적으로 많다. 뉴스가 핵심적 콘텐츠임에는 틀림이 없으나 인터넷 정보의 전방위적 속성이 매스커뮤니케이션 중심의 미디어라는 분석을 가능하게 한다.

기능 역사적으로 신문은 매스미디어의 7가지 기능(27쪽 기능주의 이론 참조) 중 뉴스보도와 해설 및 논평을 핵심기능으로 해왔다. 뉴스보도는 환경감시 기능, 해설과 논평은 사회 각 부문 간의 상관조정 기능에 해당된다. 2가지 기능은 문화유산 전달 기능과 불가분의 관련을 맺고 있다. 규범행위나 탈규범 행위에 대한 보도와 논평은 문화유산 전달 기능 즉 사회 구성원들로 하여금 사회규범의 준수를 유도한다. 신문에서 오락은 부차적이거나 보조적인 기능이다. 종합지가 아닌 스포츠지, 무료신문, 대중적 주간지 등은 오락이 1차적 기능이 될 수 있다. 동원 기능과 이념 기능은 한국에서 IMF 구제금융 때의 금 모으기 운동이나 자유민주체제의 옹호 등에서 확인된다. 신문의 생활안내 기능은 기사와 광고에서 두루 나타난다. 방송의 경우 7가지 기능 중 환경감시, 문화유산 전달, 오락, 동원, 생활안내 기능이 상대적으로 강조된다. 사회 각 부문 간의 상관조정 기능은 떨어지는 반면, 신문의 보조적 기능인 오락 기능이 주 기능으로 부각된다. 감성적 특성으로 인해 선전도구로서의 유용성이 높다. 신문보다 동원 기능에서 우위에 있다(유재천 외, 2010). 멀티미디어인 온라인은 신문과 방송의 기능들을 함께 수렴하고 있다.

4) 저널리즘의 통합

온라인에서 촉발된 통합적 저널리즘은 미디어 서비스를 뉴스 중심에서 뉴스와 오락, 통신 기능이 융합된 멀티콘텐츠 중심으로 바꿔놓고 있다. 기사 쓰기는 콘텐츠 생산 작업으로 성격이 변해가고 있다(김사승·김효동·김광제, 2006).

뉴스룸 통합 뉴스 생산능력의 고도화를 의미하는 뉴스룸 통합은 저널리즘 목적과 경영 목적을 동시에 가진다. 한국의 경우 종이신문과 인터넷신문, 지상파방송, 케이블TV까지 포함하는 규모로 진행되고 있다. 통합 뉴스룸은 이용자들의 이용기반 확충을 전제조건으로 하며, 만드는 것 자체가 목적이 돼서는 안 된다. 뉴스룸 통합은 ① 정보 통합, ② 생산 통합, ③ 플랫폼 통합의 3단계로 이어진다. 초기 단계의 정보 통합은 미디어 간 시너지효과를 얻기 위한 외형적 통합이다. 뉴스 조직은 별개로 존재하며 미디어 간의 정보공유와 인력 교차 활용에 관심을 기울인다. 신문 소속 기자가 온라인 미디어에 속보를 제공해주는 등의 방식이다. 2단계 생산 통합은 기자에 초점을 맞춘 통합이다. 뉴스 조직은 단일 뉴스룸으로 전환되고 한 명의 기자가 온라인·TV·신문기사를 모두 처리하는 방식이 된다. 텍스트 취재와 카메라 촬영, 편집 등 취재보도의 전 과정을 한 명의 기자가 처리하는 백팩 저널리즘(Backpack Journalism)이 나타난다. 그러나 미디어 플랫폼들은 종전대로 유지된다. 마지막 플랫폼 통합은 단일 미디어로 융합된 플랫폼을 통해 멀티미디어 뉴스를 제공하는 단계다. 인터넷이 융합 플랫폼이 될 가능성이 크다. 뉴스 접근통로로서의 기존 플랫폼 방식은 그대로 지속될 가능성이 높다(김사승·김효동·김광제, 2006).

통합 뉴스룸 운영 특정 미디어가 아닌 뉴스스토리 중심으로 뉴스룸이 운영된다. 통합 뉴스룸의 구성원 명칭이나 업무역할은 전통 저널리즘과 판이해진다. 멀티미디어 통합 뉴스룸은 뉴스 편집장, 뉴스 개발자, 뉴스

<표 1-2> 뉴스룸 통합의 3가지 유형

통합형태	뉴스룸	플랫폼	뉴스 생산
전통 저널리즘	1개	1개	단일 뉴스 조직 단일 플랫폼 뉴스 생산
정보 통합	2개	2개	개별 뉴스 조직 개별 플랫폼 간 뉴스 상호교류
생산 통합	1개	다수	통합 뉴스 조직 개별 플랫폼별 뉴스 생산
플랫폼 통합	1개	1개	통합 뉴스 조직 단일 플랫폼 멀티 뉴스 생산

자료: 김사승·김효동·김광제(2006).

조사자, 다기능 기자 등으로 구성된다. 뉴스 편집장은 신문의 편집국장, 방송의 보도국장, 일부 부서 데스크 기능을 겸하며 모든 뉴스스토리를 관리한다. 뉴스 개발자는 편집 데스크, 외근 부서 데스크, 방송뉴스 제작자 기능을 통합한다. 뉴스 조사자는 뉴스 생산에 필요한 정보수집 및 관리, 플랫폼별 적합정보 분석 및 가공 등의 역할을 맡는다. 일선의 다기능 기자들은 취재기자, 사진기자, 아나운서, PD의 역할을 소화해내야 한다. 텍스트, 음성, 동영상 등 전반에 걸친 지식을 바탕으로 기획, 취재, 편집, 보도제작에 이르기까지 창조적인 콘텐츠 설계사가 돼야 한다. 기사의 구조나 표현방식에 대한 깊이 있는 이해를 필요로 한다(김사승·김효동·김광제, 2006; 서정우, 2002).

제2장

언론사

1. 언론이념

정치권력과 언론과의 관계를 중심으로 세계의 언론제도는 권위주의, 자유주의, 사회책임주의, 소비에트 공산주의(전체주의) 모델로 분류돼왔다. 1950년대 시버트, 피터슨, 슈람(Siebert, Peterson, and Schramm) 등 3명의 미국 학자가 공동 작업한 언론 4이론은 언론의 체제 또는 이념이 역사적으로 처했던 정치, 사회 환경과 무관하지 않았음을 보여준다. 언론 4이론은 이론이라기보다 규범적 모델로서의 의미가 더 크다. 네 모델은 반드시 상호 배타적인 것이 아니며 어느 한 가지 유형에 한 나라를 맞추어 넣기도 어렵다 (배규한 외, 2006; 한균태 외, 2008; 서정우, 2002).

1) 권위주의 모델

권위주의 모델은 플라톤(Platon)[1]이나 마키아벨리(Nicolló Machiavelli),[2] 헤겔(Georg W. F. Hegel)[3]의 정치이론에 바탕을 두고 있다. 인간을 비이성적이고 감성적인 존재로 취급해 국가의 보호와 통제가 필요한 것으로 생각한 다. 그 연장선상에서 언론은 정치권력과 정부 정책을 옹호하고 관철시키는 도구로 간주된다. 국민들로 하여금 국가 권위에 복종하도록 만드는 데 언론 의 역할이 있다. 정치권력과 언론은 지배와 종속의 관계이며 언론은 정치권 력의 수호견(guard dog) 역할을 한다.

권위주의 모델하에서의 언론자유는 국가 테두리 안에서 보장되고, 한계 를 벗어날 경우 공권력에 의해 통제될 수 있다. 언론통제 방식은 신문이나 출판물의 허가, 사전검열, 언론인 처벌, 허가 취소 등 다양하게 나타난다. 정부에 대한 비판은 진실 여부와 관계없이 처벌 대상이다. 지도자는 법과 정의의 근원이기 때문에 그의 모든 행위는 비판을 초월하는 것으로 간주된 다. 17세기부터 확산됐던 이 모델은 자유주의 사상에 밀려 구미에서는 사라졌지만 20세기 제3세계 국가에서 다시 출현했다. 일본 제국주의, 독일 의 나치 정권, 근대 대한제국 언론이 이 모델에 속한다(한균태 외, 2008; 배규한 외, 2006; 서정우, 2002; 이상철, 1999).

2) 자유주의 모델

자유주의 모델은 17세기의 영국의 시인이며 작가였던 밀턴(John Milton),[4]

---

1) 플라톤의 철인정치 : 진리는 대중에게서 나오는 것이 아니라 그들을 지도·명령하는 소수의 현인들이 체득하는 것으로 파악한다.

2) 마키아벨리의 군주론 : 군주가 지도하는 국가가 인간 본성의 회의적 측면을 교정한다 고 믿는다. 권위주의 정부는 언론의 면허장, 출판허가, 검열, 법적 제재, 법 외적 또는 폭력적 강제가 가능하다고 여긴다.

3) 헤겔의 절대국가 : 공적 이익을 보호해줄 국가의 존재를 옹호한다. 국가는 개인의 자기실현을 도울 수 있는 기구이며 때때로 구체화된 도덕으로 간주된다. 이런 논리의 연장선상에서 국가는 법과 질서의 보호를 위해 언론의 정치비판에 대한 출판허가, 검열, 비공식적 억압이 가능하다고 생각한다(이상철, 1999).

영국 철학자인 로크(John Locke),[5] 18세기 미국의 정치 사상가이자 3대 대통령인 제퍼슨(Thomas Jefferson),[6] 19세기 영국의 사회사상가인 밀(John S. Mill)[7] 등에 사상적 기반을 두고 있다. 자유주의 모델은 자연법 및 이성법

---

4) 밀턴의 사상의 공개시장 : 1644년 자신의 저작인 『이혼론』이 정부의 출판물 검열(언론검열 조례)에 의해 제재를 받게 되자 항의의 뜻으로 소책자 「아레오파지티카(Areo-pagitica)」를 의회에 제출했다. 그는 여기서 "출판물의 통제가 가능하더라도 사람 마음까지 통제할 수는 없다. 서적은 살아 있는 사람의 정신을 표현한 것이다. 이의 규제는 사람의 정신을 죽이는 것이다"와 같은 검열제 반대의 근거를 제시했다. 밀턴의 이런 생각은 사상의 공개시장(the open market place of ideas), 자율교정 과정 등의 개념으로 발전했다. 자유를 천부적, 생래적으로 보지 않고 신이 인간에게 부여한 권리로 보는 한계를 보였다(서정우, 2002; 이상철, 1999).

5) 로크의 사회계약론과 인민주권론 : 로크는 사회계약론에서 인민은 자신의 천부적 권리인 생명권, 자유권, 재산권을 국가가 보장해주는 대가로 자신을 다스릴 권한을 정부에 양도하고 있다고 적었다. 그는 생명, 자유, 재산 등을 양도할 수 없는 자연권으로 열거하고, 자연권의 보호는 인간의 자아실현을 돕는 일이며, 사회와 국가의 목표라고 주장했다. 국가를 하나의 도구로 간주한 것이다. 인민주권론에서는 인민의 의지가 권력의 중심이라는 명제 아래 정부로부터 언제나 수탁된 주권을 박탈할 수 있다고 명시했다(이상철, 1999).

6) 제퍼슨의 정부 없는 신문 : 제퍼슨은 언론자유를 포함한 모든 자유를 인간의 생래적, 천부적 자유로 규정했다. 출판물은 검열 등 모든 형태의 정부간섭으로부터 자유로워야 한다고 주장했다. "신문 없는 정부와 정부 없는 신문 중 어떤 것을 택할지를 결정하라고 한다면 정부 없는 신문을 택하겠다"라고 한 것은 언론의 절대적 자유를 지지하는 언급이다. 제퍼슨은 그러나 미국 3대 대통령이 된 후 "신문에 보도되는 것은 믿을 만한 것이 하나도 없다"고 비판했다(이상철, 1999).

7) 밀의 언론자유의 기본명제 : 자유주의 사상은 1859년 밀의 『자유론』에서 '가장 바람직한 사회는 최대다수가 최대의 행복을 누리는 사회'란 개념으로 이어졌다. 밀은 언론 검열이 무의미함을 역설하면서 언론자유를 허용해야 하는 4가지 기본명제를 제시했다. ① 만일 우리가 어느 한 의견을 묵살한다면 그것은 진리를 묵살시키게 될 수 있으며, ② 그릇된 의견일지라도 전반적 진리를 탐구하는 데 필요한 약간의 진리를 내포하기 마련이고, ③ 일반적으로 용납된 의견이 전반적인 진리일지라도 전반적인 진리라는 점이 수호되지 않으면 공중은 그것을 편견이라 보기 쉬우며, ④ 일반적으로 용납된 의견도 때때로 다른 의견과 논쟁하지 않으면 활력을 잃게

이론에 근거를 두고 있으며 절대적인 언론의 자유를 강조한다. 국가보다 개인을 우선하며 언론은 정치권력의 남용을 견제하는 감시견(watch dog)이 된다. 자유주의의 등장은 인간의 자연권, 종교의 자유, 자유무역과 여행의 확대, 정치적 민주주의 등 계몽사상과 관련이 깊다. 자유주의 모델의 영향을 받은 프랑스 혁명의회의 인권선언(1789)은 제2조에서 "사상 및 의견의 자유로운 전달은 인간의 가장 귀중한 권리 중의 하나"라고 적고 있다. 또 미국 연방수정헌법 제1조는 "의회는 종교의 설립과 자유로운 종교 활동, 말할 자유와 언론의 자유, 집회 결사의 자유, 그리고 피해의 구제를 정부에 청구하는 것을 규제하는 어떠한 법률도 제정할 수 없다"고 규정하고 있다. 그러나 현실에서는 언론 관행과 경제적 이익 추구 등으로 자유주의의 이상적 규범이 제대로 작동되지 않는 예가 많다. 공익을 위한다는 명분으로 자본주의적 지배체제를 확대 재생산하고 왜곡된 정보의 유통, 개인의 언론 자유 제약 등과 같은 부정적 측면들이 나타났다. 시장의 실패로 소수 언론의 여론독점에 대한 우려도 커지고 있다(한균태 외, 2008; 배규한 외, 2006; 이상철, 1999).

3) 사회책임주의 모델

서구에서는 일찍부터 권위주의 언론이념이 사회를 지배해오다 자본주의 체제 정착과 함께 자유주의 이념이 주류 사조가 됐다. 그러나 자본주의 체제의 모순이 심화되면서 자유와 함께 사회책임을 강조하는 사회책임주의 이념이 그 대안으로 등장했다.

사회책임주의 모델은 미국 언론자유위원회의 보고서 「자유롭고 책임 있는 언론」(1947)에서 제시되었으며 언론의 사회적, 도덕적 책임을 강조하

될 수 있다(이상철, 1999).

는 모델이다. 국가 중심 권위주의 이론과 개인 중심 자유주의 이론을 보완하여 사회 중심적인 절충적 관점을 가진다. 직접 규제보다는 자율규제를 중시함으로써 자유주의와 실질적인 차이를 보이지 않는 경우가 많다.

언론자유위원회는 상업성, 선정주의, 정보독점 등에 대한 우려가 대두되면서 자유주의 모델의 대안적 언론모델을 마련하기 위해 1942년 민간위원회 형식으로 구성됐다. 위원장의 이름을 따 허친스(Hutchins) 위원회라고도 한다. 위원회는 미디어가 사회의 필요에 부응하는 데 실패해 개혁이 필요하며, 자본주의 논리와는 별개로 언론의 해악을 교정하기 위한 정부개입의 필요성에 대해 심사숙고해야 한다고 지적했다.

보고서에서는 책임 있는 언론이 수행해야 할 사항을 다음의 5가지로 정리했다. ① 그날 일어난 사건에 대해 그 의미를 전달할 수 있는 맥락 속에서 완전하고 진실되며 포괄적이고 지적인 설명을 제공해야 한다(정확하고 종합적인 보도). ② 논평과 비평을 교환할 수 있는 포럼으로서 봉사해야 하며, 공적인 표현의 전달자가 돼야 한다(다양한 의견이 교환되는 광장). ③ 언론은 사회를 구성하는 여러 집단의 대표성 있는 모습을 제공해야 한다. ④ 사회가 지향해야 할 가치나 목적을 명확하게 제시해야 한다. ⑤ 언론은 모든 사회구성원이 이용하고 접근할 수 있어야 한다.

보고서는 또 언론의 사명을 3가지로 규정하고 있다. ① 객관적 사실을 보도하는 데 만족하지 말고 독자가 그 사실의 의미를 구체적이고 분명하게 이해할 수 있도록 심층적으로 보도해야 한다. ② 언론은 자신의 의견과 반대되는 의견도 충실히 보도해야 한다. ③ 언론은 인종, 여성, 종교를 가리지 않고 사회 모든 계층을 골고루 보도해야 한다(맥퀘일, 2008; 서정우, 2002; 이상철, 1999; 한국언론학회, 1994).

4) 소비에트 공산주의 모델

마르크스, 레닌(Nikolai Lenin) 등의 정치이론을 바탕으로 한 소비에트 공산주의 모델은 자유주의 언론사상의 기본전제를 인정하지 않는다. 마르크스는 자본주의 국가의 언론을 국가와 유착된 이데올로기 도구로 간주한다. 레닌은 자본주의 사회가 자본을 소유하는 일부 계층에 의해 지배되는 사회라면, 공산주의 사회는 프롤레타리아 독재를 목표로 하는 사회라고 말한다. 1917~1924년 구소련 수상이었던 그는 언론의 기능을 전체주의의 도구인 집단적 선전자, 선동자, 조직자로 규정했다. 레닌의 공산주의 이론에서는 언론은 당이나 정부만이 소유하며, 비판은 체제비판이 아닌 자아비판만 허용된다. 구소련에서는 신문과 정부를 따로 구별하기 어려웠다.

공산주의 모델에서 말하는 언론자유는 공산주의 국가를 완성하는 실천수단으로 그 의미가 한정된다. 자본가 계급이 언론을 소유하는 한 언론의 자유는 창달될 수 없기 때문에 언론을 국유화하거나 당의 통제 아래 두어야 한다고 본다. 언론은 계급의식을 고취하는 교육의 주체로 인식된다. 냉전시대의 역사 상황적 산물이라 할 수 있다. 슈람(Wilbur Schramm)은 공산주의 언론이 공익보다는 권력층의 이익을 유지하고 확대하는 데 앞장서고 있어 또 다른 형태의 권위주의 이념으로 간주한다(한균태 외, 2008; 서정우, 2002; 이상철, 1999; 한국언론학회, 1994).

5) 언론 4이론 비판과 수정

언론 4이론은 언론의 자유와 사회적 책임을 제시한 점에서 역사적 의의를 가진다. 특히 자유주의 이론과 사회책임 이론은 가장 영향력 있는 언론사상으로 정착됐다(김춘식 외, 2010). 그러나 4이론은 여러 비판에 직면하고 있다.

비판 이 이론은 1950년대의 냉전시대에 미국의 자유주의적 이상을 기준으로 언론을 유형화한 인상이 없지 않다. 권위주의와 그 변형으로서의 소비에트 언론이론, 자유주의와 그 계승자로서의 사회책임 이론으로 도식화하고 있다(김춘식 외, 2010).

학자들은 언론 4이론이 규범적 수준에서 언론제도를 분류했을 뿐 이론으로 발전시키지 못했고, 전후 신생독립국들의 복합적인 언론제도를 수렴해 들이지 못했다고 비판한다. 권위주의 이론은 이론적 측면을 발견하기가 어렵고, 기본적 원칙 정도만 이야기할 수 있을 뿐이라고 지적한다. 자유주의 이론은 자유라는 권리로부터 누가 혜택을 받는가가 불분명하다는 점이 비판의 핵심이다. 자본의 언론통제나 여론 독점을 무시한 채 언론의 자유를 소유권의 자유로 좁혀서 보고 있다는 비판이 나온다. 언론의 자유를 '국가 권력으로부터의 자유'로 틀 지은 부분도 취약점으로 꼽히고 있다. 자유주의 이론의 적용은 여러 미디어 중 인쇄매체, 미디어의 역할 중 저널리즘에만 국한되는 한계점이 있다. 방송에 적용하기 어려운 것은 방송이 개인의 권리나 소비자의 자유 또는 시장압력보다는 사회의 필요, 시민들의 집합적 요구에 우선순위를 둬야 하기 때문이다. 아직 공공서비스 방송을 다룰 만한 언론 일반이론은 없다. 공공서비스 방송은 미디어의 다양성을 보장하기 위한 문화적 정책의 하나로 인식되는 경향이 있다(맥퀘일, 2008; 서정우, 2002).

이론의 수정 언론 4이론의 수정은 여러 학자들에 의해 시도됐다. 로웬스타인(R. L. Lowenstein), 알철, 헷첸(W. A. Hachten), 피카드(R. G. Picard),[8]

---

8) 피카드의 민주사회주의 이론 : 1970년대 스칸디나비아국가들의 언론을 중심으로 발전한 이론이다. 언론의 다양성을 보장하기 위해 정부가 빈약한 신문을 지원해 소유의 집중을 막아야 한다고 주장했다. 신문은 사적 소유자의 도구(자유주의 이론, 사회책임주의 이론)나 정부나 당의 도구(공산주의 이론)가 아니며 시민의 도구라는 전제를 깔고 있다(이상철, 1999).

맥퀘일 등의 수정 모델은 제3세계 국가를 겨냥한 발전주의 모델을 포함하는 공통점을 갖고 있다(맥퀘일, 2008; 서정우, 2002). 알철의 언론 3모델은 시장주의적 모델(자유주의+시장 기능 강조), 공동체주의적 모델, 발전주의적 모델로 구분한다. 시장 모델, 공산주의 모델, 발전 모델이라고도 한다. 공동체주의적 모델은 공동체 복지를 우선하는 언론제도로 의견의 다양성 확보를 위한 정치적 개입을 허용한다. 발전주의적 모델에서는 개인의 욕구와 자유는 제한 가능하다는 입장을 보인다(맥퀘일, 2008). 맥퀘일은 기존의 4이론에 더해 발전언론 이론, 민주적 참여언론 이론을 추가시켰다. 발전언론 이론은 1950~1960년대에 출현한 근대화 이론 및 발전 커뮤니케이션과 연관을 가지며 개발도상국의 언론은 공동체의 발전에 기여할 책임이 있다는 것이 핵심 요지다. 사회책임 이론이 객관성과 공정성 등의 보도규범을 중시하는 데 비해 발전언론 이론은 경제발전 등의 공동체적 가치를 강조한다. 민주적 참여언론 이론은 매체 접근이 어려운 시민/지역 공동체, 하위문화 집단, 권익단체 등이 소규모 언론을 이용해 벌이는 언론활동을 옹호하는 이론이다.

2. 언론자유

자유는 이상이지 현실이 아니다. 절대적 자유란 있을 수 없다. 어느 사회든 자유의 수준은 절대 통제와 절대 자유의 사이에 놓여 계속적인 발전과정을 밟는다. 헤겔은 인간이 자유를 한 단계씩 발전시켜 나가는 과정이 역사라고 봤다. 자유는 존재의 최고 가치이기 때문에 평등에 우선한다. 마찬가지로 자유주의는 민주주의에 우선한다(이상철, 1999).

1) 언론자유의 의미

한국의 헌법은 자유주의 언론이론을 명시하고 있다. 즉, 제21조 제1항과 2항은 "모든 국민은 언론·출판의 자유와 집회·결사의 자유를 가진다. 언론 출판에 대한 허가나 검열과 집회·결사에 대한 허가는 인정되지 아니한다" 고 규정하고 있다. 또 제37조에는 "국민의 모든 자유와 권리는 국가안전보 장, 질서유지 또는 공공복리를 위하여 필요한 경우에 한하여 법률로써 제한 할 수 있으며, 제한하는 경우에도 자유와 권리의 본질적인 내용을 침해할 수 없다"고 명시한다. 그러나 법 관행과 운용에서는 사회책임주의의 성격을 강하게 띤다.

언론자유의 개념 언론의 자유에 대한 최초의 법적 선언은 1649년 영국의 인민협약에 등장한다. 이후 1789년 프랑스 인권선언, 1791년 미국 연방수 정헌법 등이 언론자유를 인간의 기본권으로 규정하고 있다. 현대의 각 국가 들은 정도의 차이(헌법적 또는 법률적 유보조항)가 있지만 거의 예외 없이 언론의 자유를 보장하고 있다(한균태 외, 2008). 언론자유의 개념은 너무 포괄적이고 광범위하기 때문에 세계적으로 일치된 견해가 없다(이상철, 1999). 그러나 경제권, 재산권 등 개인의 여타 기본권적 자유보다 우월적 지위를 가져 제1의 자유(the first freedom)라고 불린다(한균태 외, 2008). 언론 의 자유를 구체화한 것은 1952년 IPI(International Press Institute, 국제언론인 협회)의 언론자유에 대한 정의에서다. IPI는 언론자유를 발행의 자유, 뉴스 원에 접근할 수 있는 자유, 보도 전달의 자유, 의견표시의 자유로 정의했다. 언론에 관한 영국 왕립위원회(왕립언론위원회)는 3차 위원회(1977)에서 언 론의 자유를 민주적 시민이 책임 있는 판단을 내리는 데 필요한 사실들과 의견들을 출판함으로써 공익 추구를 가능하게 하는 데 불가결한 정도의 제약이 없는 상태라고 규정했다. 언론자유는 근래 좀 더 광의적이고 적극적 인 의미로 표현의 자유로 대체되는 경향이 있다(서정우, 2002).

언론자유의 의미 자유민주주의 사회에서 표현의 자유는 3가지 점에서 그 중요성이 강조된다. 첫째, 표현의 자유는 국가의 간섭을 배제하는 기본권의 하나라는 사실이다. 자연권으로서의 개인적 권리로 간주된다. 둘째, 표현의 자유는 민주주의 체제를 꾸려나가는 데 필수불가결한 요소다. 공론의 장을 마련하는 것이 대의 민주주의를 보완하는 데 긴요하고, 거기에는 표현의 자유가 전제된다. 언론은 공공정보를 수집·전달하고 다양한 의견을 반영하는 등 공적 임무를 맡고 있어 제도로서의 자유를 누려야 한다고 본다. 셋째, 표현의 자유는 진리추구에 효과적이다. 영국의 철학자 밀은 진실이 꼭 오류에 승리한다고 믿을 수 없지만 사상의 자유경쟁 과정에서 얻어지는 사회적 이익 때문에 언론의 자유가 보장돼야 한다고 주장했다(서정우, 2002).

언론자유의 통제 정치권력, 경제권력을 비롯한 모든 권력은 언론을 관리, 통제해 자신들의 지배를 정당화하고 이익을 대변하게 하려는 욕구가 있다. 언론권력 자체도 같은 속성에서 벗어나지 못한다. 권위주의 사회일수록 그런 경향은 강해진다. 인터넷 등장 이후 미디어의 세계화와 민주주의의 확산으로 언론자유의 통제는 점점 어려워지고 있다. 그러나 우리 사회가 존속하는 한 언론자유와 대립하고 갈등하는 패러다임이 사라질 수 없다. 정도의 차이는 있더라도 언론자유에 대한 도전은 어떤 형태로든 계속된다고 봐야 할 것이다. 언론자유 또는 언론 미디어에 대한 통제의 유형은 외형상 정치적·법적 통제, 경제적 통제, 사회적 통제, 정보원에 의한 통제, 내적·자율적 통제의 5가지로 구분된다. 이들 유형은 서로 배타적으로 보이지만 실제에서는 여러 힘들이 뒤섞이는 경우가 많다(서정우, 2002).

2) 기본권과 언론자유

인권은 인간의 생래적·천부적 권리인 데 비해 기본권은 헌법이 보장하는 국민의 기본적 권리다. 국가에 대한 방어권 내지 개인의 주관적 공권으로서의 성격을 가진다. 기본권은 국가권력을 구속한다. 따라서 입법권, 행정권, 사법권은 기본권에 구속된다. 기본권의 상충관계를 해결하는 방법으로는 이익형량 이론(이익의 내용과 크기를 서로 비교해 기본권 충돌을 조정하는 것)과 규범 조화적 해석(기본권 모두가 최대한으로 그 기능과 효력을 나타낼 수 있도록 조화를 이루게 하는 것)이 있다. 기본권의 제한에 대해 한국에서는 모든 기본권에 적용될 수 있는 법률유보를 일반적으로 규정(헌법 제37조 제2항)하고 있다. 기본권 제한에는 비례의 원칙이 적용된다. 부작위를 청구하는 방어권에서는 과잉금지 원칙으로, 작위를 청구하는 급부권에서는 과소금지 원칙으로 구체화된다(김영규 외, 2008).

인격권, 재산권, 국가공권 국민 기본권으로서의 인격권은 언론자유에 우선한다. 인격권으로는 명예권, 사생활권, 성명권, 초상권이 있다. 저작권, 특허권, 상표권과 같은 재산권이나, 사회질서 유지와 관련된 국가공권도 언론자유의 제한 사유가 된다. 사회질서 유지 법률로는 음란물, 집회질서, 국가안보 관련 법률이 있다. 음란물은 보통 성행위나 배설 행위에 관한 노골적 묘사를 의미한다. 인터넷 등장 이후 기본권과 국가공권 침해에 대한 우려는 계속 높아지고 있다. 인터넷의 즉시성과 광범성은 법익 침해를 더욱 확대시키는 요인이다. 속보경쟁으로 인한 언론의 동조화 경향도 피해나 충격을 키우고 있다. 실시간 뉴스 제공의 장점이 불완전한 정보, 미확인 정보를 남발시키는 원인이 되기도 한다. 글로벌 네트워크인 인터넷에서는 개별국가 단위로 이 같은 부작용들을 규제한다는 것이 거의 불가능하고 제재 수단조차 마땅치 않은 실정이다(홍승희, 2002).

언론 규제 입법의 합헌성 국민의 기본권을 제한하는 입법은 상당하고도 충분한 이유를 가져야 한다. 특히 언론자유와 같은 정신적 자유를 규제하기 위한 법률은 엄격한 합헌성 기준을 충족시켜야 한다. 여기에는 5가지 판단 기준이 적용된다. 첫째, 사전 억제(검열) 금지의 원칙으로 표현활동을 사전에 억제하는 것이 허용되지 않는다는 원칙이다. 그러나 표현에 위법성이 있으면 사후적 처벌을 감수해야 한다. 둘째, 명백하고 현존하는 위험의 원칙은 해악의 발생이 명백하고 위험이 현존하는 경우에 표현의 자유를 제한할 수 있다는 원칙이다. 해악과 위험의 우려와 예상만으로는 이를 제한할 수 없다. 셋째, 명확한 법률적 근거(명확성의 원칙)를 가져야 한다. 넷째, 국민의 기본권 제한을 최소화시켜야 한다(과잉금지의 원칙). 목적의 정당성, 방법의 적정성, 피해의 최소성, 법익의 균형성 모두를 요구한다. 다섯째, 재산적 기본권과 달리 신체 및 정신작용과 관련된 기본권의 합헌성 해석은 엄격한 잣대를 사용(이중기준의 원칙)해야 한다(김춘식 외, 2010; 한균태 외, 2008).

3. 신문의 역사

2010년 호주의 미래학자 도슨(Ross Dawson)은 전 세계 52개국의 종이신문 사망연도를 인터넷 사이트에 발표했다. 정보화 속도와 정부의 보조금 지급 등 환경 요인을 감안한 사망연도는 미국이 2017년, 영국이 2019년, 한국이 2026년, 프랑스가 2029년, 독일이 2030년으로 예측됐다(한국언론진흥재단, 2011b). 최초의 근대적 신문 발간 이후 400여 년 만의 일이다.

1) 세계 신문의 역사

인쇄술의 발명은 문자문화를 확산시키는 커뮤니케이션의 혁명이었다. 그 이전까지 문자 커뮤니케이션은 점토판, 죽간, 파피루스, 양피지 등을 통해 이뤄졌다. 이런 커뮤니케이션 도구는 비용, 운반, 보관, 이용 등에서 문자의 대중화를 불가능하게 했다. 점토판과 죽간은 제작이 번거로울 뿐 아니라 너무 무거웠고, 파피루스는 습기에 약해 보존이 어려웠다. 양피지는 책 한 권 만드는 데 양이 수백 마리나 필요했다(배규한 외, 2006). 인쇄술[9]의 발명은 책과 신문 등 매체를 통한 커뮤니케이션의 대중화를 불러왔고 그것은 이후의 세계 역사를 통째로 바꿔놓았다.

신문 발달사 고대로부터의 신문 역사는 구어신문 - 게시형 신문 - 서한신문 - 필사신문 - 부정기 인쇄신문 - 정기 인쇄신문으로 이어졌다. 인쇄신문은 주간지 - 주 2, 3회 신문 - 일간지로 발달해왔다. 이들 발달 단계는 전반적 흐름을 이야기하는 것일 뿐 새로운 신문 유형이 나타났다고 앞 단계의 신문 유형이 완전히 사라졌다는 의미는 아니다. 즉, 인쇄신문이 등장한 뒤에도 서한신문, 필사신문은 상당 기간 공존하는 형태를 보였다(한균태 외, 2008; 이상철, 1999).

부정기 신문에서 대중신문까지 서구 최초의 부정기 인쇄신문은 1482년 독일 아우스부르크에서 처음 발간됐다고 한다. 최초의 근대적 신문(주간지)으로는 1609년 독일 볼펜뷔텔(스트라스부르크)에서 발행된 ≪렐라치온(Avis Relation oder Zeitung)≫이 꼽힌다. 최초의 영국 주간지는 1621년의 ≪코란토≫, 미국은 1690년의 ≪퍼블릭 어커런시스(Public Occurances)≫다. 동양에서는 1644년 중국에서 10일마다 나오는 순보가 있었다. 주 2, 3회 신문으로는 1665년 영국의 ≪옥스퍼드 가제트≫, 일간 신문으로는 1702년 영국의 ≪데일리 커런트≫를 최초로 본다. 미국 최초의 일간지는 1783년의 상인신문으로 ≪펜실베이니아 이브닝 포스트≫와 ≪데일리 어드버타이저(Pennsylvania Evening Post and Daily Advertiser)≫이다. 신문 대중화를 선도한 것은 미국의 ≪뉴욕 선(New York Sun)≫(1833)과 프랑스의 ≪라 프레스≫

---

9) 현존 세계 최고의 목판인쇄물은 8세기 초의 『무구정광대다라니경』(석가탑 출토)이고, 역사 기록상 최고의 금속활자 인쇄물은 1234년의 고려 『상정고금예문(詳定古今禮文)』이다. 세계 최고의 실전 금속 활판 인쇄물은 1377년의 고려 『직지심체요절(直指心體要節)』(약칭 직지심경)로 프랑스 국립도서관이 보관하고 있다. 구텐베르크의 금속 활판 인쇄(1450년 무렵)보다 70년 이상 앞섰다(배규한 외, 2006).

(1836)다. 조선에서는 이보다 훨씬 앞선 1577년 인쇄된 일간 민간 상업신문
이 있었다는 기록이 『선조실록』과 이이의 경연일기 등에 전해진다. 이 신문
의 실물이 발굴된다면 세계 신문 역사는 다시 쓰여야 한다(서정우, 2002).

캐리(James Carey)는 어느 사회나 국가에서 매체의 침투율이 50%에 달하
는 것을 보편화의 기준으로 제시했다. 미국의 경우 최초의 신문이 1690년에
발간됐으나 대중지[10] 창간(1833년 *New York Sun*)으로 신문이 보편화되기까
지는 143년이 걸렸다. 당시 인구의 60%가 글을 읽고 쓸 수 있었기 때문에
대중지 출현이 가능했다. 미국의 신문 구독은 1910~1920년에 정점에
달했다(맥퀘일, 2008; 서정우, 2002; 이상철, 1999).

신문 제작기술의 변화 기술적 측면에서 신문의 역사는 ① HTS(Hot Type
System) 시대, ② CTS(Cold Type System) 시대, ③ DB(Data Base) 시대, ④
전자(통신망)신문 시대, ⑤ 인터넷신문 시대로 이어진다. 납 활자(Hot Type)
를 사용하는 제작 시스템이 수백 년간 계속되다가 20세기 중반 이후 컴퓨터
(Cold Type)를 이용한 제작 시스템으로 바뀌었다. CTS는 전면 컴퓨터 제작까
지 4단계의 발전과정을 거쳤다. DB의 구축은 1971년 ≪뉴욕타임스≫가
'information bank'라는 이름으로 실험 운영했고, 일본에서는 1984년 ≪아
사히신문≫이 기사 DB인 HIASK를 출범시켰다. 전자신문은 PC통신망을
통해 신문기사를 서비스하는 것으로 1986년 ≪한국경제신문≫이 그 시초
다. 그러나 이어 등장한 인터넷에 밀려 수명이 오래지 않았다. 세계 최초
인터넷신문은 1994년 창간된 ≪시카고 트리뷴≫(종속형)과 1995년 11월의

---

10) 권위지와 대중지 : 권위지는 국경을 초월한 인류 보편의 가치와 관심사를 포괄적이
   고 심층적으로 다룬다. 전문직의 윤리를 추구하는 신문이다. 단순사건보다 이슈에,
   단순보도보다 해설에 치중한다. 일반 대중보다 정부관리, 학자, 언론인, 종교인,
   법률가 등 사회지도층에 영향을 미친다. 이와 달리 대중지는 인간적 관심사에 초점
   을 맞추고 선정적 보도양식으로 기사를 전달한다. 인구 집중, 식자층 확대, 낮은
   보급가격, 광고를 통한 이윤 창출이라는 배경 속에 성장이 이뤄졌다(맥퀘일, 2008).

≪살롱≫(독립형)으로 본다.[11] 한국에서 인터넷신문을 처음 제작한 것은 1995년 3월의 ≪중앙일보≫다. 이때부터 세계와의 매체 발전 시차가 거의 사라졌다. 인터넷신문의 등장은 온라인 저널리즘의 출발점으로 볼 수 있다 (한균태 외, 2008; 서정우, 2002).

통신사 역사상 최초의 뉴스 통신사는 1835년 아바스(Charles L. Havas)가 설립한 프랑스의 아바스 통신사다. 1848년 미국 뉴욕에서 AP통신사, 1849년 독일에서 볼프(Wolf) 통신사, 1851년 영국에서 로이터 통신사가 잇따라 설립됐다. 19세기 말 아바스, 로이터, 볼프, AP가 전 세계의 취재권을 분할하면서 카르텔 체제를 형성했다. 뉴스 카르텔은 제2차 세계대전과 함께 해체됐고, 종전 후에는 AP와 로이터가 메이저 뉴스 통신사로 성장했다. 1980년대까지는 미국의 AP와 UPI, 영국의 로이터, 프랑스의 AFP가 세계 4대 통신사로 명성을 유지해오다 1990년대에 UPI와 AFP가 쇠락하면서 양대 메이저 체제로 굳어졌다. AP와 로이터는 세계적인 TV뉴스 통신사의 역할을 겸하게 됐다(김춘식 외, 2010).

2) 한국 신문의 역사

신문의 발전은 활자의 사용과 밀접한 관련이 있다. 한국에서는 일찍부터 활자 사용에 눈을 떴으나 경전 보급 및 귀족교육에 치우쳐 신문의 발달과 연결되지는 않았다. 서양보다 2, 3세기 늦은 19세기 후반에 들어와서야 신문 발간이 이뤄졌다(한국언론학회, 1994).

초기 근대신문 ≪한성순보≫(1883), ≪한성주보≫(1886), ≪독립신문≫ (1896), ≪황성신문≫(1898), ≪제국신문≫(1898), ≪대한매일신보≫(1904) 등

---

11) 종속형과 독립형 : 종속형은 종이신문이나 방송 등 기성매체에 경영, 제작 등 측면에 서 종속된 매체, 독립형은 그렇지 않은 개인이나 법인의 매체를 말한다.

의 발간이 이어졌다. 기자라는 말이 처음 쓰인 것은 1898년 9월 14일 자 ≪제국신문≫ 논설에서다. '기자 이승만'이라는 표기가 등장한다.

일제시대 민족지와 친일지의 대립(1904~1910), 친일지의 독점(1910~1919), 조선 민간지의 재생과 항일기(1919~1931), 친일 강요기(1931~1945)로 나뉜다. 3·1운동 이후 문화정치의 산물로 1920년 3월 5일에 ≪조선일보≫, 같은 해 4월 1일에 ≪동아일보≫가 창간됐다.

해방 이후 미 군정기(좌·우익지의 대립), 반독재 투쟁기(이승만 정권), 혼란기(제2공화국), 독재기(제3, 제4, 제5 공화국), 민주화기(제6공화국 노태우 정권), 상업신문기(김영삼 정권 이후)로 이어졌다. 1987년 6월 항쟁으로 언론 민주화 시대가 열리면서 신문 카르텔 해체 및 증면 경쟁, 가로짜기, 오피니언 지면 도입, 한글 전용, 조간 전환, 스포츠신문 등장, CTS편집, 섹션 제작 등의 급격한 변화가 이어졌다. 1997년 IMF 사태 이후로 신문산업은 심각한 재정 타격을 받았고, 인터넷 등 뉴미디어의 등장으로 더욱 위축되고 있다(이상철, 1999).

4. 방송의 역사

정보를 먼 곳으로 전달해주는 라디오는 지역사회의 결속력 약화를 가져왔다. 주민들의 관심은 지역과 이웃에서 나라 전체로 돌려졌다. 현재의 라디오는 지역이 아니라 나이, 취미, 직업과 같은 요인들로 묶어진 공동체를 만들어내고 있다. TV는 뉴스 전달자와 시청자의 거리를 더욱 멀어지게 했다. 구어 뉴스를 내보내면서도 TV만큼 실제 대화와 이웃 간의 접촉을 적게 보여주는 매체는 없다(스티븐스, 1999).

1) 세계 방송의 역사

세계 방송의 역사는 지점 간 커뮤니케이션 시대와 대중방송 시대로 나뉜
다(한국언론학회, 1994). 대중방송의 역사는 산업화 시대, 후기산업화 시대,
정보화 시대의 3단계를 거치고 있다.

산업화 시대 AM 라디오의 대중보급이 이뤄지고, FM 라디오와 TV가
출현하게 된 제2차 세계대전 종전까지의 기간을 말한다(한국언론학회,
1994). 1920년 미국 웨스팅하우스는 KDKA 호출부호를 가진 라디오 방송
국을 최초로 설립했다. 영국과 프랑스는 1922년, 독일은 1923년, 일본은
1925년 라디오 방송을 시작했다. 대량의 정보 전달 수단으로, 전쟁 홍보·선
전 수단으로 그 가능성을 인정받았다. TV의 경우 영국이 1935년 첫 시험방
송을 했고, 같은 해 독일이 세계 최초로 TV방송에 성공했다. 1950년대
초까지 전성기를 구가하던 라디오는 TV의 등장과 함께 보조적 매체로
위상이 격하됐다.

후기산업화 시대 제2차 세계대전 종전 이후 후기산업사회의 징후가 나타
난 20년 정도의 기간을 말한다. 1950년대 이후 공시청 안테나형 TV가
케이블TV의 개발로 이어졌다. 컬러TV 방송은 1954년 미국에서 출발,
1967년 영국, 프랑스, 서독으로 확대됐다. 이후 컬러TV 주사선 체제는
미국의 NTSC방식(1953), 프랑스의 SECAM방식(1967), 영국의 PAL방식
(1967)으로 3원화됐다(한균태 외, 2008). 방송체제가 라디오에서 TV 중심으
로 재편되면서 대중문화의 전파에 TV가 중추적 역할을 했다. 1962년
통신위성 개발로 정보유통의 국제시장화 현상이 나타났다(배규한 외,
2006).

정보화 시대 1960년대 이후 정보사회화 징후가 나타난 시기를 일컫는다.
방송이 정보 전달 위주에서 정보 유통 중심으로 바뀌면서 정보의 가공,
분배, 이용 등에서 새로운 전환이 일어났다. 케이블TV, 직접위성방송,

뉴미디어가 방송문화의 표현양식을 다양하게 만들었다(한국언론학회, 1994).[12] TV방송 출범 이후 1970년대, 1980년대(한국은 2000년대)까지 높은 시청률을 유지해왔던 지상파방송은 이후 쇠퇴의 길을 걷고 있다. 2000년대 이후에는 디지털 방송이 보편화되고 있다.

2) 한국 방송의 역사

라디오 방송의 전성기에 TV가 등장한 서구와 달리 한국에서는 라디오와 TV 보급이 큰 시차 없이 이뤄져 라디오의 역사가 상대적으로 짧다.

라디오 일제 조선총독부가 한반도 통치수단으로 설립한 경성방송이 1927년 2월 16일 첫 정규방송을 내보냈다. 방송지역은 서울과 경기도 일원으로 라디오 보유 세대수는 1,440호에 불과했다. 1945년 해방과 더불어 미 군정청 공보부가 일제 때의 10개 방송국을 접수했고, 1948년 대한민국 정부 수립과 함께 공보처가 국영방송체제로 이를 이어받았다. 그 이듬해 한국 최초의 민간방송인 기독교방송이 설립됐고, 1959년 한국 최초의 민간 상업방송인 부산문화방송이 개국됐다. 1961년 12월에는 한국문화방송주식회사(MBC), 1963년 4월에는 동아일보사의 동아방송(DBS), 1964년 5월

---

12) 글로벌 TV뉴스 채널의 등장 : 위성방송, 디지털 기술에 힘입어 미국의 CNN(Cable News Network), 영국의 BBC(British Broadcasting Corporation) 같은 24시간 케이블 뉴스 개별 사업자(한국의 방송채널사용사업자)들은 글로벌 직접 커뮤니케이션 시대를 열었다. 세계 최초의 24시간 생방송 보도전문 케이블 네트워크인 CNN은 1991년 걸프전을 계기로 글로벌 뉴스채널로 성장했다. BBC는 CNN의 성공에 자극받아 같은 해 해외 뉴스 전문채널인 BBC 월드를 출범시켰다. 이들 외에도 다수의 전 세계 또는 권역 시청자 대상의 지상파, 위성방송, 케이블 뉴스 채널들이 등장했다. 글로벌 TV뉴스 채널은 뉴스의 오락화, 시각적 이슈 편향 등의 비판을 받고 있다. 그러나 현장 속보, 화려한 그래픽, 짤막한 사운드바이트 등 미국식 24시간 TV 저널리즘은 세계 각국의 보도제작에 영향을 미치고 있다(김춘식 외, 2010).

에는 동양방송(TBC), 1965년 6월에는 서울 FM방송국이 잇따라 개국됐다. 1968~1971년 사이 정부는 16개의 방송국을 허가했다. 1980년 전두환 신군부는 방송의 공영화를 단행, 한국방송공사(KBS)가 동아방송, 동양방송을 흡수하고, MBC 주식의 70%를 인수하도록 했다. 언론 민주화가 이뤄진 1990년 8월 한국방송은 10년 만에 다시 공영과 민영체제로 전환됐다. 1991년 3월 SBS(서울방송), 4월 PBC(평화방송), 5월 BBS(불교방송), 6월 TBS(교통방송)가 각각 개국돼 기존의 KBS, MBC, CBS와 함께 다채널시대로 돌아갔다.

　TV　1956년 5월 12일 RCA 한국대리점에 의해 세계에서 15번째, 아시아에서 4번째로 TV방송국이 개국됐다. 당시 수상기 보급 대수는 200~300대 정도였다. 개국 후 6개월이 지나 하루 2시간씩 정규방송을 했으나 적자운영으로 1957년 한국일보사에 넘겨졌고, 1959년 화재로 방송이 중단됐다. 1961년 12월 31일 국영방송인 KBS가 첫 방송을 시작했다. 민영으로는 동양TV가 1964년 12월 서울과 부산에서 첫 전파를 발사했다. 1968년 8월에는 라디오로 출발한 문화방송이 서울과 부산의 텔레비전 정규방송을 시작했다. 1980년 12월 전두환 신군부의 방송 통폐합 조치가 단행되면서 공영체제로 바뀌었다. 1987년 6월 항쟁의 결과로 언론기본법이 방송법과 정기간행물 등록 등에 관한 법률로 대체 입법되고, 1990년 8월 공영체제에서 공영과 민영체제로 되돌아갔다. 1991년 서울방송(SBS) 개국과 함께 3사 체제가 됐다. 1995년 3월에는 30개 채널의 케이블TV 방송이, 1999년 12월에는 위성방송이 시작됐다. 2005년부터 이동멀티미디어방송(Digital Multimedia Broadcasting: DMB), 2010년부터 인터넷 멀티미디어 방송(IPTV) 서비스가 개시됐다(한균태 외, 2008; 배규한 외, 2006).

5. 온라인 미디어의 등장

매체로서의 인터넷은 컴퓨터 언어인 html(hypertext markup language) 형식
으로 작성된 파일을 전송 프로토콜인 http(hypertext transfer protocol) 방식으
로 보내주는 웹서버와 그것을 다운로드하고 정리해서 보여주는 웹브라우저
를 의미한다. html 기술은 글자, 그래픽, 사진, 동영상 등 인터넷의 멀티미디
어화를 가능하게 했다.

1) 인터넷

인터넷은 매스미디어의 기능과 개인미디어의 기능을 무제한으로 확장시
킨 미디어다. 즉각적 피드백 등 면대면 대화환경에 근접한 정보기술을 반영
하고 있다. 인터넷이 상용화된 1995년 이후 사회구성원들의 정보활동이
전 방위적으로 보편화되면서 사회 전 분야에서 구조적 변화가 일어나고
있다. 인터넷은 오늘날 정보의 네트워크이자, 서비스, 콘텐츠, 산업, 교육,
문화 등의 다양한 요소들을 복합적으로 가진 사회현상으로 인식된다(한균
태 외, 2008).

인터넷의 등장 인터넷의 출발은 1969년 미 국방성에서 군사목적으로
개발한 ARPANET에서 비롯됐다. 그러나 대중적 통신수단으로 부각된
것은 1990년대 초 월드와이드웹이 등장하면서부터다(홍승희, 2002). 1994
년 전 세계 인터넷 이용자는 1,700만 명에 불과했으나 5년 만인 1999년
말 2억 명을 넘어섰고, 2008년 말 10억 명을 돌파했다.

한국의 경우 1994년부터 인터넷 서비스가 시작됐다. 초기 몇 년 동안
이용자가 1만 명을 넘어서지 못할 것으로 전망했었다. 그러나 한글 콘텐츠
가 대거 개발되면서 이용자가 폭증했고, 1999년에 1,000만 명을 돌파했다.
10년 뒤인 2009년 상반기의 인터넷 이용자는 3,658만, 2010년 5월 현재는

3,701만 명(이용률 77.8%)으로 세계 10위권이다(국가통계 포털; 한국 인터넷
진흥원).

인터넷 이용 정보검색, 뉴스 보기, 이메일, 오락이 대종을 이루고 있다.
정보나 뉴스원으로서의 매체별 중요도에서 인터넷은 서비스 5년 만인 2000
년에 신문을 제치고 2위로 도약했다. 하루 평균 이용시간에서 신문과의
격차는 계속 벌어져 2010년의 경우 4배 이상 이용시간이 많은 것으로
나타났다. 포털의 성장은 특히 괄목할 만하다. 2003년 상반기 이후 포털의
뉴스 채널 방문자 수는 종이신문 매체 방문자 수를 앞지르고 있다. 2008년
언론 수용자 의식조사에 따르면 가장 영향력 있는 매체 3, 4위를 네이버,
다음이 차지했다. KBS와 MBC에는 못 미치지만 ≪조선일보≫, SBS, ≪동
아일보≫, ≪중앙일보≫보다 우위에 있었다. 신뢰성 있는 매체로도 네이버
와 다음이 3, 5위를 차지해 4위인 ≪조선일보≫와 비슷한 수준에 올랐다.
이후 조사에서는 비교 내용이 빠져 있으나 유사한 결과가 나올 것으로
추정된다(한국언론진흥재단, 2010b; 한국언론재단, 2008a).

2) 온라인 미디어의 성장

온라인 미디어는 디지털 미디어의 하위개념이며 인터넷 미디어의 상위
개념이다. 디지털 미디어는 온라인과 오프라인(카메라, 디지털TV, PDA 등)
을 포괄하고 있다. 디지털 미디어가 디지털 기술의 전반적 특성에 초점을
맞추고 있다면, 온라인 미디어는 기술적 측면과 더불어 미디어 이용방식을
강조하는 개념이라 할 수 있다. 뉴스 생산자와 소비자 간의 관계를 변화시키
는 새로운 언론 패러다임까지를 포괄하는 용어다(김병철, 2005).

세계 세계 최초의 인터넷신문은 종속형으로 1994년 창간된 ≪시카고
트리뷴≫지를, 독립형으로 1995년 11월 창간된 ≪살롱≫(salon.com)을 꼽는
다. 온라인 미디어의 파괴력을 확인시킨 것은 1998년 드러지(Matt Drudge)

가 만든 드러지 리포트다.[13] 르윈스키 사건의 케네스 스타 검사 보고서 전문을 웹사이트에 올려 5,500만 명이 열독하는 반응을 일으켰다. 드러지는 모든 사람은 다 기자가 될 수 있다는 발상을 처음 실천한 언론인이다. 이후 인터넷뉴스 서비스 경쟁이 본격화돼 몇 년 만에 전 세계로 확산됐다. 새 뉴스미디어로서의 다양한 가능성이 인식되면서 방송, 통신, 신문이 인터넷 영역으로 합류해 들어가는 양상을 보이고 있다(홍승희, 2002; 한국언론재단, 2001).

한국 한국 최초의 종속형 인터넷 매체는 1995년 ≪중앙일보≫의 인터넷신문이다. 같은 해 KBS, 그 이듬해 ≪조선일보≫, ≪동아일보≫가 인터넷신문을 창간했다. 1997년 국내 최초의 독립형 인터넷 방송국인 m2station이 개국했고, 2000년 ≪머니투데이≫가 독립형 전문 인터넷신문을, ≪오마이뉴스≫가 독립형 종합 인터넷신문을 각각 창간(2002년 오마이TV 개국)했다. 2005년 시행된 신문법에 따라 인터넷 매체도 법정언론으로 인정돼 그해 말 286개 매체가 등록했다(한국언론재단, 2008a). 2010년 3월 현재는

---

13) 드러지 리포트(drugereport.com)의 창업자인 매트 드러지는 미국 메릴랜드에서 고교를 간신히 졸업하고 LA의 CBS-TV 사환을 거쳐 7년간 기념품 판매점 점원으로 일했다. 여기서 정보 네트워크를 다져 1995년 2월 할리우드 근처 아파트에서 드러지 리포트를 출범시켰다. 초기에는 3류 신문, 잡탕식 소식지 등의 비판을 받았다. 익명의 취재원으로부터 정보를 얻으면 사실 또는 정확성 여부를 점검하지 않고 그대로 올렸다. 드러지의 사고방식으로는 어떤 주장의 신빙성이 자체의 증거만이 아닌 그 대상의 반응(클린턴 행정부의 반응과 같은)으로도 보강될 수 있다고 봤다. 그러나 정치적 의도가 숨겨진 엉터리 정보를 올려 곤경을 겪기도 했다. 그는 또한 기자에게 취재보도의 허가권이 주어지지 않았다며 누구든지 온갖 내용의 기사를 전할 수 있다고 생각했다. 알 권리가 있는 것은 시민들이지 편집자가 아니라는 이야기다. 1998년 1월 17일 ≪뉴스위크≫가 클린턴 대통령의 르윈스키 추문을 알면서도 기사를 게재하지 않았다고 폭로한 뒤 그 전모를 공개했다. 르윈스키 스캔들은 ≪뉴스위크≫의 이시코프 기자가 근 1년 전부터 알고 있었던 내용이었다. 이 사건은 인터넷이 하나의 미디어 세력으로 부상하는 계기가 됐다(앨런, 2008; 홍승희, 2002).

1,865개(언론사닷컴 포함)가 등록돼 있다. 여기에 인터넷뉴스서비스 사업자 (포털 20여 개 등)와 신문·방송의 인터넷판(170여 개)을 보태면 전체 인터넷 매체 또는 사업자는 2,100여 개가 된다.

6. 시대별 저널리즘

저널리즘의 유형은 대상 미디어, 보도의 지향성, 보도의 행태, 보도의 분야 등으로 다양하게 구분할 수 있다. 이하에서는 언론역사로서의 의미가 있는 시대별 주요 저널리즘의 변화과정을 소개한다. 지향성이 중심이 되지 만 저널리즘의 기술적 측면, 주체, 명칭 등이 핵심 특성이 되기도 한다.

1) 저널리즘의 두 기둥

저널리즘은 시민 공론장이 형성되면서 문필가적 역할에서 출발했다. 19 세기 중반 대중신문이 등장하면서 기자들의 역할도 문필가에서 게이트키퍼 로 변화했다. 이후 이야기(story)와 정보(information)의 두 저널리즘 이념은 지속적인 세력 다툼을 벌여왔다. 스토리텔링 저널리즘은 연성기사, 정보 저널리즘은 경성기사와 유사한 속성을 보인다. 뉴스에 오락성을 강화한 퓰리처(Joseph Pulizer)의 ≪뉴욕 월드 신문≫을 스토리텔링 저널리즘의 시발 점으로 보기도 한다. 낮은 수준의 저널리즘으로 치부되지만 언론의 상업주 의화와 함께 세계적으로 바탕을 넓혀가고 있다. 정보 저널리즘은 문맥이나 흥미성보다 진실성과 명확성을 강조하는 점에서 스토리텔링 저널리즘과 차이를 보인다. 두 가지 형태의 저널리즘 모두가 유용한 측면이 있다(김춘옥, 2006).

2) 초기 저널리즘

근현대 저널리즘의 변천은 언론 현상이 왕성했던 유럽과 미국 중심으로 전개된다. 정치, 경제 등 다른 분야와 마찬가지로 구미의 언론문화가 세계 언론에 끼친 영향이 적지 않았다. 저널리즘은 그 출발에서 정파적 성격을 띠다가 1830년대 최초의 대중지인 ≪뉴욕 선≫의 등장 이후 새로운 저널리 즘들이 이어지는 양상을 보인다.

정파 저널리즘 정파 저널리즘은 17, 18세기 초기 근대신문이 정당이나 정치적 후견인들에 의해 재정적 후원을 받던 시기에 출현해 19세기 후반까지 이어졌다. 후견정당이나 정치인의 입장을 반영하는 시각을 드러낼 수밖에 없었다. 미국의 1800년대 신문들은 직접 정부의 보조금을 받거나 신문인이 정부의 돈을 받았기 때문에 신문의 논조는 철저하게 편파적이었다. 상대방에 대한 근거 없는 인신공격으로 일관하기도 했다.

뉴 저널리즘 정파 저널리즘에 대한 반동으로 영국과 미국에서 태동한 것이 뉴 저널리즘이다. 신문의 새로운 발전양상을 지칭하는 것으로 1870년대와 1880년대까지 이어졌다. 정파적 보도에서 벗어나, 신문이 정치적으로 중립의 태도를 취하게 된 저널리즘을 말한다. 링컨은 1861~1865년 미국 남북전쟁 시대를 즈음해 정당지를 배격하면서 신문과 정치의 관계를 예속과 편파성에서 독립과 견제의 관계로 바꿔놓았다(이상철, 1999).

옐로(yellow) 저널리즘 1890년대 시장경쟁의 논리가 심화됨에 따라 신문이 상품화되면서 나타난 저널리즘이다. 옐로 저널리즘이란 명칭은 퓰리처[14]와 허스트(William R. Hearst)의 두 신문 만화 주인공에서 유래됐다.[15]

---

14) 19세기 말 20세기 초의 대표적 신문인이다. 성공하기 위한 신문의 조건으로 선정적인 제목, 탐방 및 폭로기사, 현상모집, 저렴한 구독료, 삽화의 삽입, 경품제공 등을 주장했다. 2,000만 달러를 컬럼비아대학에 기증해 1912년 최초의 언론인 전문대학원을 설립하고, 1917년 언론의 노벨상인 퓰리처상을 제정했다.

대중에 영합하기 위해 본능과 호기심을 자극하는 선정주의(Sensationalism)적 보도경향을 보였다. 불건전한 감정을 일으키는 성적 추문, 범죄, 폭력, 유명 인사 이야기 등의 뉴스 주제를 가십, 극화, 확대·과장보도 등의 형식으로 다뤘다. 편집에서는 지나칠 정도의 대형 제목과 사진을 사용했다(윤석홍·김춘옥, 2000; 이상철, 1999). 옐로 페이퍼의 보도양상에 반발해 뉴 저널리즘 운동이 다시 일어났다. ≪뉴욕타임스≫는 진실보도를 강조하며 이 운동을 주도했다(김춘식 외, 2010에서 재인용).

재즈(jazz) **저널리즘**(타블로이즘) 재즈 저널리즘은 옐로 저널리즘에 이은 선정주의 보도성향으로 1920년대에 시작해 1940년대 초반에 소멸했다. 1930년대 대공황으로 신문산업이 위축되면서 힘을 잃었다. 1924년 ≪뉴욕 데일리 뉴스≫가 그 연원으로 연예, 범죄, 섹스, 만화 등 선정적 기사들로 지면을 채웠다. 옐로 저널리즘과 본질적 차이는 없고 지하철에서 읽기 좋은 타블로이드 크기라는 점이 특징이다.

3) 객관보도 저널리즘

객관보도 저널리즘의 출현은 19세기 말에서 20세기 초로 거슬러 올라간다. 발전의 도중에 해설보도 저널리즘[16]이 잠시 등장했다. 1950년대까지

---

15) 1893년 퓰리처의 ≪뉴욕 월드≫가 5색 컬러 인쇄기를 들여와 오트칼트(Richard F. Outcault)의 일요판 만화 옐로 키드(The Yellow Kid)를 연재했는데 대단한 인기를 끌었다. 이에 경쟁지인 허스트의 ≪뉴욕 저널≫이 오트칼트를 스카우트해 같은 만화를 연재했고, ≪뉴욕 월드≫는 새 작가를 고용해 같은 이름의 만화를 이어갔다. 이 사건에서 비롯된 옐로 저널리즘은 언론의 상업성을 지칭하는 용어가 됐다. 이후 선정적 기사를 게재하는 신문을 yellow press 또는 yellow paper라 부르기 시작했다.

16) 해설보도는 관련된 사실을 분석하고 상황에 대해 객관적으로 평가하는 저널리즘이다. 제1차 세계대전에 대한 언론의 단편적인 보도는 전쟁의 원인이나 진행상황을 이해하기 어렵게 만들었고, 이것이 해설보도 저널리즘을 등장시키는 배경이 됐다(서

대표 저널리즘의 자리를 지켰고, 지금도 언론보도의 전형으로 간주되고 있다. 초기의 객관보도는 의견기사와 사실기사의 구분, 감정이 개입되지 않은 뉴스의 제시, 공정성과 균형성의 유지 등 3가지를 중시했다. 또 뉴스보도에서 언론사의 주장을 배제하고, 육하원칙(六何原則)에 따라 기사를 작성하는 등의 특성을 보였다.

등장 배경 객관보도 저널리즘의 등장에는 3가지 요인이 일정 부분 영향을 미친 것으로 보인다. 옐로 저널리즘에 대한 반발, AP통신의 보도 기술적 필요성, 광고 시장의 발달이 그것이다. 옐로 저널리즘에 대한 반발에서 비롯됐다는 것은 윤리적, 이념적 접근으로 당시 상황적 이유가 충분했다. AP통신의 보도 기술적 필요성에서는 AP통신이 정치적 성향이 다른 회원 신문사들을 상대해야 했기 때문에 특정 시각을 반영하지 않는 객관보도의 원칙을 채택하지 않을 수 없었을 것으로 보인다. 현대의 통신들도 이점에서는 마찬가지다. 광고시장의 발달도 무시할 수 없는 구조적 요인이었다. 자본주의 발달과 광고시장의 성장으로 신문은 광고를 수용하는 대중들의 반응을 고려해야 했다. 이들 대중신문은 어떤 특정 정파의 입장을 대변하기보다 대중의 취향과 기호에 적합한 기사를 제공하기 위해 객관보도 저널리즘을 채택하게 됐다.

비판 객관보도 저널리즘은 사안에 대해 피상적이고, 있는 사실의 전달만을 강조한다는 비판을 받았다. 어느 쪽이 정당한가라는 정의의 문제나 도덕적 의미 등을 무시한 채 편리하고 기계적인 균형보도로 일관한다는 것이다. 뉴스가 객관적이 될수록 수용자들이 뉴스를 이해하기 어려운 것으로 생각한다는 보고들이 있다. 객관보도 저널리즘은 엘리트 취재원에 대한 의존으로 기존의 권력질서를 재생산하고, 감시기능을 약화시킨다는 지적을 낳기도 한다. 신문을 감시견이나 제4부(the fourth estate)[17]로 간주하는 자유주의

정우, 2002).

언론사상과 충돌을 빚는다(서정우, 2002).

객관성의 적용 현대 사회과학은 객관성이 실현 불가능하며 인정되는 기준이 없다는 결론을 내리고 있다. 그럼에도 현재까지 객관보도 저널리즘은 역피라미드형 기사, 타인들의 의견 인용 등 형식적 속성을 통해 지켜지고 있다. 이에 대해 터크먼(Gaye Tuchman)은 기자들이 보도의 위험성으로부터 자신을 보호하기 위한 전략적 의례로서 객관성을 활용하고 있다고 주장한다. 갠스도 기자들이 객관성과 무소속을 추구함으로써 뉴스를 선택하는 것과 같은 개인적 자율에 대한 자신들의 권리를 정당화시킨다고 지적한 바 있다(김경희, 2009).

4) 심층 저널리즘

1950년대까지 객관보도 저널리즘이 대세를 이뤘으나 이후 복잡한 현대 사회를 제대로 설명하지 못하는 한계점을 드러냈다. 이에 따라 객관보도를 넘어서는 주관보도와 심층보도, 정밀보도로 가야 한다는 주장들이 제기됐다(서정우, 2002).

뉴 저널리즘 1960년대 후반부터 미국에서 시작된 르포르타주 저널리즘 양식이다. 이전 저널리즘의 단편성과 상투적 수법에서 오는 결함들을 해소하고자 노력했다. 조사에 중점을 두는 심층보도를 지향한다. 대상에 밀착해 사실을 파헤치고, 픽션기법으로 주관적 현실을 실감 있게 전하는 데 중점을 뒀다.

탐사보도 저널리즘 1970년대에는 심층적 정보를 입수해 기자 나름의 판단으로 문제점을 발굴·고발하는 탐사보도 저널리즘[18]이 등장했다. 언론

---

17) 18세기 후반 영국에서 권력의 3부인 군주, 교회, 의회와 더불어 언론이 지닌 정치적 권력을 지칭하는 용어다. 언론의 권력은 정보를 공표하거나 공표하지 않을 수 있는 힘과 정보 전달 내용을 결정하는 능력에서 나온다.

이 가진 사회정의와 공공복지의 기능을 강조해 정부나 사회의 부정, 부패, 비리, 위선 등을 파헤쳐서 고발하는 것을 기본 목적으로 했다. 제4부로서의 기능을 다하기 위해 언론과 정부의 협력관계를 깨야 한다고 봤다. 정부와 언론의 관계를 대립관계로 본 점에서 대립보도 저널리즘으로도 불린다. 폭로기사를 통해 신문의 상업성을 심화시켰다는 비판이 제기됐다.

심층보도 저널리즘 해설보도와 비슷하지만 보도방법에서 차이가 있다. 심층보도는 사건의 역사성을 조명하거나 사건을 현재의 동향과 관련해 좀 더 넓은 맥락에서 다룬다. 주어진 사건의 상황과 그에 대한 대중들의 관심이나 이슈들을 서로 연관지어 보도한다. 검증 가능한 사실에 입각해 분석함으로써 개인적인 의견과 구분된다.

정밀보도 저널리즘 1973년 언론인 메이어(John B. Meyer)로부터 시작됐으며, 저널리즘을 과학화하자는 움직임의 일환이다. 사회과학 방법론을 동원해 기사 정보를 수집하고 분석하는 취재보도방식이다. 언론인의 역할을 사회과학자와 마찬가지로 사실을 발견하고 원인을 추정한 다음 사회적 문제의 해결방안을 제시하고 그런 방식의 효과성을 평가하는 것으로 파악한다. 적극적 정밀 저널리즘과 반응적 정밀 저널리즘이 있다. 전통 저널리즘을 보완해주지만 비용부담이 커 대형 언론사에서만 가능한 저널리즘이다 (서정우, 2002).

5) 대안 저널리즘

대안 저널리즘은 다양한 시민 언론운동을 바탕으로 주류언론이나 기득권

---

18) 1970년대 일본에서 비롯된 발표 저널리즘은 정부 부처나 경찰 등 출입처의 발표대로 기사를 작성하는 언론 관행을 말한다. 발표 저널리즘의 문제점인 언론의 획일화와 정보조작 등을 없애기 위해 1970년대 이후 등장한 취재방법이 탐사보도다(윤석홍·김춘옥, 2000).

세력에 대항하는 대안 매체의 저널리즘이다. 대안 매체는 일반시민에 의해 독립적이고 비영리적으로 운영되며, 사적 공간에서의 공적 대화(공론장)를 지향한다. 시장중심적 언론이나 정부 소유 언론에 대립되는 입장을 보인다. 1960년대, 1970년대에 미국과 유럽에서 확산됐다. 대안언론은 때로 새로운 사상을 전파하고 정치권력을 탈중심화시키며 사회변화를 이끌려는 목적을 가진다. 전통언론이 객관성을 강조하는 반면 대안언론은 특별한 의도와 목적을 내세우기도 한다. 전통 저널리즘이 엘리트 계층에 초점을 맞추고 전문적이며 상업적 성격을 가진다면, 대안언론은 비엘리트 소수계층 등의 비상업적, 비전문적 가치를 반영한다. 한국은 대안언론의 성립이 아주 늦었다. 1998년 7월 창간된 인터넷신문 ≪딴지일보≫가 최초로 꼽히며, 주류신문의 패러디로 관심을 끌었다. 2002년 시민단체와 방송 전문가들이 개국한 RTV(시민방송)도 대표적인 대안방송으로 간주된다. ≪옥천신문≫, ≪설악신문≫, ≪홍성신문≫ 등의 지역 차원 대안 미디어들도 있다(김춘식 외, 2010).

6) 공공 저널리즘

시민사회의 목소리에 주목하는 공공(시민) 저널리즘은 성격과 특징에서 대안언론의 한 유형으로 오해되기도 한다. 공공문제에 대한 시민 참여와 논의, 해결책을 이끌어내는 것을 언론의 중요한 임무로 간주한다. 지역을 저널리즘의 대상이 아니라 참여하도록 만들어야 할 목표로 바라본다. 1980년대 후반부터 1990년대 중반까지 미국의 지방 신문운동으로 시작됐으나 공영방송, 상업방송으로 번져나갔다. 정치와 시민사회의 괴리, 시민들의 사회문화적 소외, 엘리트 중심의 언론운영에 대한 반성에서 출발했다. 공공 저널리즘은 엘리트가 아닌 시민 중심, 사건이 아닌 이슈 중심, 1회성이 아닌 과정 중심, 단발성이 아닌 장기보도를 특징으로 한다. 미국 신문언론의 공공 저널리즘 지향은 전략적 성격이 강했다. 1980년대에 등장한 CNN,

Fox 뉴스 등 24시간 뉴스 전문채널로 인해 국제·전국 뉴스 시장에서 지방 언론사들의 경쟁력이 약화되면서 공공 저널리즘으로 새 활로를 뚫어보고자 한 것이다(김춘식 외, 2010; 김병철, 2005).

자유주의 이론가들은 저널리즘의 본질적인 자율성을 훼손한다고 보아 이를 반대하는 입장이다(김병철, 2005). 공공 저널리즘의 사회참여적 입장은 전통 저널리즘의 객관주의를 부정하게 만들기 때문이다. 반면 공공 저널리즘 이론가들은 객관성이나 객관보도는 저널리즘이 사회문제들에 떨어져 있을 것을 요구하기 때문에 오히려 문제가 있다고 본다. 저널리즘의 위기를 해결하기 위해서는 사회문제를 대상화하지 말고 이에 적극적으로 개입해야 한다고 주장한다(김사승·김효동·김광제, 2006). 국내에서는 기자 주도형, 기자 - 시민 공동 주도형, 시민 주도형으로 구분하고 있다(김병철, 2005).

7) 온라인 저널리즘

1990년대에 정보통신기술의 발달에 힘입어 인터넷을 취재, 기사 쓰기, 보도의 수단으로 삼는 온라인 저널리즘이 등장했다. 이후 저널리즘은 오프라인과 온라인으로 양분되면서 저널리즘의 성격에 근본적인 변화를 가져왔다. 온라인으로 출입처가 개방되면서 신문, TV 기자들의 정보독점이 깨지고, 이로 인해 미디어의 영향력 지도가 새로 그려지고 있다. 뉴스의 속도는 시간과 공간을 뛰어넘어 즉각화되는 양상으로 바뀌어 미디어 독점까지 불가능하게 됐다(서정우, 2002).

온라인의 가장 큰 강점은 이용자들이 매우 짧은 시간에 방대한 양의 정보를 검색해서 살펴볼 수 있다는 데 있다. 다른 미디어들은 한 줌의 뉴스나 정보를 제공하는 수준에 그친다. 또 온라인에서는 직업기자에 대응되는 이용자들이 그들의 견해를 집단적으로 표출할 수 있다. 이에 따라 보도에서 정보원과 정보 이용자의 경계가 흐려지고 있다. 뉴스미디어로서의 인터넷은 뉴스의 정의, 언론인의 개념과 역할, 기사 쓰기 방식 등 저널리즘 전반에서 혁명적 변화를 일으켰다. 온라인 저널리즘은 저널리즘의 융합과 동시에 블로그 저널리즘, 소셜미디어 저널리즘, 모바일 저널리즘으로 진화하고 있다.

8) 오픈 저널리즘

오픈 저널리즘은 소셜미디어가 확산되면서 구체화되고 있는 언론양상이다. 기자와 뉴스 이용자가 상호작용적, 수평적 관계를 형성하며 벌이는 토론과 뉴스 수정과정이 저널리즘의 주요 대상이 된다. 오픈 저널리즘은 ① 오픈 소스 저널리즘, ② 오픈 퍼블리싱, ③ 소셜 뉴스의 3가지 형태로 나눌 수 있다.

오픈 소스 저널리즘은 1999년 온라인 사이트에 사이버테러 관련 뉴스 원문을 공개하고 전문가들의 사실 확인을 요청한 사례가 최초로 꼽힌다. 전문가, 일반인 등 모든 사람에게 뉴스 생산과정을 공개한다. 그러나 미디어가 편집의 전권을 가져 뉴스 이용자 측면에서 보면 협력이라기보다 참여 방식에 가깝다. 이에 비해 오픈 퍼블리싱은 뉴스 생산뿐 아니라 뉴스 수정과정까지도 개방된다. 뉴스 생산이 지속적 수정과정을 통해 진화해나가는 개념이다. 오픈 소스 저널리즘이 언론사 주도의 뉴스 생산 개방이라면 오픈 퍼블리싱은 언론사 - 이용자들의 뉴스 협력 생산이라고 할 수 있다(김사승·김효동·김광제, 2006). 소셜 뉴스는 오픈 저널리즘의 마지막 단계라 할 만하다. 뉴스원으로부터의 여과되지 않은 정보를 기자들을 거치지 않고 그대로 유통시키는 뉴스 생산방식이다(설진아, 2011).

제3장

1. 뉴스

뉴스가치는 사람들의 통념에 호소하는 것이며, 문화나 관습의 영향을 받을 수밖에 없다. 중요하고 흥미 있는 것이 뉴스라는 사실은 변함이 없지만 무엇이 중요하고 흥미 있는가 하는 점은 계속 변하고 있다. 전통 저널리즘에서 실생활의 유용성은 주변적 뉴스가치 요소였지만 연성화 추세와 함께 중심가치의 하나가 되고 있다(김춘식 외, 2010).

1) 미디어 발달과 뉴스

미디어의 발달은 필연적으로 뉴스의 개념과 생산방식 등에 새로운 변화를 일으킨다. 신문, 라디오, 지상파 TV, 케이블TV, 인터넷의 순차적 등장은 그때마다 뉴스의 패러다임을 바꿔놓는 계기가 됐다. 일례로 인터넷 등장 이후 수용자들은 기자의 소속 매체 따위에는 별 관심이 없어졌다. 기자가 알고 있는 것이 무엇인지에 대해 궁금해할 뿐이다(앨런, 2008에서 재인용).

라디오 1920년대에 등장한 라디오가 신문을 위협할 뉴스미디어가 될 것이라고는 아무도 상상하지 못했다. 그러나 라디오 뉴스가 급성장하면서 광고주들이 라디오로 몰려들자 통신사와 신문사는 라디오에 뉴스 공급을 중단하는 등 제재를 가하기 시작했다. 불과 10년 만에 라디오가 신문을 제칠 수 있었던 것은 보도의 신속성, 생동감, 라디오 전파의 파급성과 같은 미디어의 특성 때문이었다. 1932년 루스벨트 대 윌키의 대통령 선거전은 신문이 뉴스 역사상 처음으로 조연 역할을 한 사건으로 평가된다. 1939년 ≪포춘(Fortune)≫이 실시한 조사에서는 63%가 신문에서 뉴스를 얻고 있었으나, 1945년 미국 국립여론조사연구원의 조사에서는 61%가 라디오에서 뉴스를 얻고 있었다(김경희, 2009).

TV 미국에서 TV가 처음 등장했을 때는 패션쇼나 영화 시사회를 보여주는 것이 고작이었다. 뉴스와는 거리가 멀어 보였다. 라디오 뉴스에 스틸 사진을 사용해 뉴스를 진행하다 1948년 무렵부터 15분짜리 뉴스를 방송했다. TV뉴스는 1960년대 케네디 대 닉슨의 대통령 선거전을 계기로 왕성한 발전을 보였다. TV의 상대적 강점은 현장성, 신뢰성, 속보성이다. TV뉴스의 속보에 밀려 신문은 기획과 분석을 강화하는 쪽으로 보도의 초점을 바꿔나갔다(김경희, 2009).

케이블TV 1980년 터너(Ted Turner)는 CNN(Cable News Network)을 설립해 24시간 뉴스와 뉴스 관련 프로그램을 방송하기 시작했다. 1991년 미국이 이라크를 공격한 걸프전은 CNN의 성가를 크게 높였다. 케이블TV의 등장은 뉴스를 표면적이고 피상적으로 보도하는 경향을 낳았다. 사건을 단순하게 전달하는 뉴스가 보편화되면서 도구적 저널리즘이라는 비판이 대두됐다. 현장감의 극대화는 신문에서의 글쓰기도 시각화되는 경향으로 이어졌다(김경희, 2009).

인터넷 인터넷의 등장 초기에는 네트워크의 미비 등으로 뉴스미디어로서의 중요성을 인식하는 사람이 많지 않았다. 뉴스의 생산 없이 편집과 유통만으로 지금 같은 사회적 영향력을 행사할 것이라고는 아무도 예상하지 못했다. 인터넷이 뉴스미디어로 성공한 원동력은 다른 미디어를 제치고 사회적 이슈를 여론화하는 데 성공했기 때문이다(김경희, 2009).

2) 뉴스의 개념

1940년대 파크(Park)의 역사와 뉴스 비교연구는 아직도 우리에게 시사해주는 바가 있다. 연구에서 추출된 주요 사항들은 다음의 4가지다. ① 뉴스는 시의적이다. ② 뉴스를 통해본 세상 자체는 서로 연관 없는 사건들로 구성된다. ③ 뉴스는 사건 그 자체가 벌어질 때만 가치를 가진다. ④ 뉴스로 보도되는 사건은 일상적이지 않거나 예상치 않은 것으로서, 이것이 실질적 중요성보다 더 중요한 속성이다(맥퀘일, 2008).

전통적 개념 뉴스의 어원은 14세기 무렵 new의 복수 형태를 특수용법으로 발전시킨 것으로 추정되고 있다. 동서남북의 두문자를 딴 것이라는 설도 있다. 시간에 쫓기는 사람들이 원하는 만큼만 읽을 수 있도록 누가, 언제, 어디서, 왜, 무엇을, 어떻게의 육하원칙에 따라 역피라미드 방식으로 작성되는 것을 전형으로 했다. 객관성 또는 중립성의 확보를 뉴스의 중요한 지표로 삼았다.

뉴스의 개념을 한 마디로 설명하기는 어렵다. 하지만 '대중 수용자를 위해 신문, 방송, 인터넷, 구두로 전달되는 시의적 현상들에 대한 선택된 정보' 정도로 정의할 수 있다. 이상적 측면에서는 '공익적 대상에 대한 새로운 정보'라는 의미를 가진다.

개념의 변질 그러나 뉴스의 개념은 형식과 내용에서 심각한 도전을 받아왔다. 공익적 대상에 대한 정보는 유명인의 사생활, 선정주의, 뉴스로 보기 어려운 뉴스로 대치되면서 뉴스의 경계를 흐려지게 만들었다. 뉴스가 리얼리티 쇼나 대중문화의 하나로 변질됐다는 비판을 받을 정도다. 객관성 또는 중립성은 개인적 편향이나 상업적·정치적 압력으로 왜곡돼 전통적 개념의 뉴스 제공을 어렵게 만들었다. 시민 저널리즘의 출현은 뉴스의 생산 주체, 메시지 내용 면에서의 개념 변화를 일으켰다.

개념의 붕괴 셔드슨(Michael Schudson)은 디지털 시대가 되면서 우리가 저널리즘에 대해 그동안 알고 있었던 모든 내용은 재고돼야 한다고 말한다. 오늘날 저널리즘은 한 명의 기자와 노트북 한 대만 있으면 가능한 시대가 됐다. 언론사 기관이 아닌 개인 저널리즘이 보편화되고 있다. 비언론인도 저널리즘의 주체가 될 수 있다. 이같이 뉴스 생태계의 경계들이 흐려지면서 뉴스 개념을 정의하기가 점점 어려워지고 있다. 셔드슨은 뉴스 생산자와 소비자, 직업기자와 아마추어 기자, 영리 매체와 비영리 매체, 언론사 내 보도편제와 영업편제, 전통 미디어와 뉴미디어의 구분이 사라진다고 말한다. 이런 불안정하고 모호한 현상들이 저널리즘의 미래를 구성하게 될 것으로 보인다(http://en.wikipedia.org/wiki/News에서 재인용).

3) 뉴스의 의미

TV뉴스 연구를 보면, 이해나 기억의 차원에서 뉴스에 대한 수용자의 평균적 학습수준은 매우 낮고 학습한 내용 자체가 매우 파편적이라는 사실을 보여준다. 사람들이 일상적 상황에서 기억할 수 있는 뉴스는 5%에도 미치지 못하는 것으로 평가됐다. 또 뉴스에 대한 수용자 관심과 실제 보도 사이에는 상관관계가 없는 것으로 나타났다(맥퀘일, 2008).

뉴스와 민주주의, 환경 일반적으로 민주주의가 발달한 사회일수록 더 많은 뉴스를 가진다. 뉴스는 민주주의를 뒷받침하는 핵심 요소 중 하나이기 때문이다. 언론 발전과 민주주의 발전은 동전의 양면관계라 할 수 있다(배규한 외, 2006). 인간은 환경에 적응하고 생존하려는 욕구 때문에 정보를 필요로 한다. 사회가 다양화·다원화될수록 환경에 대한 불확실성은 커지고 그에 따른 뉴스 욕구도 커질 수밖에 없다(윤석홍·김춘옥, 2000).

뉴스와 사건, 기자 뉴스는 주관적 의견을 배제하고 사실을 중시한다는 점에서 정보와 비슷하나 모든 정보가 뉴스가 되지는 않는다. 정보와 사건은 언론에 보도될 때만 뉴스가 된다(김춘식 외, 2010). 뉴스는 일어난 것이 아니라 어떤 사람이 일어났다거나 일어날 것이라고 말한 것이다. 그런 말에는 늘 약간의 왜곡이 있을 수 있다. 뉴스는 사실은 되지만 반드시 진실과 일치하지는 않는다. 보도의 대부분은 기자회견, 보도자료와 같은 사건의 꾸밈들에 의해 만들어진다. 기자는 다른 사람들의 말이나 설명에 의존하면서 추론하는 경향이 있다. 기사를 작성할 때는 삭제, 집중, 극화의 기법을 동원한다. 주변적 내용을 삭제하고 핵심내용에 집중해 극적인 요소를 가미한 결과물을 내놓는다(이상철, 1999).

2. 온라인뉴스

온라인 시대가 되면서 언론기관은 더 이상 뉴스를 소유하지 않는다. 언론기관은 정보를 확인, 분석, 설명하고 일반인들이 알아야 할 내용을 찾는 데 도움을 줄 수 있지만 일반인이 알아야 할 것을 통제하거나 결정하지는 못한다. 온라인에서는 언론매체와 공중이 엄격하게 구분되지 않는다. 언론 매체가 뉴스 공동체의 한 구성원이 되고 있을 뿐이다. 언론 매체와 이용자가 사회적 실재를 함께 만들어 나감으로써 뉴스와 비뉴스의 경계가 무너지고 뉴스가치라는 관념도 희미해지고 있다. 집단 저널리즘 또는 협력 저널리즘의 시대로 접어들고 있다(김춘식 외, 2010; 앨런, 2008).

1) 온라인뉴스의 개념

온라인에는 정형화된 뉴스의 개념이 없다. 미디어의 진화에 따라 뉴스의 개념이 계속 변하고 있기 때문이다. 일례로 포털 사이트의 프런트 페이지에서는 뉴스와 오락을 명확히 구분하지 않는다. 다수의 온라인 미디어들은 뉴스에서 사실기사와 의견기사의 구획도 무너뜨리고 있다(김경희, 2009).

생산형 뉴스와 편집형 뉴스 온라인뉴스는 성격별로 생산형 뉴스와 편집형 뉴스로 나뉜다. 전자는 주로 종이신문, 방송 등 독립형/종속형 미디어들이, 후자는 주로 포털 등 매개형 미디어들이 제공한다. 온라인뉴스 소비의 대부분은 후자, 즉 편집형 뉴스다. 네이버, 다음, 네이트, 야후 등 포털이 뉴스 소비의 80% 이상을 차지한다. 생산형 뉴스의 트래픽 점유율은 미미한 수준이다(한국언론재단, 2008). 특기할 것은 뉴스 이용자들이 이제는 뉴스의 생산 주체를 별로 따지지 않는다는 점이다. 네이버나 다음에서 본 뉴스를 그냥 네이버 뉴스, 다음 뉴스로 인식할 뿐이다(김경희, 2009).

푸시 뉴스와 풀 뉴스 뉴스는 그 시초부터 밀어내기(push) 식으로 전달됐으나 온라인에서는 끌어당기기(pull) 식이 일반적이다. 인터넷 등장 이후 사람들은 과거처럼 미디어의 지배를 받는 것이 아니라 미디어를 통제하고자 한다. 그 전까지는 뉴스를 알려줄 때까지 기다리는 데 익숙해 있었지만 점점 그들이 원하는 뉴스를 찾아내고자 한다. 온 디맨드(on demand) 기술의 개발로 정보나 뉴스의 1대 1 전달이 가능해졌고, RSS[1) 기술의 보급은

---

1) Really Simple Syndication 또는 Rich Site Summary의 약자로 이메일 목록과 같은 헤드라인 서비스다. 헤드라인 클릭을 통해 해당 페이지로 들어갈 수 있다. 언론사 홈페이지나 블로그 등의 업데이트 정보를 한꺼번에 모아서 보내거나 받아 볼 수 있다. RSS를 사용하면 웹사이트 운영자는 별도 콘텐츠를 구성하거나 이메일 발송 작업을 하지 않고도 사용자들에게 정보를 전달할 수 있다. 사용자는 여러 웹사이트를 일일이 방문하지 않아도 업데이트될 때마다 한자리에서 쉽게 그 내용을 확인할 수 있다. RSS는 팟캐스팅과 같은 미디어 배포의 용도로도 사용된다.

이용자들이 자신의 관심사와 합치되는 콘텐츠만 받을 수 있게 했다. 블로그 서비스의 시작과 함께 RSS는 뉴스 사이트에서 광범하게 활용되고 있고, 팟캐스팅(podcasting)[2]의 진전에 도움을 주고 있다. 신문과 같은 전통 미디어들은 팟캐스팅을 통해 새로운 수용자들과 연결될 수 있게 됐다(앨런, 2008).

주석적 뉴스 주석적 뉴스는 일반시민이나 전문가 등 이용자들이 기자들이 만든 뉴스에 다른 해석을 부가함으로써 만들어지는 뉴스다. 이를 통해 부가 가치를 창출하거나 뉴스를 여과, 수정할 수 있다. 뉴스의 객관화 작업에 대한 인식도 달라진다. 전통 저널리즘에서는 취재기자가 주관적 접근을 하고, 편집 간부들이 단일의 실체적 진실을 추구하는 간주관적 객관화 작업을 해왔다. 반면 주석적 저널리즘에서는 편집 간부와 같은 존재를 인정하지 않음으로써 여러 주관적 인식을 극대화하고 간주관적 객관화를 배제한다(김춘식 외, 2010).

2차 뉴스 2차 뉴스는 뉴스 조직이 이미 생산된 뉴스를 재가공해 만드는 뉴스다. 뉴스룸 통합 등에 따른 새로운 뉴스 생산방식이다. CNN의 인터넷 뉴스미디어인 CNNi의 경우 디지털의 다양한 특성을 이용해 현장 취재 없이 CNN 네트워크나 통신 등에서 생산한 1차 뉴스와 각종 데이터를 간접 취재해 2차 뉴스를 만들어낸다(김춘식 외, 2010).

2) 온라인뉴스의 특성

전통 저널리즘과 달리 온라인에서는 이용자들의 뉴스 소비 과정에서도 뉴스 생산 작업이 지속된다. 그만큼 뉴스 생산 단계가 늘어나는 것이다.

---

2) 아이팟(iPod)의 pod과 방송(broadcast)의 cast가 합쳐진 단어다. 이런 배포 - 구독 모델은 2001년에 만들어졌으나 팟캐스팅이라는 용어는 2004년 처음 사용됐다. 이용자가 매번 미디어를 선택하거나 찾아 들어가지 않고 원하는 팟캐스트를 구독하는 방식이라는 점이 다른 미디어와의 차이점이다.

온라인뉴스의 특성은 미디어의 기술적 특성과 직결된다. 상호연결적인 특성들은 다음의 몇 가지로 정리할 수 있다.

하이퍼미디어 뉴스 온라인뉴스는 디지털 기술을 기반으로 신문, 방송, 통신의 경계를 넘나드는 멀티미디어 뉴스를 제공한다. 이들 멀티미디어는 하이퍼텍스트와 결합해 하이퍼미디어가 된다. 텍스트 간 링크로 연결되는 하이퍼텍스트는 인간의 사고 흐름에 따라 콘텐츠를 연결해준다(김경희, 2009). 이를 뉴스에 활용하면 과거부터 현재까지의 진행과정과 여러 관점, 해석, 주장을 두루 제시할 수 있다(유재천 외, 2010). 이용자가 자신의 목적이나 흥미, 호기심 등에 따라 비선형적, 비순차적 구조로 정보를 탐색하거나 뉴스를 재구성하는 것도 가능하다(김경희, 2009).

데이터베이스 뉴스 온라인뉴스의 기술적 특징 가운데 하나는 데이터베이스 기능과 검색 기능이다. 데이터베이스로 인해 기사를 전달하는 것과 받는 것이 동시적이면서 비동시적으로 이뤄질 수 있다.

상호작용 뉴스 뉴스 생산자와 이용자 간, 인터넷뉴스 구성 체계와 이용자 간의 상호작용이 가능하다. 후자가 더 많이 일어난다. 기자의 글에 이용자가 댓글을 다는 행위, 이용자가 UCC를 제작하거나 기사를 써서 뉴스 사이트에 올리는 행위 등이 있다. 뉴스에서 기사를 선택해서 읽는 행위도 상호작용의 한 과정이다. 인터넷에서는 이용자가 스스로 선택해서 읽을 수 있는 기사가 신문보다 훨씬 많다.

무한편집의 실시간 뉴스 공간 제약이 없어 무한편집이 가능하다. 기사나 데이터를 입체적으로 보여줄 수 있으며 기사와 관련된 맥락 정보를 풍부히 제공할 수 있다. 하나의 뉴스를 사건의 원인, 배경, 인물 관련 사항 등 다양한 관점에서 깊이 있게 통합적으로 제시할 수 있다. 특정 용어의 설명과 해석이 하이퍼텍스트로 연결돼 있어 주석 저널리즘을 가능하게 한다. 시간이란 장애물도 사라져 실시간 뉴스 제공이 가능하다(김경희, 2009).

3) 온라인뉴스의 장단점

온라인뉴스의 장단점은 기술적 특성과 밀접히 연결돼 있다.

장점 링크 기능을 통해 해당 주제에 대해 많은 것을 읽을 기회를 제공한다. 즉시 그리고 정기적으로 업데이트할 수 있다. 공간의 제약이 없는 심층보도가 가능하다. 기사에 오디오, 비디오 등 멀티콘텐츠를 추가할 수 있고, 기사를 아카이브(archive) 형태로 저장할 수 있다(김병철, 2005).

단점 신문은 기사 배열에서 가독성이 높지만 컴퓨터 화면은 크기가 작아 정보를 한눈에 보여줄 수 없다. TV뉴스는 양질의 영상을 다차원적으로 보여주지만 온라인뉴스는 화질이 떨어지는 제한된 영상밖에 보여주지 못한다. 이용자들은 장문의 텍스트로 된 온라인뉴스를 읽을 때 불편함을 느낀다. 온라인에서는 컴퓨터 화면을 통해 작은 글자로 된 텍스트를 보여주기 때문에 눈의 피로감이 크다. 뉴스 사이트를 찾아다니다 길을 잃어 짜증을 느끼게 할 때도 있다(김병철, 2005).

장단점 하이퍼텍스트와 상호작용성은 이용자의 능동성을 확대시키나 TV와 같은 편안함이 없어 단점으로도 작용한다. 인터넷뉴스는 신문, TV보다 인지적 노력을 많이 투입해야 한다. 이용자가 피곤하더라도 능동성을 발휘해 즐겁게 시간을 보낼 수 있도록 하는 뉴스 구성이 필요하다. 제목 등의 낚시글로는 지속적인 관심을 끌 수 없다(김경희, 2009).

3. 뉴스가치

뉴스가치는 기사의 소재, 즉 사건 자체의 속성과 관련이 크다. 하지만 보도목적에 따라 다루는 방식이 달라질 수 있고, 그것은 사건의 성격을 바꿔놓기도 한다. 선거보도에서 후보자의 자질 검증(중요성 또는 영향성)이

뉴스의 중심 속성이 돼야 하나 실제적으로는 후보자 간 갈등이나 선거판세 (인간적 흥미)가 중심이 되는 경우가 흔하다(김춘식 외, 2010).

1) 뉴스가치의 요소

뉴스가치[3]의 기준점 역할을 하는 것들로는 사람, 장소, 시간, 비용(효율성), 수용자에 대한 호소력 등이 있다. 뉴스는 종종 사건 그 자체에 대한 보도라기보다 사람들이 사건에 대해 무엇이라고 말하는지에 대한 보도다. 저명인의 경우가 특히 그렇다. 권력이 집중된 장소(출입처)와 가까운 정도, 시의성의 강도, 낮은 뉴스 생산 비용, 높은 호소력은 뉴스가치와 정비례한다 (맥퀘일, 2008).

뉴스가치의 소분류 뉴스가치의 요소는 아주 다양해 세분하면 50가지 이상이 된다. 용어만 다르고 서로 중첩되는 개념들이 많다. 속성별 요소들로는 시의성, 근접성(접근성), 영향성, 중요성, 정보성, 저명성,[4] 이상성(異常性, 비일상성),[5] 흥미성, 진귀성(기이성, 신기성), 희소성, 부정성, 독특성, 변화성, 갈등성(투쟁, 논란, 논쟁), 돌출성(돌발성), 적합성, 관련성, 선정성, 간결성, 즉시성, 지속성, 성취성 등이 있다. 일반적 요소들로는 인간적 흥미, 3B(Baby, Beast, Beauty: 어린이, 동물, 미녀), 로맨스, 신비, 영웅담, 모험,

---

3) 갠스는 뉴스가치를 주제적 가치와 지속적 가치로 구분한다. 주제적 가치는 특정 행위자 또는 움직임에 대해 표현된 의견들을 말한다. 지속적 가치는 이타적 민주주의, 책임 자본주의처럼 오랜 기간에 걸쳐서 다양한 유형의 뉴스에서 발견될 수 있는 가치를 의미한다.

4) 언론은 정치, 스포츠, 연예계의 명성과 평판을 만들어내는 주된 도구다. 언론 그 자체도 저명성에 현혹돼 스스로에게 최면을 거는 보도의 함정에 빠져 있다.

5) 뉴스가치(이상성)에 대한 초기적 관점은 19세기 말 미국의 언론인 다나(Charles A. Dana)의 언급에 잘 나타나 있다. "개가 사람을 물면 뉴스가 되지 않지만, 사람이 개를 물면 뉴스가 된다."

쾌락, 경쟁, 취미, 행동, 미결(suspense), 성(sex)과 염문, 수의 크기, 금전(재산), 유머, 장소, 재난, 발전, 발명과 발견, 감정, 대량성, 크기, 사적 이해관계, 수용자, 엘리트, 퍼스낼리티, 긴장감 등등이 제시된다. 언론 고유의 요소들로 편집방침, 언론 관행, 마감시간도 뉴스가치 구성요소가 된다(슈메이커, 2001). 모든 뉴스는 이런 요소들을 중복적으로 가지며, 요소가 많아질수록 뉴스가치가 높아진다.

뉴스가치의 대분류 뉴스가치를 단순화하면 중요성과 흥미성의 2가지로 대별된다. 중요성의 판단기준으로는 시의성, 저명성, 근접성, 영향성 등을 꼽을 수 있다. 흥미성의 판단기준에는 이상성(異常性), 갈등, 유머, 로맨스, 금전, 경쟁, 발명과 발견, 미결, 영웅 숭배와 명성 등이 있다. 이 가운데 시의성, 근접성, 영향성, 이상성이 중요성과 흥미성의 핵심가치다. 시의성은 사회적 흐름이나 쟁점과 밀접하게 연결되는 뉴스의 속성이다(서정우, 2002). 오늘 일어난 일, 오늘까지 알려지지 않았던 일, 오늘의 정보로서 다른 시각을 가지는 일 들이 시의성 있는 뉴스다. 과거 사실에 새로운 의미나 사실이 보태져 시의성이 재현되기도 한다(정인태, 2006). 근접성(접근성)은 사건이 지리적으로 가까운 곳에서 일어날수록 뉴스가치가 높아지는 요소다. 수용자와의 심리적 거리도 포함된다. 영향성은 현재뿐 아니라 공동체의 미래나 기본적 가치와도 관련된다. 이상성은 흥미성을 대변하는 포괄적 그릇이다.

실무적 대분류 실무적 입장에서의 뉴스가치 요소는 정보와 재미의 2가지다. 정보와 재미는 시의성, 중요성, 저명성, 특이성 등의 뉴스가치 요소들로 구성된다. 시의성, 중요성은 정보, 저명성과 특이성은 재미와 가까운 속성이다. 시의성은 모든 뉴스에 생명을 부여하는 약방의 감초 같은 존재다. 매체 유형을 불문하고 시의성을 1차적 뉴스가치 요소로 간주한다. 뉴스는 거의 과거사실이지만 보도에서 현재형 시제를 사용하는 것은 이런 인식을 반영한다. 방송기사에서는 즉시성, 현장성을 특히 강조한다(배정근, 2007). 중요성, 저명성, 특이성은 그 자체로 시의성을 자작하기도 한다. 부대적 뉴스가 치 요소들로는 ① 기자의 신인도, ② 경합기사, ③ 현장성, ④ 신선도, ⑤ 제작 사정 등을 들 수 있다(박진용, 2004).

2) 매체별 뉴스가치

뉴스가치는 의제의 사회성, 즉 특정 이슈가 사회적으로 많은 사람이 관심을 둘 만한 가치를 지닌 정도라고 할 수 있다. 뉴스가치는 매체 일반에 적용되나 신문, 라디오, TV 등 읽거나 듣기만을 위한 뉴스, 보고 듣기 위한 뉴스는 그 가치기준이 달라질 수밖에 없다(김경희, 2009). 같은 신문이 라 하더라도 종합지, 경제지, 스포츠지의 뉴스 취급 방법은 서로 차이를 보인다. 권위지와 대중지는 중점을 두는 기사 소재와 소재를 다루는 방식이 다르다(김춘식 외, 2010). 뉴스가치는 늘 상대적이며 환경의 지배를 받는다.

신문 전통적으로 신문은 뉴스가치를 판단하는 7가지 기준을 적용해왔다. 중요성 또는 영향성, 시의성, 저명성 또는 현저성, 근접성(물리적·심리적 근접성), 특이성 또는 이상성, 갈등성(투쟁, 분쟁), 화제성 등이다. 기준 모두 를 만족시키는 뉴스는 없다. 때로는 어느 하나도 만족시키지 못하지만 중요 한 뉴스가 될 수 있다. 뉴스가치는 본질적 속성보다 상황적 속성에 의해 평가되는 경우가 많기 때문이다(유재천 외, 2010). 국내 신문들의 1면과 오피니언면 뉴스가치 분석에서는 영향성, 부정성, 갈등성이 3대 요소로 나타났다. 영향성의 비중이 특히 높아 1면의 경우 66.1%, 오피니언면은 44.2%를 기록했다. 부정성과 갈등성은 20% 대의 비중이었다. 이외에 전국 지에서는 저명성과 국익성, 지역지에서는 지역성과 긍정성, 경제지에서는 정보성과 저명성이 특징적으로 나타났다(한국언론진흥재단, 2011c).

TV TV보도의 뉴스가치에서는 영향성, 시의성, 근접성, 갈등성, 인간적 흥미, 신기성 등이 강조된다. 외형상 신문과 큰 차이를 보이지 않는다. 신문의 특이성, 화제성이 인간적 흥미, 신기성으로 대체된 정도다. 그러나 뉴스 현장에서는 TV보도의 특성들이 뉴스가치에 근본적 영향을 미친다. 단편성, 시청각성, 인물중심성과 같은 변수들이 뉘앙스 차이를 발생시킨다. 예컨대 사안이 복잡하고 그림이 좋지 않은 소재는 뉴스가치가 떨어지게 된다. 한국(KBS1, MBC, SBS), 미국(NBO, 영국(BBO)의 뉴스가치 빈도 비교에서는 10가지 요소 중·시의성, 부정성, 갈등성의 빈도가 가장 높았다(김춘옥, 2006).

온라인 영향성, 시의성, 갈등성, 인간적 흥미 등 전통적 뉴스가치들이 그대로 적용된다. 그러나 개인미디어란 특성 때문에 흥미성, 심층성, 이면성 을 강조하는 경향을 보인다. 개인들의 대화는 좀 더 흥미롭고, 깊이 있으며, 숨겨진 사실들에 초점을 맞춘 방식으로 이뤄질 때가 많다. 포털 뉴스의 뉴스가치에서는 흥미성이 중요한 기준이었다. 연예, 스포츠 등 연성 뉴스에 치우친 의제설정과 흥미 위주의 편집을 하고 있다는 방증으로 볼 수 있다(김 경희, 2009).

3) 뉴스의 연성화

언론은 사건 자체가 아닌 뉴스보도를 판매한다. 언론은 가능한 한 그들의 제품, 즉 뉴스를 매력 있게 만들려는 성향을 가진다(슈메이커, 2001). 2004년 발표된 '미국 언론향상을 위한 계획'은 지난 20여 년 동안 뉴스의 정의가 바뀌고 있는 원인 중의 하나가 뉴스의 연성화라고 지적했다. 이 보고서에 따르면 신문, 방송, 잡지의 스트레이트 기사는 1977년 52%에서 2004년 32%로 감소했다. 정치 중심의 전통적인 경성뉴스 비율은 32%에서 25%로 줄어든 반면 인간적 흥미를 다룬 피처 뉴스는 15%에서 40%로 늘어났다(김 춘옥, 2006).

연성화의 원인 보도의 연성화는 보도적·문화적·사회적·산업적 변수들이 함께 영향을 미친 결과다. 보도적으로는 뉴스가치의 변화, 문화적으로는 페미니즘화, 사회적으로는 공중의 개념 변화, 산업적으로는 상업주의화가 핵심적 요소로 꼽힌다. 라이프스타일 등으로 인한 뉴스가치의 변화는 경성뉴스에서 연성뉴스 쪽으로 무게중심을 옮겨놓고 있다. 페미니즘화는 그 자체가 연성적인 성격을 띤다. 공중의 개념 변화는 공공사에 관심을 갖는 공동체의 와해와 개인사에 비중을 두는 소규모 공중들로의 분화를 의미한다. 상업주의화는 미디어 집중, 다매체·다채널 경쟁상황 등에서 비롯된 현상이다. TV의 경우 매체 자체가 연성화를 이끄는 속성이 있다. 사람 또는 영상 중심의 극화된 보도방식이 연성화를 부르고 있다. 광고시장 경쟁, 즉 시청률 경쟁도 연성화의 피할 수 없는 원인 중 하나다(김춘옥, 2006).

연성화에 대한 평가 연성화에 대한 비판은 오랜 고정관념에서 비롯됐을 수 있다. 현실을 무겁고 진지한 것, 가볍고 경박한 것 등의 2분법으로 구분하려는 시도는 매우 경직된 사고다. 그런 점에서 경성뉴스와 연성뉴스의 규범적 우위를 단정하는 것은 적절해 보이지 않는다. 두 유형 간의 경쟁은 자연스러운 것이고, 뉴스의 구성에서 바람직한 측면이 있다. 연성화를 뉴스 소재의 확장과 세분화로 이해해야 한다는 주장도 있다. 하지만 연성화의 확대로 뉴스의 공적 신뢰성과 공론장 역할에 대한 우려가 증폭되고 있는 것이 사실이다(김춘옥, 2006).

4. 뉴스가치 결정이론

뉴스가치는 일반적으로 개개 사건이 가진 생래적인 뉴스가치 요소들의 집합에 의해 결정된다. 그러나 언론 메커니즘의 구조적 인자, 즉 인위적 뉴스가치 요소들의 작용도 무시할 수 없다. 뉴스가치 결정이론은 뉴스가치의 판단에 영향을 미치는 이들 두 측면에 대한 설명이다. 두 뉴스가치의 조합이 궁극적인 뉴스가치를 결정한다(윤희중·신호창, 2000).

1) 생래적 뉴스가치

뉴스가치 결정이론에서는 생래적 뉴스가치를 몇 가지 속성으로 설명한다. 영향성, 명료성, 의미성, 동조성, 희소성, 지속성 등의 요소들이다. 앞절에서 본 시의성, 근접성, 영향성, 중요성, 저명성, 이상성, 갈등성, 부정성 등과는 기준점 설정에서 차이가 있다. 영향성, 희소성만이 뉴스가치의 요소들과 개념이 겹칠 뿐이다.

뉴스 사안은 영향의 범위가 넓거나 강도가 높을수록 뉴스가 될 확률이 커진다. 그 의미가 한 가지로 명료하게 해석될 수 있는 사건이 여러 가지로 모호하게 해석될 수 있는 사건에 비해 뉴스로 보도될 가능성이 높다. 뉴스의 기능이 사람들이 갖는 상황의 불확실성을 해소해주고 행동결정의 지침이 된다는 점에서 명료성은 알게 모르게 뉴스 선별의 기준점 역할을 한다. 독자나 시청자의 사회 문화적 준거 틀 안에 들어가는 사건, 즉 의미성이 있을수록 뉴스가치는 높아진다. 이는 사건의 근접성, 관련성과 연결되는 개념이다. 동조성은 사건이 우리가 이미 가진 정신적 이미지와 일치하는 정도를 말한다. 동조성이 클 때 뉴스가 되기 쉽다. 희소성은 의미성과 동조성을 보완하는 뉴스가치 기준이다. 규칙적으로 반복되는 사건은 우리가 쉽게 예측할 수 있을 뿐만 아니라 희소성이 없어서 뉴스가치를 갖기 어렵다. 지속성은 한 번 뉴스가 된 사건은 계속 뉴스로 이어질 수 있는 속성을 말한다.

종합하면 뉴스의 의미가 분명하면서 영향력이 크고, 사람들의 생각과 일치되며, 상식적이지 않은 일의 뉴스가치가 높게 평가된다. 생래적 뉴스가치들은 문화에 따라 다르게 적용될 수 있는 문화상대적 개념으로 이해돼야 한다(윤희중·신호창, 2000).

2) 인위적 뉴스가치

인위적 뉴스가치 요소로는 미디어의 공간구조와 시간구조가 있다. 공간구조와 시간구조에 부합하면서 생래적 뉴스가치 조건을 많이 충족시킬수록 뉴스가치가 높아진다. 온라인 미디어가 주도하는 현재의 언론환경에서는 시간구조의 의미가 약화되고 있다.

공간구조 신문의 공간과 방송의 시간은 일정한 뉴스 범주로 구획된다. 업무의 편의상 뉴스들을 정치, 경제, 사회, 문화, 국제, 스포츠 등으로 범주화하는 것이다. 신문은 이를 더욱 세분화해서 문화 분야의 경우 문화재, 공연, 책, 문학, 전시 등으로 쪼갠다. 방송에서도 하루의 뉴스를 3~5단락으로 나누어 기사들을 안배하거나 모아준다. 눈에 보이지 않는 뉴스 구획이 있다. 일정하게 뉴스를 내보내야 하는 언론의 속성상 공간의 설정은 불가피하다. 뉴스 공간의 배분은 미디어 조직의 인력 배분과 거의 일치한다.

시간구조 미디어의 시간구조는 보도주기와 관련되는 뉴스가치 요소다. 보도주기는 신문발행 또는 뉴스방송의 일정한 간격 주기를 말한다. 일간신문은 하루, 주간신문은 1주일이 보도주기다. 일간신문은 하루 몇 차례 판갈이를 하지만 최종판이 보도주기의 기준점이 된다. 방송 역시 하루 5~10차례의 뉴스 중 아침 뉴스와 저녁 뉴스, 더 핵심적으로는 저녁 종합뉴스를 중심으로 보도주기가 반복된다. 무제한의 업데이트가 가능한 온라인에도 현실적 의미의 보도주기가 있다. 오전(조간 대응), 정오(석간 대응), 저녁(방송 대응) 3차례 정도의 업데이트 중 저녁 시간 업데이트가 보도주기의 중심점 역할을 한다. 보도주기는 뉴스 사안이 일정한 간격을 두고 발생하는 것처럼 보이게 만든다.

뉴스가치는 보도주기와의 적시성, 적합성이 커질수록 높아진다. 적시성이란 뉴스 발생이 매체의 보도주기와 맞아떨어지는 정도를 말한다. 기자들이 기자회견 등 중요 사안의 발표시점을 미디어의 보도주기에 맞추려는 노력은 보도의 적시성을 키우기 위한 것이다. 오전 10시는 석간신문의 보도주기에 맞아떨어지고, 오후 2시는 조간이나 방송의 보도주기에 맞아떨어진다. 적합성이란 시간구조와 잘 부합하는 정도를 말한다. 미디어의 시간구조는 보도의 완성까지 1년 또는 한 달이 걸리는 뉴스 소재보다 하루가 걸리는 소재를 환영받게 한다. 보도의 적합성이 높아지기 때문이다. 서서히 진행되는 환경오염이나 경기침체보다 교량 붕괴, 여객기 추락, 야구경기가 보도주기를 쉽게 만족시킨다. 하루 만에 결과가 나오는 화재사건은 시간이 오래 걸리는 연구 활동에 비해 쉽게 뉴스의 조명을 받는다. 오랜 시간이 걸리는 뉴스 소재는 발굴이 쉽지 않고, 처리에 노력이 많이 들며, 시의성 조건이 애매해질 수 있다(윤희중·신호창, 2000).

3) 시공간 구조의 영향

시공간 구조는 수용자들이 직접 의식할 수 있는 뉴스가치 구성요소는 아니다. 그러나 보도 제작에서 뉴스를 모양 짓게 하고 뉴스 처리에 직접적인 영향을 미친다.

공간구조의 영향　기삿거리가 있든 없든 신문의 경제면은 경제기사로, 체육면은 체육기사로 채워져야 한다. 방송도 마찬가지다. 일정의 뉴스 틀을 유지함으로써 뉴스의 절대가치보다 그날이나 그 시간의 상대적 가치로 뉴스를 채워 넣는다. 지면의 크기나 보도시간의 길이는 주어진 뉴스가 보도될 가능성을 높이거나 낮추거나 한다. 주요기사가 많은 날은 보도의 가능성을 축소시키고, 적은 날은 가능성을 확대시킨다. 뉴스미디어의 공간구조는 특정한 사회적 사건이 일정한 비율로 발생하는 것처럼 보이게 만든다. 신문의 경우 지면 구성 그 자체로 인해 매일 일정량의 사회·정치·경제·스포츠 기사가 보도되도록 한다.

시간구조의 영향　미디어의 시간구조는 보도의 기본 틀을 구조화하는

요인이다. 뉴스의 내용과 성격을 결정짓는 1차적 요인이라고 해도 과언이
아니다. 시간구조는 ① 뉴스의 단편화 경향, ② 부정 보도 경향, ③ 안정된
정보원 의존경향을 촉진한다.

시간구조는 즉각적·단편적 사안 위주의 보도를 촉진하고 지연적·포괄적
보도를 억제한다. 서서히 진행되는 사회적 움직임이나 변화는 포착하지
못하도록 작용한다. 시간구조에 맞지 않는 사안은 그 반대에 비해 뉴스의
초점이 될 가능성이 적다. 개별기업의 도산은 쉽게 뉴스망에 포착되지만
IMF사태는 정부발표와 같은 단계에 이르지 않으면 기사화되기 힘들다.

시간구조는 부정적 뉴스의 보도에 적합하다. 긍정적인 일은 그렇게 되기
위한 노력과 시간을 요하는 반면 부정적인 일은 그렇지 않다. 인위적 뉴스가
치(미디어의 시간구조)를 충족시킬 뿐 아니라 생래적 뉴스가치(명료성, 동조
성, 희소성)와도 잘 부합한다. 부정적 사안은 모두에게 부정적으로 보이지만
긍정적 사안은 일부에게 부정적으로 보일 여지가 있다. 부정 뉴스는 사람들
이 세상에 대해 갖는 고정관념과 일치되는 경향, 즉 동조성도 크다. 또
긍정 뉴스에 비해 희소하고 예측하기 어려운 경우가 많다. 긍정적인 사안들
은 당연하고 그래야만 될 것들이기 때문에 부정적 사안들에 비해 새로울
것이 없다.[6]

일정 보도주기에 일정량의 뉴스를 반드시 내보내야 하는 미디어의 시간
구조는 안정된 정보원 의존경향을 낳는다. 지속적인 사회기구들은 신뢰할
만한 자료를 제공할 수 있기 때문에 미디어의 정보원으로 선호된다. 반면
일시적으로 구성된 집단이나 조직화되지 못한 집단으로부터 제공되는 정보
는 미디어의 관심을 받을 가능성이 줄어든다(윤희중·신호창, 2000).

---

6) 구전 마케팅의 3대 33의 원칙 : 제품이나 서비스에 대한 긍정적 경험은 사실대로,
   느리게, 제한적으로 전달되는 반면, 부정적 경험은 부풀려지고, 빠르게, 무한정 계속
   되는 속성을 보인다. 긍정적 경험은 3번 이상 전달이 힘드나 부정적 경험은 지속적으
   로 전달된다. 사람들은 부정 뉴스에 더 민감한 반응을 보인다.

5. 게이트키핑

온라인 이후 게이트키핑의 본질과 성격에 큰 변화가 생기고 있지만 그 중심 주체는 여전히 일선의 언론인들이다. 슈메이커(Pamela Shoemaker) 등의 게이트키핑 분석은 그런 점에서 아직도 유효성을 가진다. 게이트키핑은 개인 차원, 언론관행 차원, 조직 차원, 사회적·제도적 차원, 사회체계 차원으로 접근해볼 수 있다(슈메이커, 2001). 개인 차원의 게이트키핑은 주로 뉴스의 선택과 연결되고, 관행이나 조직 차원의 개입은 주로 뉴스의 통제와 관련된다(김춘식 외, 2010).

1) 게이트키핑의 개념

게이트키핑(gatekeeping)이란 용어는 1947년 레빈(Kurt Lewin)이 처음 사용한 이래 언론학의 기초개념이 됐다. 게이트키핑은 세계 도처의 뉴스 메시지들이 일정 시각, 일정한 사람들을 위해 필수 최선의 메시지로 축소되고 변형되는 과정이라고 할 수 있다(슈메이커, 2001). 게이트키핑을 하는 사람, 즉 게이트키퍼는 뉴스 제작과정에서 보도 대상물의 기사가치, 뉴스 처리방법 등을 결정짓는 역할을 한다.

게이트키핑의 기능 게이트키핑은 사회 현실을 창조하는 과정이다. 미디어가 특정 사안을 다루지 않으면 그 사안은 수용자가 지각하는 사회현실의 일부가 되지 않는다. 두드러지게 반영하면 수용자들의 현실 세계관에 강한 영향을 미칠 수 있다. 실제로 미국 신문들은 도시별로 현저하게 다른 현실 세계관을 수용자들에게 인식시키고 있었다. TV뉴스의 세계관 차이는 상대적으로 적었다. 방송국들은 보편성에 기반을 둔 매우 유사한 현실 세계관을 생산하고 있기 때문으로 보인다. 학자들은 여러 가지 게이트키핑 모델들을 제시하고 있으나 어떤 모델도 게이트키핑의 복잡성을 완전히 설명해주지는 못한다.

게이트키핑의 영향요인 우리가 현실을 정의하는 방식은 게이트키핑 과정과 크게 다르지 않다. 사람들은 초대받은 식사의 음식 맛이나 연인의 새 헤어스타일에 대해 느낀 바를 모두 말하지 않는다. 게이트키핑에서는 수용자의 요구, 고용주의 제재, 기자 개개인의 가치관과 배경, 동료로부터의 비공식적 영향, 외부사회로부터의 압력, 정보원을 포함한 준거집단의 영향 등이 종횡으로 작용한다. 뉴스 처리행동이 이런 요인들로 인해 수정 또는 왜곡될 수 있다. 갠디(O. H. Gandy)는 게이트키퍼 범주에 뉴스 수집자, 정보원, 뉴스 가공자뿐 아니라 홍보 종사자들과 여러 이해집단의 대변자들까지 포함시켰다. 통신사는 신문·방송 뉴스 편집자들에게, 전국일간지는 지역일간지들의 게이트키핑에 영향을 미친다(슈메이커, 2001).

2) 온라인 시대의 게이트키핑

과거 언론매체의 전유물이었던 1차 정보원 접근은 온라인 시대가 되면서 인터넷 이용자들에게도 개방됐다. 이로 인해 미디어의 게이트키퍼 역할은 많이 축소됐다. 정보는 네트워크를 자유롭게 흘러다니고, 커뮤니케이션의 하향적 통제는 점점 어려워지고 있다. 미디어는 서비스를 받는 사람들로부터 전보다 한층 면밀한 감시와 평가를 받고 있다(앨런, 2008). 뉴스를 선정하고 편집하는 과정을 투명하게 하는 것은 대중의 신뢰 측면에서 저널리즘 그 자체만큼이나 중요해졌다(김경희, 2009).

게이트키핑의 간소화 신문이나 방송에서는 하나의 기사가 보도되기 위해 최소 3회, 최대 10회 정도의 게이트키핑 과정이 개입된다. 그러나 온라인에서는 신문, 방송에 비해 게이트키핑이 훨씬 간소하게 이뤄진다. 한 번 보도하면 그만인 신문이나 방송과 달리 메시지나 음성, 영상을 쉽게 수정, 보완, 추가, 삭제할 수 있기 때문이다. 포털의 경우에는 자체적으로 취재를 하지 않는 데다 기사의 홍수 때문에 복잡한 게이트키핑 과정을 거칠 수 없다. 다만 프런트 페이지의 메인 박스처럼 중요한 기사에 대해서만 게이트키핑 관리를 한다. 게이트키핑의 간소화는 기자의 책임감을 높이고, 표현의 다양성 추구, 광고주의 영향을 극복할 수 있는 장점이 있는 반면 보도의 부정확성, 신뢰도 저하와 같은 부작용을 드러낸다(김경희, 2009).

게이트키핑 주체의 변화 온라인에서는 게이트키핑 간소화와 함께 게이트키핑의 주체도 미디어에서 수용자에게로 이동하고 있다. 포털 뉴스의 경우 뉴스 조직 내외부의 영향보다 이용자가 많이 본 뉴스나 댓글, 커뮤니티 등에 나타난 이용자의 의견이 기사 선택에 많은 영향을 미친다. 종속형이나 독립형 미디어 역시 수용자의 뉴스 선호도, 사회적 맥락 등의 영향을 받는다 (김경희, 2009).

변화의 여파 게이트키핑이 배제, 약화되는 온라인의 속성들은 언론기능에 긍정과 부정의 양면적 효과를 가져오고 있다. 정보의 투명성이나 완전성을 높일 수 있는 것은 긍정적 측면이다. 그러나 통제되지 않은 뉴스 유통은 사회적 잡음을 증폭시키는 요인이 되고 있다. 사람들은 기존 미디어와 달리 인터넷이 걸러지지 않은 원정보를 그대로 제공하고 있다고 믿는다. 이 때문에 인터넷의 무분별한 언론활동을 선의로 받아들이려는 경우가 많다. 자료나 정보의 선정적인 호소력을 용인하려는 태도도 나타난다. 거짓과 루머까지도 쉽사리 믿으려 든다. 사람들은 고약하고 미심쩍고 또 부당하게 활용될 만한 정보들을 보고 싶어 하는 속성을 드러내고 있는 것이다. 뉴스의 진실을 지켜나가기 위해서는 시장의 압력과 결합한 테크놀로지의 압력을 이겨내야 하는 시대가 됐다(앨런, 2008).

3) 개인 차원

거시적인 게이트키핑이 사회체계의 이데올로기와 문화 안에서 이뤄지듯이 개인 차원의 게이트키핑은 개인의 생활 경험 안에서 이뤄진다. 관련 이론들로는 휴리스틱(heuristic) 이론, 의사결정 이론, 개인특성 이론(개성, 배경, 가치, 역할개념 등) 등이 있다(슈메이커, 2001).

휴리스틱 이론 자연산, 아름다움, 박수갈채, 확신과 같은 단순한 경험적 단서나 규칙을 휴리스틱(발견법)이라 한다. 사람들은 급속한 사회적 흐름에서 의도적 판단의 절차를 따르기보다 사물, 인간, 사건의 특징적 관계에 관한 일반적 지식에 더 의존하게 된다. 이용 가능한 단서를 활용하는 가용성 휴리스틱[7])과 범주적 단서를 활용하는 대표성 휴리스틱[8])의 2가지 판단전략이 있다. 휴리스틱은 단서가 틀릴 수 있을 뿐 아니라 쉽게 위조되고 조작될 수 있다. 기사를 보기만 하면 뉴스인지 아닌지 알아차린다는 식의 휴리스틱은 현실 세계에 대한 대표성을 반영하지 않을 수 있다(프랫카니스·아론슨, 2005).

의사결정 모델 휴리스틱과 대조적으로 게이트키핑에 의사결정법칙의 의식적인 적용을 강조한다. 의사결정은 기대가치에 근거한 대안들 간의 합리적인 선택을 의미한다. 법칙 수행자 측면에서 개인 차원과 관련되지만 법칙이 조직체에 의해 명시적 또는 묵시적으로 설정된다는 점에서 관행 또는 조직 차원으로 볼 수도 있다. 의사결정 모델로는 감정의존 모델, 보상적 모델, 사전편집 모델, 결합적 모델, 리스크 모델, 만족 모델 등이 있다.[9])

---

7) 심리적으로 가용한 정보가 얼마나 되는가에 근거해 판단하는 의사결정법이다. 사례들이 쉽게 마음에 떠오르면 그런 사건은 흔하다고 가정한다.

8) 의사결정에서 특정한 원형을 얼마나 잘 대표하거나 그 원형과 잘 들어맞는 것으로 보이느냐에 따라 판단한다. 기사 길이가 길면 실제 기사가치와 무관하게 기사가치를 높게 인식하는 경향이 있다.

9) 감정의존 모델에서는 감정에 의존해 의사결정을 한다. 보상적 모델은 각 뉴스 대상물의 대안가치를 여러 차원에서 평가해 포괄적 가치를 찾아낸다. 사전편집 모델은 중요한 차원의 순서대로 대안을 짝지어 비교해보는 방법이다. 결합적 모델은 관련 차원들에 대해 최소한의 한계치를 설정해두고 수용 범위 해당 여부를 평가한다. 리스크 모델은 대안 선택 시 초래되는 손실을 평가해 최소위험을 가지는 대안을

가치 갠스는 언론인들에게 공유되는 일단의 지속적인 사회가치들이 뉴스 생산을 이끌어간다고 주장한다. 미국적 사회가치로는 이타적 민주주의, 책임 자본주의(지나친 이윤추구 반대), 개인주의(자수성가 중시), 온건주의, 사회질서 등이 있다. 일탈에 대한 공표, 즉 사회가치를 침해하는 행동들을 기사화하는 것은 처벌, 제재의 메커니즘을 작동시키기 위해서다.

역할개념 등 업무 역할에 대한 게이트키퍼의 믿음이 게이트키핑에 영향을 미칠 수 있다. 업무 역할은 적극성 정도에 따라 감시적 - 해석적 - 전달적 역할 또는 참여적 - 중립적 역할로 나눌 수 있다. 게이트키퍼가 가진 업무의 성격이나 방식도 영향요인이 된다(슈메이커, 2001).

4) 관행 · 조직 차원

언론 관행은 일상적·반복적·구조적으로 이뤄지는 행동이나 문화를 말한다. 매체별로 특징적인 것이 있고, 뉴스 수집·처리·전달에 개입된다. 출입처 중심주의 관행은 출입처 정보와 시각에서 벗어나기 어려운 구조적 환경을 제공한다. 선정주의적 보도관행은 수용자에게 필요한 실질적 뉴스보다 오락이나 자극적 뉴스 소재에 치중할 가능성을 높인다(슈메이커, 2001).

관행 차원 언론 관행은 언론산업 전반에 잘 구축돼 있다. 뉴스 공장은 제한된 시간 내에 획일화된 제품을 생산하는 거의 동질적인 인력들을 확보함으로써 뉴스 작업이 표준화된다. 언론 관행은 뉴스범주의 구분 등 업무 흐름을 통제하는 데도 도움을 준다. 주요 뉴스의 경우는 사회화된 뉴스가치, 즉 관행이, 덜 중요한 뉴스는 개인 특성이 더 잘 반영된다. 관행이 작용할 때는 게이트키퍼들 간에 뉴스 처리의 공통성이, 개인 특성이 작용하면 이질

선택한다. 만족 모델에서는 최소한의 기준을 충족시키는 최초의 대상물을 뉴스로 채택한다.

성이 발견된다. 관행화된 마감 시간 역시 뉴스 선택에 영향을 미친다. 골딩 (Peter Golding)은 뉴스가치가 3가지 가정, 즉 ① 수용자 입장에서의 중요성, ② 접근 가능성(뉴스화 가능성), ③ 뉴스 생산 관행과의 적합성에 기초하고 있다고 주장한다. 접근 가능성과 적합성은 인위적 뉴스가치의 또 다른 설명 이다(슈메이커, 2001).

조직 차원 기자를 고용하고, 언론활동의 법칙을 만들며, 어떤 뉴스를 생산하고 내보낼 것인가를 결정하는 것은 조직이다. 관행도 조직에 의해서 만들어진다. 조직은 고용과 해고를 통해 조직의 미래를 형성하고 과거를 변화시킨다. 기자들의 조직 사회화는 가치공유 상황을 만들어준다(슈메이 커, 2001). 그 결과 미디어 소유주나 미디어 자신에게 영향을 미치는 보도에 서 객관성을 유지하기 어렵다. 조직의 이익추구 등의 영향에서도 자유롭지 못하다. 게이트키핑에 영향을 미치는 조직 차원의 문제로는 조직의 특성(재 량권 부여에서의 권위적/민주적 조직), 조직의 성격(신문은 생산 집중, 방송은 분배 집중), 조직의 크기(대형 조직일수록 규칙을 많이 적용하는 경향이 있다) 등이 있다(배규한 외, 2006).

5) 사회적 · 제도적 차원

사회적·제도적 차원에서 언론 조직은 다른 조직들과 함께 존재하며, 이들로부터 직간접의 영향을 주고받는다. 게이트키핑에 개입되는 외부적 영향요소들로는 정보원, 수용자, 시장, 광고주, 정부, 이해집단 등이 있다(슈 메이커, 2001).

정보원 정보원의 범주에는 취재원(관리, 전문가 등), PR집단, 외부 매체나 언론인 등이 포함된다. 취재원과 PR집단은 구분하기 곤란한 경우가 많다. 언론이 보도를 위해 사람을 확인하고 선택하는 행동이 중요한 게이트키핑 과정이다. 정보원은 기자회견, 보도자료 등 그들이 통제하는 채널을 통해 정보이동을 촉진하거나 억제할 수 있다. 일반적으로 미디어와 정보원들 사이에는 불가피할 정도의 공생관계가 형성된다. 기능이 서로 뒤바뀌고 상호 결합될 정도로 미디어 역할이 무시되는 경우도 있다(슈메이커, 2001). 1, 2차 걸프전쟁 때 서구 미디어는 정보원과 거의 통합돼 있었다(맥퀘일, 2008).[10]

PR집단 정치·행정·법 집행 영역에서는 PR활동에 의해 미디어와 정보원 사이에 긴밀한 동화관계가 조성된다. 스포츠·대기업 영역에서도 같은 현상이 발생한다. PR집단이 미디어에 제공하는 자료의 상당수는 거의 그대로 사용된다. 호주의 주요 신문에 보도된 기사의 절반 이상이 보도자료로 시작한다는 연구결과가 있다. 뉴스에 영향을 미치려는 PR집단의 노력은 여론측정기술의 발달, 뉴스관리자와 스핀 닥터(spin doctor)[11]의 고용 등을 불러왔다. 미디어는 보도 대상물의 진위를 점차 확인할 수 없게 되고, 진실에 대한 책임은 PR집단 등 정보원의 몫으로 돌아가고 있다(맥퀘일, 2008).

외부 매체 일부 미디어는 다른 미디어의 의제 설정자가 되거나 뉴스가치에 대한 초기 가이드로 활용된다. 게이트키퍼가 어떤 주제에 대해 개인적 의견을 갖추지 못하거나 선택규범이 부족할 경우 권위 있는 미디어에 의존할 개연성이 높다. 신문과 TV는 서로 끊임없이 콘텐츠를 주고받는 상호 텍스트성을 보여준다. 영화산업과 TV, 음반산업과 라디오도 비슷한 관계에 있다(맥퀘일, 2008).

수용자 언론에서는 나쁜 뉴스보다 좋은 뉴스가 더 정확하게 보도된다. 수용자들이 좋은 뉴스를 호의적으로 받아들이기 때문이다. 수용자의 가치

---

10) 2004년 4월 《뉴욕타임스》는 그에 대한 반성으로 이라크 전쟁 보도에서 반(反) 후세인 정서에 대한 무비판적 수용이 있었음을 인정하는 사설을 실었다.

11) 스핀(spin)은 어떤 사건이나 상황을 편향되게 표현 또는 묘사하는 행위다. 종종 부정직하고 기만적인 고도의 속임수 전략을 의미한다. 정부 기자회견과 자주 결합되어 사용된다. 조직에 고용돼 스핀을 개발하는 사람을 스핀 닥터라고 한다.

나 취향, 사고방식, 이념 성향 등은 게이트키핑에 포괄적 영향을 미친다. 그러나 언론인들이 수용자의 존재나 가치를 잘 인식하지 못한다는 연구 결과도 있다. 슈메이커(1991) 등은 언론인들이 기사를 쓸 때 우선 의식하는 대상은 자신, 편집장, 동료기자들이라고 결론지었다. 피커니(R. Pekurny)는 TV방송의 피드백은 수용자들에 의해서가 아니라 작가, 프로듀서, 탤런트와 네트워크 운영자들에 의해 이뤄진다고 지적했다(맥퀘일, 2008). 그러나 온라인 환경에서는 과거의 연구결과들을 신축성 있게 받아들이는 것이 바람직한 태도일 것이다.

시장과 광고주 언론사 입장에서 봤을 때 게이트키핑은 이윤 극대화와 비용 최소화 과정의 한 부분이다. 경비가 많이 드는 취재를 꺼리고, 사람들이 좋아하는, 즉 돈벌이가 되는 취재를 권장하게 된다. 시장의 영향을 피할 수 없다.

자유주의 국가에서 미디어 산업은 상당 부분 광고주들의 이익을 반영하고 있다. 미디어는 원활한 운영을 위해 광고주의 요구와 자신들의 이익 모두를 극대화하는 방향으로 행동한다.[12) 뉴스에 대한 광고주의 영향력은 특별한 윤리적 비난의 대상이 된다(맥퀘일, 2008).

이익집단 이익집단들은 언론 지식을 바탕으로 홍보 전략을 수립하고, 자신들의 목표를 거기에 잘 어울리도록 한다. 도시의 폭도들, 학생 운동권 등 일탈적인 집단들은 언론으로부터 푸대접을 받으며, 영향력도 행사하지 못한다. 이해집단에 의한 외부압력은 미디어의 상업적 이익이 위협받을 때나 미디어 평판이 나빠질 경우에 성공적 결과를 가져온다. 많은 나라에서 미디어는 여성, 어린이, 극빈자, 장애인 등 소수자들에 대해 긍정적 태도를 취할 것을 요구하는 법적·사회적 압력을 받고 있다(맥퀘일, 2008).

---

12) 알철의 언급을 음미할 만하다. "언론은 피리 부는 사람이다. 피리 부는 사람이 연주한 곡은 그에게 돈을 낸 사람이 작곡한 것이다." 핑크(Conrad C. Fink)는 "언론은 흔히 수용자, 광고주 모두를 유혹하는 쇼를 선택한다"고 지적했다.

6) 사회체계 차원

사회체계 차원의 게이트키핑 요인으로는 문화, 사회적 관심, 사회구조, 이데올로기 등이 있다. 강간, 어린이 학대, 여성인권 등에 대한 언론의 접근은 문화에 따라 달라진다. 게이트키퍼의 결정은 사회적 관심 및 이러한 관심을 촉발시키는 주변 환경과 밀접하게 조율된다. 사회구조 역시 중요한 변수다. 게이트키퍼들은 도시화되고 다원적인 사회구조를 지향하는 경향을 보인다. 게이트키핑에 영향을 미치는 사회체계 차원의 이데올로기는 사회체계 내에서 모두에 의해 공유되는 통합된 세계관이다. 미국의 이데올로기는 자본주의 경제체제, 기독교윤리, 개인주의, 자유 민주주의 등이다. 그람시(Antonio Gramsci)의 헤게모니 이론은 게이트키퍼의 이데올로기 체계는 권력 엘리트의 목적에 부합하는 뉴스 대상물을 선택하도록 한다고 본다. 헤게모니는 기존질서에 대한 대중의 동의를 체계적으로 만들어내는 과정이다. 매스미디어가 권력의 중재자로 기능하며 수용자가 권력집단의 지배 아래 남아 있도록 허위의식을 만들어낸다고 지적한다(슈메이커, 2001).

6. 게이트키핑 오류

사람들이 집단을 형성하면 집단의 속성으로 인해 개인과 개인 간 커뮤니케이션 이상의 관계양상을 나타낸다(나은영, 2009). 집단 상호작용의 결과로 집단 동조, 집단 사고, 집단 극화가 일어나게 된다. 이는 관행 및 조직 차원의 게이트키핑에 실제적인 영향을 미칠 수 있다. 언론인들은 돌발적인 상황에서 집단 사고에 가장 많은 영향을 받게 되고, 현실을 잘못된 가정에 기초하여 관찰하는 경우가 있다고 한다(마이어스, 2008).

1) 집단 동조

집단은 공동의 규범과 목표를 가지고 상호작용하는 3인 이상의 상호의존적인 사람들의 집합이다. 규범이란 용인되고 기대되는 행동을 위해 이해하고 있는 규칙이다. 집단 구성원은 해당 집단의 규범에 맞지 않는 부분이 있으면 왠지 맞추어야 할 것 같은 압력을 느낀다. 이것이 사회적 압력으로 작용하는 동조(conformity)의 과정이다. 집단 속에 있을 때 자신의 생각이나 의견이 다른 사람들과 동떨어져 있으면 대다수 구성원이 동의하는 방향으로 조금씩 움직여 최종적으로 집단 거의 모두가 동의하는 규범을 형성하게 된다. 이 규범 쪽으로 의견을 바꿀 수 없는 경우 집단을 탈퇴하는 수순을 밟는다. 동조의 정도는 만장일치일 때 가장 높으며, 한 사람이라도 다른 의견을 보이면 다수 의견에 동조하는 정도는 상당히 떨어진다. 애쉬(Solomon Asch)의 선분실험은 사람들이 매우 분명한 사실에도 자신의 의견이 집단과 다를 경우 집단의 압력에 순응한다는 것을 보여준다. 3개의 선분 중 길이가 같은 선분 2개를 찾는 간단한 실험에서 여러 명이 의도적으로 틀린 답을 선택하자 실험 대상 대학생들의 3분의 1 이상이 틀린 대답을 추종했다. 동조를 하는 이유는 거부를 피하거나, 사회적 인정을 받기 위한 경우가 많다(나은영, 2009; 마이어스, 2008). 보수적 미디어들이 보수의 정체성을, 진보적 미디어들이 진보의 정체성을 유지하게 되는 배경의 하나다.

사회심리학의 동조 개념은 커뮤니케이션학의 침묵의 나선(The Spiral of Silence) 이론13)과 일맥상통하는 점이 있다. 여론 형성 과정에서 집단 속의

___

13) 독일 커뮤니케이션 학자인 노엘레-노이만(Elisabeth Noelle-Neumann)이 오랜 기간 검증하고 발전시킨 여론 과정 이론이다. 중요한 사회적 문제의 논의 과정에서 사람들은 고립되는 것을 피하기 위해 자신의 생각이 다수 의견인지 소수 의견인지를 판단한다. 소수면 의견을 숨기려 하고, 다수면 적극적으로 의견표명을 한다. 그 결과 매스미디어의 영향력은 다수의 의견을 더욱 강력한 다수로, 소수의 의견은

동조 현상은 소수 의견이 점차 약화되고 다수 의견이 확대되는 과정과 유사하다. 침묵의 나선 이론은 여론조사에서 앞서 가는 후보가 점점 더 많은 표를 얻게 되는 밴드왜건(bandwagon) 효과 연구에서 지지를 받았다(맥 퀘일, 2008).

2) 집단 사고

집단 사고(groupthink)는 결속력 있는 내부 집단이 의사결정에서 만장일치를 얻으려는 노력이 실제적인 대안을 찾으려는 노력보다 우선할 때 잘 나타난다. 그들은 좋은 의사결정을 하는 것보다 구성원 간 결집력과 유대관계를 유지하는 것을 더 중요하게 생각한다. 집단 사고에 빠지면 외부에 대해 비합리적이고 비인간적인 행동을 할 수 있다. 재니스(Irving Jannis)는 다수의 역사적으로 잘못된 의사결정들이 집단 사고에 의한 것이라고 결론 내렸다(밀러, 2006).

집단 사고의 징후 집단 사고의 징후는 3가지다. 첫째, 집단 구성원들이 집단의 힘과 도덕성을 과대평가하는 것이다. 언론인들의 경우 자신들의 행동이 본질적으로 도덕적이며 따라서 행동의 결과에 대해 의문을 갖지 않을 수 있다. 공중의 알 권리는 언론인들의 윤리 침해에 대한 방어수단이 된다. 둘째, 심리적 폐쇄성이다. 언론인들은 자신의 행동과 배치되는 정보를 무시하거나, 자신에 대한 비판을 사악하고 어리석은 주장으로 간주할 수 있다. 자신을 공공사의 공정한 심판자로 믿어 대안적 관점들을 거부하게 된다. 셋째, 집단 구성원들을 획일화하려는 경향이다. 일부가 반대하면 다른

나선형을 그리면서 사라지게 만든다. 어떤 견해가 처음에 소수의 의견이었다 해도 다수의 미디어가 보도하면 사람들은 마치 다수인 것처럼 인식하게 되고, 반대 의견은 침묵하는 경우도 가정해볼 수 있다. 아직까지 이론을 지지하는 근거가 미약하고, 이론의 주장과 불일치하는 경우도 있다(맥퀘일, 2008).

구성원들로부터 의견통일을 하라는 압력을 받게 된다. 획일화를 위한 감시자가 나타나기도 한다.

집단 사고의 필요조건 재니스는 집단 사고가 일어나기 위한 3가지 필요조건을 제시했다. 먼저 집단은 대안 정보나 평가 정보의 제공원이 거의 없는 가운데 격리되어야 한다. 다음으로 집단 지도자들은 권력과 권위를 이용해 집단 내 다른 구성원들에게 강한 영향력을 미칠 수 있어야 한다. 마지막으로 의사결정을 내리는 방법에 대한 어떤 규범도 없어야 한다. 사이비 종교에서 집단 사고의 전형이 관찰된다. 언론인들의 경우 편집방침에 한 묶음이 되면서 다른 동료들을 통해 자신의 결정에 대한 타당성을 발견하고자 한다. 허위적 합의 효과[14]의 영향을 받을 수 있다(밀러, 2006).

3) 집단 극화

편견이 낮은 집단에서는 토론 후 편견이 더 낮아지고, 그 반대인 경우에는 더 높아지는 것처럼 집단의 주도적 경향성이 증가하는 것을 집단 극화(group polarization)라고 한다. 동질집단 내 극화, 이질집단 간 극화가 있다. 집단 극화 현상을 설명하는 이론에는 설득주장 이론,[15] 사회비교 이론,[16] 사회정체감 이론[17]의 3가지가 있다. 설득주장 이론과 사회비교 이론의 비교검증

---

14) 일상에서 우리는 태도와 습관을 공유하는 편향된 표본과 대부분의 시간을 보낸다. 그런 이유로 다른 사람들이 우리와 동의하는 정도를 과잉 추정하는 경향이 있다. 이를 허위적 합의 효과라 한다(제4장 131쪽 편향성 참조).

15) 비슷한 의견을 가진 사람들이 집단 토론을 하면 같은 주장을 하면서 다른 근거들을 내세운다. 구성원들은 지지 근거들을 더 많이 알게 돼 토론 전보다 극단적인 의견을 갖게 된다.

16) 비슷한 생각의 사람들끼리 토론을 하면 극단적인 주장을 하는 사람이 해당 집단을 더 대표하는 것으로, 더 바람직한 구성원으로 간주된다. 구성원들이 여기에 동조함으로써 극단적인 의견에 쏠린다.

연구에서는 전자가 더 설명력이 높은 것으로 나타났다(마이어스, 2008).

집단 내 극화 동질적인 사람들끼리 모이면 지배적 성향이 극화되고, 극화된 성향에 동조가 일어나, 더 극단적인 결정을 하게 된다. 집단 극화 상태에서의 의사결정은 개인 때보다 더 극단적인 성향을 띤다. 구성원들의 태도가 위험 지향적일 경우 토론 후 더 위험 지향적인 결정을 내릴 가능성이 높다. 집단 내 위험 추구자에 대한 지위의 부여로 각 개인은 위험 추구자를 존경하기까지 한다(박기동·박주승, 2006). 집단 극화 현상은 자기들끼리만 상호작용하면서 극단적으로 변모해가는 자살테러 집단에서 그 전형을 찾아볼 수 있다. 집단 내 여론 형성과정은 동조이론과 침묵의 나선 이론으로 설명될 수 있다(마이어스, 2008).

집단 간 극화 집단 간 여론 형성에서는 집단 간 차이를 실제보다 크게 지각하면서 극화되는 과정을 밟는다. 집단이 다른 집단과 갈등 또는 대립 상태에 놓이거나 외부로부터 위협을 받으면 보호반응이 일어난다. 자기 집단의 규범을 실제보다 과장하거나 극단화해 여기에 동조하는 경향을 보인다. 이로 인해 집단 간 갈등을 증폭시키는 결과를 가져온다. 집단 간 관계에서 '다원적 무지 현상'이 일어나면 양극화는 심화될 수 있다. "나는 싫어하지 않지만 다른 사람들은 싫어하는 것 같다"와 같이 실상(자신의 응답)과 상상(타인의 응답에 대한 자신의 생각)이 괴리를 보이는 것을 다원적 무지라 한다. 상대 의견을 확인할 채널이 적을수록 다원적 무지 현상이 잘 일어난다. 정치권의 갈등 중 상당 부분은 집단 간 극화로 설명될 수 있다. 한국의 우파와 좌파 언론의 대립도 같은 맥락에서 살펴볼 여지가 있다(나은영, 2009).

---

17) 나이나 직업 등 최소 기준으로 집단을 구분해놓아도 사람들은 자기 집단에 유리하게 결정하려는 속성을 드러낸다. 자기 집단에 불리한 결과는 유리하게 해석하고, 유리한 결과는 더 부풀림으로써 집단 양극화를 가져온다. 이질 집단 간 극화 현상을 잘 설명해준다.

제4장

취재와 기사 쓰기

1. 취재

24시간 뉴스 시스템이 자리 잡으면서 기자들의 오보에 대한 자책감이 줄어들고 있다. 신속취재는 여전히 중시되지만, 정확취재는 큰 문제가 되지 않는 흐름이다. 잘못된 보도를 업데이트라는 이름으로 정정할 기회가 주어지기 때문이다. 반면에 대량의 뉴스를 요구하는 24시간 시스템으로 인해 다른 사람의 실수는 가혹하게 다뤄지고 있다(스튜어트, 2008).

1) 보도의 가치와 시각

무엇을 사회적 의제로 설정하느냐와 그것을 어떤 틀로 제시하느냐가 언론활동의 핵심이다. 이 문제에 대한 절대적인 해답은 없다. 그러나 사람들은 함량 미달의 의제들이 신문과 방송, 온라인 공간에 넘쳐나고 있는 것을 발견한다. 선정주의와 상업주의, 표피적인 기사가치 판단, 관행적인 의사결정, 즉흥성 등이 무의미한 의제의 등장을 부추기고 있다. 역으로 의제가 돼야 할 사안들이 의제로 등장하지 못하는 경우도 허다할 것이다. 의제가 바른 틀로 제시됐는가의 문제는 오히려 2차적일 수 있다.

보도의 가치 모든 사회현상이 보도로 이어지지는 않는다. 보도는 취재가치, 기사 작성 가치, 보도가치, 편집가치를 차례로 충족시켜야 사회적 현실이 될 수 있다. 취재가치는 사안을 점검해볼 필요성 정도를 말하는 것으로 주로 기자나 외근 데스크에 의해 부여된다. 취재가 완료되면 기자는 기사 작성 가치를 가늠해보게 된다. 취재가 기사로 이어지지 않는 경우도 많다. 완성된 기사는 데스크나 종합데스크의 보도 가치 검증을 받는다. 기사의 시각까지 함께 검증된다. 여기를 통과한 기사들만이 편집부로 넘겨진다. 편집부에서는 여러 기사와의 상대적 가치, 즉 편집가치를 평가한다. 이들 관문을 모두 통과해야 보도라는 결과를 낳게 된다.

후반부의 보도와 편집 가치를 결정하는 요소는 ① 뉴스가치, ② 배합가치, ③ 이념가치의 3가지다. 뉴스가치는 기사의 본질적 가치, 배합가치는 전체 뉴스의 구색에 어울리는 정도, 이념가치는 해당 언론사의 편집 방침과 호응하는 정도를 말한다. 이처럼 복잡한 과정 전체를 포괄하는 개념이 보도다. 그러나 협의적으로는 기사 작성 이후의 과정으로 국한할 수 있다(박진용, 2004).

보도의 시각 사건·사고, 화제물, 스포츠 기사 등 다수의 기사들은 가치중립적인 영역에 있다. 이런 기사들은 단순히 사실만 전달하는 것으로 보도가 완료된다. 그러나 가치개입적인 영역의 기사들도 그 못지않게 많다. 정치, 정책, 협상, 갈등, 경쟁 등을 다루는 기사들에서는 가치, 즉 보도시각의 설정이 불가피하다. 보도시각은 ① 가치적 시각, ② 진위적 시각, ③ 정책적 시각, ④ 감성적 시각의 4가지로 접근해볼 수 있다. 가치적 시각은 무엇이 합당하고 적절한 것이냐를 따지는 시각이다. 보수는 자유와 성장을, 진보는 평등과 복지를 내세운다. 환경과 개발, 인권과 치안 질서 등의 가치 충돌이 있을 수 있다. 진위적(眞僞的) 시각은 시비선악을 가리는 문제다. 정의와 불의, 조리와 부조리, 윤리와 비윤리의 판단이다. 정책적 시각은 정책방향 등의 문제에 대한 입장이다. 가치적 시각이 적절성이나 당위성에 주안점을 두는 것이라면, 정책적 시각은 이익의 크기와 우선순위를 가리는 데 역점을 둔다. 감성적 시각은 여타의 시각을 보완하거나 초월한다. 공감대가 클수록 시각의 타당성이 높아진다. 그러나 감성적 시각에 파묻히면 포퓰리즘의 폐단을 낳게 된다(박진용, 2004).

2) 취재원의 유형

보도나 취재는 기자와 취재원의 합작품이다. 여러 의미에서 취재원의 수준이 기사의 품위를 결정한다. 취재원은 기관 취재원, 인적 취재원, 자료 취재원, 행사 취재원, 온라인 취재원으로 나눌 수 있다. 이들 취재원은 서로 유리된 것이 아니라 통합적 개념으로 존재한다. 가장 보편적인 기관 취재원은 공식적이고 집합적인 의미의 취재원이다. 인적·자료·행사·온라인 취재원과 서로 연결돼 있다. 물론 단독적인 취재원들도 많다.

기관 취재원 출입처[1]가 대표적인 기관 취재원이다. 주로 공적 기관, 조직을 의미하지만 이익집단·공동체 집단 등의 사적 단체, 기업 등의 영리 조직도 포괄하는 개념이다. 일상적 출입처가 아닌 군소·무명의 기관, 단체, 조직 들도 숱하다. 언론의 보도편제는 기관 취재원들을 업무성격에 따라 구분, 관리한다. 접근의 편의를 위해 일정 지역 내 전 기관을 출입하는 지역 개념을 적용시킬 때도 있다. 양자를 절충하기도 한다.

인적 취재원 인적 취재원은 정치인, 공직자, 저명인사, 학자, 전문가, 사회운동가, 문화예술인, 체육인, 연예인, 돌출인사, 일반 대중, 시민 등으로

---

1) 언론사들은 청와대, 정부 부처, 국회, 법조, 대학 등 사회적 중요성이 있는 기관, 조직에 기자를 고정 배치하는데 이들 기관, 조직을 출입처라 한다. 기자 1명이 출입하는 단수 출입, 여러 명이 출입하는 복수 출입이 있다.

구성된다. 기관·단체·조직의 일원이거나 이런 대상과 무관한 개인 모두를 포함한다. 기관 취재원과 동질적인 의미를 가질 때가 많다. 언론에 자주 등장하는 인적 취재원은 정부나 자치단체 관리, 국회·광역·기초의원, 법조인, 기업인, 시민사회운동가 등이다. 기자들이 주요 인적 취재원을 찾아내는 데는 신분적 접근, 명성적 접근, 의사결정 접근의 3가지 방법[2]이 사용된다(그루닉·헌트, 2006b).

자료 · 행사 · 온라인 취재원 자료 취재원으로는 다큐멘터리 발굴 자료, 논문, 보고서, 센서스, 통계, 여론조사 결과 등이 있다. 행사 취재원은 체육행사, 문화행사, 예술행사, 종교행사, 공공캠페인, 집회·시위 등 개방된 취재원들을 말한다. 온라인 취재원으로는 포털, 검색엔진, 웹사이트, 커뮤니티, 뉴스그룹, 메일링 리스트, 블로그, 트위터, 페이스북 등이 있다(박진용, 2004).

3) 취재의 유형

실무에서의 취재진 구성은 팀 취재, 공동 취재, 단독 취재로 구분할 수 있다. 팀 취재는 동일 사안의 취재 인력이 2, 3명 이상이며, 취재활동에 어떤 형태로든 수직적 관리개념이 적용된다. 공동 취재는 취재인력이 2명 이상이며 주로 수평적, 협동적 취재체계를 가진다. 단독 취재는 취재인력이 1명이며, 독자적인 기획과 판단으로 취재를 진행한다.

일반적 유형 넓은 범위에서 사람 중심 취재, 사건 중심 취재, 사람·사건 중심 취재로 나눌 수 있다(할러, 2008). 온라인 취재와 오프라인 취재로도 구분된다. 취재 대상별로는 대인, 현장, 체험, 동행, 자료, 대물 등의 취재유형이 있다. 서로 병합되는 경우가 많다. 대인취재는 가장 대표적인 유형으로

---

2) 신분적 접근은 공식 직분을 가진 사람을 취재원으로 간주한다. 명성적 접근은 비공식적 엘리트까지도 포함한다. 의사결정 접근은 누가 실제로 의사결정에 영향을 미치고 있는가를 기준으로 취재원을 탐색한다(그루닉·헌트, 2006b).

사실, 의견, 주장, 건의, 논란 등을 사람을 통해 전해 듣는 취재다. 세분하면 대인취재(1, 2명의 취재원), 소집단취재(3~12명의 취재원), 대중취재(13명 이상)로 나뉜다. 현장취재는 장소에 강조점이 두어진다. 일반적 의미의 현장 취재 외에 종군취재, 재난취재, 잠입취재 등도 이 유형에 포함시킬 수 있다. 체험취재는 말 그대로 체험에 무게를 두는 취재다. 여행, 탐사, 탐험과 같은 관찰을 위주로 하는 체험과 노숙자 체험, 농촌 체험처럼 몸으로 하는 체험의 2가지가 있다. 동행취재는 사람과 현장상황을 함께 취재대상으로 한다. 방문단, 시찰단 등과의 동행취재가 일반적인 형태다. 자료취재는 각종 자료를 종합, 분석, 비교, 설명하는 취재다. 인터넷, 소셜미디어 등을 통해서 도 가능하다. 대물취재는 특정 물건이 취재의 대상이 될 때다. 문화재, 발명품, 함정, 보석 등의 사례가 있다.

성격별 유형 일상, 기획, 돌발, 조사, 추적, 심층, 탐사, 위험 취재 등이 있다. 일상취재는 출입처와 비출입처에서의 일상적이면서 의도적·비의도 적인 취재다. 기획취재는 정보적 의미가 있는 특정 주제에 대해 보통 이상의 범위와 깊이를 가진 경우를 말한다. 돌발취재는 사고 등 특정 사안의 갑작스 러운 발생에 따른 시간 제한적 취재다. 취재의 다급성이 일상취재와의 차이 점이다. 조사취재에는 여론조사나 의식조사, 생활조사 등의 취재유형이 있다. 추적취재는 일정 기간 동안 특정 사안에 대한 연속적인 취재 행위를 말한다. 숨겨지거나 감춰진 사실을 폭로 또는 추적한다는 데 주안점이 있다. 심층취재는 특정 사안을 깊이 있게 취재하는 것으로 시간개념이 약화되거 나 무시된다. 기획취재는 심층취재를 전제로 할 때가 잦다. 탐사취재는 주로 비리나 부조리 등의 부정적 취재 이슈를 과학적 기법을 동원해 수사 형식으로 접근하는 의미가 있다. 위험취재는 신체적 위해가 있을 수 있는 현장에서의 취재를 말한다. 종군취재, 재난취재, 잠입취재 등의 유형들이 있다.

도구별 유형 관찰, 대면, 전화, 서면, 조사, 온라인 취재가 있다. 관찰취재는 보거나 듣는 것을 취재대상으로 한다. 현장취재 등 여러 분야에서 두루 쓰인다. 공청회, 토론회 취재나 연주회, 전시회 취재도 관찰을 취재수단으로 한다. 보통 대인취재와 함께 이뤄진다. 대면취재는 취재원과 얼굴을 마주하며 취재하는 방식이다. 인터뷰가 대표적이다. 직접대면과 간접대면으로 구분할 수 있다. 토론회나 공청회는 간접대면 대중취재가 된다. 전화취재는 대면취재와 함께 가장 널리 쓰이는 취재방식이다. 간편성이 장점이다. 서면취재는 유력 인사나 원거리에 있는 취재원 등을 대상으로 한 취재에 사용된다. 온라인취재로 통합되고 있다. 조사취재에서는 여론이나 통계조사의 기법을 취재도구로 사용한다. 온라인취재는 포털, 웹사이트, 블로그, 소셜미디어, 모바일 등 각종 온라인 도구를 사용해 사실과 의견, 정보들을 수집, 분석하는 취재다(박진용, 2004, 2005).

4) 취재의 방법

기자들의 일상취재에는 보도자료, 인터뷰, 간담회·기자회견, 관찰 및 체험, 조사, 온라인 등이 활용된다. 취재나 취재원의 유형과 마찬가지로 취재방법은 통합적으로 이해돼야 한다. 보도자료는 인터뷰나 간담회·기자회견의 기초자료로 사용된다.

보도자료 보도자료는 기자의 입장에서 시간과 노력을 크게 들이지 않고 정보를 얻을 수 있는 뉴스원이다. 공평한 정보의 배분으로 과도한 취재경쟁이 억제되는 이점이 있다. 그러나 뉴스가치 부족, 객관성 부족, 취재활동의 저하와 같은 문제점을 드러낸다. 보도자료의 정확성에 대한 충분한 검증과 누락정보 등에 대한 주의가 필요하다(서정우, 2002). 보도자료를 기사로 작성하는 방식은 표현을 바꿔 그대로 쓰거나, 시각을 바꾸거나, 아이디어만 얻고 독자취재하거나 중의 하나다. 표현을 바꾸는 첫째 유형이 가장 흔하다. 취재원 또는 PR집단이 보도의 1차 규정자란 지적이 나오는 이유다(박진용,

2005).

인터뷰 적합한 대상자를 선정하고 신뢰할 수 있는 정보를 얻는 것이 중요하다. 인터뷰 대상자는 사회적 권위나 권한을 가진 공인, 스포츠·연예 등의 인기인, 각 분야 전문가, 어떤 사실에 대해 증언해줄 수 있는 경험자, 사회적 관심사가 되는 일반인 등의 유형이 있다. 인터뷰 유형은 매체별로 신문·방송·온라인 인터뷰, 장소별로 거리·사무실·공공장소·현장·언론사·스튜디오 인터뷰, 상황별로 예약·돌발 인터뷰, 대상별로 개별·집단 인터뷰, 방법별로 대면·서면·전화·온라인·거리·따라붙기·기습(매복) 인터뷰, 성격별로 뉴스·배경·심층·탐사·논쟁·분석·신변·흥미성·현장설명 인터뷰 등으로 구분된다. 인터뷰의 기록 방식은 메모와 녹음(녹화)의 2가지가 있는데 대개 메모가 기사 쓰기의 중심이 된다(스튜어트, 2008; 박진용, 2005; 서정우, 2002).

인터뷰 취재에서는 통계치 등의 사실적 오류, 응답자의 의도적 거짓과 비의도적 거짓(사실을 잘못 알고 있는 경우), 기자와 인터뷰 대상자 간의 오해 등 오류가 나타난다. 의사소통을 명확히 하기 위해서는 이중적 의미가 있는 어휘를 사용하지 말고, 응답자의 어휘를 그대로 반복하는 것이 좋다. 질문을 짧게 하고, 취재되는 사실의 시간, 장소, 상황을 구체화시켜야 한다.

간담회 · 기자회견 간담회나 기자회견은 다수의 기자들이 소수의 취재원을 대상으로 한다는 점에서는 동일하나 성격과 내용에서 차이를 보인다. 간담회는 형식이나 절차가 없고 특정 주제나 정보에 구애됨이 없이 자유롭게 질문과 답변을 주고받을 수 있다. 반면 기자회견은 뉴스의 주제가 분명하며 공식적인 회견절차에 따라 진행된다. 주최 측에서 뉴스 사안을 회견문이나 브리핑으로 제시하고 거기에 대한 질문 답변 시간을 가진다. 기자회견은 사안의 뉴스가치가 높거나 중요할 때, 특정 인물을 부각시키고자 할 때 적합하다.

관찰 및 체험 현장취재나 추적취재, 심층취재, 탐사취재의 많은 부분은 기자의 관찰과 체험에 의존하게 된다. 관찰 및 체험은 기사에 인간적 요소를 가미해주고 특정의 이미지를 부여해주기도 한다. 관찰에는 죄수, 노숙자, 노동자 되어보기와 같은 참여관찰과 국가대표선수 훈련 과정 평가와 같은 비참여 관찰이 있다. 기자가 관찰하는 상황에서는 정보원의 의도적 왜곡, 자아 관여적 편향 등의 왜곡요인을 유념해야 한다(서정우, 2002).

조사 생활조사, 인구조사, 여론조사, 의식조사 등 다양한 형태의 조사들이 있다. 사실조사가 아닌 의견조사(여론, 의식)인 경우 결과 해석에 필요한 최소의 정보를 반드시 제시해야 한다. 기본정보로는 모집단, 전체 표본과 하위표본의 크기, 표본 표집방법,[3] 조사의 후원자 또는 의뢰자, 조사에 사용된 질문, 표본오차와 신뢰수준,[4] 조사 시기, 조사방법(전화, 대면, 온라인, 우편조사), 해석기준 등이 있다. 의견조사에서는 조사결과를 불변의 것으로 간주하거나 사소한 차이를 의미 있는 것으로 과장하지 말아야 한다(서정우, 2002).

온라인 활용 온라인 자료검색, 자료분석, 조사 등을 활용할 수 있다. 자료검색은 기사 정보, 인터넷 사이트 정보, 정부정보, 공공정보, 기업정보, 인물정보 등의 입수를 간편하게 해준다. 자료분석의 대표적인 수단으로는 엑셀(Excel)과 로터스(Lotus) 등 스프레드시트 프로그램이 있다. 이외에 SPSS, SAS 등 다른 통계 프로그램을 사용할 수 있으나 사전학습이 필요하다(서정우, 2002). 온라인 조사는 다양한 목적과 방법으로 실무에 도입되고 있다. 상세한 내용은 2절 120쪽 온라인 취재에서 설명된다.

---

3) 표본의 특성을 통해 모집단의 특성을 추정할 수 있다.

4) 이상적인 조사일 경우 표본 크기가 1,000명이면 ±3.1%의 표본오차를 보인다. 실제 조사에서는 오차 크기를 벗어나는 경우가 많다. 신뢰수준은 동일한 조사를 반복했을 때 같은 결과가 나올 확률로 통상수준은 95%다.

5) 취재의 접근

보도의 영역은 배타적 제한성을 두기 어렵다. 기자가 다뤄야 할 개개의 활동과 양식 들은 다른 분야와의 중첩을 피할 수 없다. 정치 분야 보도가 문화적 안목을 요구하고, 사회 분야 보도가 경제지표의 이해를 요구한다. 그 때문에 어떤 출입 영역을 맡더라도 지식의 다변성에 대한 기대는 전혀 줄어들지 않는다. 하나의 보도영역은 학문적 바탕과 더불어 학문에서 간과하고 있는 현실지식의 분야 그리고 실제경험을 두루 필요로 한다(박진용, 2004).

취재의 차원 기자의 취재 접근은 거시적, 중시적, 미시적 3가지 차원이 유연하게 망라될 수 있어야 한다. 이들 각각의 차원은 지리적, 심리적, 문화적 너비와 깊이를 가진다. 차원의 경계는 객관적이거나 주관적이며, 서로 통합되거나 병립될 수도 있다. 기자의 처지에 따라 범위를 달리하게 될 여지가 많다. 일반적 기준에서의 거시적 접근은 세계나 국가, 사회 단위에 영향을 미칠 수 있는 문제다. 역사적 관점, 문명사적 관점, 정치외교적 관점들이 이 접근에 가깝다. 정보통신 기술이 가져온 사회변화, 종교적 근본주의, 신형과 구형 테러리즘, 남북문제 등의 사례들이 나타난다. 중시적 접근은 전체 사회나 단위사회와 연관된 취재시각이다. 크게는 정치나 경제의 흐름, 작게는 선거방법, 소비자 성향의 변화와 같은 주제를 찾아낼 수 있다. 미시적 차원은 단위사회, 기관단체, 개인 등의 영향범위를 가진다. 의료 신기술과 같은 일상적인 취재가 이 범주에서 이뤄진다. 기자는 이들 3가지 차원의 패러다임 변화를 모두 포착하고 해석할 수 있어야 한다.

취재의 지침 취재의 지침은 취재 전략과 같은 것이다. 어떤 매체, 어떤 부서, 어떤 일을 하고 있느냐에 따라 접근방법이 달라진다. 같은 종류의 일을 하더라도 개개인의 가치와 취향, 성장환경, 학문적 배경 등의 영향을 받는다. 일반론으로서 다음 사항들을 참고할 수 있다. 먼저 매일매일의 뉴스 흐름을 장기적·단기적 관점에서 체계적으로 추적하는 작업이 필요하다. 분석을 통해 뉴스 흐름의 큰 줄거리와 주제적 줄거리를 파악할 수 있어야 한다. 둘째, 뉴스의 흐름을 읽고 그 길목을 지키는 것이 긴요하다. 모든 뉴스의 발생장소를 지킨다는 것은 현실적으로 불가능하다. 뉴스의 길목은 보통 시의성을 구체화하는 일이다. 어떤 장소, 어떤 시간, 어떤 경우로 시의성을 찾아내는가가 취재의 핵심 관심사가 된다. 제기된 이슈를 확대하고 재생산하는 것도 시의성의 구체화에서 출발한다. 셋째, 뉴스의 새로움을 찾아낼 수 있는 능력을 갖춰야 한다. 실무 감각을 키우는 한편 전문가 그룹의 지식을 활용할 수 있는 네트워크를 만들어야 한다. 마지막으로, 기사에 개성적인 관점을 부여할 수 있어야 한다. 고정관념에서 벗어나지 않으면 안 된다. 때로는 역발상이 필요하다(박진용, 2004; 김경희·이재경·임영호, 2003).

취재의 착안 취재의 착안에는 무수한 발상법이 있다. 첫째, 그 핵심 단서의 하나가 사람이다. 언론에 보도되는 기사의 80% 정도는 사람에 관한 것이라고 한다. 기사가 아니라 사람을 찾는다는 생각이 필요하다. 사람의 사회적 영향력 크기와 보도의 양은 정비례한다. 사람 취재에서는 영향성, 부정성, 갈등성,5) 흥미성 등이 주된 취재요소가 된다. 둘째, 인물이나 사안과 관련된 최(最), 신(新), 초(超) 등의 단어에 주목할 필요가 있다. 최초, 최고, 최대, 최장, 최단, 최고령, 신종, 신형, 초대형, 초경량 등은 무엇이든 기사가 된다. 이런 기사는 모종의 새로움 또는 변화를 수반한다. 셋째, 절기, 기념일, 시절은 쉬울 것 같으면서도 놓치기 쉬운 소재다. 절기(節氣)란 음력 24절기와 윤달, 윤년 등 우리 생활과 관련한 특정 날짜나 달, 년을 말한다. 기념일은

---

5) 갈등의 당사자들은 서로에 이익이 되는 적정한 결과보다 아무에게도 도움이 되지 않는 선택을 하게 될 가능성이 높다. 이처럼 양 당사자가 합리적으로 자신의 이익을 추구하면서 상호 파괴적 행동에 휘말리는 현상을 사회적 함정이라 한다(마이어스, 2008).

4대 국경일과 한글날, 어버이날, 성년의 날 등을, 시절은 무더위, 세모(歲暮), 신춘(新春), 올림픽 등 특정상황을 말한다. 넷째, 세태변화도 고정 메뉴의 하나다. 사람들은 세태 보도를 통해 세상의 변화를 인식하고, 사고와 행동양식을 결정하는 참고자료로 삼는다. 다섯째, 감동은 최고의 기사가치다. 현대 언론은 감동에 굶주려 있다. 여섯째, 상식은 뒤집을 수만 있다면 기사가 된다. 있는 것도 다시 보고, 알던 것도 새로 보는 것이 상식 뒤집기다(박진용, 2005).

6) 취재 협상

대인 커뮤니케이션에서 힘의 역학[6]이 작용하듯 기자와 취재원 간에도 유사한 관계가 적용된다. 취재원과의 힘의 균형이란 점에서 모든 취재는 종속적 취재, 대등적 취재, 우월적 취재 중의 한 가지가 된다. 종속적 취재는 취재원의 사회적 지위나 영향력, 경륜, 재능, 정보능력이 압도적 우위에 있어 기자가 취재상황에 끌려가는 경우다. 대등적 취재는 기자와 취재원이 인간적·직업적 균형 상태에서 정보나 의견을 주고받는 관계다. 우월적 취재는 기자의 명성이 압도적이거나 취재원의 필요와 요청, 또는 과실에 의해 기자가 상황의 주도권을 가지는 취재다(박진용, 2004).

협상 유형 모든 사회관계가 그러하듯 정보원과 기자 간의 취재 협상은 원활한 언론활동을 위해 불가피하다. 일반적 취재 협상에는 오프 더 레코드(off the record), 백그라운드(background), 엠바고(embargo)가 있다. 이들을 통합시켜 인포메이션 인 컨피던스(In confidence)라고도 한다. 기자와 취재원 간에는 이외에도 다양한 개별적 협상행위가 이뤄질 수 있다. 취재 협상을 비윤리적인 목적이나 상업적으로 악용해서는 곤란하다(Jones, 2001).

---

6) 당위력, 포상력, 강제력, 준거력, 전문력 등이 힘의 역학을 결정한다.

오프 더 레코드 취재원이 보도를 하지 않거나 유보하는 것을 조건으로 기자에게 정보 또는 자료를 제공하는 행위를 말한다. 한국 신문윤리 실천요강에서는 취재원의 신원이나 내용의 비보도 요청에 동의한 경우 취재원이 비윤리적 행위 또는 불법행위의 당사자인 경우를 제외하고는 보도해서안 된다고 적고 있다. 오프 더 레코드에는 공익적, 관계적, 확인적, 누설적, 자기중심적, 권위적 유형 등이 있다. 공익적 유형을 제외하고는 오프 더 레코드의 의무는 심각하지 않다(박진용, 2011).

백그라운드 백그라운드는 제공된 정보내용은 사용해도 무방하나 취재원의 이름을 직접 인용해서는 안 된다는 조건이 달린다. 관계자 등의 간접인용은 무방하다(Jones, 2001).

엠바고 특정 시점까지 보도하지 않을 것을 전제조건으로 미리 자료를 제공해주는 행위다. 보통 보도자료에 '○월 ○일 ○시 이후 사용 가능'이라고 명기된다. 기자의 개인적인 취재노력이 수반되지 않는 공동발표나 보도자료에 한해 엠바고를 인정하고 있다. 엠바고는 공익 보호, 보도의 배분, 기사 충돌의 회피, 보충 취재의 시간제공, 영상촬영의 여유 등 목적으로 사용된다. 한 언론사라도 보도보류 시한을 지키지 않으면 그 시점으로부터엠바고 의무는 사라진다. 대부분은 시한이 지켜지나 최신 중요 정보, 정보원의 의도가 의심될 경우 엠바고가 깨질 수 있다(박진용, 2005; Jones, 2001).

2. 온라인 취재

매체나 기사 종류에 관계없이 취재는 비슷한 과정을 밟는다. 단순화하자면 기삿거리의 인지, 취재준비, 본 취재, 보완 취재, 기사 출고, 사후 취재의순서를 밟는다(김경희·이재경·임영호, 2003). 과거의 취재가 취재원 관리에중심이 있었다면 지금은 소셜미디어를 포함한 온라인 활용에 더 큰 무게를 두고 있다.

1) 취재의 변화

인터넷 등장 이전에 기자들은 취재원, 신문 보도 스크랩, 편지나 전화 제보를 통해 취재 소재를 찾았다. 지금은 온라인 도구들이 이런 기능들을 대신해주고 있다. 취재원 찾기나 보도 스크랩은 온라인 검색으로, 편지나 전화 제보는 온라인 제보로 대체됐다. 보도 소재의 발굴도 온라인에 의존하는 경우가 많다. 취재 준비 단계의 자료조사는 거의 전적으로 온라인의 영역이다. 관련 뉴스 검색을 통해 사안의 원인과 배경, 경과, 전문가 의견 등을 확보할 수 있다. 과거 인적 네트워크를 활용하던 취재원 섭외는 커뮤니티 등으로 창구가 옮겨지고 있다. 쌍방적 커뮤니케이션이 본격화되면서 보도 기사에 대한 피드백을 통해 기사의 보완이나 새로운 기사의 발굴도 가능하게 됐다.

온라인의 쌍방향성은 취재와 보도를 둘러싼 기자와 수용자의 관계를 수평적으로 변화시키고 있다. 독자나 시청자 의견이 취재방향 설정에 영향을 미치는 예들이 심심찮게 나타난다. 수용자들의 견제와 압력으로 반발이 예상되는 부분을 취재에서 생략하거나 보강하는 등의 현상이 벌어지기도 한다. 오보를 내는 경우 즉각적으로 비판과 지적이 따라온다. 기자 입장에서는 취재와 보도가 그만큼 까다로워지고 있다.

기자와 수용자의 정보 수준이 대등해지면서 제공 정보의 희소성도 많이 줄어들었다. 그 결과 심층성, 밀착성에 대한 압박이 커지고 있다. 저널리즘의 역할이 여론 형성자에서 심층적 여론 전달자로 바뀌고 있다는 지적도 나온다(김경희, 2009).

2) 온라인 취재의 유형

온라인 취재는 정보검색, 정보분석, 정보조사, 정보원 접촉의 4가지로 구분할 수 있다. 가장 일반적인 취재유형은 정보검색이다. 검색엔진[7])에는 일반검색엔진, 메타검색엔진, 종합형 검색엔진, 기타 검색엔진이 있다. 디렉터리(주제목록) 검색도 활용할 수 있다(김경희·이재경·임영호, 2003).

정보검색 구글 등의 일반 검색엔진은 스파이더(spider), 카탈로그(catalog), 검색엔진(search engine)의 3가지 요소로 구성된다. 스파이더는 온라인상의 수많은 홈페이지를 방문해 웹페이지에 있는 특정한 정보를 읽어 와 주기적으로 업데이트하는 기능을 한다. 카탈로그는 스파이더가 추적한 웹페이지에 대해 각 페이지마다 색인작업을 해서 데이터베이스에 저장하는 일을 한다. 검색엔진은 이렇게 구축된 데이터베이스에서 해당 검색어가 찾고자 하는 정확한 정보를 찾아 온다. 메타크롤러, 도그파일, 클럽리치 같은 메타검색엔진(meta search engine)은 자체 검색 능력은 없고, 다른 검색 엔진들을 이용해 원하는 자료를 찾아준다. 구글이나 야후 같은 각각의 검색엔진이 가진 다양한 검색 기능과 데이터베이스를 이용해 정보를 한꺼번에 찾아내는 데 유용하다. 수작업으로 하는 주제별 디렉터리 검색은 주제별로 구축해 놓은 데이터베이스에서 위계적인 디렉터리 구조를 따라가면서 정보를 찾는다. 사용이 어렵지만 정확하고 수준 높은 정보를 얻을 수 있다.

정보분석, 정보조사, 정보원 접촉 컴퓨터 활용취재가 정보분석의 대표적 형태다. 스프레드시트나 그래프 전환, 통계처리 등의 프로그램을 활용해 정보를 분석한다. 추세나 경향이 발견되면 인터뷰나 현장취재 등의 전통적

---

7) 검색엔진을 정보 분야별로 나눠보면 인물, 도메인, 지도, 뉴스, 사진, 법률, 의료 및 건강, 기업, 금융, 도서·잡지, 여행, 스포츠, 예술, 영화, 음악 등이 있다(강성철, 1999). 인물정보의 경우 조선, 중앙, 동아 등의 사이트, 해외서는 Marquis Who's Who가 많이 이용된다. 전문가 검색사이트로는 ProfNet이 있다.

〈표 4-1〉 연도별 kr 도메인 수

(단위: 만 개)

연도	2000	2002	2004	2006	2008	2010
도메인 수	51	51	59	70	100	110

자료: 한국인터넷진흥원.

취재방식으로 기사의 흐름을 잡아준다. 정보조사는 보고서, 기사, 연구논문 등 2차 자료를 사용해 취재하는 방식이다. 정보원 접촉은 메일리스트나 뉴스그룹, 채팅 등을 통해 이뤄진다. 온라인 취재의 도구에서 설명된다(김경희·이재경·임영호, 2003).

3) 온라인 취재의 도구

정보검색, 정보분석, 정보조사 도구로는 데이터베이스, 웹사이트가 사용되고, 정보원 접촉에는 이메일, 메일리스트, 채팅, 뉴스그룹이 주로 이용된다. 페이스북이나 트위터 같은 소셜미디어도 정보조사나 정보원 접촉에 활용할 수 있다.

데이터베이스, 웹사이트 한국데이터베이스진흥원에 따르면 2010년 12월 말 현재 한국 DB 수는 6,325건으로 집계됐다. DB 유형별(2009년 12월 말 현재)로는 언론·뉴스가 5.7%, 포털이 4.8%, 행정·법률이 20.5%, 생활이 17.2%, 문화·예술이 14.6%, 교육·훈련이 13.9% 등이다. 웹사이트 취재는 사이트의 성격을 정확히 이해하는 일이 중요하다. 지난 10년 동안 kr 도메인 수는 약 2배가 늘어났다. 2000년 51만 개에서 2010년 110만 개가 됐다.

이메일 정보원 접촉도구로서의 이메일은 여러 가지 장점이 있다. 빠르고 간편할 뿐 아니라 전달내용이 글로 남아 보도에 대한 시빗거리가 줄어든다. 많은 사람과 동시에 접촉할 수 있으며 보도자료 받기, 설문조사, 수용자

피드백, 데이터 전송, 인터뷰 등 다양한 용도로 쓸 수 있다. 이메일 메시지를 인용하려면 그 이름으로 된 사람이 실제로 메시지를 보냈는지 반드시 확인해야 한다. 제보자의 실존 여부뿐 아니라 제보의 신빙성과 사실 여부에 대한 검증이 필요하다. 이메일로는 취재대상의 표정이나 몸짓, 감정변화 등을 읽을 수 없기 때문에 전화, 대면 등 오프라인 취재가 병행돼야 한다(김경희·이재경·임영호, 2003).

메일 리스트 특정 주제에 관심을 가진 사람들이 이메일을 이용해 정보를 교류하는 온라인 토론그룹이다(강성철, 1999). 메일 리스트 가입 후 가입자가 이메일을 보내면 모든 가입자에게 발송되고, 답장 역시 모두에게 배포된다. 세계의 메일 리스트 숫자는 10만 종 이상으로 추정된다. 기자들은 질문을 올리기만 하면 수많은 전문가와 경험자 집단에 연결될 수 있다. 출입분야 동향 파악과 기사 아이디어 발굴, 일반인 반응이나 인용문을 따오는데 유용하다. 전문 취재영역을 가진 기자라면 하나 정도의 메일 리스트는 있어야 한다. 하루 몇백 통의 편지가 오는 경우도 있어 관심 분야의 그룹에만 가입하는 게 좋다. 메일 리스트의 단점은 취재에 많은 시간이 들고 정보 처리에 인내심을 필요로 한다는 것이다. 단기취재보다 기획취재에 적합하다. 제공된 정보에 대해 정보원의 실존 여부, 직책, 발언의 타당성을 여러 차원으로 확인해야 한다(김경희·이재경·임영호, 2003).

채팅 문자, 음성, 화상 채팅이 있으며 이메일보다 생동감 있는 인터뷰가 가능하다. 메신저[8] 등을 활용, 국내외 정보원과 일대일 인터뷰나 그룹 인터뷰, 좌담회, 토론회를 열 수 있다. 채팅을 하면서 대상자의 개성을 파악할 수 있어 사건이나 주제가 아닌 인물 탐구형 인터뷰로도 사용된다. 인터뷰

---

8) 특정 사이트에 가입한 회원 간의 커뮤니케이션 프로그램이다. 채팅이 불특정 다수에게 개방된 대화공간이라면 메신저는 공유된 아이디에 한해 대화가 가능하다. 같은 종류의 메신저 프로그램이 설치된 컴퓨터에서 해당 사이트의 아이디만 공유하면 이메일, 커뮤니티, 자료검색, 채팅 등을 실시간으로 동시에 이용할 수 있다.

내용이 기록으로 남기 때문에 정확한 보도를 할 수 있다. 문자 채팅은 인터뷰 대상자와 시간을 맞춰야 하고 컴퓨터 자판에 익숙한 사람이어야 하는 제약이 있다(김경희·이재경·임영호, 2003).

뉴스그룹 뉴스그룹은 특정 주제에 관심이 있는 사람들이 정보와 의견을 교환하는 전 세계 범위의 온라인 토론 그룹 네트워크다(필립스, 2004). 뉴스그룹이 존재하는 네트워크를 이용자의 네트워크, 즉 유즈넷(Usenet)이라 한다(김경희·이재경·임영호, 2003). 유즈넷은 편집자가 없으며 메일 리스트처럼 수백 통의 메시지를 받아들이는 것이 아니고 뉴스 리더(News Reader) 프로그램을 통해 참여하고 싶은 토론 그룹에만 들어간다. 좋은 뉴스그룹을 찾아두면 국제적인 이슈에 대한 다양한 시각과 전문 분야에 대한 최신 뉴스 소재를 얻을 수 있다. 현장의 생생한 목소리를 취재할 수 있는 장점이 있다(강성철, 1999).

4) 온라인 취재의 유의점

온라인 취재는 기사 생산성 향상, 취재경비 절감, 취재범위의 확장 등 여러 이점이 있다. 자료 가공 및 분석, 자료의 저장과 관리 등 기술적 혜택도 크다. 그러나 편리성만큼이나 주의를 기울여야 할 점들도 많다(김경희·이재경·임영호, 2003).

멀티미디어적 접근 온라인 취재는 기사 가치 판단과 함께 기사의 구조, 디자인, 오디오와 비디오, 그래픽과 링크 등 여러 가지 보도 요소들에 대한 고려가 선행돼야 한다. 취재 이전 단계부터 기사를 전달하는 가장 좋은 방법이 무엇인지를 생각해봐야 한다. 웹에서는 오디오와 비디오를 통합시켜 사용하는 것이 좋다(김병철, 2005).

정보검증 온라인 정보는 충분한 정보검증이 필수적이다. 신뢰할 수 있는 정보를 얻으려면 반드시 취재원을 확인해야 한다. 웹사이트 주소, 운영자,

페이지 제목 등 외형적 평가 외에 정확성, 객관성, 지속성 및 시의성, 정보 범위 등 문헌정보학적 기준이 적용돼야 한다. 오프라인에서처럼 정보를 재삼 확인하고 다른 출처를 통해 교차확인 하는 과정이 필요하다. 익명 등으로 정보의 출처를 확인하기 어려울 때는 가능하면 사용하지 않는 것이 좋다. 정확성은 문자뿐 아니라 영상과 음성 등 다른 정보 형태에도 적용된다. 정부기관 취재 시 홍보성 자료가 많고, 편향적 시각을 드러낼 수 있다는 점에 유의해야 한다(김경희·이재경·임영호, 2003).

오프라인 취재의 병행 기사를 온라인 정보로 완성하는 일은 위험하고 불충분하다. 사실 여부를 확인하기가 어렵다. 오프라인 취재는 보충의 의미가 아니라 기본의 의미로 이해돼야 한다. 온라인 자료만으로 기사를 쓰면 기사가 재미없거나 어려워지는 약점도 있다. 사람 중심의 기사를 쓰기 위해서도 오프라인 취재가 필수적이다.

정보수집 · 통계분석 과정 공개 인터넷은 표절의 도구로 전락할 여지가 많다. 기사 신뢰도에 대한 의구심을 없애려면 정보수집 과정과 방법을 공개하는 것이 바람직하다. 기사에 정보원이 언제, 어느 사이트 누구의 글인가를 알려야 한다. 사이트의 인상 등도 참고요소로 제시할 수 있다.

통계 분석 기사의 경우 분석과정을 체계적으로 설명하며 기사를 써야 불필요한 오해를 없앨 수 있다. 자료 수집과정, 자료의 한계, 사용한 통계 프로그램 등을 두루 짚어줘야 한다. 자칫 기사의 종합적 의미가 숫자와 자료들에 묻힐 가능성이 있는 만큼 현실 상황에서 어떤 의미가 있는지에 대한 구체적 설명이 필요하다(김경희·이재경·임영호, 2003).

5) 컴퓨터 활용 취재

컴퓨터 활용 취재(Computer Assisted Reporting: CAR)는 데이터 분석용 컴퓨터 소프트웨어를 활용해 기초 데이터를 계산, 정렬, 병합 등 기법으로 분석해내는 취재방식이다. 무의미해 보이는 통계자료에서 의미 있는 이야기를 찾아내는 작업이다. 발표 저널리즘 또는 관변 저널리즘에서 탈피해 과학적이고 객관적인 보도를 함으로써 온라인 저널리즘의 새 지평을 열었다는 평가를 받는다.

도입과정 1960년대 후반 미국 ≪마이애미 헤럴드≫의 존스(Jones) 기자가 코볼(COBOL) 프로그램을 활용해 범죄 재판의 편향성을 찾아낸 것이 문헌상 최초의 컴퓨터 활용 취재다. 1970년대 후반부터 1980년대 중반까지를 보급기로 본다. 이후 개별 언론사들이 자체 DB를 구축해 보도에 사용하는 사례가 늘어나면서 대중화가 이뤄졌다. 1990년대 중반 이후, 인터넷의 등장으로 컴퓨터 활용 보도의 개념을 기존의 DB저널리즘에서 네트워크 저널리즘으로 확장시켰다(김병철, 2005).

기본도구 스프레드시트(spreadsheet), DB, 온라인 자원 등 3가지를 기본 도구로 한다. 기초데이터를 분석하는 도구로는 SPSS, SAS 같은 통계 패키지가 있지만 조사방법론 지식 없이는 이용이 힘들다. 스프레드시트는 수치 혹은 표 계산을 위해 사용되는 간편 프로그램으로 가로세로 셀에 데이터를 입력해 분석한다. 가장 많이 사용하는 것이 엑셀(Excel)이고, 이외에 넥셀, 로터스123 등이 있다. DB를 구성하는 프로그램으로는 액세스(Access), 폭스프로(FoxPro), 인포믹스(Infomix) 등이 있다. 액세스는 수치뿐만 아니라 문자 데이터도 분석할 수 있고, 각종 데이터를 원하는 방식으로 조직화해 DB를 구축한 다음, 질의 방식으로 통계분석이 가능하다. 엑셀에도 간단한 DB기능이 있다. 온라인 자원으로는 리스트서브 등의 토론 그룹, 정보가 저장된 DB도서관이 사용된다(김병철, 2005).

스프레드시트 활용법 분석기사 작성은 분석주제선정, 수집할 자료항목 선정, 취재원별 자료항목 정리, 자료 수집, 수집자료 가공, 스프레드시트 입력, 분석, 그래프 만들기의 순으로 이어진다. 분석주제는 컴퓨터 활용 때 효과적인 내용이어야 한다. 수집 가능한 자료인지도 따져봐야 한다(김경희·이재경·임영호, 2003).

3. 취재의 오류

취재에서의 오류는 불가피하다. 사람의 기억, 판단, 언어 사용이 불완전하고 부정확하기 때문이다. 여기에 의식적 편향성까지 겹쳐지면 사실(fact)의 추적조차 쉽지 않은 일이 된다. 취재의 오류를 거짓 기억, 잘못된 판단, 편향성, 언어 커뮤니케이션의 측면에서 살펴보자.

1) 거짓 기억

사람들의 기억은 고정된 것이 아니다. 주입되거나 왜곡되거나 각색될 수 있다. 취재에서 이 점을 염두에 두고 이야기를 들어야 하며, 기자 자신의 기억도 변질될 수 있음을 경계해야 한다. 가급적 기억이 생생할 때 기록으로 남겨두는 것이 최선책이다.

거짓 기억의 메커니즘 어린 시절의 행복한 기억 가운데 20%는 만들어진 사실에 근거한다는 연구결과가 있다. 어린이들을 대상으로 놀이공원에서의 가짜 기억 실험을 해본 결과 3분의 1 정도가 주입된 기억을 받아들였다고 한다. 강간범과 사건 당시 TV에 출연했던 인사를 착각한 여성의 기억 왜곡 사례도 있다(프랫카니스·아론슨, 2005). 거짓 기억의 메커니즘은 여러 가지다. 기억의 저장 과정에서 내용을 자신의 의도나 취향에 맞게 구성할 수 있다. 기억 구성을 이끄는 스키마(schema)가 정보를 걸러내고 빠진 부분을 채워 넣기도 한다. 저장된 정보에 추측과 가정을 덧붙여 추론된 과거를 만들어내거나, 기억 인출과정에서 기억을 변경시킬 수도 있다. 반복적 회상으로 기억에 흡수돼버린 세부 추측들은 실제로 봤던 것처럼 또렷해진다(마이어스, 2008).

실제 기억과 거짓 기억 경험에서 비롯된 기억은 상상에서 비롯된 기억에 비해 훨씬 상세하다. 상상한 경험의 기억은 가정된 사건의 요지, 즉 그 사건과 연합된 의미와 감정에 국한된다. 요지기억은 오래 지속되기 때문에 아동의 거짓 기억은 실제 기억보다 더 오래간다. 목격자 증언에 관한 실험에서 확신을 가진 일관적 증언도 정확한 것이 아닌 경우가 훨씬 많았다. 목격자들은 옳건 그르건 대체로 유사한 확신도를 나타낸다(마이어스, 2008).

오정보 효과 로프터스(Elizabeth F. Loftus)는 2만 명 이상이 참가한 200여 개의 실험을 통해 사고의 목격자가 질문을 받을 때 어떻게 자신의 기억을 재구성하는지를 실험했다. 교통사고 영상을 보여주고 상황을 접촉사고와 정면충돌의 2가지로 물었을 때, 깨진 유리를 보았다고 응답한 비율이 후자에서 2배나 높았다. 실제 깨진 유리는 없었다. 많은 사람들은 미묘한 오정보에 노출된 후 사실을 잘못 기억하는 오정보 효과(misinformation effect)의 영향을 받는다.[9] 시간이 경과해 사건기억이 희미해질수록 오정보의 침입은 용이해진다. 오정보 효과는 고의적인 것이 아니기 때문에 사람들은 실제 기억과 암시된 기억을 구분해내는 것이 거의 불가능하다.

출처 기억 상실, 상상력 효과 경험했거나 들었거나 읽었거나 아니면 상상했던 사건을 엉뚱한 기억의 출처에 귀인시키는 것을 출처 기억 상실이라고 한다. 출처 기억 상실은 오정보 효과와 함께 많은 거짓 기억의 원인이 된다. 존재하지도 않은 행위와 사건을 반복적으로 상상하는 것만으로도 거짓 기억이 만들어질 수 있다. 상상한 사건은 나중에 좀 더 친숙해지고 친숙한 것은 현실적으로 보이게 된다. 대상을 선명하게 상상할 수 있을수록

---

9) 경찰과 검찰은 오정보 효과를 피하기 위해 목격자들에게 장면을 떠올리도록 요구한 뒤 회상 가능한 모든 것을 상세하게 진술하도록 한다. 그런 다음 기억을 떠올리는 후속 질문들을 던진다. 이런 인지적 인터뷰 기법을 사용하면 정확한 회상이 50% 정도 증가하는 것으로 보고되고 있다(마이어스, 2008).

기억 저장의 가능성이 커진다(마이어스, 2008).

2) 잘못된 판단

기자들은 취재원들이 내놓는 사실적 주장, 가치적 주장, 정책적 주장, 인과적 주장 등의 해석에서 혼란을 겪을 때가 많다. 그러나 언론활동의 특성상 판단을 미룰 여유가 별로 없다. 때문에 잘못된 판단의 원인이 되는 휴리스틱, 과신, 고착 등의 영향을 피해 가기 어렵다. 취재원도 그 점에서는 마찬가지다.

휴리스틱 사람들은 특정한 문제의 해결을 위해 논리적 절차(알고리즘)를 밟는 것을 거북해하거나 지겨워할 때가 많다. 그보다는 문제를 푸는 단순한 규칙이나 단서인 휴리스틱(heuristic, 발견법)을 선호한다(제3장 97쪽 개인 차원 게이트키핑 참조). 휴리스틱은 일반적으로 알고리즘보다 빠르지만, 실수를 범할 가능성도 크다.[10] 휴리스틱에는 대표성 휴리스틱과 가용성 휴리스틱이 있다(마이어스, 2008).

과신 다양한 과제에 걸쳐 사람들은 실제보다 더 많이 알고 있다고 생각하며, 과거 성과나 현재 및 미래의 성과를 과잉 추정하는 경향이 있다. 과신을 경고해도 과신은 별로 감소되지 않는다. 펀드매니저들은 자신들이 시장 평균을 능가한다고 자신하지만 그 반대 증거가 압도적으로 많다. 전문가 예측을 수집해 추후 정확도를 알아보면 80% 이상 확신했던 전문가들도 정확성이 40% 미만이었다. 정치전문가나 주식, 스포츠 해설가들의 과신은

---

10) 휴리스틱에 의한 판단을 유도하는 조건은 ① 사안에 대해 심사숙고할 시간이 없을 때, ② 정보가 너무 많아서 충분히 검토할 수 없을 때, ③ 사안이 그다지 중요하지 않다고 생각될 때, ④ 결정을 내리는 데 이용할 지식이나 정보가 거의 없을 때, ⑤ 문제에 직면해 어떤 휴리스틱이 바로 떠오를 때 등이다(프랫카니스·아론슨, 2005).

그 결과에 관계없이 제거하기가 매우 어렵다. 그러나 과신의 오류를 범하는 사람들은 행복하고, 어려운 결정도 쉽게 하며, 신뢰할 만한 사람일 가능성이 있다(마이어스, 2008).

고착 새로운 조망에서 문제를 바라보지 못하는 심리적 경향이다. 마음 갖춤새와 기능적 고착에서 비롯된다. 마음 갖춤새란 사람들이 과거에 작동 했던 마음의 자세로 문제에 접근하려는 성향을 말한다. 실제에 대해서 잘못 된 생각을 갖게 되면 실제를 보기가 더 어려워진다. 기능적 고착은 대안에 대한 고려 없이 친숙한 기능에만 집착하려는 경향성이다(마이어스, 2008).

3) 편향성

취재에서 나타날 수 있는 심리적 편향성으로는 확증편향, 신념편향, 착각 상관 등이 있다. 제3장 게이트키핑 오류에서 다뤄진 허위적 합의효과도 심리적 편향성의 하나로 볼 수 있다.

확증편향과 신념편향 확증편향은 자신의 생각과 선입견을 확증해주는 정보를 찾는 경향성을 말한다. 실험에서는 사람들이 자신의 생각을 부정하 는 증거보다 지지하는 증거를 더 열심히 찾는다는 사실을 보여준다. 사람들 은 신념편향 때문에 자신의 견해와 일치하는 결론을 더 쉽게 받아들인다. 또 신념과 상반되는 결론의 비논리성을 더 쉽게 알아챈다(마이어스, 2008). 기자도 예외일 수 없다.

착각상관과 선입견 상관성이란 두 종류의 사건 혹은 변수나 변인 사이에 규칙적인 관계가 존재함을 의미한다(기든스, 2010). 존재하지 않는 상관성을 지각하는 것이 착각상관이다. 두 변인 간에 관계가 있다고 믿으면 그 신념을 지지하는 사례들을 목격하거나 회상해낼 가능성이 증가한다. 선입견은 관 찰과 해석을 편향시켜 때때로 우리가 보고 싶거나 볼 것이라고 기대하는 것만을 보게 된다.

허위적 합의효과 다른 사람들이 자신의 신념과 행동을 공유하는 정도를 과잉 추정하는 경향성이다. 예사로 교통위반을 하는 사람들은 타인도 그런 성향이 있다고 믿는다. 기자의 가치관이나 성향이 현상에 대한 해석에 그릇된 영향을 미칠 수 있다(마이어스, 2008).

귀인편향 귀인이론은 사람들의 행동을 어떻게 설명하는지를 다루는 이론이다. 기자 자신보다 취재원의 편향성을 이해하는 데 도움이 된다. ① 근본적 귀인오류, ② 행위자 - 관찰자 귀인편향, ③ 자기본위적 귀인편향의 3가지 유형이 있다. 사람들은 특정인에 대한 행동의 해석에서 성향(내부요인)의 영향력은 과대평가하고 상황(외부요인)의 영향력은 과소평가하는 근본적 귀인오류를 잘 범한다. 모든 일의 원인을 사람의 자질 탓으로 돌리는 것이다. 성적이 나쁜 학생에 대해 다른 여건은 생각하지 않고 머리가 나쁜 탓이라고만 생각하는 식이다. 어느 누구도 이 오류에서 자유로울 수 없다. 행위자 - 관찰자 귀인 편향은 같은 행동이라도 행위자는 상황 탓으로 돌리고, 관찰자는 행위자 탓으로 돌리는 경향이다. 자기중심적인 관점의 차이에서 비롯되거나 행위자와 관찰자가 지닌 정보의 차이에서 비롯된다. 자기본위적 귀인 편향은 똑같은 일이라도 자신이 하면 좋은 것이고, 남이 하면 좋지 않은 것으로 생각하는 성향이다. 정치권에서 일상적으로 나타난다(나은영, 2009).

4) 언어 커뮤니케이션의 오류

우리가 인식하는 세계는 언어의 한계를 벗어날 수 없다. 언어 사용자가 지각하는 세계는 자신이 사용하는 언어에 의해 규정된다(나은영, 2009). 사피어와 워프(Sapir and Whorf)의 언어의 상대성 가설은 언어의 문화적 구조가 사람이 생각하고 행동하는 것을 결정한다고 주장한다. 실제의 세계는 어느 정도 언어 습관 위에서 무의식적으로 만들어진다는 것이다. 일례로 영어에서는 2인칭 단수 대명사가 you뿐이고 독어에서는 Sie와 du가 있는데 이런 단어의 규정이 세계에 대한 인식의 한계를 설정하는 기준으로 작용하게 된다. 언어의 불완전성이 다양한 취재 오류의 원인이 된다는 점을 염두에 둘 필요가 있다(그리핀, 2010).

추상성의 오해 언어의 추상성은 신속한 정보처리를 가능하게 하기 때문에 효율적이다. 그러나 완벽한 공통경험이 전제되지 않는 추상성은 사랑, 행복 등과 같은 개념의 해석에서 오해를 불러올 소지가 있다. 기자는 언어 사용 때 적합한 수준의 추상개념이 어느 정도인지를 고려해야 한다. 의미전달을 분명히 하려면 지시대상이나 개념을 구체적으로 밝히는 게 좋다(오미영·정인숙, 2005).

과잉 일반화의 오류 언어의 추상성은 사람, 사물의 차별성을 무시하고 공통적인 범주에 포함시켜 분류하려는 경향을 낳는다. 이런 비차별적 태도는 고정관념으로 이어진다. 사회심리학 연구에 따르면 사람들은 자기 집단 안의 구성원들은 비교적 다양한 생각을 지닌 것으로 보는 데 비해 다른 집단 구성원들은 모두 똑같다고 생각하는 경향이 높다. 외부집단에 속하는 특정인의 메시지를 집단 전체의 메시지인 양 착각하기도 한다(오미영·정인숙, 2005).

단순화, 극단화의 오류 복잡한 생각을 요구하는 글을 봤을 때 사람들은 그것을 단순화시켜 이해한다. 인간의 인지력은 일정 수준의 복잡성만을 수용하며, 그 정도를 넘어서면 상징적 이미지와 같은 단순 형태로 변화시킨다. 2분법이나 양극화 현상이 나타나는 이유이기도 하다(오미영·정인숙, 2005). 극단화는 사회적 판단이론[11]의 대조효과와 동화효과로 인한 결과일

---

11) 셰리프(Muaafer Sherif)는 태도를 수용 영역대, 거부 영역대, 비개입 영역대의 3가지 영역이 혼합된 것으로 간주한다. 사회적 판단이 필요한 질문을 접하면 사람들은 동의할 수 있는 것은 수용 영역에, 동의할 수 없는 것은 거부 영역에, 중립적 사안은 비개입 영역에 소속시킨다. 기존 태도와 반대되는 주제나 주장(거부영역)에 노출됐

수 있다. 유사한 메시지라도 전달자가 누구냐에 따라 실제보다 더 좋게, 또는 더 나쁘게 받아들이는 경향이 있다(나은영, 2009).

사실과 추론의 혼동 사람들은 타인의 행위로부터 자신이 전달하려고 하는 생각이나 느낌을 추론한다. 그다음 그 행위에 반응을 보이는 것이 아니라 추론된 생각이나 느낌에 반응을 보인다. 또 관찰 가능한 사실적 진술과 관찰 불가능한 추론적 진술을 혼동하는 경우가 많다. 사실정보를 보거나 듣는 과정에서 머릿속으로 추론한 것을 곧 사실이라고 믿어버린다. 대면적 대화나 TV프로그램에서도 사실을 열거하는 것만으로 상대의 추론을 유도할 수 있다. 객관성, 정확성을 요구하는 기사 쓰기에서는 사실과 추론의 혼동이 있어서는 안 된다(나은영, 2009).

언어 연상의 오류 언어 사용자들은 사람, 사물, 사건을 그 자체로서 대하는 것이 아니라 이름 지어진 방식으로 연상하려는 경향을 보인다. 예컨대 유명 화가의 작품 그 자체를 평가하는 것이 아니라 언어 연상, 즉 화가의 이름에 매달리는 오류를 범한다. 폭스(Fox) 가설도 그 연장선상으로 이해할 수 있다. 폭스 박사는 내용이 빈약하더라도 청중에게 어필하는 연설을 하면 전문가 마저 높게 평가를 한다는 실험결과를 얻었다. 학술논문이 내용에 의해 평가 되는 것이 아니라 문장의 복잡성에 의해 평가되는 것도 유사한 현상이다. 언어로 인해 대상의 본질이 가려지게 되는 것이다(오미영·정인숙, 2005).

부분의 전체화 오류, 고정적 평가의 오류 복잡한 세상사를 제대로 이해하기 어려움에도 사람들은 해당 주제에 대해 전부 다 아는 것처럼 말한다. 극히 일부를 경험하고도 모든 것을 경험한 양 말하는 현상을 '모두 다(allness) 현상'이라고 한다. 사물이나 사람은 끊임없이 변화하지만 사람들은 과거

을 때 사람들은 대조효과를 일으킨다. 대조는 극화를 이끄는 지각 왜곡의 하나로 견해 차이를 확대 해석하는 경향이 있다. 동화는 대조와 반대되는 개념이다. 다른 사람의 주장이 수용 영역대에 들면 사람들은 입장 차이를 축소해서 해석한다(그리 핀, 2010; 오미영·정인숙, 2005).

시점 그대로 묘사하기를 즐기는 경향이 있다. 언어 커뮤니케이션에서는 시제가 분명히 나타나지 않는 문제점을 인식하고 상대의 말을 들어야 한다 (오미영·정인숙, 2005).

4. 기사 도구로서의 한글

언어가 사고방식, 즉 사람의 기본 생각을 만들어낸다는 주장이 언어결정론 가설이다. 언어가 사라지면 그 언어에 의존하는 문화와 사고도 사라진다고 본다. 동사의 과거시제가 없는 아메리칸 인디언 호피족은 과거를 쉽게 떠올리지 못한다. 많은 이중 언어 사용자들은 어떤 언어를 사용하는가에 따라 서로 다른 정체성을 드러낸다. 그러나 언어에 없는 많은 사고가 존재하는 것도 사실이다. 그렇지 않다면 새로운 단어들이 만들어질 수 없을 것이다 (마이어스, 2008).

1) 한글의 특성

기자들의 의사소통력[12]은 우리의 언어인 한글에 대한 이해를 바탕으로 한다. 한글의 특성은 과학적 창제원리[13] 등 여러 측면으로 접근할 수 있지만

---

12) 문법능력(어휘 지식, 형태, 구조, 의미, 음운규칙), 담화능력(유의미한 담화 형성 및 이해), 사회언어학적 능력(대화상황에 적절한 발화), 전략적 능력(반복, 회피, 바꿔 말하기, 풀어 말하기 등)의 4가지 요소로 구성된다(허용 외, 2008에서 재인용).

13) 표음문자는 음소(ㄱ, ㄴ, A, B)문자와 음절문자로 나뉘는 것이 전통적 틀이었으나 한글에 의해 자질(資質)문자라는 새 분류가 생겨났다. 한글은 ㄱ에 획을 더하여 ㅋ, ㅇ에 ㄴ, ㄴ에 ㄷ과 ㅌ, ㅁ에 ㅂ과 ㅍ, ㅅ에 ㅈ과 ㅊ을 만들었다. 중성에서는 입술의 오므림과 벌림 등에 따라 아야어여오요우유 등으로 글자를 확대해 나갔다. 이처럼 기본자에 획을 더한 문자가 확인됨으로써 음소 이하의 단위인 자질이라는

<표 4-2> 문어와 구어의 특성

구분	구어	문어
사용기준	화법	문법
지향성	시간지향성	공간지향성
호소방법	감정적 호소 허용	논리적 호소에 적합
정보기관	청각	시각
정보처리	중복 및 반복 허용	중복 및 반복 지양

자료: 강태완 외(2001).

언론 실무차원에서 문어와 구어의 구분, 높은 표의성, 서술어 중심 언어, 3가지 문장 형식이라는 점이 두드러진다(이승재 외, 1999).

문어와 구어의 구분 한글은 문어(글말)과 구어(입말)로 구성된다. 신문 등 인쇄매체에 쓰이는 문어는 방송의 구어에 비해 형식을 따지고, 통사·어휘적인 구애를 받는다. 문어에서는 복잡한 구문이 더 많이 사용되며, 문장당 어휘 수, 어휘 밀집도도 더 높다. 구어와 같은 반복적 표현이나 잉여정보가 적어 압축적으로 전달된다(이승재 외, 1999). 통합형 뉴스룸이 일반화되고, 신문의 방송화, 방송의 신문화가 진행되는 현 상황에서 기자들은 문어와 구어의 구사능력을 함께 갖출 것을 요구받고 있다.

높은 표의성 이상적인 표기법은 음소적 원리, 즉 표음주의와 형태소적 원리, 즉 표의주의를 적절히 조화시킨 것이라 할 수 있다. 그 점에서 한글은 표음뿐 아니라 표의성(表意性)이 강한 문자다. 모아쓰기, 역사적 표기법 등의 표의적 요건을 갖추고 있다. 모아쓰기란 학교라는 단어의 자모를 'ㅎㅏㄱㄱㅛ'로 풀어쓰지 않고 '학교'처럼 모아주는 것을 말한다. 한글은 소리 나는 대로 적는 것이 원칙이나 꽃잎('꼰닙'으로 발음)처럼 굳어진 표기는 역사적

문자단위가 생긴 것이다. 세계 어느 문자에도 유례가 없는 특성이다(이승재 외, 1999).

표기법을 그대로 따름으로써 형태를 안정시키고 있다(이승재 외, 1999). 표의적 장점들은 보도제작에 두루 활용되고 있다.

서술어 중심 언어 한글에서는 주어는 없어도 되지만 서술어 없이는 문장이 성립되지 않는다. 서술어가 마땅찮으면 '-하다', '-됐다'와 같은 가(假)서술어(기능동사)를 사용해서 이를 보완한다(허용 외, 2008). 이와 대조적으로 영어는 주어가 애매하거나 불필요한 문장에서 일부러 가주어를 만들어 사용한다(천소영, 2007). 영어에서는 동사만 서술어로 쓰이나 한글에서는 동사·형용사·'-이다'의 3가지가 사용된다. 영어는 주어, 동사, 목적어, 보어(SVOC)의 문장 구성이 성립되지만 한글은 주어, 서술어(동사가 아님), 목적어, 보어라야 한다(허용 외, 2008).

3가지 문장 형식 앞서 설명한 바와 같이 한글 문장에는 동사 문장, 형용사 문장, -이다 문장의 3가지가 있다. 형용사는 '-이다' 없이 서술어가 되며 진행형이 없다. '-이다'는 동사나 형용사 이외의 말이 서술어로 쓰일 때 사용된다. 활용 때 형용사적 특징을 보인다. '-이다'의 용법은 5가지다. ① 영어의 be동사(명사+이다)와 같은 용법이다. (예) 교사이다, 학생이다, 복숭아다. ② 동사 대신으로 쓰인다. (예) 도착이다(도착하다 대신), 말썽이다(부리다 대신). ③ 부사를 서술한다. (예) 고작이다, 보통이다. ④ 명사, 의존명사를 서술한다. (예) 따름이다, 편이다, 작정이다, 모양이다. ⑤ 비문법적 명사를 서술한다. (예) 물은 셀프이다(허용 외, 2008).

기타 우리말은 일본어, 몽골어, 터키어와 함께 주어+목적어+서술어의 어순을 취한다. 영어와 중국어는 주어+동사+목적어의 어순이다. 체언을 꾸며주는 관형어는 단어든 절이든 꾸밈을 받는 체언 앞에 온다. 영어에서는 관형절이 체언 뒤에 온다. 어순의 이동이 자유롭고, 주요 성분의 생략이나 중복이 쉬운 특성도 가진다. "저 의사는 행동이 양반이다"처럼 주어가 여럿 나타나는 문장구성법은 다른 언어에서 찾아보기 어렵다. "백두산을, 한라산을 모두 등정했다"처럼 목적어가 여럿 나타나기도 한다(천소영, 2007).

2) 문장유형과 용법

한글에서 품사는 고정이고, 문장성분은 가변적이다. '나무는, 나무를, 나무가, 나무다'에서 '나무'는 항상 명사이고 '-는, -를, -가, -다'는 항상 조사다. 그러나 '나무는, 나무가'는 주어, '나무를'은 목적어, '나무다'는 보어로 쓰인다.

기본 문장유형 우리말 문장은 6가지 기본 유형들로 구성된다. 이 유형들이 결합해 복잡한 문장을 만들어낸다. 예문의 고딕 부분을 주의하면서 문장 유형을 살펴보자.

① 주어 - 서술어가 1개인 단문 (예) 청와대가 성명을 발표했다. 피의자는 없었다. 문제의 인물은 검사다.

② 두 개의 주어 - 서술어가 서로 자리를 바꿀 수 있는 문장 (예) 보수당은 무능하고, 진보당은 무책임하다.

③ 명사 자리에 주어 - 서술어가 들어가는 문장 (예) 정부는 **국회가 북한인 권법을 제정해주기**를 요구했다.

④ 주어 - 서술어가 명사를 수식하는 문장 (예) 국회의장은 **예결위가 공전 되는** 사태가 이른 시일 내 해결되기를 희망했다.

⑤ 주어 - 서술어가 위치를 옮겨갈 수 있는 문장 (예) **광복절이 되면** 국민 들은 건국 유공자들을 떠올린다. 국민들은 **광복절이 되면** 건국 유공자들을 떠올린다.

⑥ 직접인용이나 간접인용이 들어 있는 문장 (예) 교육과학기술부는 **대학 퇴출 방침에 아무런 변화가 없다**고 말했다(정희모·이재성, 2006).

문장 용법 기사 작성의 전제로서 주동·사동·피동법, 부정법 등에 대한 이해가 필요하다. 주동은 자기 스스로 동작을 하는 것, 사동은 남에게 어떤 동작을 하게 하는 것, 피동은 남의 힘에 의해 어떤 동작이 행해지는 것이다. (주동) 경찰이 시위대를 연행했다. (사동) 공안회의는 경찰에게 시위대를 연행토록 했다. (피동) 시위대는 (경찰에 의해) 연행됐다.

부정법에는 5가지가 있다. ① 안(-지 않) 부정(단순 부정) (예) 예정됐던 공연이 열리지 않았다. ② 평서문·의문문의 못 부정(능력 부정) (예) 국정수행을 못 한다는 의견이 더 많다. ③ 명령문·청유문의 말 부정 (예) 과소비를 말라는 권고가 있었다. ④ 어휘 부정 (예) 청탁을 거절했다. ⑤ 한자어 접두·접미 부정(不, 非, 無, 未, 沒 등) (예) 정치 지도자들의 행동이 불(不)건전하고, 비(非)신사적이다. 국민의 슬픔에 무(無)신경하다. 미(未)성숙과 몰(沒)지각이 도를 넘었다(허용 외, 2008).

문장, 구문, 문체 국어 문장에는 홑문장과 겹문장이 있다. 홑문장은 단문, 겹문장은 중문, 복문과 대응된다. 겹문장에는 문장 속의 문장(안은문장, 안긴문장), 이어진 문장(대등, 종속)이 있다. (예) "아들은 아버지가 복무했던 해병대를 제대했다"라는 문장에서 '아버지가 복무했던'은 안긴문장이고 '아들은 제대했다'는 안은문장이다. "강릉은 동쪽이고, 인천은 서쪽이다"는 대등으로 이어진 문장이다. "서울로 가려면 반드시 문경 새재를 넘어야 했다"는 종속으로 이어진 문장이다.

국어의 특수용법 중 하나로, 알고 있어야 할 것이 이중주어 구문이다. 주어가 2개인 문장을 말한다. (예) 나는 우리나라가 좋다. 일반적으로 신문, 방송 등의 보도에서는 높임법을 중화시킨 중화체를 쓴다. 사실을 객관적으로 서술하기 위해서다. (예) "대통령이 8·15 경축사를 발표했다(신문)/발표했습니다(방송)." "대통령께서 경축사를 발표하셨다"로 쓰지 않는다(허용 외, 2008).

3) 조사용법

조사에는 격조사, 보조사, 접속조사의 3가지가 있으며, 체언과 결합하여 문장성분을 나타내거나 의미를 더해준다. 여러 개의 조사를 겹쳐 사용(선생

님으로부터의, 으로+부터+의)할 수 있다. 일반적으로 조사 간 결합에서 선행하는 조사는 격 기능, 후행하는 조사는 의미기능을 한다. -에게, -한테는 같은 뜻이지만 전자는 문어, 후자는 구어에 쓰인다.

격조사 영어나 중국어에 없는 문법 범주다. 주격(보격 포함), 목적격, 부사격, 관형격(의), 호격(아, 야, 여)조사가 있다. 다음 용법에 주의할 필요가 있다.

① -에(+상태 형용사)와 -에서(+동작 동사)의 구분 (예) 카이로에 있어요/ 카이로에서 일해요. 인도의 가게에 많아요/인도의 가게에서 팔아요.

② -에서 -까지(장소), -부터 -까지(시간)의 구분 (예) 서울에서 인천 공항까지, 점심은 12시부터 1시까지

③ -에(장소), -로(방향), -를(목적)의 구분 (예) 백두산에 등산 가요. 백두산으로 등산 가요. 백두산을 등산 가요.

보조사 영어의 also, only 등과 같다. 명사, 부사나 부사구, 어미, 연결어미, 다른 조사와 결합하여 그 의미를 더해준다. 격조사보다 쓰임이 자유롭다. -은, -는(주제, 대조), -만(유일, 단독), -도(역시) 등이 있다. (예) 코끼리는 (-로 말하자면) 코가 길다. 이것만은 버릴 수 없다. 사람도 동물이다.

접속조사 격이나 의미를 나타내지 않고 다만 단어와 단어, 문장과 문장을 연결해주는 기능을 하는 조사다. 대등접속(-와, -과, -하고, -이랑), 첨가, 부가 (-에다가), 나열(-이며) 등이 있다. 그리고, 그러나는 접속조사가 아니라 접속부사다(허용 외, 2008).

5. 기사

언론인 리프만(Walter Lippman)은 외부 세계와 사람들 머릿속에 존재하는 상 사이를 매개하는 일이 미디어의 기본 기능이라고 지적한 바 있다. 하지만

기사가 현실을 있는 그대로 반영한다는 것은 불가능에 가깝다. 언론 내부
집단과 외부집단의 수많은 영향력을 피해 나가기가 쉽지 않기 때문이다.
언론활동 자체의 편향성을 극복하는 것은 그보다 더 어려울 수 있다. 의사사
실의 눈속임이나 유혹으로부터도 자유롭지 못하다. 보도는 불완전하고 때
로는 모순적인 상황에서 출발한다.

1) 기사 만들기

　본질적으로 언론보도는 현실이 아니다. 삶의 현장은 언론이 이해하고
설명하는 것보다 훨씬 복잡하고 무질서하며 가혹하다. 언론은 이런 현장과
동질적인 현실감각을 갖지 못한다. 엉성한 메커니즘으로 세상을 바라보고
그들만의 시각으로 설명하고 있을 뿐이다. 여론형성 과정에서 조용한 다수
는 뒷전이고 시끄러운 소수[14]에 더 주목하는 일이 다반사로 빚어진다.
보도에 대한 무한정의 겸손이 필요함을 알려주는 대목이다.

　기사는 그 형태나 내용에서 아주 다양한 모습을 띤다. 경성과 연성의
전달양식, 서술의 방식과 시각, 문체 등의 요소들이 복합적으로 조직된다.
다루는 내용에서도 사건의 전문(傳聞)과 관찰, 언급의 전달과 종합, 자료의
정리와 해석, 현상에 대한 가치관이나 세계관의 반영 등 다양한 모습들이
나타난다. 일상적이고 단순 전달을 넘어서는 기사에 대해 기자들은 몇 가지
기사 만들기의 틀을 사용한다. ① 추론과 시각의 반영, ② 삭제, 집중, 극화
를 통한 의미의 재창조, ③ 정보집단이나 PR집단과의 조정과 타협, ④
수용자들의 구미나 수준 맞추기 등이 그것이다. 정보집단이 제공하는 자료

---

14) 침묵하는 다수와 시끄러운 소수 현상 : 여론이 한쪽으로 몰리면서 소수의 주장을
　　묻어버리는 침묵의 나선효과와 반대되는 현상이다. 모스코비치(Serge Moscovici)에
　　따르면 온오프 다원적 멀티미디어 환경에서는 다수가 침묵하는 반면 소수가 시끄러
　　운 여론을 만들어내는 현상이 자주 관찰된다고 한다.

는 언제나 불완전하다. 사실들의 조합과 재구성을 위해 추론은 불가피하다. 사실을 의미 있는 이야기로 만들기 위해서는 뉴스에 생명을 불어넣는 작업(시각의 반영)이 있어야 한다. 중요성이 떨어지는 사실을 삭제하고, 특정 사실에 집중적 조명을 하며, 거기에 극적 요소를 가미해 흥미성을 높인다. 공생관계인 정보집단과의 사실과 해석에 대한 노골적·묵시적 조정과 타협도 일상적으로 이뤄진다. 수용자들이 좋아할 것으로 생각되는 수준이나 방향으로 기사를 제시하는 것도 기자들의 중요 관심사가 된다(박진용, 2005: 이상철 1999).

2) 기사의 유형

슈람은 정보나 지침, 해설 등 지연적 보상을 주는 기사를 경성기사, 스포츠·오락 등 즉각적인 보상을 주는 기사를 연성기사로 구분했다. 중요도와 흥미도 중에서 어느 것을 중시하느냐에 따라 나누기도 한다. 기사의 유형은 경성과 연성, 사실과 의견이라는 2가지 기본적 조합으로 접근해볼 수 있다. 경성 - 사실, 경성 - 의견, 연성 - 사실, 연성 - 의견의 4가지 유형이 나타난다. 경성과 연성기사는 기술기사와 감상기사로 분류되기도 한다.

경성기사와 연성기사 정치 등 현실 문제를 객관적·이성적·논쟁적 문제로 다루는 것이 경성기사, 인간적 관심사를 정서와 감성을 만족시키는 형태로 다루는 것이 연성기사다.[16) 기사 처리 방식에 따라 경성, 연성은 가변적일 수 있다(서정우, 2002). 양자의 구분은 기사의 프레임, 문맥구조, 내용, 유발되는 반응, 처리양식, 처리의 급박성, 기사분량 등에 의한다. 경성기사는 전체 뉴스의 맥락이 주제적이고, 뉴스 구성은 규격화된 틀을 따르는 역피라

---

16) 터크먼은 경성과 연성의 관습적인 개념을 재고할 것을 주장한다. 일례로 멕시코의 경제상황 악화를 가장 정확하게 전달한 것은 개인 생활사의 고통과 어려움을 인터뷰에 담아낸 연성뉴스 중심의 타블로이드 신문이었다고 한다(김춘옥, 2006).

미드 형태가 된다. 다루는 문제가 공공적인 것으로, 이성적 반응을 유발하는 내용이며, 해설적·분석적·평가적인 성격을 가진다. 당일 다뤄야 할 정도로 시의성이 강하게 작용하며 기사분량이 적은 편이다. 반면 연성기사는 전체 뉴스의 맥락이 일화적(에피소드)이고, 뉴스 구성은 내러티브(이야기체) 형식으로 자유롭다. 다루는 문제가 사적인 것이고, 감성적 반응을 유발하는 내용이며, 해설적·분석적·평가적인 성격을 가지지 않는다. 당일 다뤄야 할 정도로 시의성이 절박하지 않고 기사분량이 많은 편이다(김춘옥, 2006).

기술기사와 감상기사 기술기사와 감상기사는 경성, 연성과 비슷한 구분 기준이다. 사건이나 사실을 객관적·이성적·논리적으로 기술하느냐, 주관적·심미적·감성적으로 처리하느냐의 차이를 보인다.

사실기사와 의견기사 사실기사는 사회적 사안들에 대해 있는 그대로의 객관적 사실을 적는 기사고, 의견기사는 보도사안에 대해 주관적 의견을 기술하는 기사다. 전자는 보도, 후자는 논평이다. 사실기사에도 의견적인 내용이 포함되고 의견기사에도 사실적인 내용이 포함될 수 있다. 스펙트럼 식의 분포를 보여 기사의 전체 맥락으로 양자를 구분해야 할 때가 많다(박진용, 2004). 문장 단위에서 양자를 구분하는 간단한 방법은 서술어를 살펴보는 것이다(김창룡, 2007).

여타의 구분 스트레이트 기사와 피처 기사, 대인 기사와 비대인 기사, 스폿(spot) 기사와 후속 기사와 같은 유형들이 있다. 기사 작성방식이 사실 중심이냐, 인간적 흥미 요소 중심이냐에 따라 스트레이트와 피처로 구분된다. 대인 기사와 비대인 기사는 취재대상별로 기사 유형을 나눈 것이다. 뉴스의 80% 정도가 사람에 관한 것이고, 나머지 20%가 추상적인 내용, 동식물, 물체에 관한 비대인 기사다. 스폿 기사와 후속 기사는 예기치 않았던 일이냐, 발생사건의 변화과정이냐를 구분기준으로 한다(서정우, 2002; 이상철, 1999).

3) 기사의 구조

기사는 결론 또는 핵심이 어디에 놓이느냐에 따라 두괄식, 중괄식, 미괄식, 양괄식으로 구분된다. 핵심내용이 머리 부분에 놓이는 두괄식이 가장 많다. 결론을 미리 제시하고 내용을 풀어 설명하거나 근거를 하나씩 제시하는 연역법 유형이다. 기사의 연성화로 주제의 제시가 지연되거나 글꼬리에 가는 경우도 있지만, 기사의 일반적 특성이 두괄식을 선호한다는 점이다. 몇 개의 문장만 사용되는 방송 스트레이트의 경우 중괄식이나 미괄식으로 결론 제시를 늦출 여유가 없다. 하지만 방송 리포트 기사는 미괄식이 효과적인 경우가 있다. 근거를 눈으로 보여주고 결론을 제시하는 귀납법 유형이다(윤석홍·김춘옥, 2000). 두괄식, 중괄식, 미괄식, 양괄식과 비슷한 맥락에서 기사 구조는 다음의 6가지로 유형화된다.

역피라미드꼴 두괄식이다. 보도 기사의 전형으로 가장 오랜 전통을 가지고 있다. 19세기 후반 미국에서 객관주의 저널리즘이 주류로 자리 잡는 과정에서 완성된 형식이다. 신문기사는 물론 라디오, TV, 심지어 기업체에서까지 역피라미드 형식을 선호한다. 기사의 핵심적인 내용이 도입부나 본문의 시작부에 놓인다. 뒤로 갈수록 세부적이고 사소한 내용이 배치된다. 독자나 시청자가 기사 핵심을 쉽게 알 수 있고, 편집과정에서 뒷부분을 잘라내도 중요내용이 다치는 일이 없다. 그러나 관심과 흥미를 유발하지 못하고 다소 딱딱해지는 단점이 있다(국립국어원·MBC, 2008). 중요성에 따라 배열하다 보면 사건의 발생순서가 무시되거나 문장의 연결이 부자연스러워지기도 한다. 2001년 발간된 한국언론재단의 『새로운 신문기사 스타일』에 따르면 젊은 층 수용자들은 역피라미드꼴에 대해 이해하기 어렵고, 시비 판단을 힘들게 한다는 반응을 보였다. 사실을 단편적, 분절적으로 전달하는 데 따른 현상으로 해석된다(김구철, 2006). 역피라미드 기사는 줄어들고 있으나 그 속도는 매우 느리고 언론에서 사라질 가능성도 낮다.

온라인 시대 이후 매체들이 직접적이고 단순한 커뮤니케이션을 강조하면서 그 효용성이 재인식되고 있다. 지면이 확보된 기획기사나 시간 제약이 없는 방송기사, 온라인의 주문형 기사는 이런 방식을 취할 이유가 없다(윤석홍·김춘옥, 2000).

사다리꼴 주장의 전개에서 귀납법을 채택하면 기사 구조는 사다리꼴과 비슷하게 된다. 중요한 정보를 기사 전체에 배분하면서 기사의 끝 부분에 기자의 관점을 포함한 결론이나 주장을 제시한다. 미괄식에 가깝다. TV기사는 신문기사와 달리 드라마적 요소를 포함하기 때문에 이런 형태가 더 어울릴 수 있다. 이벤트 중심의 보도 형식에서 벗어나 쟁점을 개발하고 의제를 설정하는 데 유용한 방식이다. 앞의 조사 결과 젊은 층들이 사다리꼴에 긍정적 반응을 보였다(국립국어원·MBC, 2008).

역사다리꼴 위와 아래의 무게에 별 차이가 없이 논리가 전개된다. 개별 정보에 동등한 가치가 부여된다고 해서 병렬형이라고도 한다. 10분 이상의 긴 방송 프로그램에서는 마름모꼴이나 역사다리꼴이 바람직한 경우가 많다.

마름모/다이아몬드꼴 처음과 끝에는 주변적인 내용을 쓰고 기사 중간에 핵심적인 내용을 쓰는 중괄식이다. 문학적 글쓰기를 응용한다고 해서 서사형이라고도 한다. 요지를 찾기가 어려운 단점이 있어 기사로서 바람직한 유형은 아니다.

모래시계꼴 핵심적 내용을 도입부에 제시한 뒤 마지막 부분에서 다시 강조하는 양괄식 유형이다. 중간에는 주변적 내용을 쓴다. 주장의 반복으로 인해 정보 전달의 경제성이 떨어질 수 있으나 기사의 주제를 명확히 부각시킬 수 있는 장점이 있다.

피라미드꼴 주변적 내용으로부터 시작해 핵심적 내용으로 끝을 맺는 미괄식이다. 역피라미드와 정반대되는 서술 양식이다. 기사 형식으로는 적절하지 않다(국립국어원·MBC, 2008).

4) 기사의 특성

기사는 설명문의 영역에 포함되므로 효율적인 정보 전달에 1차적 가치를 둬야 한다. 표현의 멋이나 품위보다 정확성, 구체성이 우선된다. 수용자들이 쉽게 이해할 수 있도록 문장구조를 단순 명료하게 하고, 문법에 맞도록 써야 한다. 정확한 어휘의 사용은 기본 요건이다. 이런 작성법에 부합하기 위해 몇 가지 원칙들에 대한 이해가 필요하다(국립국어원·MBC, 2008).

육하원칙 기사의 핵심요소를 손쉽게 점검해보는 장치가 5W1H(who, when, where, what, why, how)의 육하원칙이다. 기사 쓰기에서 이에 대한 고려가 빠져서는 안 된다. 그러나 육하원칙을 맹종하기보다 적용에 유연성을 가지는 것이 실무적인 태도다. 생략이 가능하거나 있어도 의미가 없는 요소라면 굳이 문장을 복잡하게 만들 필요가 없다. 청와대 발표 기사라면 장소 개념이 무의미하다. 범인이 검거되지 않은 강력사건에서 왜라는 개념은 기사화할 수 없다. 묻지 마 살인에서는 왜를 설명하기가 어렵다. 수년 전 범행사실이 우연히 드러난 경우 '누가, 언제, 어떻게'를 기사화할 방법이 없다. 반면 육하원칙 이외의 요소들이 추가돼야 할 경우도 흔하게 나타난다. 사실이나 현상에 대한 소감이나 평가, 전망 등은 기사의 핵심이지만 육하요소가 아닐 수 있다.

문장의 단순화 이해가 쉽도록 단문 위주의 문장을 구사하고, 문장 길이를 될 수 있으면 짧게 하는 것이 좋다. 1996년에 조사한 주요 종합일간지의 문장당 글자 수는 67.1자였다. 점점 짧아지는 추세다(배정근, 2007). 문장의 단순화를 위해 명사절, 관형절, 인용절 등의 내포문과 접속문을 겹쳐 사용하는 것을 피해야 한다. 한 문장에 한 가지 사실만 담는 것이 권장된다. 선행 문맥에서 언급됐거나 문맥에서 예측 가능한 정보, 잉여적인 정보는 생략하는 것이 기사의 효율성을 높인다. 추정 가능한 주어나 목적어도 생략하는 것이 자연스럽다. 그러나 접속문에서 앞뒤 문장의 주어가 다르면 모두 밝혀

줘야 한다. 앞 문장에서 언급된 것이라도 문법적 지위가 다르면(주어-목적어, 부사어-목적어 등) 생략할 수 없다.

수식어·접속어의 제한 경성기사 작성에서 꼭 지켜야 할 수칙 중 하나다. 역피라미드꼴 기사에서는 객관적 서술을 위해 수식의 의미를 가지는 형용사나 부사를 배제해야 한다. 기사가 과장이나 감성적 판단으로 연결될 수 있기 때문이다. 그러나 문장의 주성분(서술어)이 되는 형용사는 무방하다. 그러나, 그리고, 그런데 같은 접속부사는 문장의 간결성을 살리고 공간 절약을 위해 사용이 최소화돼야 한다.

쉬운 표현 기사의 내용과 의미를 무리 없이 전달하기 위해서는 구어체 중심으로 쉬운 단어를 쓰고 한문식 표현을 지양해야 한다. 여기에서 구어체 중심은 일상대화에서 흔히 사용되는 익숙한 표현을 사용하라는 의미다. 필요 이상의 문어체 사용을 줄이라는 정도로 해석돼야 한다. 전문용어나 학술용어는 일반인들이 쉽게 이해할 수 있는 용어로 풀어주는 게 좋다. 한문식 표현의 지양 역시 쉬운 단어의 사용과 맥락이 닿는다. 복부보다는 배, 서두보다는 앞머리 등이 이해하기 쉽다. 한문식 표현은 문어적 특성이다.

수치의 단순화 금액, 단위, 통계치 등 수치는 의미의 손실이 없는 범위에서 단순화해야 한다. 조 단위의 한국 새해 예산 끝자리를 만 원 단위로 하는 것은 공간과 의미의 낭비다. 조 또는 1,000억에서 끊어야 한다. 무게, 길이, 면적, 거리 등 도량형의 단위도 의미 전달의 필요성이 있는 부분까지로 한정해야 한다. 상세 단위를 적으면 오히려 혼란스러워진다. 각종 통계치에도 같은 원칙이 적용된다(국립국어원·MBC, 2008).

기사의 길이 신문기사의 길이는 꾸준히 짧아지고 있다. 심층기사가 아니라면 200자 원고지 10매를 넘어가는 경우가 드물다. 독자 구독조사에서는 원고지 7, 8매가 넘으면 독자들이 읽기 어려워한다는 결론을 얻었다(배정근, 2007).

5) 기사 쓰기의 심리

기사 쓰기에서 참고해야 할 심리적 효과는 말과 글 효과, 언더라인 (underline) 효과, 트랩(trap) 효과의 3가지다. 이런 효과들이 글을 나쁘게 하거나, 글쓰기를 어렵게 하는 요인이 된다. 무의식적 현상이기 때문에 각별한 주의가 필요하다.

말과 글 효과 음성으로 쓴 글이 손으로 쓴 글보다 문장의 깊이나 완성도가 떨어지는 효과를 말한다. 인쇄미디어 - 전자미디어 - 뉴미디어로 진행될수록 글의 질이 나빠지는 이유의 하나다. 기사 쓰기의 상황에 따라 말과 글을 사용하되, 시간 여유가 있거나 중요한 기사인 경우 글로 쓰는 것이 좋은 기사를 생산해내는 1차적 조건이다.

언더라인 효과 기사 쓰기의 중요한 원칙 중 하나가 중복을 없애는 것이다. 문장의 리듬감을 떨어뜨리고 공간의 낭비를 가져온다. 이런 원칙을 알고 있으면서도 실제 기사 쓰기에서 잘 고치지 못하는 실수 유형이 여러 형태의 중복이다(제7장 252쪽 중복 참조). 사람들은 글을 쓰면서 의식의 잔상 때문에 동어반복 하려는 경향이 있다. 무의식적으로 같은 문장 또는 이웃 문장에서 쓴 단어들을 다시 쓰고 있는 자신을 발견하게 된다. 글이 만들어내는 길, 즉 언더라인(잔상) 효과를 제어하지 못하면 좋은 글을 쓰기가 어렵다. 특별한 주의가 필요하다.

트랩 효과 기자들치고 기사 쓰기를 하다가 한두 번쯤 미로에 빠져보지 않은 이는 드물 것이다. 흔한 일은 아니지만 그런 불유쾌한 경험을 통해 기사 작성능력을 한 단계 성숙시키게 된다. 트랩 효과는 기사의 실마리를 풀지 못해 같은 문장이나 문단에서 맴돌다 고착된 발상에서 빠져나오지 못하는 현상을 말한다. 기사에 대한 과도한 집착이나 과잉기대, 완벽주의가 이런 함정에 빠지게 한다. 가벼운 마음으로, 자신의 실력만큼 글을 써 내려 간다는 자세를 가지는 것이 좋다.

6. 기사 쓰기의 오류

게이트키핑 오류, 취재 오류처럼 기사 쓰기에서도 관행적이고도 일상적
인 오류들이 자주 나타난다. 이에 대한 직업적 민감성을 키워야 언론문화를
한 차원 높여나갈 수 있을 것이다(박진용, 2004, 2005).

1) 객관성 없는 표현

기사는 허구를 기초로 하는 문학과 표현양식이 같을 수 없다. 일정 범위에
서 규격화된 틀과 원칙을 따라야 한다. 이 조건을 벗어나면 기사가 아니라
작품이 돼버린다. 객관성은 기사에서 이해도와 재미를 떨어뜨리는 요인이
지만 그것이 기사의 특성이자 한계일 수 있다. 객관성을 해치는 몇 가지
표현 유형들을 살펴보자.

묘사적 표현 사실을 전달하기보다 어떤 상황을 눈앞에 그리듯이 표현하는
것이 묘사다. 현장을 생생하게 전달하는 장점이 있는 반면 지나친 묘사로
정서적 반응을 유도할 수 있다. 뉴스 내용에 주관이 개입될 여지가 많고
사건의 본질, 원인분석, 해결책 제시보다 흥미 위주로 흐를 위험성이 있다
(SBS·양철훈 외, 2008).

과장과 왜곡 사실의 과장이나 왜곡은 객관성의 하위개념인 중립성, 적합
성을 해친다. 주어진 현상의 강도나 심도를 극단화하거나 이분법적 구도로
몰고 가는 것도 과장의 일종이다. 사건이나 현상의 표현을 위해 날벼락,
눈물바다, 인산인해와 같은 과장된 단어들이 사용돼서는 안 된다. 정치
기사에서 사건의 앞뒤를 바꾸거나 물가기사를 쓰면서 제철이 아닌 과일값
앙등을 거론하는 것 등은 사실의 왜곡이다.

주관적 표현 등 객관성이 의문시되는 표현들이 보도에서 관행적으로
쓰이는 경우가 적지 않다. 비아냥거렸다, 강변했다, 불편한 심정을 드러냈

다, 하소연했다, 변명했다 등의 표현은 보도의 편향성을 의심받기에 충분하다(배정근, 2007). 정서적 반응을 유도하는 선정적 표현도 정확한 사실의 이해를 방해하고 적합성을 깨뜨린다. 안타깝게도, 거리낌 없이, 태연하게처럼 사건에 대한 기자의 감정을 담은 표현은 지양돼야 한다(국립국어원·MBC, 2008).

2) 부적절한 인용과 일반화

기사 쓰기는 거의 대부분이 다른 사람의 말을 전달하는 작업이다. 이를 위한 문법적 장치가 인용이다. 여기에는 다른 사람의 말을 풀어서 전달하는 간접인용과 그대로 전달하는 직접인용이 있다. 간접인용은 조사 '-고'를 쓰고 직접인용은 조사 '-라고'를 쓴다.

부적절한 인용 인용의 표현에서는 '-하다, 말하다, 분석하다, 풀이하다, 비판하다, 밝히다, 주장하다, 강조하다' 등의 인용동사 선택에 주의해야 한다. 단순반복을 피하기 위해, 수용자에게 더욱 많은 정보나 생생한 느낌을 주기 위해 같은 내용에서도 서로 다른 인용동사를 쓰는 경우가 많다. 인용동사는 기자의 태도가 전달될 수 있기 때문에 어느 정도의 단어 선택 기준이 있어야 한다. 같은 사안을 두고도 중립적인 '-라고 말하다'를 쓰느냐 아니면 '비판하다, 비난하다, 강하게 나무라다, 목소리를 높였다' 등을 사용하느냐에 따라 뉘앙스는 현저히 달라진다.

부적절한 일반화 기사는 가치중립적 입장에서 사실이나 현상을 있는 그대로 전달해야 한다는 것이 전통적 개념이다. 그러나 언론에서는 가치 또는 시각을 강조하기 위해 부적절한 일반화를 관행화하는 경향이 있다. 말하자면 기자의 가치와 시각을 모두가 그렇게 생각하더라 식으로 일반화 시켜버리는 것이다. 시간의 부족이나 취재의 한계를 부적절한 일반화로 땜질하는 경우가 많다. 부적절한 일반화의 대표적 메커니즘은 피동문 구조다. 주장의 주체를 드러내지 않음으로써 자연스레 상황을 얼버무리는 것이다. 우리말에서는 피동문의 주체를 드러내지 않는 것이 더 자연스럽다. 기자 판단의 피동적 표현으로는 '-인 것으로 풀이됩니다, -로 보입니다, -로 해석됩니다, -도 제기됩니다'(방송) 부류가 자주 등장한다. '대체적인 시각이다, 지배적인 관측이다, 대다수의 의견이다, -로 평가받고 있다'(신문) 등도 같은 맥락이다(배정근, 2007). 타인 판단의 피동적 표현으로는 '-것이라는 지적입니다, -라는 목소리가 높습니다' 같은 부류들이 사용된다. 마치 기자 이외의 판단 주체가 있는 것처럼 상황을 왜곡하는 것이다. 타인 판단의 피동적 표현은 기자 판단의 피동적 표현보다 더 객관적이고 일반적인 느낌을 준다. 실제로는 기자의 판단일 수도 있고, 전문가, 관계자, 취재결과의 종합일 수도 있다. 기자 자신의 판단일 경우 적절한 표현이라고 할 수 없다. 타인의 판단일 때는 인터뷰 등을 통해 주체를 드러내는 것이 바람직하다. 부적절한 일반화에 대한 반성과 개선을 위한 장기적인 논의가 있어야 할 것으로 보인다(SBS·양철훈 외, 2008).

제5장

기자와
언론윤리

1. 직업기자, 시민기자

언론종사자에게 직업윤리가 강조되는 2가지 이유는 언론이 민주주의의 유지·발전에 미치는 영향력과 언론산업이 가지는 공공적 속성 때문이다. 자유로운 언론활동은 민주주의의 핏줄과 같은 것이다. 또 공공적 언론은 정확성, 객관성, 공정성을 존재 이유로 하는 만큼 언론인들에게 치열한 직업의식을 요구한다(서정우, 2002).

1) 기자

언론인은 사회적 관심거리나 정보가 될 수 있는 소재들을 수집, 가공, 전달하는 준(準)공적 인물로 정의할 수 있다. 오프라인 시대에는 조직화된 신문, 방송사에 소속된 직업기자들만이 이런 기능을 떠맡았다. 그러나 온라인 시대가 되면서 조직화된 매체에 전속되지 않으면서 독자성이나 협력적 독자성을 갖는 1인 기자 즉 시민기자들의 뉴스활동이 일반화되고 있다(김경희, 2009).

직업기자 직업기자는 일반적으로 사회적 인정이 있는 신문·방송·온라인 등 언론매체 각 분야에서 활동하는 전업기자를 의미한다. 언론사닷컴이나 포털의 뉴스 에디터 등도 이 부류에 속한다. 직업기자에는 취재기자, 사진(카메라)기자, 편집기자를 주축으로 미술기자, 정리기자, 기획기자, 관리기자 등의 다양한 유형이 있다. 취재기자는 일반기자와 전문기자로 나뉜다. 영미 언론의 경우 출입처에는 전문기자만 출입할 수 있다. 데스크의 취재 지시에 따라서만 움직이는 일반기자는 자신의 출입처가 없다. 일반기자는 공개적인 정보수집활동을 하고 전문기자는 배경정보, 심층정보를 통해 기사를 생산한다(김춘식 외, 2010). 전문기자가 출입처를 담당하는 것은 보도의 전문화 추세와 무관하지 않다. 한국에서는 일반기자들이 출입처를 장악하고 있다.

온라인 시대가 되면서 직업기자들은 직종의 경계와 온오프라인을 넘나들며 활동하고 있다. 직업기자들이 온라인에서 활동하는 방식은 크게 3가지다. 가장 많은 유형은 자신이 속한 언론사 사이트에서 제공하는 기자포럼, 블로그, 미니홈피 등에 기사를 쓰는 방식이다. 자신이 속한 언론사 사이트를 떠나 독립형 인터넷뉴스에서 시민기자로 활동하기도 한다. 포털 블로그나 설치형 블로그 등 자신의 블로그를 만들어 활동하는 경우도 있다.

시민기자 시민기자의 부상은 인터넷 등장 이후 유사 대중매체의 확산과 그에 따른 참여적 언론 현상에 힘입은 바 크다. 지금은 시민기자들의 활동이 오프라인으로까지 확대되고 있다. 조직 매체 또는 1인 매체(블로그)를 통해 활동이 이뤄진다. 조직 매체의 경우 언론운동 측면에서 시민기자를 활용하기도 하지만 경영상의 이유도 무시할 수 없는 배경이 되고 있다.

시민기자가 언론의 한 축이 되면서 뉴스 표현양식이 다양화되고 뉴스의 저변이 확대되는 변화가 나타나고 있다. 작은 일상으로 뉴스의 영역도 확장시켰다. 기성언론이 지면과 시간제약으로 다루지 못했던 일, 직업기자들의 눈에 들어오지 않았던 일을 뉴스로 부각시키고 있다. 시민기자의 주요 무대인 블로그에서는 전통매체를 앞질러 보도하는 경우도 잇따르고 있다. 특종이나 주요 보도들은 다음의 블로거 뉴스와 메타블로그인 블로그s 등을 통해 소개되고 있다. 이 보도들이 역으로 신문, 방송에 흘러들어 가 기사소재가 되기도 한다. 직업기자들 중 일부는 파워 블로거로 변신, 온라인 활동가로서의 역량을 드러내고 있다. 그러나 시민기자들이 뉴스 생산을 앞세운 사적 이익의 추구 등 언론규범을 훼손하는 일도 없지 않다(김경희, 2009).

2) 기자의 역할

미래의 뉴스 소비자들은 정보통신 기술로 상호 연결되고 자신들의 온라인 커뮤니티에서 정보와 뉴스를 맞춤형으로 소비하는 사람들로 상정된다. 의견과 느낌을 공유하는, 그래서 정보 편식 현상이 나타날 수도 있는 커뮤니티가 언론 역할을 대신하게 되는 것이다. 따라서 기자는 사실 전달자로서뿐 아니라 커뮤니티에 참여해 소비자들의 정보활동을 돕는 조력자가 돼야 할 것으로 보인다(설진아, 2011).

기자의 행동원칙 기자는 자기 자신과 수용자, 소속 언론사, 동료, 사회 등 5가지 대상에 대해 도덕적 의무를 가진다. 언론의 행동원칙, 즉 저널리즘 원칙에 대해 코바치와 로젠스틸(Kovach and Rosenstiel)은 다음과 같이 제시하고 있다. ① 저널리즘의 첫째 의무는 진실 추구다. ② 취재대상으로부터 독립을 유지해야 한다. ③ 권력의 독립된 감시자 역할을 해야 한다. ④ 공중에게 공개토론장을 제공해야 한다. ⑤ 중요한 것들이 흥미 있으면서도 중요한 의미를 갖도록 전달해야 한다. ⑥ 뉴스가 포괄적이고 균형을 이루도록 해야 한다. ⑦ 언론인은 자신의 양심에 책임을 져야 한다(김병철, 2005).

적극설과 소극설 언론인들의 역할에 대해서는 소극설과 적극설(참여설),

객관주의와 주관주의, 중립설과 주장설(해석설)이 맞서고 있다. 적극 - 주관 - 주장설의 맥락이 비슷하고, 소극 - 객관 - 중립설이 동류의 개념으로 해석된다. 적극 - 주관 - 주장설은 참여적, 계도적, 양면적 역할 개념을 강조한다. 참여적 역할은 공중을 대표하고 정부를 비판하며 정책을 주장하고 파수견 역할을 하는 전통적인 제4부로서의 인식이다. 계도적 역할은 언론의 주요 기능을 방향제시라고 보아 자신의 신념과 목적을 공중에게 체계적으로 심어주려고 노력한다. 양면적 역할은 객관적 사실 위주의 보도와 가치 판단적 보도를 병행시키려는 성향을 말한다. 소극 - 객관 - 중립설은 언론을 정보제공자나 해석자 정도로 인식한다. 언론은 사회현실을 반영하는 것이지, 사회를 바꾸거나 방향을 제시하는 것은 아니라고 보는 시각이다(슈메이커, 2001; 맥퀘일, 2008).

기자의 역할인식 현장 언론인들은 중립적, 정보 제공적 역할을 선호하는 것으로 확인됐다. 위버(David H. Weaver)는 지난 1990년대 언론인들에 대한 21개국 연구를 개관하며 대부분의 언론인이 동의하는 유일한 전문적 역할이 공중에게 신속하게 정보를 제공하는 것이란 결론을 내렸다. 정치적 관여가 강하면 공정 보도가 어렵기 때문에 많은 뉴스 조직들은 개인적 신념이 보도행위에 영향을 미치는 것을 제한하기 위한 가이드라인을 마련하고 있다(맥퀘일, 2008).

3) 기자의 자질

기자에게 요구되는 기본 자질은 정의감, 정직성, 성실성과 같은 품성, 판단력, 통찰력, 분석력과 같은 지적 능력, 사교성, 협동성과 같은 사회적 능력이다. 이런 자질들은 풍부한 인문학적 소양으로 뒷받침돼야 한다. 직능 측면에서는 커뮤니케이션 전문가로서의 복합 능력, 정보화 능력, 전문성, 국제적 소양이 요구된다.

복합 능력 통합 저널리즘은 기자들에게 취재기자와 사진(카메라)기자, 아나운서, PD의 기능과 역할을 한꺼번에 소화해낼 것을 요구한다. 신문, 방송, 인터넷, 모바일의 경계가 허물어지면서 복합 능력이 필수화된 것이다. 그만큼 기초교육 과정이 길어지고 단단해져야 한다. 미디어별 글쓰기와 보도 기획 및 제작 일반에 대한 이해가 긴요해졌다. 말과 글 양면의 표현력을 겸비하는 일이 우선돼야 할 것으로 보인다(서정우, 2002). 이런 추세를 반영, ≪중앙일보≫와 JTBC는 2011년에 통합 신입 기자를 선발했다(이현택 외, 2012).

정보화 능력 검색엔진과 데이터베이스, 취재 관련 사이트, 소셜미디어에 대한 충분한 지식 기반과 접근능력을 길러야 한다. 모바일 기기에 대한 이해도 필수적이다. 스마트폰으로 즉석 TV리포트를 하는 등의 변화들이 이어지고 있다. 온라인과 모바일의 기본적 취재 도구에 익숙해야 하는 것은 물론 다양한 형태로의 자료 가공, 저장, 유통을 위한 정보화 능력도 필수화되고 있다(이현택 외, 2012; 서정우, 2002).

전문성 인터넷 등장 이후 기자들의 정보독점이 깨지면서 일반인들도 정보원과 접촉하거나 자료, 정보를 얻을 수 있게 됐다. 이 같은 환경변화는 기자들이 전문적 식견과 정보검증 능력을 갖추고서 정보의 해석이나 배경을 설명해주는 역할을 강조하고 있다. 개인이 구할 수 있는 수많은 정보의 가치와 의미를 평가해주는 일로 언론활동의 무게가 옮겨지고 있는 것이다. 그러나 거시적 일반성을 전제로 하지 않는 전문성은 편협의 함정에 빠질 수 있다는 점을 경계해야 한다.

국제적 소양 세계는 이제 하나의 네트워크로 연결돼 있다. 주요 국내적 현상들은 세계와 연결되고, 국제적 현상들은 국내로 파급된다. 사회 각 부문에서 세계와의 교류는 일상사가 됐다. 다문화 국가로의 진입이 세계화의 진행 정도를 짐작게 해준다. 기자들은 국제적 시각을 갖추고 국제 흐름에 대한 민감성을 길러야 한다. 외국어 구사능력은 국제적 소양의 기본조건이다. 외국 저널이나 외국 사이트를 넘나들 수 있는 능력이 요구된다(서정우, 2002).

양성교육과 재교육 기자의 자질과 소양 쌓기는 언론계 입문 전 양성교육과 입문 후 재교육을 통해 이뤄진다. 그러나 언론사들의 경영 악화로 자발적 재교육 투자는 기대하기가 어려워졌다. 기자들의 업무량이 늘면서 자기계발의 여력을 갖기도 힘들어지고 있다. 기자사회 전반이 저임금, 조기 퇴직 등 열악한 환경에 놓여 있어 민주제도의 근간인 언론의 질적 퇴보를 우려하지 않을 수 없는 실정이다. 시민기자 양성은 중요성과 의미가 커지고 있으나 사회제도의 불비로 거의 방치되고 있다.

2. 직업생리

직업기자를 일반화한다는 것은 불가능하다. 신문·방송·온라인이라는 매체의 상이성에다 구멍가게 언론에서 대기업 언론까지, 전문미디어에서 종합미디어까지 매체의 차이가 너무 크기 때문이다. 매체에 따라 긍지가 다르고 활동방식도 다양하다. 추구하는 이념이 틀리며 역할인식도 제각각이다. 이런 한계점들이 있지만 자유인, 중간인, 3가지 강박증이라는 기자의 직업생리는 쉽게 바뀌지 않을 것으로 보인다(박진용, 2005).

1) 자유인

기자들이 만족을 느끼는 직업 환경은 보수도 후생복지도 아니다. 매체에 따라 다르겠지만 2명 중 1명이 국가나 사회에 대한 기여를 만족의 주된 이유로 꼽는다. 그보다 많은 3명 중 2명이 자율성을 직업적 자부심으로 여긴다. 기사의 선택이나 방향의 결정에서 특히 자유롭다. 30대 후반부터는 거의 100%가 자유롭다고 응답한다.

생활방식부터가 그렇다. 정해진 출퇴근 시간이 없으며, 일하는 시간도 일정치 않다. 쉬는 것과 일하는 것도 잘 구분되지 않는다. 자유인의 특성은 기자의 윤리성에서도 잘 나타난다. 기자들에게는 정형화된 윤리적 틀이 없다. 인간성의 폭이 넓은 듯 좁은 듯, 타락한 듯 청렴한 듯, 건방진 듯 겸손한 듯 종잡을 수 없다. 다양한 사회의 변화와 싸우며 윤리성을 계속 바꿔나간다. 이상과 현실을 수시로 넘나들어야 하는 기자직 특유의 윤리를 보여준다.

기자들은 권력으로부터 자유롭거나 자유로운 체한다. 그들은 권력을 필요악이라고 생각한다. 정치권력, 경제권력, 문화권력, 심지어 자신이 몸담은 언론권력까지 필요악이라 여긴다. 그들의 왕성한 비판정신은 상대와 사실을 부정하는 데서부터 시작된다. 그래서 압력에 대한 반발이 어느 집단보다 강하다. 세파에 이리 끌리고 저리 엎어지면서 사회와 타협하고, 돈과 권력 앞에 무너지기도 하지만 비판과 도전이 자신의 본업임을 부정하지 않는다.

자유인으로서의 기자는 숙명적으로 자부심을 먹고 산다. 개별성, 독자성, 전문성을 추구하며 강한 직업적 자존심을 내세운다. 오랜 근무시간과 노동 강도, 기사에 대한 무한책임, 하루 단위의 평가 스트레스를 자존심으로 지켜낸다. 그런 기자들에게도 남모르는 아킬레스건이 있다. 기자는 평생 인턴을 벗어나지 못한다. 작은 인턴에서 큰 인턴으로 바뀔 뿐이다. 도장만 찍고 거들먹거리는 자리가 없다. 자신의 일을 남에게 시킬 수도 없다. 그래서 위로 갈수록 고달파진다. 기자의 빛나는 시절은 고참 기자와 차장 때요, 부장은 무덤이라고 한다. 기자에게는 아름다운 자유가 있지만 특별한 미래가 없다. 오늘이 내일이고, 내일이 또 다른 오늘이다. 어느 날 존재 없이 사라지기 쉬운 끝이 허망한 직업인이다(박진용, 2005).

2) 중간인

의사, 변호사 등 전문직의 기준은 직업에 대한 진입통제, 핵심기술, 윤리 강령의 강제, 기술 행사의 자율성 등이다(맥퀘일, 2008). 봉사와 자율성을 우선하는 가치관, 회원 조직체와 전문 규범, 고유한 지식 체계, 전문적 훈련을 통해 습득한 기술 등을 특성으로 꼽기도 한다(김병철, 2005).

기자들이 전문직이냐 아니냐에 대해서는 학자들의 의견이 엇갈리지만 부정적인 의견이 많다. 배타적 핵심기술이 부족하고 자율규제가 안 된다는 것이 주된 이유다. 면허나 고객이 없다는 점이 비전문인의 논리가 되기도 한다.

학계의 시각 셔드슨은 저널리즘이 뚜렷한 경계를 가지지 않는다는 이유로 기자를 비배타적 전문인으로 분류했다. 절반의 전문인, 즉 중간인 정도로 간주한 것이다. 윈달(S. Windahl) 등은 기자의 지식기반은 전문직 지식기반과 동일한 존중을 요구하는 것이 아니라는 말로 전문성을 부정하고 있다. 일부 학자들은 기자들이 다른 전문직과 달리 평소 만나고 관계를 맺는 사람들이 선별적이고 보도의 부정적 결과에 대해 도덕적 책임을 지지 않는다는 이유로 전문성을 부정한다. 저널리즘은 제도가 독점할 수 없는 것, 즉 표현의 자유에 대한 권리를 실천하는 것이기 때문에 전문직이 돼서는 안 된다는 주장도 있다. 언론의 비판적 역할은 무책임한 행동을 요구하는 측면이 있어 전문직의 책임성과 거리가 있다는 지적도 나온다(맥퀘일, 2008).

실무적 시각 언론 실무적 입장에서 본 기자의 정체성 역시 애매한 인상을 준다. 기자들은 자기가 맡은 분야의 전반적인 문제점과 사안의 핵심을 정리, 요약, 분석하는 데는 전문가다. 이 점에 관한 한 특별한 감각과 능력을 보여준다. 폭넓은 기자 활동이 가져다주는 전문성이다. 그러나 어느 한 분야를 깊이 있게 알지는 못한다. 그 점에서는 비전문가다. 기자는 전문적인 지식과 소양을 갖춘 전문인과 사회 전반에 대한 폭넓은 판단력을 가진 일반인의 두 범주를 오락가락하는 직업이다. 말하자면 전문인(specialist)이면서 일반인(generalist)인 양면성을 지닌다. 생존의 필요상 때로는 전문가 영역에 들어가야 하고, 때로는 상식에 충실한 일반인이 돼야 한다. 어느 쪽도 무시할 수 없다. 전문성은 일반성의 바탕 위에서 의미를 가진다. 그런 점에서 기자 일반은 비전문인에 더 가까워 보인다(박진용, 2005).

3) 3가지 강박증

직업인으로서의 기자를 이해할 수 있는 결정적 암호 3가지가 있다. 마감강박, 낙종강박, 오보강박이다. 기자는 그만큼 강박관념이 많은 직업이다.

마감강박 기자들은 일반적으로 성격이 급하다. 보통의 직업인이 가진 참을성을 찾아보기 어렵다. 마감 시간에 대한 강박이 이런 성격을 만들어낸다. 마감을 앞두고 길게는 대여섯 시간, 보통 두어 시간, 짧게는 수십 분만에 기사를 써야 한다. 대개는 시간 부족에 허덕인다. 계속되는 촉박감이 모든 일에서 기다리는 것을 혐오하게 한다. 기자의 특권의식이나 성격이 제멋대로인 것도 이런 작업패턴과 무관하지 않다. 기자에게는 이처럼 '빨리빨리'가 습관화돼 있다. 취재에서 기자의 질문은 항상 한 단어다. 격식을 갖춘 회견이 아니라면 '왜'나 '그래서'다. 상대가 답변을 머뭇거리거나 둘러대는 것을 싫어한다. 단도직입적이고 명쾌한 결론만을 요구한다. '시간 듣기'에 익숙한 업무방식 때문이다.

낙종강박 기자들은 낙종 곧 취재경쟁의 패자가 될지도 모른다는 강박을 떨쳐버리지 못한다. 그래서 정보부족에 초조해하고, 경쟁상대가 무엇을 쓰고 있는지에 대해 조바심 낸다. 모든 사람에게 의심의 눈초리를 보내며 오해에 빠지기도 한다. 때로는 상대의 특종을 부인하거나 폄하하는 것으로 위안을 삼으려 든다. 그것이 독선으로 발전할 때도 있다.

정보통신 기술의 발달로 특종은 이제 거의 사라졌다. 특종은 있지만 특종을 누릴 시간이 없어졌기 때문이다. 남의 특종을 빠르게 추적하면 누가 특종을 했는지 모호해지기도 한다. 그러나 기자 사회에서의 특종과 낙종은 엄연히 살아 있다. 낙종 강박의 정도는 줄어들었지만 낙종의 타격은 여전하다. 기자의 자존심에 상처를 입힌다. 기자들은 패자의 멍에를 쓰지 않기 위해 얼음판을 걷지 않을 수 없는 직업인이다.

오보강박 오보는 기자들의 영원한 숙제거리다. 일반적으로 기자들은 자신이 얻은 정보에 대해 충분한 확인절차를 거친다. 오보가 될지 모르기 때문에 믿을 만한 사람에게 확인하거나 심증 이상의 확신이 있어야 기사를 쓴다. 그러나 큰 기사에 눈이 어두워지거나, 남의 발표를 그대로 믿거나, 뉴스 가공을 소홀히 하면 반드시 오보를 내게 된다. 취재나 보도시간이 빠듯할 경우 착오와 착각, 오해와 부주의, 방향이나 가치설정의 잘못 등을 완벽하게 걸러내기기 어렵다. 기자들이 오보를 낼까 전전긍긍하는 것은 숙명이다(박진용, 2005).

3. 보도생리

신문은 이성의 매체요, 방송은 감성의 매체다. 이런 특성을 감안하면 신문과 방송의 보도생리에 차이가 생기는 것은 당연한 일이다. 신문이 날카로운 분석과 비판에 관심을 기울인다면, 방송은 특별한 무엇을 보여주는 데 관심을 쏟는다.

1) 단순화

기자들은 모든 것을 단순화하려고 한다. 핵심에 핵심을 좇아가는 보도의 특성 때문이다. 기자들의 이런 습성은 매체의 시공간 제약에서 비롯된다.

무제한의 시공간을 가지는 인터넷 역시 실제적 의미에서 그 제약을 벗어나지 못한다. 기자들은 모든 보도를 1분 20초라는 시간 또는 원고지 몇 장이라는 공간에 맞춰야 하기 때문에 복잡한 상황을 몇 가지 단순논리로 도식화한다. 선과 악, 진실과 거짓, 정의와 불의, 조리와 부조리의 도식을 잘 동원한다. 이 도식은 명쾌할뿐더러 아무에게도 비난받지 않는다.

그러나 단순화는 단면적 몰아치기의 폐단을 가져온다. 보도현상치고 단면적 또는 단일 차원으로 파악할 수 있는 경우는 드물다. 사안들은 중층적, 다면적 성격을 가지는 게 보통이다. 언론이 어느 한 측면만으로 보도를 단순화시킬 경우 다른 측면과의 잠재적 마찰이나 모순은 불가피해진다. 그로 인해 큰 선이 작은 선에 희생되고, 큰 합리성이 작은 합리성에 밀릴 수 있다. 단순화의 또 다른 폐단은 과정이나 결과 중 문제 부분만을 조명할 뿐 과정과 결과의 전체 상황을 고려하지 않는다는 점이다. 보도의 완전성이 훼손될 수 있다. 보도를 단순화시키면 때로 한 입으로 두말하는 자기모순이 노출되기도 한다. 자기모순은 여러 개념을 묶어서 균형 있게 설명하는 것이 아니라 한 개념씩 따로 주장할 때 생겨날 수 있는 폐단이다.

언론의 주장은 전체로서의 진실일 때도 있지만 그렇지 않을 때가 더 많다. 언론의 요구대로 사회를 이끈다면 기이한 세상이 될 것이다. 언론은 주의환기를 하는 기관이지, 사회의 실체를 이끄는 기관이 아니다. 단순화는 사회의 큰 진실이나 큰 사고를 추구하는 데 부적합하다(박진용, 2005).

2) 즉결재판

1998년 미국 클린턴 대통령 성추문 사건 때 언론은 48시간 만에 탄핵예상 보도를 했다. 전모가 드러나기에는 시기상조인 시간이었다. 그럼에도 언론은 대통령 성추문을 탄핵대상으로 판결했다. 언론의 변함없는 보도생리가 즉결재판이다. 그들은 독자나 시청자의 요구를 만족시키기 위해 현장

에서 모든 것을 판결한다. 참과 허위, 정당과 부당, 윤리와 악덕을 한순간에
결정지어 버린다. 실제 현실을 모르면서 진위나 가부의 판단을 내려야 할
때도 많다. 정책방향 판단의 경우가 특히 그렇다. 사안의 전모가 드러나려면
짧게는 수개월, 길게는 수년이 걸린다. 그 시간을 언론은 기다리려 하지
않는다. 여론의 관심이 있을 때 답을 내주지 않는 언론은 존재가치가 없다고
생각하기 때문이다.

즉결재판은 사회현상에 관해서만이 아니다. 사람에 대해서도 즉결재판
이 이뤄진다. 기자들은 인터뷰 대상을 만나자마자 결정적 평가를 끝낸다고
한다. 시간적인 제약 때문이다. 사람에 대한 기자의 즉결재판은 공공연히
모습을 드러내지는 않는다. 단어나 사진·영상 등을 통해 미묘하게 독자나
시청자에게 전달된다. 보도의 행간이나 영상의 경사 부분에 메시지를 숨겨
둔다. 이런 즉결재판이 사실로 보도되고 다시 이어지면서 눈덩이 효과까지
일으킨다. 사회현상이나 사람에 대한 기자의 즉결재판은 필연적으로 과오
를 수반한다. 억울한 재판, 잘못된 수술처럼 최선을 다했지만 엉뚱한 보도로
귀결될 수 있다(박진용, 2005).

3) 부정·갈등 지향

기자는 본능적으로 나쁜 뉴스[1]를 좋아한다. 부정 보도는 주목도가 훨씬
높기 때문이다. 부정보도는 독자나 시청자들의 고정관념과도 잘 들어맞는
다. 보통의 사람들은 언론에 비치는 잘난 인간들이 자신들과 하등 다를
바 없음을 확인하고 싶어 한다. 부정보도의 또 다른 이유는 권위주의와

---

[1] '나쁜 것은 강하다' 원리 : 나쁜 평판은 좋은 평판보다 얻기 쉽고, 손실은 이득보다
커 보인다. 잔인한 말은 친절한 말보다 오래 남는다. 건강이 기쁨을 초래하는 것보다
고통이 불행을 더 많이 초래한다. 나쁜 것은 좋은 것보다 강도가 크다는 기본원리가
작용한다(마이어스, 2008).

관료주의, 상업주의에 대한 혐오감 때문이다. 이 역시 보통 사람들이 싫어하는 사회적 속성들이다.

부정보도와 마찬가지로 기자들은 평상 상황보다 갈등 상황의 이야기를 좋아한다. 독자나 시청자에게도 훨씬 체감된다. 평화보다는 전쟁, 상생보다는 상쟁, 협력보다는 알력이 더 재미있는 소재다. 기자들은 그 의미를 알기 때문에 없는 갈등을 만들거나, 작은 갈등을 큰 갈등으로 증폭시킨다. 기사가치 키우기의 보도생리다. 이런 언론의 맹점을 역이용해서 없는 갈등을 일부러 만드는 예도 있다. 하나 마나인 당내 경선에 갈등을 섞어 흥행시키면 언론은 알면서도 미끼를 문다.

부정·갈등 보도는 언론의 텃밭이다. 부작용이 없는 것은 아니지만 일정 부분은 사회를 생기 나게 하는 양념 역할도 한다. 그러나 언론의 부정·갈등 지향이 도를 넘치면 모자람만 못하다. 아무리 그럴듯한 양념이라도 양이 넘치면 음식 맛을 버리는 법이다. 제대로 된 부정보도는 맛있는 음식이 되지만 그것이 남발되면 음식은 상해버린다. 개선할 수 없는 제도나 실체[2]에 부정적 이미지만 잔뜩 뿌려놓고 가버리면 사회 구성원 모두가 보도의 피해자가 된다(박진용, 2005).

4. 객관성과 공정성

미디어는 개별 언론기관으로서 소유구조에 상관없이 공공성이 부여되고 있다. 보도는 언론기관에 의한 사회현상에 대한 설명이고, 의미부여의 과정이며, 동시에 사회적인 합의를 이끌어내는 장치이기 때문이다(한균태 외,

---

2) 불합리한 현실이 때로는 합리적일 수 있다. 이런 사회적 틈을 억지로 메우려 들면 소뿔을 고치고 소를 죽이는 결과를 빚을 수 있다. 큰 진실은 굽어 보인다.

2008). 그러나 대다수의 미디어는 스스로 선택한 목표를 위해 만들어졌지 공익을 추구하기 위해 설립된 것이 아니다. 이런 가치의 갈등을 완화하고 보완해주는 것이 언론윤리다(맥퀘일, 2008).

1) 언론윤리의 기준과 규범

상업주의의 확산과 정치적 독립성의 결여로 서구 대중신문의 실패는 일반적 현상이었다. 이런 과정에서 언론은 전문 직업의식, 즉 언론윤리를 발전시키게 됐다(맥퀘일, 2008). 언론윤리의 궁극적 목표는 사회적 신뢰, 즉 공공성을 지키는 일이다. 이를 위해 정확성, 객관성, 균형성과 같은 윤리규범을 내세우게 된다. 이는 동시에 미디어 산업에 대한 비판과 외부 개입에 대한 위협에서 벗어나려는 의도가 작용한 것이기도 하다.

언론윤리의 의미 자유와 책무 사이에는 불가피한 긴장이 일어난다. 민주주의 체제에서 헌법은 언론의 자유에 대한 모든 제약을 배제한다. 다시 말해 언론이 책무를 회피할 수 있는 합법적 영역이 매우 넓다. 따라서 책무에 대한 압력은 법적이라기보다 도덕적 혹은 사회적일 수 있다(맥퀘일, 2008).

언론윤리의 일반기준 언론윤리는 ① 중용의 원리, ② 보편성의 원리, ③ 공리주의 원리, ④ 다원성의 원리, ⑤ 상대성의 원리 등의 지배를 받는다. 중용의 원리는 아리스토텔레스의 황금분할 원리를 연장한 것으로, 도덕적 덕목은 양극단 사이에 위치한다고 본다. 칸트의 절대적 보편성에 근거하는 보편성의 원리는 판단의 근거가 되는 원칙이 유사한 사실에 두루 적용돼야 하며, 목적을 달성하기 위해 수단이 잘못돼서는 안 된다는 점에 무게를 둔다. 공리주의 원리는 밀의 최대다수의 최대행복이란 개념을 언론윤리에 원용한 것이다. 언론인들은 모든 사람에게 적용되기를 바라는 바에 근거해 행동해야 한다고 강조한다. 다원성의 원리는 로스(William Ross)의 주창으로 가치의 다원성이 최대한 반영되도록 할 것을 요구한다. 마지막 상대성의 원리는 비교적 최근에 주장된 것으로 규범의 적용이 처한 환경에 따라 상대적으로 결정될 수 있음을 의미한다. 전반적인 목적이 올바른 것이라면 특정한 원리에 얽매이지 않아도 된다고 본다. 보편성의 원리와 일부 상치되는 상황적 윤리 인식이라 할 수 있다(김춘식 외, 2010; 배규한 외, 2006).

핵심 윤리규범 언론활동의 핵심 윤리규범에 대해서는 다양한 주장들이 제기되고 있다. 그러나 개념의 정의와 용어 사용이 다를 뿐 본질적인 차이를 발견하기는 어렵다. ① 공정성(객관성 및 균형성)과 정확성, ② 공정성(불편부당성)과 객관성, ③ 진실성, 공정성, 객관성, 균형성, 보편성 등의 개념들이 하나의 조합을 이룬다. 이 가운데 일반적으로 거론되는 상위규범은 객관성과 공정성(불편부당성)이다. 양자는 동전의 앞뒷면과 같은 관계다. 공정성의 하위개념으로 객관성이 포함되는가 하면, 객관성의 필요조건 또는 충분조건으로 공정성이 주장된다(김춘옥, 2006).

2) 객관성

뉴스에서 모든 편향을 배제한다는 것은 불가능하다. 객관보도는 보도윤리의 중심가치이지만 현실에서는 도달하기 어려운 목표다. 객관성 규범을 따를 경우 새로운 형태의 편향을 낳을 수 있다. 미디어의 자유와 다양성에 대한 요구와 충돌을 일으키기도 한다(배규한 외, 2006).

셔드슨에 따르면 객관성 개념은 19세기 후반 미국에서 과학과 문학 분야에서의 사실주의의 영향 아래 형성됐다고 한다. 대중신문의 기자들도 사건이나 사실을 객관적으로 보도할 수 있을 것이라고 믿었다. 카메라가 발명되자 그 믿음은 더 커졌다. 그러나 이내 카메라를 통한 현실이 환상일 수 있음을 깨달았다. 개개인의 신념과 가치관에 따라 카메라를 통해 보여준 사실이 다르게 해독된다는 점을 확인한 것이다. TV보도의 영향력이 커지면서 객관성에 대한 우려는 더 구체화됐다. TV보도의 화면이 편집된 것이고 조작도 가능하다는 사실을 알고 있으면서 사람들은 여전히 객관성에 대한 믿음을 버리지 않고 있기 때문이다(김춘옥, 2006).

객관성에 대한 이런 비판에도 불구하고 학자들은 그 효용성을 과소평가 하지 않는다. 현실과의 완전일치라는 의미의 객관성은 실현되기 어렵더라 도 다른 사람이 검증해볼 수 있는 형태로서의 사실 제시라는 점에서 객관성 은 충분한 의미를 가진다는 것이다. 또 현실적 지표로서의 객관성은 보도와 관련한 의사결정이 합리적으로 이뤄지는 데 도움을 줄 수 있다고 믿는다. 터크먼은 언론의 객관성 증빙 관행을 다음의 4가지로 제시했다. 즉 ① 서로 상충하는 증거(양면성)의 제시, ② 일반적으로 진실한 것으로 받아들여지는 사실들의 제시, ③ 집단이나 사건의 합법성에 의문을 제기하기 위한 인용부 호(작은따옴표)의 사용, ④ 정보의 역피라미드 형태로의 구조화 등이 그것이 다(하컵, 2012; 김춘옥, 2006).

3) 객관성 이론

객관성의 구성요소들에 대한 연구는 1970년대 초 스웨덴 방송의 객관성 을 분석한 웨스터슈탈(Jögen Westerstahl)에서 비롯됐다. 그는 사실성(진실성, 관련성)과 불편부당성(균형성 또는 비당파성, 중립성)을 객관성의 구성요소 로 파악했다. 맥퀘일은 필연성과 독립성을 객관성의 조건으로 이해했다. 여러 연구들을 종합하면 객관성은 하위규범으로 진실성, 완전성, 정확성, 적합성, 균형성(공정성, 평등성), 불편부당성(독립성), 관련성, 중립성 등을 망라하고 있다. 공정성의 하위규범들과 큰 차이를 보이지 않는다. 객관성 이론은 공정성 이론과 뿌리가 같다(김춘옥, 2006). 여기서는 객관성의 3가지 하위규범들만 소개해본다.

중립성 중립성은 상대적으로 단순해 보일 수 있지만 가치가 개입되지 않는 판단이 드물다는 점에서 복잡한 개념이다(맥퀘일, 2008). 예를 들어 중립적인 보도를 하더라도 정보원이 의도하는 긍정적인 사실이라면 긍정적 효과를 유발할 수 있다. 또 부정적 사실의 중립적 보도는 부정적 영향을 줄 수 있다. 중립성의 통상적 기준은 다양한 관점을 반영하기 위한 열린 선택과 정보원 사용에서의 균형 등이다. 사실과 의견의 분리, 가치판단의 유보, 감정적 언어나 영상의 배제도 중립성의 한 차원이다. 중립성은 의도적이거나 불가피한 편향 혹은 편파성의 배제라는 의미로 귀결된다(김춘옥, 2006).

적합성(적절성) 보도에 제공된 사실들의 속성의 적합성을 의미하는 것으로 사실성의 다른 차원이다. 중요한 이슈를 보도내용으로 선택해야 하며, 보도내용이 이슈와 관련된 적절한 정보를 담고 있어야 한다. 적합성에는 이론적 규정, 언론인 기준, 수용자 기준의 3가지 관점이 있는데 모두가 일치하기는 어렵다. 이론적 적합성은 장기적 역사의 관점에서 실제로 중요한 보도, 사회의 작동에 공헌하는 보도로 간주되는 경향이 있다. 이 관점에서는 인간적 흥미를 다루는 뉴스나 스포츠, 오락 뉴스는 적합한 것으로 보지 않는다(서정우, 2002). 선거의 경마식 보도, 선정주의적 보도도 대개 적합성을 잃은 것으로 판단한다(배규한 외, 2006).

균형성 균형성은 3가지 원리의 적용을 받는다. 보도의 이해당사자에게 동일시간 동일지면을 제공하는 기계적 균형성, 즉 양적인 원리가 그 하나다. 다음으로 각각의 입장이 지닌 사회적 가치와 능력, 비중, 역할에 상응하는 상대적 형평성이 확보돼야 한다는 질적인 원리다. 마지막으로 사회적 차원에서 더 많은 관심을 기울일 필요가 있다고 판단되는 주장에 대해 현실적 무게나 비중보다 더 많은 가치를 부여해야 한다는 필요성의 원리가 적용된다(배규한 외, 2006). 미국 신문편집인협회는 보도의 균형성을 대립되는 양측에 똑같은 무게를 두는 것이 아니라, 시간을 둔 일정 기간의 관점에서 바라보고자 한다. 보도의 비중이 고려돼야 하고, 개개 기사별로 균형성을 맞출 필요가 없는 것으로 해석한다.

4) 객관성 비판

기자가 사실만을 보도한다고 하더라도 보도사실의 선택에는 이미 의견이
개입되며, 사실의 기술에 사용되는 언어의 선택 역시 객관적이기 어렵다.
보도에서 주관성의 배제가 불가능하다는 사실은 20세기 저널리즘의 핵심
적 통찰이었다. 과학철학에서도 현실의 진실한 표상으로서의 객관성 개념
에서 공유된 방법론적 절차들에 기초한 상호주관성으로 그 개념이 바뀌었
다. 그간의 객관성 연구들은 공정성, 균형성, 중립성 등을 하위개념으로
제시했으며, 객관성보다는 공정성을 더 중시하려는 방향성을 드러냈다(김
춘옥, 2006).

객관성의 비현실성 맥퀘일은 객관성 비판에서 순수한 객관이란 존재하지
않으며, 필연적으로 편향적일 수밖에 없다고 강조한다. 뉴스 생산과정에
개입되는 언론 내적 요인들에 의해 현실의 객관적 반영이 불가능하다는
것이다. 객관성이 존재할 수 없는 이유는 다음 사실로 확인된다. ① 뉴스
선택과정에 주관적 가치판단이 수반된다. ② 보도의 광범위한 사회적 준거
틀이 사건에 이미 평가적 의미를 부여하고 있다. ③ 보도에서 행해지는
생략, 침묵 등은 사회가 지니고 있는 가치에 대해 암묵적인(그래서 주관적인)
판단을 내리고 있는 것이다. ④ 뉴스는 항상 여러 강력한 외적·내적 압력의
맥락 속에서 제작되고 있다. 객관성은 있을 수 없고 객관성은 측정될 수도
없다(김춘옥, 2006).

객관성의 부적절성 맥퀘일은 객관성은 긍정적인 언론행위 규범으로 간주
될 수 없다고 말한다. 객관성이란 기자가 여러 관점 중 한 가지에 대해
특권을 부여하는 행위다. 이는 기존 권력의 이해관계나 뉴스에 비용을 대는
편에서 바라본 시각일 경우가 많다. 객관적 보도 관행이란 사회적 강자인

정보원의 관점을 받아들이는 데 불과하다는 것이다(김춘옥, 2006).

5) 공정성

객관성 개념은 미국 근대 저널리즘 생성 과정에서 등장했고, 공정성은 방송 저널리즘에서 중요한 규범으로 간주돼 왔다. 영국은 방송의 정치적 개입을 금지하고 정당에 대해 균형적 보도를 강조하면서 불편부당성 기준을 만들어 지금까지 준수하고 있다(김춘옥, 2006).

적절한 불편부당성 정파적 신문과 달리 영국의 라디오 방송은 출범과 동시에 사회적 규제를 받았다. 1922년 영국의회는 주로 정치적 균형성을 의미하는 불편부당성 개념을 제도화시켰다. 이 개념은 1926년 적절한 불편부당성으로 보강됐다. 즉, 방송의 불편부당성은 모든 이해당사자의 의견을 그대로 반영하는 것이 아니라 기존 정치질서나 가치를 전제하고 옹호하는 적절한 불편부당성이어야 한다는 것이다. 그뿐만 아니라 1927년부터 BBC 방송사는 시사문제나 공공정책과 관련한 논평을 하지 않는 정책을 지향하게 됐다. 이후 적절한 불편부당성 기준은 1981년 BBC 준수사항으로, 1990년 방송법의 법적 의무사항으로 상업방송사에 부과됐다(김춘옥, 2006).

불편부당성의 세부개념[3] 적절한 불편부당성은 모든 가치나 주장을 균형 있게 보도하는 것이 아니라 진실과 인권, 정의, 민주주의 등 국가의 기본적 가치체계 내에서의 불편부당성을 말한다. 만장일치 여론이나 보편적 가치 영역은 불편부당성 기준의 적용대상에서 제외된다. 각 의견의 비중도 고려

---

3) 1974년에 소집된 아난 위원회(The Annan Committee)는 방송의 역할에 대한 근본적인 재검토가 필요하다는 사회적 요구를 반영해 1977년 522쪽 분량의 보고서를 작성했다. 위원회의 논의사항은 적절한 불편부당성의 세부개념으로 수렴됐다. 아난 위원회는 방송사가 폭력적·비의회적·불법적 수단으로 체제를 파괴하려는 세력에게 동등한 비중이나 불편부당성을 제공할 필요가 없다고 밝혔다.

돼야 한다. 소수 의견이 지배적 의견과 동등하게 취급될 수 없기 때문이다. 견해의 범위와 의견의 비중은 항시 변할 수 있는 것으로 본다. 적절한 불편부당성 기준은 상반된 의견을 산술적 또는 기계적으로 균형성을 맞추는 것이 아니라 일정 기간 안에 균형을 맞추는 등 방송사에 상당한 자율성을 인정하고 있다.

미국 민영방송의 공정성 1934년 제정된 미국 커뮤니케이션법은 정치와 관련된 사안을 보도하거나 정치인을 출연시킬 때는 동등한 시간, 동등한 기회를 최대한 보장해야 한다는 규정을 담고 있었다. 1959년 방송사들은 공정성이 적용돼야 할 뉴스 프로그램은 진성(眞誠)뉴스(bona fide news)로 한정시켰다. 진성뉴스란 저널리즘 훈련을 받은 방송인들이 만든 정규시간대의 고정 편성 프로그램을 말한다. 1980년대 들어서는 전파의 희소성 개념이 사라지면서 공정성 원칙의 효용성에 의문을 품기 시작했다. 1985년 FCC(미 연방통신위원회)는 이 원칙이 의도하는 효과를 보지 못했다고 결론짓고, 1987년 8월 공정성 원칙을 폐기해버렸다. 사상의 자유시장에 다양한 목소리가 산재해 있고, 균형을 맞추려는 노력이 논쟁적 사안을 회피하게 만든다는 이유에서였다. 이는 공영방송의 역할이 미미하고, 공적 책임보다 언론자유를 우선하는 미국적 전통의 반영이기도 하다(김춘옥, 2006).

6) 공정성 이론

공정성 개념은 다음과 같이 서술될 수 있다. 즉, 정확한 보도, 질적·양적으로 균형 있는 보도, 적절한 정보가 누락되지 않은 보도, 단편적이지 않은 종합적 보도, 다양한 정보와 견해가 반영된 보도가 그것이다. 양시양비론을 불공정 보도로 보아 이를 지양해야 한다고 지적하는 경우도 있다.

하위규범 이런 의미들을 공정성으로 수렴해 들이기 위해 학자들은 사실성, 진실성, 적절성, 균형성, 중립성, 다양성, 독립성 등의 하위규범들을 제시한다. 이들 하위규범은 객관성의 하위규범들과 중복되는 내용이 많다. 학자에 따라 정의를 다르게 하지만 사실성, 진실성(정확성과 완전성), 적합성 (적절성), 중립성(독립성, 불편부당성), 균형성에서 중복된다. 다양성, 이데올로기성 정도가 공정성만의 하위규범으로 제시된다(김춘옥, 2006). 다양성은 다양한 국민적 관심사를 반영하고, 어떤 주제에 대해 다양한 정보와 의견을 제공해야 한다는 규범이다. 기사 소재의 다양성과 주제에 대한 의견의 다양성을 함께 갖출 것을 요구한다. 이데올로기성은 지배계층의 이데올로기만이 아니라 다른 특정 계층의 이데올로기도 뉴스에 반영돼서는 안 된다는 것을 의미한다(서정우, 2002).

공정성의 영역 공정성 규범이 어떤 뉴스들에 적용돼야 할 것인가도 중요한 관심사가 된다. 이와 관련한 할린(Daniel Hallin)의 연구는 실용 차원에서 주목할 만하다. 그는 공정성의 영역을 ① 합의의 영역, ② 초월의 영역, ③ 합법적 논쟁의 영역으로 구분하고, 공정성 적용은 합법적 논쟁의 영역에서만 가능하다고 주장했다. 합의의 영역은 모두가 공감을 이루는 영역, 초월의 영역은 전시나 비상사태와 같은 영역을 말한다. 독도를 일본 땅이라고 주장하는 일본 정치인에 대한 비난은 공정성 시비의 대상이 되지 않는다. 2010년 북한의 연평도 포격이나 미국의 9·11 테러 사건에서도 보도의 공정성에 의문을 제기하기가 어렵다. 반면 무상급식 등의 주제는 합법적 논쟁의 영역에 속한다. 보도의 공정성뿐 아니라 객관성, 균형성 여부까지 따져볼 수 있다. 공정성 영역은 절대불변이 아니고 상황전개에 따라 가변적인 성격을 띤다(김춘옥, 2006).

5. 편향성

하나의 개념은 그와 대립되는 개념을 통해 더욱 구체적이고 명확한 의미

를 드러낸다. 선에는 악, 정의에는 불의, 자유에는 예속이라는 상대개념이
있어야 그 의미가 분명해진다. 마찬가지로 객관성이나 공정성은 대척점에
있는 편향성을 통해 그 실체를 더욱 뚜렷이 파악할 수 있다. 때로는 객관성
이나 공정성을 위한 노력보다 편향성을 해소하는 방안이 실질적인 접근이
될 수 있다.

1) 미디어의 편향성

21세기 사회과학이 지적하듯 미디어가 객관적일 수 없다는 말은 편향성
을 피할 수 없다는 의미로 환언할 수 있다. 이 분야 연구들은 그런 주장을
뒷받침하는 사례가 많다. 뉴스나 드라마 내용분석은 기득권층에 대한 체계
적인 관심과 존경, 즉 편향성이 존재함을 확인해내고 있다. 미디어가 편향성
을 가지게 되는 이유들은 여러 각도에서 접근해볼 수 있다.

소유권 편향성 잡지, 서적, 영화를 포함한 오늘날 대부분의 미국 미디어는
20여 개 회사가 장악하고 있다. 14개 회사가 지역 일간신문의 60%를,
6개 회사가 음반시장의 80%를, 9개의 영화 스튜디오가 네트워크 TV의
주요 프로그램 70%를 제작하고 있다. 소유권의 집중은 기자들에게 직접적
인 이해 대변의 압력으로 작용한다(프랫카니스·아론슨, 2005).

구조적 편향성 미디어는 사회적 강자의 이해관계에 치중함으로써 사회적
불평등을 심화시킨다. 미디어 조직에 대한 분석은 보도가 평균적인 현실과
부합되지 않고 있음을 보여준다. 유력 정보원과 뉴스가치에 대한 편향성이
왜곡의 주된 원인이다(맥퀘일, 2008).

상업화 편향성 언론보도는 대중, 즉 광고주가 주목할 만한 방향으로
기획된다. 광고주는 늘 대중을 의식한다. 그 결과 다수가 수용하고 즐거워하
는 이야기나 쟁점을 자주 조명하는 반면 대중에 거부감을 주거나 취재에
비용부담을 주는 이슈는 잘 다루지 않는다(맥퀘일, 2008).

오락적 편향성 대부분의 사람들은 즐거움이나 기분전환을 위해 TV뉴스 시청을 한다. 정보를 얻는 것은 그다음이다. TV뉴스는 또 다른 형태의 오락으로 간주된다. 오락에 대한 욕구를 채워주려는 미디어의 의도는 덜 중요하지만 극적인 요소가 많은 사건을 대대적으로 보도하게 된다(프랫카니스·아론슨, 2005).

현실 구성의 편향성 뉴스의 틀 짓기는 보도항목들에 대해 특정한 해석을 부여하는 행위다. 기자들은 틀 짓기를 피할 수 없고, 이 과정에서 의도하지 않은 편향성을 보이게 된다(맥퀘일, 2008). 보도방식을 사건 중심으로 할 경우와 주제 중심으로 할 경우 수용자 인식에 큰 변화를 가져올 수 있다. 전자에서는 사건의 당사자에게, 후자에서는 사회체제의 책임이 더 부각된다. 미디어가 스스로의 필요와 이해관계에 따라 현실을 구성한다는 점은 여러 연구에 의해 확인된다(프랫카니스·아론슨, 2005).

무의식적 편향성 미디어는 자신이 원하는 바와 일치하도록 바깥세상을 묘사하는 경향이 있다. 이런 효과들은 미디어가 의식하지 못하는 편향성에서 비롯된다고 봐야 할 것이다(맥퀘일, 2008). 복지를 강조하는 매체와 성장을 강조하는 매체는 서로 다른 시각에서 세상을 바라본다.

출입처 편향성 ≪뉴욕타임스≫나 ≪워싱턴 포스트≫에 보도되는 기사 중 60% 정도가 통상적인 정보망과 출입처로부터 나오고 있다. 독자들은 기자들의 출입처에서 일어나는 일상사들만 끊임없이 듣거나 보게 되는 셈이다. 출입처 의존 관행은 사회현상이 과다해석(출입처)되거나 과소해석(비출입처)되는 편향을 일으킬 수 있다(프랫카니스·아론슨, 2005).

정보원 편향성 기자들은 뉴스정보를 제공하는 정보원이나 홍보원과 상호작용을 한다. 그 과정에서 어떤 형태든 편향성이 개입되는 것을 피하기 어렵다. 미국 루스벨트 정부는 1936년 뉴딜 정책의 필요성을 확신시키기 위해 3개월 동안 상근 146명과 비상근 124명의 홍보요원을 고용해 약 4,800건의 보도자료 700만 장을 유포시켰다. 뉴딜 정책에 대한 우호적 여론이 조성될 수 있었던 이유다(프랫카니스·아론슨, 2005).

비정상성 편향성 뉴스가치의 신기성, 갈등, 드라마성 등은 본질적으로 비정상성을 기초로 하고 있다. 여기에 중점을 두는 보도태도는 그 자체로 편향성을 가진다. 이런 관점으로 보면 보도의 흥미를 높이기 위한 현실 왜곡은 그렇게 놀랄 일이 아니다.

의사사건 편향성 정보원이나 홍보원들은 단식, 삭발, 화형식, 피켓시위, 농성 등 의사사건을 통해 현실을 자신이 원하는 대로 정의하고자 한다. 의사사건이란 사람들의 주의를 끌거나 특별한 인상을 주기 위해 보도사건을 만들거나 연출해내는 것을 말한다. 언론은 뉴스거리를 제공해주는 의사사건들을 추종하는 경향이 있다(프랫카니스·아론슨, 2005).

2) 편향 보도의 실제

신뢰성의 주된 요인은 전문성과 공정성이다. 뉴스에서는 공정성이 전문성보다 더 신뢰도에 영향을 미치는 것으로 나타났다. 설명을 구체화하면 정보 자체보다 정보원의 질적 수준이 신뢰도 평가에 더 중요하다는 것이다. 대다수의 연구에서도 정보의 정확성이나 신빙성보다 공정성이나 편향성의 배제가 신뢰도와 더 관련이 높은 것으로 보고되고 있다. 미국, 영국의 경우 1960년대 이후 TV가 가장 신뢰하는 미디어에서 신문을 앞섰는데, 이는 방송의 불편부당성이란 특성과 연관된 것으로 보인다(맥퀘일, 2008). 한국에서는 1980년대 이후 이런 현상이 나타났다.

편향보도의 유형 한국언론학회 보고서(2004)는 TV 정치보도의 편향성을 기사선택, 기사처리, 영상처리의 3가지 유형으로 구분하고 그 세부사항을 다음과 같이 제시했다. 기사선택에서는 보도누락, 맞불보도, 형식적 객관보도, 발생한 이벤트의 활용, 기획물과 특별 편성 등의 편향성 요인이 나타났다. 기사처리에서는 양적 균형과 질적 불균형, 사건의 단편화 내지 고립화,

사소화 및 대서특필 등의 편향성 메커니즘이 확인됐다. 강조, 희석, 풍자나 부사·형용사의 사용, 부정적·긍정적 암시의 사용 등을 통해 특정 방향으로의 인식을 유도했다. 또 부정적 이미지나 실수에 대한 차별보도, 중립성을 명분으로 한 양비론적 보도, 노골적 비난, 내부 갈등 조장, 주체의 은폐 등도 편향성 요인으로 지적됐다. 영상처리에서는 줌 렌즈, 앵글의 고저, 조명, 카메라 위치, 편집 등의 편향적 처리가 드러났다. 편집에서는 시간순서 조작, 불리한 모습 뒤에 세우기, 대중의 호응도 조작 등 문제점들이 발견됐다(김춘옥, 2006).

미디어 편견 알렌(Allen)은 1948년 미국 대통령 선거에 대한 59개의 연구결과들을 메타분석(meta-analysis)[4])해 미디어 편견을 ① 게이트키핑 편견(기사 선택), ② 보도편견(보도의 양), ③ 진술편견(호의성 여부)으로 유형화했다. 신문과 잡지에서는 유의미한 편견이 나타나지 않았지만 TV에서는 약하지만 측정 가능한 보도편견과 진술편견이 발견됐다(서정우, 2002).

6. 언론 실무 윤리

언론인들은 언론활동에서 다양한 종류의 딜레마에 빠지게 된다. 발표 저널리즘에서는 진실성의 딜레마를, 취재원과의 유착에서는 공정성의 딜레마를 피할 수 없다. 사생활의 딜레마(공익 보도와 사생활 침해), 책임의 딜레마(공적 책임을 외면한 편향보도)에 봉착하기도 한다(김춘식 외, 2010). 언론환경이 나빠지면서 기사형 광고나 협찬기사 작성 등에서 보도의 딜레마까지 겪고 있다.

---

4) 동일한 연구문제에 대한 누적된 연구결과들을 종합적으로 검토하는 계량적 연구방법이다. 연구자들의 편파성을 극복하고 결과를 객관적으로 요약하는 데 유용하다.

1) 언론윤리 강령과 쟁점

언론윤리 강령의 출발점은 1923년 미국 신문편집인협회가 제정한 저널리즘 기준이다. 비슷한 시기에 프랑스, 스웨덴, 핀란드 등에서도 언론강령이 잇따라 제정됐다. 한국에서는 1957년 신문윤리 강령, 1961년 신문윤리 실천요강, 1973년 방송윤리 규정, 1975년 방송윤리심의 준칙이 채택됐다 (한균태 외, 2008).

윤리강령의 이유 언론은 인권, 자유, 민주, 정의와 같은 기본적인 가치의 실현을 위해 존재한다. 또한 국민의 수임을 받아 권력의 감시자 역할을 한다(김춘식 외, 2010). 언론윤리는 이 같은 공적 책임을 다하기 위한 정당성의 조건이다. 언론이 법적인 보호를 받으며, 다른 사회기관에 없는 특혜와 자유를 누리는 것은 공공의 이익을 위해 바람직한 기능을 해야 한다는 규범적 기대와 밀접히 연관돼 있다. 언론의 윤리강령은 이런 기대에 대한 규범적 반응이다. 자기 보호의 측면이 없지 않다(한균태 외, 2008).

문제점 한국 언론계의 초기 윤리강령과 실천요강은 구체성이 결여돼 통제기능을 갖지 못했다. 오히려 사내의 관습적인 논리가 언론사의 윤리강령을 대신하는 경우가 많았다. 1980년대와 1990년대에 개별사들이 언론윤리강령을 마련했으나 이 또한 구색을 갖추거나 자기 방어를 위한 선언적인 것에 그쳤다는 지적을 받고 있다. 특히 강령들이 언론인 개인이 지켜야 할 항목만 제시하고, 조직으로서 언론사가 지켜야 할 윤리규범을 빠뜨린 것은 문제가 아닐 수 없다(김춘식 외, 2010).

실무윤리의 쟁점 2000년대 이후 한국 언론의 최대 관심사는 언론사의 사활 그 자체다. 경영난이 심화되면서 경영이 보도의 우위에 서게 된 것은 당연한 일이다. 이런 구조변화는 보도활동 전반에서 부작용을 드러내고 있다. 특히 선정보도와 기사형 광고가 보편적 문제가 되고 있다. 선정보도나 기사형 광고는 저널리즘의 기본요소인 검증의 규율을 외면 또는 부인하는 것으로 볼 수 있다(김춘식 외, 2010).

선정보도 자극적 내용과 방식으로 눈을 끄는 선정보도는 법률적 잘못이 없더라도 정확한 진실 전달을 제한하는 요인이 될 수 있다. 정치, 사회, 연예 보도 등에서 두루 나타난다. 선정보도가 심화되면 사건의 핵심에서 벗어나 흥미 위주의 내용을 과장해서 내보내게 된다. 이런 보도경향은 개인의 인격권 침해를 가져오고, 언론에 대한 독자 신뢰의 상실로 이어진다. 선정보도는 스포츠신문 등의 일로 여겨졌으나 근년 들어서는 종합일간신문으로까지 확대되고 있다. 자살 관련 보도, 신정아 사건 등에서 필요 이상의 서술이나 사건과 무관한 알몸 사진 공개 등의 물의가 빚어졌다. 선정보도는 정상적으로 다뤄져야 할 뉴스 주제들을 몰아낸다는 점에서도 폐단이 지적된다(김춘식 외, 2010).

기사형 광고 기사형 광고는 독자를 속이고 저널리즘의 정체성을 혼란에 빠뜨리는 부작용을 부르고 있다. 한때 여성잡지나 의료잡지 등에 성행하던 기사형 광고가 주요 일간신문에 등장한다는 것은 신문윤리의 심각한 후퇴를 의미한다. 경제지의 경우는 기사와 광고를 구분하기 어려운 경우가 특히 많다. 기자가 아니라 기획홍보를 담당한 직원이나 광고 담당자가 기사를 쓰거나 기자 타이틀을 빌려 쓰는 경우도 있다(김춘식 외, 2010).

2) 취재윤리

한국 언론윤리 강령 또는 요강은 큰 틀에서 기자들의 특권을 인정하지 않는 입장이다. 보도 윤리 통제조항은 10가지 정도로 정리된다. 명확한 구분은 어렵지만 취재 단계에서는 반론 기회 제공, 자료의 검증을 강조한다. 기사 쓰기 단계에서는 사실과 의견의 구분, 익명 비방 금지, 미확인 보도 명시, 정확한 인용, 표절 금지를 규제조항으로 두고 있다. 편집 단계에서는 신문 표제의 원칙, 조작의 금지, 오보와 관련해서는 정정 조항을 준수할 것을 요구한다(박진용, 2005).

신분공개와 정당한 취재 신문윤리 실천요강과 기자협회 윤리강령은 취재 시 신분 사칭이나 위장을 허용하지 않는다. 기자는 신변이 위협받을 가능성이 있거나 따로 취재할 방법이 없는 경우를 제외하고는 소속회사와 직책을 밝혀야 한다고 명시하고 있다.

비윤리적 취재의 금지 신문윤리 실천요강, 기자협회 윤리강령, KBS 방송강령, 방송심의에 관한 규정 등은 공개취재를 원칙으로 하며 비윤리적·불법적 취재를 배격한다. 위계나 강압, 취재 요청을 거절한 취재원에게 통화의 연속적인 반복, 동의 없는 문서 반출 등을 금하고 있다. 또 개인의 주거나 집무실 무단출입, 인터뷰 강요,5) 답변 강요, 유도신문, 속임수로 취재나 촬영 협조를 받는 행위도 비윤리적 취재로 간주한다. 현장 언론인들의 의식 조사에서는 비윤리적 취재를 정당한 것으로 인식6)하는 경우가 많았다.

도청, 비밀촬영 금지 신문윤리 실천요강, 방송심의에 관한 규정, MBC 방송강령 등은 개인의 전화 도청이나 비밀촬영 등 사생활을 침해하거나 사적인 전화나 통신 등의 내용을 당사자 동의 없이 방송해서는 안 된다고 적고 있다. 전화 대화의 녹음은 대화 쌍방의 동의하에 이뤄져야 하고, 공공장소에서는 사생활 보호를 위해 카메라나 마이크를 눈에 잘 띄게 설치할 것을 요구한다.

방송 인터뷰 때의 의무 KBS 방송강령과 MBC 방송강령은 취재 대상자에게 방송을 전제로 한 것인지, 단순한 정보로 이용할 것인지를 미리 알릴

---

5) 기습 인터뷰는 공무원이거나 불법부당한 행위에 관련된 사람이라면 허용될 여지가 있다. 다수의 서구 언론인들은 TV나 사진기자에 의한 기습인터뷰는 어느 경우에도 반대한다.

6) 취재원을 귀찮게 하거나(66.2%), 문서를 허가 없이 사용하는 행위(48.8%), 신분을 속이는 행위(44.2%), 위장취업 하는 행위(25.2%)에 대한 정당성 인식이 상대적으로 높았다(한국언론재단, 2009g).

의무를 부과한다. 인터뷰 내용을 편집할 때는 전체의 흐름에 어긋나지 않도
록 할 것을 강조한다. 질문 순서를 바꾸거나, 특정 장면의 삭제로 내용을
왜곡시켜서는 안 된다고 적는다(박진용, 2005).

3) 보도윤리

1997년 IMF 사태 이후 한국 언론들은 심각한 생존의 위기에 내몰렸다.
이는 고전적, 전통적 의미의 언론 기반이 무너졌음을 의미한다. 거기다
다매체 환경이 조성되면서 재정적 어려움이 가중돼, 금기시되던 보도와
광고·협찬의 교환이 일반화될 정도로 상업주의가 확장됐다. 이런 상황에서
언론윤리 강령이 전면적 규제 장치로서의 기능을 발휘하기는 어렵다. 그러
나 취재보도 현장에서의 국지적 의미라면 강령의 의미는 유효성을 지니는
것으로 보인다.

의혹보도의 성립조건 언론사가 의혹이나 문제를 제기할 때는 피해자의
주장과 상반되는 자료가 반드시 존재해야 한다. 취재자료는 피해자의 주장
과 대등 또는 유사한 정도로 볼 수 있는 합리적 근거를 가져야 한다. 객관적
이고 공정한 입장에서 피해자의 주장과 그 자료를 함께 보도한 것이어야
법적 책임으로부터 면책된다.

공식발표 면책 발표내용이 결과적으로 진실하지 않다고 해도 취재 당시
발표를 의심할 만한 특단의 사정이 없고, 발표내용을 과장, 왜곡하지 않는
한 확인 취재를 하지 않아도 면책된다. 비공식 발표에 대해서는 언론사가
사실 확인의 의무를 진다. 타 언론사의 보도를 빌려 올 경우 사실 확인
의무가 있다고 보는 판례와 그렇지 않다고 보는 판례가 공존한다.

명예훼손과 사생활 침해 신문윤리 실천요강과 방송심의에 관한 규정은
오보, 부정확한 보도, 왜곡 보도, 그리고 공익과 무관한 사실 보도 등으로
개인(고인도 포함)이나 단체의 명예나 신용을 훼손해서는 안 된다고 규정한

다. 진실한 사실로서 오로지 공공의 이익에 관한 때에는 예외가 될 수 있다. 개인 사생활의 보도나 평론, 사생활 영역의 허락 없는 침입, 전자통신기에 입력된 개인정보의 승인 없는 검색과 출력도 허용하지 않는다. 사적인 전화나 통신 등의 내용을 동의 없이 방송하거나 개인의 초상권을 침해하는 행위도 금기사항이다. 몰래카메라는 인격권 침해로 간주한다.

기타 조작의 금지와 관련해서는 방송 내용의 각색과 인위적 효과음을, 보도사진의 경우 삭제, 첨가, 변형을 금지하고 있다. 신문 표제의 원칙은 기사의 요약 내용이나 핵심적 내용을 대표해야 하며 기사내용을 과장하거나 왜곡해서는 안 된다고 적는다. 오보나 기타 제작상의 실수가 발견됐을 때는 지체 없이 정정할 것을 요구한다. 언론단체나 각 언론사의 보도 윤리는 개별 언론사의 보도에 대한 항의나 반론, 정정의 근거로 사용될 수 있다(박진용, 2005).

4) 오보와 허보

오보(誤報)나 허보(虛報) 등 비정상적 보도에 대해서는 다양한 일반 명칭들이 사용되고 있다. 허위보도, 과장보도, 추측보도, 왜곡보도, 편파보도, 불공정보도, 과대보도, 축소보도, 자의적 보도 등. 부분적으로 상충되거나 동일한 오보나 허보에 대한 이칭이기도 하다.

개념의 구분 오보는 구체적 보도 사실에서 허위나 오류의 내용을 담고 있는 경우를 말한다. 오보에 대한 기자의 책임은 객관적 사실에 국한된다. 주장이나 평가와 같은 의견은 오보 대상에 포함되지 않는다. 단어나 구절, 문장, 문단, 기사 전체에서 발생하며 그 유형은 아주 다양하다. 허보는 구체적 발표나 제보에 기반한 것이지만 그 사실이 불완전하거나 허황된 경우를 말한다. 정보원이 사실을 과장하거나 왜곡한 것을 어렴풋이 짐작하면서도 가감 없이 보도했다면 허보가 된다. 오보나 허보에는 고의성이 개입될 수 있다. 오보와 허보를 만드는 조건 중의 하나가 팩 저널리즘(pack/herd journalism)[7]이다.

오보의 유형 오보의 내용별로는 ① 사실오보, ② 시각오보, ③ 뉴스가치 판단 오보로 구분된다. 사실오보는 객관적, 현실적 사실을 그릇되게 파악한 경우, 시각오보는 문제의 해법이나 접근의 관점을 잘못 설정한 경우다. 뉴스가치 판단 오보는 기사의 의미나 중요성을 오해하거나 잘못 해석한 데서 비롯된다. 작위적 오보, 비작위적 오보로도 구분된다. 작위나 비작위의 주체는 기자 또는 취재원이 된다. 취재원의 작위로는 헛소문 흘리기, 애드벌룬 띄우기, 기자의 작위로는 작문, 의도적 편향보도 등이 있다. 비작위적 오보는 기자나 취재원의 사실 오인, 상황판단 오류, 시각의 부실, 중대한 부주의, 부주의 등에서 비롯된다. 오보의 행위자는 기자나 취재원뿐 아니라 제작 과정에 있는 모든 사람들이 포함된다(박진용, 2005).

오보의 원인 오보의 원인에는 다양한 유형들이 나타난다. 제작 메커니즘 측면에서는 속보경쟁, 특종의식, 단순화된 기사 구조, 기사생산의 틀, 기사 생산 강박감, 마감 시간 강박감, 기사의 연성화 경향, 정리와 가필 등이 오보를 유발한다(박진용, 2004). 일반 독자나 시청자는 어떤 매체가 먼저 보도했는가에 대해 큰 의미를 부여하지 않지만 언론 종사자들은 속보와 특종에 집착하는 경향이 있다(김춘식 외, 2010). 취재 및 기사 작성 측면에서는 선입견, 짜깁기, 베끼기, 창작, 지나친 일반화, 과장과 왜곡, 사전 각본 등이 오보의 원인이 된다. 사실과 의견이 구분되지 않거나 기자의 추측, 주관이 사용될 때 왜곡, 과장, 축소보도가 일어날 가능성이 높다(김창룡, 2007). 취재와 기사 쓰기 능력, 전문지식 부족, 오해나 착각 등이 원인이

---

7) 보도사실에 대한 하나의 해석이 모든 언론의 해석으로 확산되는 보도양상을 말한다. 과장, 왜곡된 해석을 언론이 떼를 지어 사실로 만들어버릴 수 있다. 취재 사건들은 어느 정도 각색되는 경우가 많아 기자들은 의도된 해석의 인질이 되기 쉽다. 정치·스포츠 기사에서 잘 나타난다.

될 때도 있다(박진용, 2005).

허보 허보는 취재원의 의혹 제기나 폭로 등을 비판 없이 수용했을 때 잘 발생된다. 1950년대 초 미국의 매카시즘 보도가 전형적인 허보다. 매카시(McCarthy) 상원의원은 자신이 말한 것은 무엇이든 뉴스가 된다는 점을 악용해 근거 없는 내용이나 주장을 마구 언론에 흘렸고, 언론이 이를 대서특필함으로써 허보가 여론의 중심이 됐다. 한국의 현대 정치문화도 허보를 양산하는 바탕이 되고 있다. 대선 때마다 등장하는 후보자에 대한 근거 없는 의혹 제기가 허보의 홍수를 이루고, 선거를 진흙탕으로 만들었다. 의혹이나 폭로보도에 대한 언론의 엄격한 보도기준 마련이 요구된다(이상철, 1999).

7. 언론법제

언론법제란 언론과 관련 있는 현상이나 사건을 규율하기 위한 법과 제도를 가리킨다(김춘식 외, 2010). 주로 보도 피해의 법적 제재를 의미할 때가 많다. 오보나 허보로 인한 피해 구제 수단으로는 형사상 명예훼손죄, 민사상 손해배상 청구, 반론보도 청구, 정정보도 청구, 사전금지 청구, 추후보도 청구의 6가지가 있다. 최근 한국 법원의 언론관계 소송은 보도 대상이 공적 인물, 공적 존재, 공적 사안인 경우 언론의 자유를 확장하고 있다. 그러나 취재과정이 위법할 경우 보도내용의 공익성과 관계없이 언론의 책임을 엄격하게 묻는 추세다(김춘식 외, 2010). 명예훼손죄, 손해배상 청구, 사전금지 청구 이외의 법률구제는 전국 언론중재부를 통해 행사할 수 있다. 언론중재 제도는 한국만 가지고 있는 독특한 언론구제 제도다(유재천 외, 2010).

1) 명예훼손

개인이 사회생활을 영위하며 가지는 지위 또는 가치를 일컫는 명예는 내적 명예, 외적 명예, 명예감정의 3가지로 나뉜다. 내적 명예는 인간에게 존재하는 진실한 가치로 법률적 논의의 대상이 아니다. 명예감정은 자기 자신의 인격에 대한 자신의 가치판단 내지는 가치의식을 말한다. 내적 명예와 마찬가지로 주관적 가치라는 점에서 명예권의 보호법익을 인정하지 않는다. 법률적 논의의 대상으로 하는 명예는 사회로부터 부여받는 평가, 즉 외적 명예다(한균태 외, 2008).

명예훼손의 정의 명예훼손이란 사람에 대한 사회적 평가를 저하시키는 행위다. 인격이나 신용의 저평가, 성명이나 초상에 대한 모욕이나 모독 등을 포함하는 개념이다. 한국의 경우 헌법(제21조 4항), 형법(제307조~제312조), 민법(제751조와 제764조), 정보통신망법(제70조), 저작권법(제127조), 언론중재법(제4조, 제5조)에 명예훼손 관련 조항을 두고 있다(김춘식 외, 2010). 언론보도로 인한 명예훼손죄는 형법 제307조에 규정돼 있다. 제1항 공연히 사실을 적시하거나 제2항 허위의 사실을 적시하여 불특정 또는 다수인이 인식할 수 있는 상태에 이르면 명예훼손이 성립된다. 명예훼손죄는 간접 정범(비방 목적으로 기자에게 허위사실을 제공한 사람)에 의해서도 발생할 수 있다. 한국 헌법과 법률은 언론의 우월적 지위를 보장하기보다 책임을 강조하는 경향이 있다(한균태 외, 2008; 박진용, 2005).

명예훼손의 판단기준 한국 판례는 ① 사람을 비방할 목적이 없고(형사상 명예훼손은 무혐의, 민사상 명예훼손은 성립), ② 진실이라고 믿을 상당한 이유가 있으며(보도 주기, 기사 성격, 취재원 신뢰도, 진실 확인의 용이성 정도가 감안된다), ③ 진실한 사실로서 오로지 공공의 이익에 관한 때에는 명예훼손이 잘 성립되지 않는다. ④ 사실기사 또는 의견기사의 여부가 판단 기준이 되기도 한다. 의견기사는 명예훼손의 위법성을 낮게 평가한다. 그러나 허위사실에 기초하여 논평을 하거나, 의견을 빙자하여 허위의 사실을 암시하는 경우 명예훼손이 성립된다. ⑤ 공인에게는 명예훼손이 제한적으로 적용된다. 공인으로는 정치인, 도의원, 유명 학자, 그룹회장, TV뉴스 앵커, 인기 연예인 등의 판례가 있다.[8]

온라인에서의 명예훼손 온라인 명예훼손은 오프라인보다 시공간적 무제한성, 신속성과 전파성 등 피해가 크기 때문에 강화된 처벌을 요구한다. 우리 법체계도 그를 따르고 있다(한균태 외, 2008). 상호작용적 특성으로 인해 최초의 정보 게재자와 2차적 게재자, 사이트 운영자 사이에 법적 책임 소재와 크기를 놓고 논란이 벌어질 수 있다. 이용자 약관 등을 통해 명예훼손에 대한 정책적 방침을 충분히 고지하고, 동의를 받은 다음 게시판에 글을 올리도록 할 필요가 있다. 편집권의 행사도 쟁점이 된다(김병철, 2005).

2) 사생활권

사생활권은 개별적 기본권의 하나다(김영규, 2008). 사생활권의 필요성이

---

8) 미국의 명예훼손 판단기준 : 1964년 미국 연방대법원은 뉴욕타임스 대 설리번 경찰서장 사건에서 명예훼손 소송의 몇 가지 논점들을 정리한 바 있다. 실질적(현실적) 악의, 부주의한 무시, 공인 여부, 비방 목적, 사실 또는 허위사실의 공연한 적시 등의 개념이 판단에 적용됐다. 실질적 악의란 기자가 취재 내용의 허위를 미리 알고서도 이를 기사화하거나 기사의 진위 확인 노력을 하지 않았을 때를 말한다. 실질적 악의 원칙은 공인이든 사인이든 모두에게 적용된다. 부주의한 무시는 증거수집, 사실규명 노력 부족 등 현저한 취재보도상의 실책을 말한다. 공인 여부와 관련해서는 공적 인물, 공적 관심의 대상이 되는 인물은 언론사의 악의와 부주의한 무시를 스스로 입증해야 한다(거증책임의 전환). 일반 개인은 진실에 대한 부주의한 무시를 입증할 책임이 없다. 정부 행위에 대한 명예훼손은 정보 진실에 대한 책임이 아주 제한적이다. 기사가 진실임을 절대적으로 확신할 필요가 없다. 법정 문제, 경찰 증인 등의 정보는 허위이거나 명예 훼손적이더라도 면책된다. 정치선전, 정치토론, 대통령 회견 등은 부분적으로 면책 대상에 포함된다(Jones, 2001).

대두된 것은 1800년대 중반 이후 옐로 저널리즘의 영향 때문이었다. 두 명의 미국 젊은 변호사들이 1890년 ≪하버드 로 리뷰(Harvard Law Review)≫ 에 소개한 사생활권 개념은 저 홀로 있고자 하는 권리, 즉 사생활의 평온을 침해받지 않고, 비밀을 함부로 공개당하지 아니할 권리로 이해됐다(Jones, 2001). 주로 국가 권력으로부터의 개인 사생활 보호가 주된 목적이었다. 그러나 정보화 사회로 진입하면서 개인이 자신의 정보를 관리, 통제할 수 있는 권리로 개념이 확장됐다. 재산의 소유 내역 등 개인 정보의 유포에 대한 통제로서의 사생활, 즉 정보 사생활권을 포괄하는 의미가 된 것이다(김병철, 2005). 사생활 침해 여부는 해당 정보가 모든 사람이 알아야 할 만한 뉴스가치를 어느 정도 갖추었는지에 달렸다고 할 수 있다(김경희·이재경·임영호, 2003).

관련 법률 한국 헌법은 사생활 보호를 매우 폭넓게 규정하고 있다. 제10조 인간의 존엄과 행복추구권, 제16조 주거의 불가침, 제17조 사생활의 비밀·자유 불가침, 제18조 통신비밀의 불가침을 명시하고 있다. 사생활 관련 판례는 드문 편으로 명예훼손과 사생활 침해를 동의적 개념으로 파악하고 있기 때문이다. 1990년대 이래 인권침해 보도는 명예훼손이 주류를 이루고, 사생활권 침해는 보조적으로 다뤄지고 있다.

침해 유형 1960년대 이후 미국의 사생활 침해는 ① 침입(intrusion), ② 침해(public disclosure), ③ 허위의 공표(publicity), ④ 도용 등 4가지 유형으로 구분해 사용해왔다. 침입은 개인의 사적 공간을 물리적으로 침입하거나 엿보거나 엿듣는 행위를 말한다. 개인의 사적 문제의 공표(침해)는 당사자의 사전허락 없는 사적 정보의 공표나 개인의 난처한 상황에 대한 공표를 가리킨다. 공인인지 사인인지, 사적 사항인지 공적 관심사인지가 쟁점이다. 공중으로 하여금 개인을 오인케 하거나 잘못된 인상을 줄 우려가 있는 허위의 공표도 침해의 한 유형이다. 개인의 성명이나 초상을 사전 허락 없이 영리적 목적에 사용하는 행위(도용)도 사생활 침해가 된다(김춘식 외,

2010; 김경희·이재경·임영호, 2003; Jones, 2001).

사생활권의 적용 사생활 침해는 명예훼손보다 포괄적 개념이어서 보도 기사가 진실이든 허위든 사생활 침해가 성립될 수 있다. 명예훼손은 사회적, 객관적 피해이지만 사생활 침해는 개인적, 주관적 피해. 개인의 감정을 손상시키는 것만으로도 침해가 성립된다. 공인은 직위가 높을수록, 대중 접촉이 많을수록 사생활권이 줄어든다. 정치인의 사생활은 거의 인정되지 않는다. 개인의 개성이 공적 업무의 질에 영향을 미칠 수 있는 판사, 경찰, 교사 등도 사생활권이 축소된다(Jones, 2001).

초상권과 퍼블리시티권 초상권은 개인이 자신의 초상에 대해 가지는 인격적, 재산적 권리라 할 수 있다. 넓은 의미의 초상권에는 용모나 자태뿐 아니라 특정인임을 알 수 있는 신체적 특징, 목소리 등도 포함된다. 미국에서는 초상권을 프라이버시법의 하나로, 독일 등 대륙법에서는 인격권의 문제로 이해하고 있다(김춘식 외, 2010).

퍼블리시티권은 대중 흡인력을 가지는 유명인의 이름이나 초상 등의 상업적 이용에 관한 권리를 말한다. 인격권의 재산권적 측면이다. 저작권과 유사해 보이지만 자신에 관한 정보를 자신이 통제한다는 의미에서 사생활권에 가깝다. 퍼블리시티권은 사생활권과 달리 양도, 상속이 가능하다(김춘식 외, 2010).

3) 저작권

저작권(Copyright)은 저작자가 문학, 예술, 학술 활동의 결과물과 같은 저작물에 대해 가지는 권리다. 책, 음반, 영화 등의 1차 창작물은 물론 이를 기반으로 하는 2차 창작물에도 적용된다. 어떤 아이디어나 사실을 표현하는 구체적이고 개별적인 방식만 보호한다. 아이디어나 사실 그 자체는 보호대상이 아니다. 동일한 주제나 사건에 대해 여러 형태의 글을 쓰더라도 표현의 방식만 다르면 문제가 되지 않는다. 미국의 저작권법에서는 최신 뉴스(hot news)의 도용에 관한 규정을 두어 뉴스 기사에 포함된 사실들을 짧은 기간 동안 다른 언론사들이 사용하지 못하도록 하고 있다(김병철, 2005; 김경희·이재경·임영호, 2003; 홍승희, 2002).

공정한 이용 저작권법에 의해 보호받는 것이라도 공정한 이용은 허용된다. 연구, 교육, 도서관 활동, 패러디, 비평, 저널리즘 등의 이용은 규제를 받지 않는 것이 보통이다. 이용의 목적과 성격, 이용행위가 저작물의 잠재적 시장 가치에 미치는 영향, 저작의 성격, 인용의 분량 등에 따라 공정한 이용 여부가 판단된다.

온라인의 저작권 온라인 미디어에서는 정보의 조작과 표절, 복제, 배포가 간단해 저작권 침해의 소지가 크다. 저작권자, 저작물, 책임의 정도가 모호해 판단이 쉽지 않다. 온라인상에서는 저작권 강화를 주장하는 저작권 옹호론자와 정보의 자유로운 유통을 주장하는 카피레프트(copyleft) 운동론자들이 맞서고 있다. 카피레프트는 컴퓨터 프로그램이나 음원 등을 공개해 누구나 자유롭게 공유할 수 있어야 한다는 원칙이자 운동이다. 카피라이트의 로고(ⓒ)를 거꾸로 뒤집어 사용한다(김병철, 2005; 김경희·이재경·임영호, 2003; 홍승희, 2002).

제2부

저널리즘 분야편
Micro-journalism

제6장

한국 언론

1. 한국의 언론

인터넷 등장 이후 비교적 경계가 뚜렷했던 언론과 산업, 뉴스 매체와 정보·생활 매체, 정보 제공자와 소비자, 이 모든 것들의 경계가 무너지고 있다. 고유의 언론과 언론현상을 말하기가 어려워진 것이다. 매체의 분화와 이에 따른 언론권력의 분산은 전통언론의 위상을 약화시키는 요인이 됐다. 그럼에도 불구하고 전통매체 중심으로 언론의 힘과 경계, 정체성이 유지되고 있다는 사실은 변함이 없어 보인다.

1) 현행법의 한국 언론

한국에서는 언론이 뉴스미디어로 국한되는 경향이 있으나 독일 등 유럽에서는 여타 모든 미디어까지 언론으로서의 책임을 강조한다. 뉴스가 아닌 일반적인 콘텐츠에 대해서도 언론이란 시각을 부여하고 있다(한국언론재단, 2001).

현행 한국 신문법·방송법·인터넷 멀티미디어 방송사업법 등의 언론매체 정의와 구성 유형은 다음과 같다.

신문과 인터넷신문 신문은 정치, 경제, 사회, 문화, 산업, 과학, 종교, 교육, 체육 등 전체 분야 또는 특정 분야에 관한 보도, 논평 및 여론, 정보 등을 전파하기 위해 같은 명칭으로 월 2회 이상 발행되는 정기간행물을 말한다. ① 일반일간신문, ② 특수일간신문, ③ 일반주간신문, ④ 특수주간신문으로 구분된다. 인터넷신문은 컴퓨터 등 정보처리능력을 가진 장치와 통신망을 이용해 보도, 논평 및 여론, 정보 등을 전파하기 위한 전자간행물로 정의된다. 인터넷신문에는 독립형 인터넷신문, 언론사닷컴이 포함되는 반면 인터넷뉴스서비스(포털)와 신문·방송 등의 인터넷판은 여기서 제외된다. 인터넷뉴스서비스(포털)는 신문, 인터넷신문, 뉴스통신, 방송 및 잡지 등의 기사를 인터넷을 통해 계속 제공하거나 매개하는 신문법상의 전자간행물을 말한다(한국언론진흥재단, 2010d; 문화관광체육부, http://culturestat.mcst.go.kr/).

방송 방송의 개념은 신매체의 등장으로 계속 변화하고 있으나 일반적으로 정치, 경제, 사회, 문화, 시사 등에 관한 보도, 논평 및 교양, 오락, 연예 등을 공중에게 전파함을 목적으로 행하는 무선통신의 송신으로 정의된다. 한국 방송법 제2조는 방송 프로그램을 기획, 편성 또는 제작해 이를 공중(시청자, 개별계약에 의한 수신자 포함)에게 전기통신 설비에 의해 송신하는 것을 방송으로 규정하고 있다. 여기에는 다음의 것들이 포함된다. 방송은 ① 지상파 TV방송, ② 라디오방송, ③ 데이터방송, ④ 이동멀티미디어방송(DMB), ⑤ 유선방송, ⑥ 위성방송, ⑦ 인터넷 멀티미디어 방송(IPTV)으로 구분된다.

지상파 TV방송은 정지 또는 이동하는 사물의 순간적 영상과 이에 따르는 음성·음향 등으로 이뤄진 방송프로그램을 송신하는 방송이다. 라디오방송은 음성·음향 등으로 이뤄진 방송프로그램을 송신하는 방송을 말한다. 데이터방송은 방송 사업자의 채널을 이용해 데이터(문자, 숫자, 도형, 도표, 이미지 및 기타의 정보체계)를 위주로 이에 따르는 영상·음성·음향 및 이들의 조합으로 이뤄진 방송프로그램을 송신하는 방송이다. 인터넷 등 통신망을 통해 제공하거나 매개하는 경우는 제외한다. 이동 멀티미디어방송은 이동 중 수신을 주목적으로 다채널을 이용해 TV방송, 라디오방송 및 데이터 방송을 복합적으로 송신하는 방송이다. 인터넷 멀티미디어 방송사업법상의 인터넷 멀티미디어 방송은 광대역 통합정보통신망 등을 이용해 양방향성을 가진 인터넷 프로토콜 방식으로 TV수상기 등을 통해 이용자에게 실시간 방송프로그램을 포함해 데이터·영상·음성·음향 및 전자상거래 등의 콘텐츠를 복합적으로 제공하는 방송을 말한다(한국언론진흥재단, 2010d; 국가법령정보센터, http://www.law.go.kr/).

뉴스통신 뉴스 통신사와 신디케이트는 신문, 방송, 인터넷신문, 정부기관, 기업 등에게 뉴스를 공급하는 뉴스 도매상 매체다. 통신사는 일반 보도 기사를, 신디케이트는 기획 기사를 주로 제공한다. 한국에는 신디케이트는 없고 통신사만 연합뉴스, 뉴시스, 뉴스1코리아 3개가 있다. 통신사의 법적 지위는 뉴스통신 진흥에 관한 법률로 부여되고 있다. 이 법 제2조(정의)에 따르면 '뉴스통신'이란 무선국(無線局)의 허가를 받거나 그 밖의 정보통신기술을 이용하여 외국의 뉴스통신사와 뉴스통신계약을 체결하고 국내외의 정치, 경제, 사회, 문화, 시사 등에 관한 보도, 논평 및 여론 등을 전파하는 것을 목적으로 하는 유무선을 포괄한 송수신 또는 이를 목적으로 발행하는 간행물을 말한다. 연합뉴스는 이 법률에 의해 국가 기간(基幹) 뉴스 통신사로 지정돼 국가 정보주권을 수호하고 각종 정보 서비스 및 재난 뉴스통신 업무를 맡도록 돼 있다(국가법령정보센터, http://www.law. go.kr/, 2011년 4월 14일 개정).

〈표 6-1〉 연도별 인쇄매체 등록 현황

(단위: 건)

구분	2002	2004	2006	2008	2010
계	7,025	6,812	7925	8370	9597
일간	125	139	193	275	673
통신	2	2	2	3	5
기타일간	431	426	372	331	4
주간	2,437	2,316	2,697	2,788	2,868
월간	2,637	2,505	3,028	3,243	3,936
격월간 이상	1,363	1,424	1,633	1,730	2,111

자료: 문화관광체육부(http://culturestat.mcst.go.kr/StatisticsPortal).

2) 보도 매체, 중심 매체

전부든 일부든 보도 또는 정보 기능을 가진 매체를 언론의 범주에 포함시
킨다면 한국 언론매체는 인쇄매체 9,600개, 온라인 매체 3,200개, 방송매
체 500개 등 어림잡아 1만 3,300개 정도가 될 것이다. 소셜미디어를 제외하
고서의 이야기다.

매체 신문, 잡지 등 종이매체(일간에서 연 2회간까지)는 2000년 6,433개
에서 2005년 7,250개, 2010년 9,597개로 늘어났다(문화관광체육부, 2011).
일간신문의 경우 등록 요건의 완화로 지속적인 증가세를 보여 2010년
12월 말 현재 673개에 이르고 있다. 2010년 언론산업 통계조사를 기준으로
했을 때 조간 비율이 90%를 넘었다. 잡지는 주간지 2,868종, 월간지 3,936
종, 격월간 이상 2,111종 등 8,915종이다. 이 가운데 발행 중인 것은 절반에
못 미치는 4,368종이다. 보도 성격을 가지는 시사지와 경제지는 185종
(4.2%)과 149종(3.4%)이다. 주요 시사 잡지의 2010년 발행 부수는 2만
4,000~6만 2,000부 선이다. 온라인 매체에는 3,100개의 언론사닷컴 및
인터넷신문, 20여 개의 포털, 100여 개의 파워 블로그 등이 포함된다.

<표 6-2> 2010 주요 시사 잡지 및 발행 부수

(단위: 부)

시사 주간지		종합 월간지		경제 월간지	
한겨레21	5만 2,934	월간조선	3만 4,510	매경이코노미	6만 2,306
시사IN	3만 6,543	신동아	2만 4,608	한경비즈니스	3만 3,137
뉴스위크 한국판	2만 4,042	월간중앙	2만 4,469	이코노미스트	4만 1,876
종속형(15)	신동아, 주간동아, 여성동아(동아), 주간조선, 월간조선(조선일보), 월간중앙, 이코노미스트, 뉴스위크 한국판(중앙일보) 한겨레21, 이코노미 인사이트, 르몽드 디플로(한겨레), 매경이코노미(매일경제), 경향신문, 한국일보, 지역지 등				
독립형(2)	시사저널(1989년 창간), 시사IN(2007년 창간)				

자료: 한국ABC협회(2011), 문화체육관광부(2010)에서 재구성.

인터넷신문의 증가세가 가장 활발하다. 방송매체는 지상파 TV, 라디오, 유선·위성방송, 방송채널 사용사업자(PP), 이동 멀티미디어 방송(DMB), 인터넷 멀티미디어 방송(IPTV)을 모두 포함해 500개 정도가 된다.

보도매체 이들 1만 3,300개의 매체 중 보도를 중심기능으로 하는 매체는 3,400여 개 선이다. 2010년 기준 언론산업 통계조사에 응답한 매체는 신문 1,355개, 방송 45개, 인터넷신문 1,292개로 총 2,693개 매체였다. 구멍가게 언론이나 활동이 없는 것을 빼면 2,000개 정도가 남는다. 2011년 5월 현재의 한국언론진흥재단 등재 언론기관은 1,983개사다. 신문 1,074개사, 방송 55개사, 인터넷신문 853개사다. 여기에 포털, 잡지, 파워 블로그 등을 보태면 2,000개를 넘어선다.

중심매체 2,000개 이상의 언론매체 가운데 사회적 지명도가 있는 언론을 추리면 대략 290개 정도다. 한국언론재단이 발간한 「전국언론 인명록 2010/2011」에는 일간신문 140개, 통신 2개, 방송 47개, 언론사닷컴 및 인터넷신문 38개 등 227개 매체가 수록돼 있다. KBS의 지역총국(방송국)들을 하나의 언론으로 간주하고(18개), 2011년 연말에 개국된 유선방송 종합편성채널(4개)과 보도전문채널(2개), 경제채널(10개), 공영채널(3개), 언론 기

〈표 6-3〉 2010 언론 종사자의 구성

(단위: 개, 명)

구분	매체	종사자	기자	구분	매체	종사자	기자
전국종합일간	15	4,739	2,770	공영방송	22	9,102	1,410
지역종합일간	103	7,132	3,865	민영방송	13	2,289	593
경제일간	9	2,702	1,412	특수방송	8	1,553	209
스포츠일간	6	452	231	보도방송채널사업	2	1,030	414
외국어일간	4	216	162	소계	45	1만 3,974	2,626
기타전문일간	25	1061	419	인터넷종합신문	172	1,595	976
전국무료일간	6	261	138	인터넷지역신문	491	1,866	1,200
소계	168	1만 6,563	8,997	인터넷전문신문	629	5,362	3,100
전국종합주간	41	632	369	소계	1292	8,823	5,276
지역종합주간	464	2,566	1,516	뉴스통신	1	891	-
전문주간	682	6,095	3,598	총계	2693	4만 9,544	2만 2,382
소계	1187	9,293	5,483				

자료: 한국언론진흥재단(2011e).

능을 하는 5대 포털, 시사 잡지(17개) 등을 보태면 290개가 된다. 한국의 언론계는 이들이 중심세력을 형성하고 있다. 범위를 좀 더 좁히면 금감원에 전자 공시된 언론사(자산규모 100억 이상) 99개사와 5대 포털 정도가 우리 사회에 인지도와 영향력이 있는 실세 언론이라 할 수 있다.

3) 언론종사자

「2011 언론산업 통계조사」에 따르면 2,693개 보도매체(2,372개사)의 언론산업 총종사자는 4만 9,544명이다. 일간신문이 1만 6,563명으로 가장 많고, 다음이 방송 1만 3,974명, 주간신문 9,293명, 인터넷신문 8,823명 순이다. 기자 수는 전체 종사자의 45%를 약간 웃도는 2만 2,382명으로 집계됐다. 일간신문 8,997명, 주간신문 5,483명, 인터넷신문 5,276명, 방송 2,626명 순이다.

작업환경 언론사의 경영난과 통합 뉴스룸 도입 등으로 언론인들의 작업 환경은 계속 나빠지고 있다. 과거 오프라인 시대에는 작업과 준비 및 휴식이 마감 시간을 중심으로 반복돼 기자들이 어느 정도 여유를 가질 수 있었다. 그러나 경영난으로 인력사정이 빠듯해지고 다매체 제작에 동시 투입되면서 연속적인 작업으로 내몰리는 상황이다. 업무 부담과 노동 강도가 늘어날 수밖에 없다. 기자 1인 제작 시스템인 방송기자들은 부담이 더 커진다. 취재가 아니라 제작을 하고 있다는 푸념이 일상적이다. 기사 한 꼭지를 처리하기 위해 취재기획, 아이템 선정, 취재, 기사 쓰기, 자료수집, 인터뷰, 후반작업, 의상 등 모든 업무를 혼자 떠맡아야 하는 실정이다. 언론현상이 대중화되면서 언론에 대한 사회적 인정이 줄어들어 취재 자체는 더 힘들어 졌다. 취재 거부, 기사 항의, 피해 제소 등 업무상 위험부담이 가중되고 있다(한국언론진흥재단, 2011c).

언론인의 위상 작업환경의 악화, 편집국이나 보도국의 조로현상과 조기퇴 직 등이 언론인들의 위상을 끌어내리고 있다. 개인적 삶을 추구하는 세태변 화도 기자직을 꺼리게 한다. 사회개혁이나 자기실현의 의지가 아닌 직업인 으로서의 언론인은 그만큼 매력이 떨어진다는 이야기다. 대학 언론학과의 중심이 광고홍보나 인터넷 콘텐츠 중심으로 옮겨가고 있는 현실이 이를 방증한다. 언론인의 위상 저하는 세부 유형별로 온도 차가 있지만 신문의 경우 1980년대부터 방송은 2000년대부터 시작된 것으로 보인다. 방송에서 는 기자직군의 선호도가 떨어지면서 PD를 지망하는 경우가 늘고 있다.

4) 언론정책

언론정책은 미디어 발달 및 미디어 환경과 밀접한 관련을 가진다. 20세기 이후 제2차 세계대전까지의 산업화 시대에는 언론의 양적 성장을 가져온 언론보편화 정책, 전후부터 1960년대까지는 독과점과 상업주의를 배제하는 공공언론 정책, 그 이후의 정보화 시대에는 언론의 문화산업적 위상이 부각되는 언론 산업정책의 시대로 가고 있다. 이런 시대구분은 선진국을 기준으로 한 것이니만큼 적용에 신축성을 가져야 할 것이다.

언론정책의 대상   언론정책의 주요대상에는 ① 언론자유와 의무, ② 소유, 경영 및 시장구조, ③ 언론인의 권한, 윤리 및 법적 지위, ④ 수용자와 언론 관계, ⑤ 문화산업 정책 등이 있다. 이들 정책 대상은 언론의 건전화와공공성 확보를 위해 모두가 나름의 중요한 의미를 가진다. 그 가운데서도 미디어 소유권의 문제는 언론정책의 핵심쟁점이 돼왔다(서정우, 2002). 미디어 산업은 초기비용 때문에 주요 신문이나 TV 채널의 경우 대규모 자본 없이는 진입이 불가능하다. 이 때문에 자본, 즉 소유권이 언론 환경을 형성하는 결정적 요소가 돼왔다. 소유의 주체가 국가냐 개인이냐, 문화 집단이냐 상업 집단이냐, 체제 지향적이냐 체제 도전적이냐에 따라 제작내용이 달라지고, 그것이 여론 환경을 변화시킨다. 따라서 특정 세력에 의한 미디어 장악 및 여론 독점과 민주제도의 왜곡을 막기 위한 견제장치로서의 소유권 제한은 불가피한 것으로 이해된다(맥퀘일, 2008).

언론 소유권   세계 대부분의 나라는 언론의 수직적 결합과 수평적 결합, 교차 소유에 대해 상당한 규제를 가하고 있다(배규한 외, 2006). 수직적 결합은 방송제작 부문과 방송유통 부문처럼 산업의 일관적 소유를, 수평적 결합은 신문그룹이나 방송그룹처럼 동종 미디어 여러 개를 소유하는 것을 말한다. 교차소유는 신문과 방송처럼 서로 다른 미디어를 함께 소유하는 형태다. 이들 쟁점 중 사회적 논의가 가장 활발한 분야가 교차소유의 문제다. 한국도 이에 대한 정책이 허용과 금지를 오가다 2009년 7월 미디어법에서 부분허용(지분 참여)으로 정책기조를 바꿨다. 이 같은 정책 전환은 언론의 공공적 기능도 긴요하지만 세계화의 진행과 함께 언론의 산업적 특성이 점점 커지고 있기 때문이다. 국제경쟁력을 갖기 위해서는 자본력과 언론집중이 불가피하다고 보는 것이다. 그러나 언론집중이 언론의 공공성과 여론의 다양성, 민주제도의 안정성을 해칠 수 있어 모순적 상황을 조화시킬 수 있는 사회적 지혜가 요구되고 있다.

2. 미디어 이용자

지난 20여 년간 미국인들의 자국 언론에 대한 수행 평가는 계속 악화되는 추세다. 1985년 시작된 퓨 리서치 센터의 연례 조사에 따르면 2011년의 평가는 12개 조사항목 중 9개 항목에서 부정적 평가가 최고점을 찍은 것으로 나타났다. 기사들이 (사실을 똑바로 전달하는 것이 아니라) 종종 부정확하다는 응답률이 1985년에는 34%에 그쳤으나 2011년에는 66%까지 높아졌다. 언론이 (독립적이기보다) 유력인사나 조직에 의해 자주 영향을 받는다는 응답은 53%에서 80%로 늘어났다. 정치나 사회 이슈의 처리에서 (모든 당사자에게 공정하기보다) 한쪽 편을 드는 경향이 있다는 응답률도 53%에서 77%로 높아졌다. 언론기관이 (고도의 전문성을 가지기보다) 비전문적이라는 답변은 11%에서 32%로 거의 3배나 증가했다. 이런 평가에도 불구하고 언론이 제공하는 정보의 신뢰성(지역언론 69%, 전국언론 59%)은 주 정부(51%), 연방 정부 기관(44%), 연방 의회(37%) 등 여타 기관들보다 높은 것으로 평가됐다(Pew Research Center, 2011).

1) 매체 이용

일반인들의 매체 이용에서 나타나는 일반적 경향은 ① 오락 추구의 증가, ② 습관적 접촉의 증가, ③ 단위 매체의 이용시간 감소다. 매체 접촉 이유에서 오락을 추구하는 경향은 해마다 늘고 있다. 2010년 조사에 의하면 TV, 라디오, 휴대용 단말기의 1순위 이용 이유는 흥미·오락·휴식이었다. 습관

〈표 6-4〉 2011 하루 미디어 이용시간과 뉴스 이용시간

(단위: 분, %)

구분	항목	신문	TV	라디오	잡지	인터넷	단말기	계
전체	전체이용(분)	17.5	172.6	34.9	3.6	79.2	29.5	337.3
	뉴스이용(분)	17.5	52.3	8.8	0.8	23.1	6.8	109.3
	이용자비율(%)	44.8	97.6	34.6	13.8	64.7	36.7	292.2
이용자	전체이용(분)	39.1	177.0	101.0	25.8	122.3	80.3	545.5
	뉴스이용(분)	39.1	53.6	25.3	6.0	35.7	18.6	178.3

주: 복수 응답.
자료: 한국언론진흥재단(2011a).

성이 매체 접촉의 주요 이유라는 사실도 거듭 확인되고 있다. 습관적 시청이
계속 늘어나는 반면 정보 추구적 시청은 매년 감소하고 있다. 신문의 경우에
도 같은 답변이 늘고 있다. 매체의 시청이나 열독이 시사 정보나 생활
교양의 획득에도 목적이 있겠지만 습관성에 강한 영향을 받는다는 점은
그동안 과소평가되고 있었다.

매체 이용시간 전체 매체 이용시간은 조사에 따라 다르게 나타난다.
단위 매체의 이용시간은 전반적으로 감소하는 추세다. 다매체 환경으로의
변화가 소비자의 매체 이용시간을 세분화하기 때문으로 보인다. 향후 가장
많이 이용하게 될 뉴스미디어는 TV 53.3%, 인터넷 32.3%였다(한국언론재
단, 2010a).[1] 종이신문(6.5%), 모바일(6.9%)의 이용 전망은 높지 않았다.

하루 이용시간 「2011 언론수용자 의식조사」에 따르면 하루 평균 전체
매체 이용시간은 337.3분이며 평일보다 주말의 이용시간이 많았다. TV(지

---

[1] KBS·서울대가 실시한 「2010 국민생활시간 조사」의 미디어 전체 이용시간은 평일이
3시간 46분, 토요일이 4시간 29분, 일요일이 5시간으로 2005년 대비 12~22분
늘어났다. 인터넷과 휴대전화는 괄목할 수준으로 증가한 반면, 라디오는 현저히
줄어들었다.

상파 TV+유선·위성 TV)가 172.6분으로 가장 길었고[2] 인터넷이 79.2분, 신문이 17.5분이었다. 기사·뉴스·시사보도 이용시간은 109.3분으로 전체 이용시간의 32.4%였다. 해당 매체 이용자들의 기사·뉴스·보도 이용시간 은 TV가 53.6분, 신문이 39.1분, 인터넷이 35.7분, 라디오가 25.3분, 휴대 용 단말기가 18.6분이었다. 기사·뉴스·시사보도의 경우는 평일이 주말보 다 이용시간이 길었다.

매체 이용비율 「2011 언론수용자 의식조사」 응답자 중 거의 매일 TV를 이용(뉴스와 비뉴스)하는 비율은 97.6%였다. 인터넷은 64.7%, 신문은 44.8%, 휴대용 단말기는 36.7%를 기록했다. 라디오는 34.6%로 이용률이 가장 낮았다. 라디오와 신문을 거의 매일 이용하는 비율은 감소세가 이어지 고 있다(한국언론진흥재단, 2010b). 신문 이용자는 남성, 40대 이상, 학력·가 구 소득이 높은 사람, TV는 여성과 연령이 높고 학력이 낮은 사람, 인터넷은 남성과 연령이 낮고 소득이 높은 사람의 이용이 많았다. 한편 「2010 방송매 체 이용행태 조사」(방송통신위원회)에서는 지상파 DMB와 위성 DMB의 이용률이 21.1%와 2.1%에 불과한 것으로 나타났다.

연령별 매체 이용시간 신문에 이어 지상파 TV 뉴스의 소비층 고령화가 뚜렷해지고 있다. 「국민의 뉴스 소비 2010」에 따르면 20, 30대 젊은 층은 상대적으로 인터넷과 모바일의 이용시간이 길고, 지상파나 케이블방송의 이용시간은 평균에 훨씬 못 미치는 것으로 나타났다. 반면 50대, 60대 장년층에서는 지상파 TV 이용이 집중적으로 이뤄졌다. 60대의 지상파 TV 시청시간은 20대의 2.4배에 이르렀다(한국언론진흥재단, 2011c).

---

[2] KBS·서울대가 실시한 「2010 국민생활시간 조사」 결과 지상파 TV 이용시간은 1995 년 이후 지속적으로 감소하는 추세를 보였다. 평일 경우 2000년이 2시간 24분, 2005년이 2시간 9분, 2010년이 1시간 46분이었다. 2005년부터 감소 추세가 뚜렷해 졌으며, 주말의 감소폭이 더 컸다. 같은 시기 유료방송의 이용시간은 가파르게 상승하 고 있었다.

매체 이용시간대 매체별 이용시간대를 보면 지상파 TV, 유선방송, 인터넷, 인터넷을 통한 방송이용이 밤 10시대에 집중되는 것으로 나타났다(방송통신위원회, 2011). 전체 이용시간을 기준으로 하면 신문과 TV, TV와 인터넷 이용은 서로 경합하는 관계지만, 뉴스 이용만을 보면 TV나 인터넷 뉴스를 많이 보는 사람들이 신문도 많이 읽는 것으로 조사됐다. 뉴스 이용자들은 신문, TV, 인터넷을 넘나들며 정보를 추구하는 경향을 보였다.

한편 한국방송광고공사의 「2010 소비자 행태조사」에 따르면 TV의 경우 평일 오전 7~9시에 20% 내외, 저녁 7~11시에 20~55%로 이용이 집중되는 것으로 나타났다. 주말은 오전 시간대가 10시까지 늘어나는 대신 최고 이용률이 20%를 넘지 않았다. 케이블TV는 평일 밤 10~11시에 10% 내외의 높은 이용률을 보였다. 인터넷은 평일 오전 10시부터 밤 11시까지 10% 내외의 고른 이용률을 기록했다(한국언론진흥재단, 2011b).

2) 매체 순위

방송통신위원회의 「2010 방송매체 이용행태조사」에 따르면 일상생활에서 없어서 안 될 가장 중요한 매체 1위는 TV(58.2%)였다. 다음이 인터넷(34.2%)이었으며, 신문(3.3%)과 라디오(2.0%)의 응답률은 현저히 떨어졌다. 광고주협회가 발표한 「2010 미디어 리서치」에서도 언론 이용자의 65.6%는 생활과 가장 밀접한 미디어로 TV를 꼽았다. 그다음이 인터넷(26.2%), 신문(3.8%), 라디오, 휴대용 미디어, 잡지 순으로 나타났다.

시사 정보원 순위 시사 정보원으로서의 매체 순위는 2003년까지 TV, 신문, 인터넷, 라디오, 잡지 순이었으나 2004년 이후 신문과 인터넷이 자리바꿈했다. 「2010 미디어 리서치」에서는 기사·뉴스·시사보도의 주 미디어 비중이 TV 69.0%, 인터넷 16.8%, 신문 12.2%로 나타났다. 휴대용 미디어의 비중은 0.5%에 지나지 않았다. 그러나 지난 1주일간 시사정보를 얻기

〈표 6-5〉 2010 영향력 · 신뢰성 상위 10개 언론사

(단위: %, 복수응답)

순위	영향력	응답률	신뢰성	응답률
1	KBS	88.7	KBS	83.9
2	MBC	81.2	MBC	80.6
3	SBS	47.3	SBS	47.6
4	조선일보	22.8	조선일보	16.4
5	중앙일보	12.4	YTN	15.4
6	YTN	12.0	중앙일보	10.0
7	동아일보	9.1	한겨레	7.9
8	한겨레	3.1	동아일보	7.3
9	매일경제	2.1	매일경제	3.4
10	경향신문	1.6	경향신문	2.8

자료: 한국언론진흥재단(2010b).

위해 이용한 뉴스 소스를 전부 물은 결과(「2010 언론수용자 의식조사」, 복수응답)에서는 격차가 줄어들었다. TV가 96.2%로 압도적이었지만 인터넷, 신문도 56.3% 및 49.4%의 응답률을 보였다.[3]

　　뉴스 분야별 순위　19개 뉴스 분야별 이용률을 보면 TV가 전 분야 1위다. 2011년 들어 처음으로 인터넷이 신문을 완전히 추월, 전 분야 2위를 차지했고, 신문은 전 분야 3위에 머물렀다(한국언론진흥재단, 2011a). TV의 경우 광고, 날씨, 국내정치, 사회의 이용률은 55~65%, 경제일반, 교통, 스포츠· 연예, 건강, 지역은 50~55%의 이용률을 기록했다. 여론·의견, 국제, 문화 예술, 의복·패션, 교육·육아, 레저·여행·취미는 40% 이상의 이용률을 보

───────────────

3) 미국의 경우도 2001년 시사 정보원 순위(복수응답)는 TV, 신문, 라디오, 인터넷 순이었으나 2009년에는 TV, 인터넷, 신문, 라디오 순으로 바뀌었다. 2011년 조사에 서는 66%가 TV, 43%가 인터넷, 31%가 신문을 꼽았다. 라디오는 19%였다. TV는 1991년 이래 해마다 가장 높은 응답률을 보였으나 지난 20년간 그 비율이 계속 하락하고 있다. 2007년에는 TV 이용률이 인터넷의 3배를 넘었으나(74% 대 24%) 2011년에는 3대 2의 비율로 격차가 좁혀졌다(Pew Research Center, 2011).

〈표 6-6〉 동시보도 시 가장 신뢰하는 매체의 연도별 인식변화

(단위: %)

구분	1988	1992	1996	2000	2004	2008	2011
TV	31.0	45.6	40.8	61.9	62.2	60.7	72.1
신문	56.2	46.2	48.5	24.3	16.1	16.0	11.8
인터넷	-	-	-	10.8	16.3	20.0	13.8
라디오	3.2	6.3	7.6	2.5	4.4	2.7	2.0
잡지	9.6	1.8	2.2	0.4	0.3	0.4	0.2

자료: 한국언론재단(2008b); 한국언론진흥재단(2010b, 2011a).

였다. 인터넷은 쇼핑·상품정보(39.8%)와 레저·여행·취미, 의복·패션에서 상대적인 강세를 보였다. 신문은 경제일반(18.2%), 국내정치(16.6%) 보도에서 높은 평가를 받았다.

속성별 순위 지난 2004년 TV는 믿을 만하고, 중요하고, 유익하고, 재미있고, 영향력 있고, 필요하고, 신속하고, 편리하고, 풍부하고의 9개 항목 전 부문에서 1위를 차지했다. 그것도 압도적인 우위를 기록했다. 「2010 언론 수용자 의식조사」에서도 비슷한 결과가 나왔다. 전체 언론사 중 영향력과 신뢰성 상위 10개사를 꼽으라는 설문에서 KBS, MBC가 압도적인 응답률을 보였다. 1순위만 봤을 때 KBS, MBC는 52.4%와 25.1%(영향력), 44.2%와 29.0%(신뢰성)의 응답률을 기록했다. 3순위까지의 복수응답을 합산하면 80%대를 넘었다. 3위 SBS는 KBS, MBC와 현저한 격차를 보였고, 4위 ≪조선일보≫는 SBS보다 상당히 떨어졌다. 영향력 매체와 신뢰성 매체의 구성은 동일했으며 ≪중앙일보≫와 YTN, ≪동아일보≫와 ≪한겨레≫가 순위 바꿈을 하는 정도에 그쳤다. 방송 뉴스의 정확성, 공정성, 심층성, 신뢰성 등에 있어서는 지상파 TV, 유선방송 뉴스전문채널(PP), 라디오 순으로 나타났다.

동시보도 시 신뢰 순위 특정 사안에 대해 동시보도 했을 때 가장 신뢰하는 미디어에서도 2011년 처음으로 인터넷과 신문의 순위가 바뀌었다. TV가

72.1%, 인터넷이 13.8%, 신문이 11.8%, 라디오 2.0%, 잡지 0.2%의 응답률을 기록했다. TV에 대한 신뢰도는 1980년대 이래 상승세를 보이는 반면 신문은 하향곡선이 이어지고 있다. 인터넷은 연도에 따라(조사방식에 따라) 오르락내리락하고 있다.

3. 언론경영

대한상공회의소가 2011년 8월 발표한 2010년 매출액 1,000대 기업에는 6개의 신문, 방송기업이 포함됐다. 1,000대 기업은 국세청 등록법인 36만 5,000여 곳 중 매출액 2,549억 이상, 상위 0.3%에 해당하는 국내 대표기업이다. 언론기업으로는 MBC(379위), SBS(407위)가 상위권에 있었고(KBS는 대상에서 제외), KT스카이라이프(위성방송)가 603위, 조선일보사가 694위, 중앙일보사가 786위, 동아일보사가 929위를 기록했다. SBS, 중앙일보사 외에는 2009년에 비해 최대 수십 계단씩 순위가 떨어졌다(대한상의, http://www.korcham.net/EconNews/KcciReport/).

1) 일반 현황

경영 측면에서 한국 언론은 신문, 방송, 온라인 등 매체 간의 발전 격차, 신문 매체 내에서의 빈부격차, 중앙과 지방의 경영기반 격차 등 불안정 요인들이 교차되고 있다. 매체별로 보면 종이신문과 잡지의 퇴조, 지상파 TV와 라디오의 정체, 유선·위성방송과 인터넷 매체의 약진으로 설명된다. 2000년대 중반에 조성된 구조적 현상(인쇄매체는 IMF사태 이후부터)이 현재까지 이어지고 있다.

매출액 분포 2,693개 매체(2,372개사)를 대상으로 한 「2011 언론산업

〈표 6-7〉 2010 언론산업 매출액 및 구성비

(단위: 개, 억 원, %)

구분	매체	매출액	점유율	구분	매체	매출액	점유율
전국종합일간	15	1조 5,323	19.0	공영방송	22	2조 7,850	34.6
지역종합일간	103	4,322	5.4	민영방송	13	9,455	11.7
경제일간	9	5,110	6.3	특수방송	8	2,884	3.6
스포츠일간	6	1,091	1.4	보도방송채널사업	2	1,743	2.2
외국어일간	4	214	0.3	소계	45	4조 1,931	52.0
기타전문일간	25	776	1.0	인터넷종합신문	172	1,261	1.6
전국무료일간	6	1061	1.3	인터넷지역신문	491	243	0.3
소계	168	2조 7,898	34.6	인터넷전문신문	629	2,518	3.1
전국종합주간	41	883	1.1	소계	1292	4,023	5.0
지역종합주간	464	667	0.8	뉴스통신	1	1,350	1.7
전문주간	682	3,815	4.7	총계	2693	8조 567	100.0
소계	1187	5,365	6.7				

자료: 한국언론진흥재단(2011e).

통계조사』(한국언론진흥재단)에 따르면 2010년 기준 언론산업 전체 매출은 8조 567억 원이었다. 언론 부문 매출을 따로 산출하기 어려운 포털 등은 여기서 제외됐다. 전체 중 방송이 52.0%, 일간신문이 34.6%, 인터넷이 5.0%를 차지했다. 방송의 종사자 점유율은 28.7%인 데 비해 매출액 점유율은 전체의 절반을 넘어섰다. 반면 일간신문은 종사자 점유율(33.4%)과 매출액 점유율이 비슷했고, 주간신문과 인터넷신문은 매출액 점유율이 종사자 점유율에 턱없이 못 미쳤다. 매체별 경영상태가 제각각임을 보여주는 자료다. 방송 중 지상파 TV방송 3사(지방을 따로 계산하면 35개사)의 전체 매출액 점유율은 46.3%나 됐다. 신문 중 전국종합일간(11개사)은 18.9%의 비중이었다. 포털을 별도로 치면 이들 두 그룹(지상파 TV방송과 전국종합일간) 46개사가 국내 언론시장의 3분의 2를 장악하는 구조라고 할 수 있다.

경영안정성 2006년 기준 언론 경영실태 분석에 따르면 매체 종별 부채비

율은 신문이 380.1%, 통신사가 200.5%, 방송채널사업자(PP)가 55.2%,
방송사가 32.2%였다. 부채비율 200% 이하를 안정적 경영 상태로 해석할
때 신문의 평균적 경영 상태는 위험수준이었다. 2010년 금감원 자료(31개
신문)에도 같은 경향이 지속되고 있었다. 전국종합일간의 부채율은
148.0%, 지역종합일간은 2,413.5%, 경제지는 118.9%, 스포츠지는
226.4%로 나타났다. 전국종합 중 2개사(한국, 세계)가 자본잠식 상태였고,
부채비율은 14.4%(조선)~932.2%(중앙)로 회사별 격차가 컸다. 지역종합
은 4개사(매일, 광주, 전남, 제주)가 자본잠식 상태였고, 부채비율은 38.8%
(경남)~2,246.5%(대전)를 기록했다. 이에 비해 KBS, MBC, SBS, EBS
등 4개 지상파방송의 평균 부채비율은 32.2%에 불과해 신문에 비해 안정성
이 높은 것으로 평가됐다(주은수, 2011).

2) 신문

한국 신문 사업체 중 종사자 규모 100인 이상은 인터넷신문을 포함,
49개사(2.1%)에 불과하다. 50인 이상이 전체의 5.0%, 50인 미만이 95.0%
다. 몇몇 대형 사업체를 제외하고는 절대다수가 중소영세형 사업체다(한국
언론진흥재단, 2011d).

매출 구성 1990년대 말 뉴미디어의 등장과 IMF사태는 신문업계의 조락
을 앞당기는 원인이 됐다. 아직도 포털과 뉴미디어의 여파를 제대로 극복하
지 못하고 있다. 업계 내부적으로는 무료신문, 지역신문 등의 분화로 과잉경
쟁 상태가 되면서 대부분의 신문사들이 경영난에 허덕이고 있다. 신문제작
의 경직성 및 유통의 복잡성이라는 본질적 제약이 신문산업의 발목을 잡고
있다. 신문산업의 매출은 신문수입(광고·판매수입), 사업수입, 콘텐츠 판매
수입 등으로 구성된다. 주 수입원은 신문수입 중 광고수입으로 전체의 60%
내외를 차지한다. 1940년대에서 1950년대 말까지는 판매수입이 신문사

수입의 70~80%를 차지했다. 이후 광고수입이 늘어나기 시작, 1960년대 중반에는 40%, 1970년대에는 50%, 1980년대에는 70%까지 올라갔다(이상철, 1999). 1990년대 이후에는 75% 선으로 유지되다가 2010년대에는 경제 불황 등으로 다시 60% 선으로 후퇴했다. 광고 기근에 따라 사업 및 협찬수입으로 눈을 돌린 것도 광고수입 비중 감소의 한 원인으로 풀이된다.

전체 매출액　「2011 언론산업 통계조사」에 따르면 2010년 기준 언론산업 전체 매출액은 8조 567억 원으로 신문 부문이 3조 3,265억 원 41.3%(2009년 42.5%)의 비율을 보였다. 신문의 종사자 구성비 52.2%에 비해 현저히 떨어지는 수치다. 신문 종별로는 168개 일간신문이 2조 7,898억 원(34.6%), 1,187개 주간신문이 5,365억 원(6.7%)이었다. 주간신문은 종사자 구성비가 18.8%나 되지만 매출액 구성비는 그 절반에도 못 미쳤다.

자산 100억 원 이상의 기업 공시 대상 31개사의 2011년 경영실적을 분석한 결과 23개사(전국종합 8, 지역종합 7, 경제 8)가 영업이익을 낸 반면 8개사(전국종합 3, 지역일간 4, 스포츠 1)가 영업적자를 기록했다. 경제지는 조사대상 8개사가 모두 영업이익을 냈다(미디어경영연구소, 2012).

종합일간　시장 구조는 여전히 조선·중앙·동아 등 3개 신문의 독과점 상태이나 그 비중은 줄어들고 있다. 2010년 매출액은 조선 3,709억, 중앙 3,325억, 동아 2,947억 원이었다. 서울, 한국, 한겨레는 800~1000억, 경향, 문화, 국민, 내일, 세계는 300~700억 수준으로 집계됐다(한국언론진흥재단, 2011d; 이상기·이은주, 2011). 경향, 한국, 세계 3개사가 자본잠식 상태다. 지역종합일간은 주도지, 군소지 할 것 없이 재정상태가 열악한 형편이다. 저임금 구조로 버텨나가는 경우가 많다. 매출액 규모는 100~500억 원 수준이다. 광주일보, 국제신문, 매일신문, 전남일보, 제주일보 등 5개사가 자본잠식 상태다(한국언론진흥재단, 2011d; 미디어경영연구소, 2010).

경제일간, 무료신문, 스포츠지　외환위기 이후 침체를 보이고 있는 종합일간, 스포츠지와 달리 경제지는 성장세를 나타내고 있다. 매출액 규모는 매일경제와 한국경제가 1200~2000억 원대, 헤럴드경제, 서울경제(자본잠식), 머니투데이, 아시아경제가 100~500억 원대를 기록하고 있다. 무료일간은 매출액 300억 원대의 데일리 포커스와 메트로가 선두그룹을 형성하고 있다. 스포츠지는 스포츠조선, 스포츠서울, 일간스포츠가 200~400억 원대의 매출을 보이고 있다. 포털의 연예, 스포츠 등 뉴스서비스와 무료신문의 영향으로 전체 신문 중 매출액 점유율이 계속 줄어들고 있다(한국언론진흥재단, 2011d; 미디어경영연구소, 2010).

3) 방송

지상파 TV와 유선·위성방송의 광고매출액은 2002년 10대 1 수준이었으나 2010년 2대 1 수준으로 격차가 좁혀졌다. 여기에 DMB, IPTV 등이 상승세를 기록하면서 지상파의 광고시장 독점이 허물어지고 있다. 2010년 말 현재 유선·위성방송, IPTV 등 유료방송 가입 대수는 2,336만 대로 지상파 TV 등록 대수(2,145만 대)를 능가하고 있다(방송통신위, 2011b). 지상파 3사는 경영안정을 위한 구조개선에 안간힘을 쏟고 있다.

매출 구성 방송 산업의 매출은 광고, 수신료, 협찬, 사업수입 등으로 구성된다. 2010년 지상파방송사의 수입 구성은 광고가 60.7%로 가장 많았고, 다음이 수신료 수입(16.1%), 협찬 수입(9.2%), 프로그램 판매 수입(9.2%), 기타 사업 수입(4.8%) 순이었다. 방송채널 사용 사업자(TV·라디오 PP)의 광고 수입 비중은 58.0%, 지상파 DMB는 53.3%였다. 유선방송, 위성방송, 위성 DMB는 3.7~5.8%대에 머물렀다(방송통신위, 2011b).

매출액 KBS, MBC, SBS 등 지상파 TV의 매출액과 당기순익은 2006년을 기점으로 하향추세를 보이고 있다. 방송광고 매출의 점유 비중도 줄어들고 있다. 2010년 지상파방송 3사의 지상파 광고비 총액은 2조 2,088억 원이다. 매체별 점유율을 보면 MBC TV 31.4%, KBS 2TV 25.4%, SBS

TV 21.7%, MBC 라디오 3.9%, MBC FM 1.9%, KBS 2라디오 0.7%, KBS 2FM 0.5%, SBS 라디오 0.3%, SBS FM 0.8%였다. 광고 감소에도 2010년 지상파 3사는 37~975억 원 규모의 흑자를 실현했다(≪신문과 방송≫ 2011년 6월호). 지상파 3사 본사의 전체 매출액은 2조 5,000억 내외를 기록하고 있다. 19개 지역 MBC의 매출액은 4,000억, 12개 지역 민방은 2,500억, 8개 특수방송은 3,000억, 2개 보도전문 채널사용사업자(Program Provider: PP)는 1,500억 내외를 유지하고 있다. PP만 성장세고,[4] 나머지는 정체 혹은 하락세다.

2005년 개국된 지상파 DMB의 경우 흑자와 적자가 교차되고 있다. KBS, MBC, SBS의 지상파 DMB는 2009년부터 흑자 기조로 돌아서 2010년 19~45억 원의 이익을 남겼다. 반면에 YTN DMB, 한국DMB, U1미디어 등 나머지 업체들은 여전히 적자를 내고 있다(≪조선일보≫, 2011년 6월 6일자, A20면).

4) 온라인

온라인에서는 비즈니스, 게임, 오락 등 부문과 언론 부문이 뒤섞여 있어 경영실태를 판단하기가 쉽지 않다. 네이버, 다음, 네이트 등 포털은 뉴스 콘텐츠 서비스를 독점하고 있으나 언론 부문의 매출을 따로 산출하기가 어려워 경영 분석대상에서 제외된다. 이 때문에 온라인 업계는 언론사닷컴

---

4) 31개 케이블TV 채널을 가진 CJ E&M(복수 방송채널사용사업자, MPP)의 매출액은 전체 방송채널사용사업자의 29.7%를 차지하고 있다. CJ 헬로비전(복수 종합유선방송사업자, MSP)은 케이블TV 가입자의 23%(2011년 말 기준)를 확보하고 있다. 현행 방송법 시행령에는 1개 MPP(Multiple Program Provider), MSO(Multiple System Operator)의 매출액 및 가입자 비율이 전체의 33%를 초과하는 것을 금지하고 있다. 문화산업 자본 확대와 국제 경쟁력 강화를 위해 제한규정을 상향 조정하는 안을 논의 중이다(≪동아일보≫, 2012년 5월 7일자, A14면).

과 소수의 독립형 인터넷신문들이 주축이 된다. 이들을 제외한 대다수의 인터넷신문들은 아주 영세한 규모여서 언론 시장에 거의 영향을 미치지 못하고 있다. 인지도를 우선하는 시장접근 생리가 반영돼 방문자 수와 그에 따른 광고 등의 매출 격차가 커지는 추세다.

매출 구성 「2010 언론산업 통계조사」에 따르면 2009년 인터넷신문사의 매출 구성은 광고 63.5%, 사업수입 30.9%를 주축으로 콘텐츠 판매 수입이 추가됐다. 「2009 한국의 인터넷신문」에서는 광고 62.8%, 부가사업 및 기타사업 수입이 25.3%, 콘텐츠 재판매 수입 6.4%, 콘텐츠 유료서비스 수입 5.5%의 분포를 보였다. 언론사닷컴과 독립형 인터넷신문, 신문·방송의 인터넷판 569개 매체를 분석한 자료다.

매출액 2010년 현재 종이신문과 인터넷신문의 전체 매출액 비율은 9대 1 규모다. 1,064개 매체의 평균 매출액 규모는 3억 8,000만 원이었다. 자산 100억 원 이상의 기업 공시 대상 인터넷신문사는 5개에 불과했다. 조선닷컴, 조인스닷컴, 동아닷컴, 매경닷컴 등 오프라인 종속형이 4개, 독립형이 1개(이데일리)다. 2010년 매출액 규모는 이데일리와 조선닷컴이 300억 원대, 나머지 3개사는 100억 원대였다(한국언론진흥재단, 2011d). 「2009 한국의 인터넷신문」에 따르면 2008년의 평균 매출액은 언론사닷컴이 90억 원인 데 비해 독립형 인터넷신문은 4억 5,800만 원에 지나지 않았다. 10억 이상의 매출액을 기록한 곳은 5.0%에 불과했다. 독립형 인터넷신문 가운데는 1억 원 미만의 매출을 기록한 곳이 34.4%나 돼 영세성 정도를 짐작할 수 있었다. 813개 인터넷신문을 대상으로 한 「2009년 언론산업 통계조사」에서도 비슷한 결과가 나왔다. 10억 이상과 100억 이상은 16개사 및 6개사에 불과했다. 지역별 매출액은 서울이 88.1%나 차지해 인터넷신문의 매출이 서울에 집중되고 있음을 반영했다. 2위 경기도는 3.7%에 불과했다. 서울 이외의 인터넷신문은 거의 영세 규모임을 짐작게 해주는 자료다.

4. 언론과 광고

언론의 상품은 2가지 경로로 판매된다. 신문 구독료나 TV 시청료처럼 콘텐츠를 직접 판매하는 방식과 광고의 소비자로서 수용자를 간접 판매하는 방식이다. 한국 언론의 경우 직접 판매보다는 간접 판매에 대한 의존율이 훨씬 높다. 민영 언론의 경영에서 광고의 매출 비중은 60~70%에 이른다. 광고를 떠나서 언론의 존립을 생각할 수 없는 구조다.

1) 광고의 의미

오늘날 우리의 삶을 지배하는 가치는 민주적 가치가 아니라 기업적 가치라는 비판이 있다(보턴·해즐턴, 2010). 대부분의 자본주의 국가에서 미디어 산업의 상당 부분은 광고주들의 이익을 반영하고 있다. 자유시장 미디어는 원활한 운영을 위해 광고주의 요구와 자신들의 이익 모두를 극대화하는 방향으로 정교하게 행동한다. 정상적인 영향력은 미디어 콘텐츠의 패턴을 수용자의 소비패턴에 맞추는 것으로까지 확장된다. 베이커(C. E. Baker)는 정부가 아닌 광고주가 오늘날 미국에서 미디어 콘텐츠의 일차적 검열관이라고 지적할 정도다. 광고주는 신문 지면의 40~50%, 방송시간의 14% 정도를 자신들의 직접적인 통제 아래 두고 있다. 또 자신들의 이미지를 해치는 기사의 보도를 막거나 PR기사를 통해 간접적인 통제력을 행사할 수 있다. 맥마누스(John H. McManus)의 시장모델 관점에 따르면 사건이나 이슈가 뉴스가 될 가능성은 ① 정보가 투자자나 후원자들에게 야기할 수 있는 피해와 반비례하고, ② 보도비용과 반비례하며, ③ 광고주가 돈을 내고 싶어 하는 수용자들에게 어필하는 폭에 정비례한다고 한다(맥퀘일, 2008).

광고의 개념 광고의 정의는 여러 가지지만 ① 광고주가 명시되고, ② 상품, 아이디어, 서비스가 제시되며(공익광고나 의견광고는 예외), ③ 소비자들을 설득하거나 그들에게 영향을 미치기 위해, ④ 유료형태로 제공되는 (무료 공익광고는 예외), ⑤ 비대인적 커뮤니케이션을 공통점으로 한다(한균태 외, 2008; 배규한 외, 2006). 광고의 3주체는 광고주, 광고대행사, 매체사(언론사)다. 광고대행사는 광고주를 대신해 광고 전략을 수립하고 집행하는 회사로 광고기획(어카운트 서비스), 광고 제작(크리에이티브 서비스), 매체기획 서비스 등 3가지 형태의 업무를 대행한다. 미디어 에이전시, 즉 미디어 전문대행사는 종합광고대행사의 기획, 제작, 매체 등의 업무에서 매체 관련 분야만 전문화시킨 것이다. 한국에서는 1999년 처음 등장해 매체 구매전문에서 매체기획, 매체 효과연구로 분야를 넓혀가고 있다(이명천·김요한, 2010).

광고의 구분 광고는 광고대상, 광고범위, 광고매체, 광고목적, 메시지 등에 따라 유형을 구분할 수 있다. 광고 대상별로는 소비자 광고, 비즈니스 광고(산업광고, 중간상광고, 전문기관광고)가 있고, 광고 범위별로는 국제광고, 국내광고(전국광고, 지역광고, 소매광고)가 있다. 광고 매체별로는 방송매체(라디오, TV, 케이블), 인쇄매체(신문, 잡지), 장소매체(옥외광고, 교통광고), DM광고, 온라인 광고로 구분된다. 광고 목적별로는 제품광고, 서비스광고, 기업광고, 의견광고, 정치광고, 공익광고, 이슈광고[5])로 나눌 수 있다 (한균태 외, 2008; 안광호 외, 2004; 이명천·김요한, 2010).

2) 한국광고 약사

광고라는 용어가 처음 나타난 것은 1883년 ≪한성순보≫의 회사설(會社

---

5) 사회적 이슈를 거론하면서 기업의 철학을 전달하는 광고다. 베네통은 세계적 이슈와 논쟁거리를 발굴해 가치와 의미를 되새기는 것이 광고의 역할이라고 생각한다. 광고 는 설득적 커뮤니케이션이 아니라 사회의 문화적 가치 창조에 적극 참여해야 한다는 입장을 보인다.

設)이란 기사에서였다. 1886년 2월 22일 자 ≪한성주보≫에는 한국 최초의 근대광고인 독일상사 세창양행 광고가 게재됐다. 광고활동이 활발해진 것은 1896년 ≪독립신문≫ 창간 이후다. ≪독립신문≫ 국문판과 ≪황성신문≫의 광고지면 비율은 10~14% 정도로 주로 약품과 책을 광고했다. 1900년 이후 ≪황성신문≫의 광고지면 비율은 45~50%였다. 1905년 12월 1일 자 ≪대한매일신문≫에 을사늑약을 반대한 민영환의 죽음을 애도하는 '사민조회소'라는 한국 최초의 의견광고가 실렸다. 1907년 한국 최초의 광고주인 제생당 이경봉의 청심보명단 광고는 근대적 디자인을 사용했다. 1910년 7월 5일 자 ≪대한매일신보≫에는 한성광고사라는 첫 광고대행업 광고가 게재됐다. 한일강제병합 이후 신문지면이 오늘날의 크기(37cm× 51cm)로 바뀌면서 1914년 3월 3일 자 신문에 담배회사의 티저(teaser)광고6)가 나왔다. 이후 PR광고, 증언식 광고 등이 나타났다.

　1954년 창간된 ≪한국일보≫는 1956년 3월에 사내에 광고상담소를 마련했고 7월에 광고국으로 확장해 한국광고사라는 한국 최초의 미디어렙7)을 출범시켰다. 1974년 ≪중앙일보≫는 자진해서 발행 부수, 발행일수, 지역별 판매 부수를 공개했다. 1980년 언론통폐합 이후 모든 방송광고 판매는 정부기관인 한국방송광고공사(KOBACO)가 독점하게 됐다. 2000년대에는 안티광고, 엽기광고, 키치광고(촌스러운 광고), 북한풍 광고, 게릴라성 광고, 블록버스터형 광고 등이 등장해 크리에이티브의 표현영역을 확대했다(이명천·김요한, 2010).

---

6) 호기심을 유발하기 위해 제품 이름이나 형태, 회사 이름 등 핵심적인 내용을 숨기고 조금씩 실체를 드러내는 광고기법이다.

7) 매체 대행자를 뜻하는 media representative의 합성어로 매체사를 대신해 신문지면이나 방송시간을 광고주나 광고대행사에 판매하고 대행 수수료를 받는 기관이다. 매체사가 광고주에 압력을 행사하지 못하게 하고, 광고자본의 영향력을 줄여 공공성을 높이는 반면 광고 유통단계를 복잡하게 만든다.

3) 광고매체

광고매체는 매체 유형과 매체 비클(vehicle)로 구분된다. 매체 유형은 신문, 라디오, TV, 잡지, 인터넷, DM, 옥외 매체 등 일반적인 커뮤니케이션 채널을 말한다. 매체 비클은 특정 매체 유형 중에서도 ≪동아일보≫, SBS 저녁 8시 종합뉴스, 네이버 사이트처럼 구체적인 단일의 광고 전달수단을 일컫는다. 매체비용은 광고비의 80~90%를 차지한다(이명천·김요한, 2010).

신문 신문은 발행 주기(일간, 주간, 격주간), 성격(종합, 경제, 스포츠), 배포지역(전국, 지역), 이용자, 페이지 크기(대판, 베를리너, 타블로이드), 가격(유가지, 무가지) 등으로 분류된다. 수용자층이 넓고, 많은 정보를 전달할 수 있다. 한 번 광고로 10% 이상의 표적 소비자에게 도달할 수 있는 매체는 지상파 TV와 신문밖에 없다. 광고 제작비가 싸고 하루 전에 광고 준비가 가능할 만큼 적시성이 높다. 전면, 5단통 등 지면, 위치 선정 등에서 융통성이 있다. 그러나 표적 소비자 선별성이 떨어지고 광고의 수명도 타 매체에 비해 짧은 편이다. 젊은 층, 여성층 제품에 부적합하다(이명천·김요한, 2010). 광고 게재 방식에 따라 제호광고, 기사 중 광고(돌출광고, 여백광고), 기사 밑 광고, 변형광고(내리닫이)로 나뉜다. 광고 크기는 브리지 또는 스프레드(2개 면), 전면광고(1개 면), 통광고, 반통광고, 3분의 1 통광고, 안내광고로 나뉜다. 광고물 성격별로는 영업광고, 기업광고, 공익광고, 공지광고, 임시물 광고, 의견광고, 안내광고로 구분된다. 헤드라인, 카피, 일러스트레이션을 갖춘 디스플레이 광고와 디자인 작업 없이 광고내용만 간단히 제시하는 분류광고(classified advertising)로 나누기도 한다. 영업광고와 디스플레이 광고, 분류광고·안내광고·줄광고가 같은 의미로 사용된다(서정우, 2002).

TV 시청시간이 줄어들고 있지만 도달 범위는 거의 100%다. 시청자 관심 확보와 메시지 설득이 용이하다. 그러나 선별성이 낮아 시청자층이 명확하게 구분되지 않는다. 짧은 시간에 메시지 전달을 완료해야 하는 제약점이 있다. 광고혼잡으로 소비자의 시선을 잡기가 쉽지 않다. 매체비용이 높지만 1인당 도달비용은 낮은 편이다. 광고단가는 시간대별 SA, A, B, C 시급체계를 적용한다. 토막광고, 프로그램광고, 자막광고, 시보광고, 협찬광고, 특집광고, 연간스포츠 광고 등이 있다. 프로그램 광고는 특정 프로그램을 후원하는 광고다. 전 광고, 후 광고로 나뉘며 개별 광고는 15초가 기본단위다. 토막광고는 방송의 프로그램과 프로그램 사이에 방송되는 광고다. 스폿(spot)광고, SB(station break)광고라고도 한다. 토막광고의 길이는 20초와 30초다. 케이블·위성 TV에서는 세분화된 시청자를 대상으로 30초를 초과하는 정보형 광고가 가능하다. 광고단가가 싸서 반복광고에 적합하나 도달률이 떨어지는 단점이 있다. 가상광고(virtual advertising),[8] PPL광고(Product Placement)[9]가 부분적으로 허용되고 있다. 국내 광고업계서는 2015년부터 3D TV광고가 주도권을 잡을 것으로 전망한다(이명천·김요한, 2010; 안광호 외, 2004).

온라인 온라인 광고는 광고 노출 및 매출 효과 측정이 용이하다. 사이트별 특성이 뚜렷해 표적 소비자 선별성이 높고, 일대일 마케팅이 가능하다. 포털을 제외하고는 도달률이 떨어진다. 실제 광고 클릭률은 낮은 편이다. 매체 특성 때문에 노출 수, 클릭 수, 성과, 기간 등 다양한 요금체계가 사용된다. 웹사이트(홈피)광고, 배너광고(고정형, 애니메이션형, 인터렉티브

8) 실제처럼 보이게 만든 디지털 이미지를 삽입하는 광고다. 1995년 미국에서 첫선을 보인 이래 급성장하고 있다. 광고 회피 현상이 거의 없다. 실시간 영상에 삽입되면서도 프로그램 영상과 완벽하게 합성되는 장점이 있다. 광고물의 제작·송출시간이 아주 짧고 수정·보완작업도 간편하다. 국내에서는 2010년 1월 방송법 시행령 개정에 따라 가상광고가 부분적으로 허용됐다.
9) 영화나 드라마에서 제품 노출을 통한 광고방법이다. 국내 대부분 영화에서 이용되며 방송 PPL은 영화보다 더 활발하다. 연극, 뮤지컬, 인터넷, 온라인 게임으로까지 확대되고 있다. 프리 플러그인(Free Plug-in)은 비용 지불 없이 우발적으로 상표가 프로그램에 노출되는 경우를 말한다.

형, 버튼형, 스크롤형), 틈입형 광고(interstitials),[10] 협찬광고(스폰서십, 제품배치, 기사식), 검색광고(키워드 광고), 이메일 광고 등이 있다. 애드 게임(ad game), 애드 무비(ad movie),[11] PPG(Product Placement on Game)[12]와 같은 신종 광고들도 사용된다. 광고주들은 인터넷을 새로운 광고매체로서가 아니라 판매경로로 활용하려는 경향을 보인다(이명천·김요한, 2010; 안광호 외, 2004).

모바일 모바일 광고는 크게 SNS, 검색, 디스플레이, 동영상 광고로 구분된다. 도입 초기 단문 광고(SMS, MMS)가 주류를 이뤘으나 현재는 검색 및 디스플레이 광고로 중심이 옮겨졌다. 디스플레이 광고는 다시 매체 광고와 네트워크 광고로 나뉜다. 매체 광고는 포털이나 언론사의 모바일 앱과 웹을 통한 광고이고, 네트워크 광고는 여러 모바일 앱과 웹을 네트워크로 연결한 광고를 말한다. 네트워크 광고 플랫폼으로는 구글 애드몹, 다음 AD@M, 카울리, 라이브포인트 등이 있다. 모바일에서는 위치기반 서비스(LBS) 광고, 증강현실 등을 통한 앱 광고, 동영상 광고도 다양하게 개발되고 있다(한국언론진흥재단, 2011b).

4) 광고 실태

한국의 광고시장은 2000년대 초반 6조 원대, 후반 7조 원대에서 2010

---

10) 웹페이지를 열거나 다른 페이지로 넘어가는 사이에 돌출되는 광고다. 팝업, 인터머셜이라고 한다.

11) 애드 게임은 제품, 브랜드, 캐릭터, 서비스 등의 광고를 목적으로 게임을 제작해 홈피 등에서 무료 보급하는 광고기법이다. 애드 무비는 제품이나 브랜드를 소재로 시나리오를 작성, 스토리를 전개해나가는 10분 내외의 광고영화다. 국내서는 2001년 3월 처음 제작됐다.

12) 온라인 게임 속에 브랜드를 노출시키는 광고. 게임 속 광고라 한다.

<표 6-8> 매체별 광고비 점유율 비중 변화

(단위: %)

매체	2002	2010	2011	매체	2002	2010	2011
지상파 TV	35.6	22.8	21.7	인터넷	3.4	18.3	19.4
신문	29.5	19.5	17.9	유선방송	3.4	11.4	11.9
잡지	8.0	5.8	5.5	뉴미디어	-	0.7	2.2
라디오	4.1	3.0	2.7	기타	16.6	18.4	18.6

주: 뉴미디어는 IPTV, 스카이라이프, DMB, SO, 모바일. 기타는 광고제작, 옥외광고 등.
자료: ≪제일기획 사보≫, 2003년 3월호, 2011년 3월호, 2012년 3월호.

년 8조 원대(8조 6,207억), 2011년 9조 원대(9조 5,606억)를 돌파했다. 신문, 잡지, TV, 라디오 등 4대 전통매체의 광고시장 점유율(2010년 51.1%)13)은 점차 낮아지고 있다. 이는 인터넷을 비롯한 뉴미디어들의 빠른 성장과 무관하지 않다. 특히 신문의 경우 2002년 29.5%에서 2011년 17.9%로 점유율 비중이 줄었다. 지상파 TV의 방송광고는 연도별로 등락이 있으나 전체 구성비는 하락하는 추세다. 2002년 35.6%에서 2011년 21.7%로 감소했다. MBC, SBS, KBS2가 5,000~6,000억 원대의 광고매출을 기록하고 있다. 이들 지상파 TV는 경영상 이유로 유선·위성방송, DMB, IPTV 등 새 미디어 영역으로 활동범위를 넓혀가고 있다.

　인터넷 광고는 구성비에서 대대적인 신장세를 보이고 있다. 그러나 언론매체와 비언론매체가 뒤섞여 있어 구성비 신장을 인터넷 언론의 영향력 신장으로 해석하기는 어렵다. 광고주들은 네이버, 다음, 네이트(SK컴즈), 야후 등 포털을 가장 선호한다. 이 외에 3대 전국종합일간, 연합뉴스, 프레시안 등이 인기를 끌고 있다. 2010년 상반기의 인터넷 광고 집행(리서치애드)을 보면 네이버가 1,080억으로 1위, 다음이 633억, 네이트가 569억,

13) 2010 신문사 경영실적 분석(이상기·이은주)에 따르면 4대 매체 광고비 점유율은 2006년 60.6%, 2008년 55.3%, 2010년 51.1%로 계속 감소하고 있다.

야후가 195억이었다. 이에 비해 7~9위를 기록한 동아, 중앙, 조선일보는 각 30억에 머물러 네이버의 30분의 1에도 못 미쳤다. 전국종합일간 10개사와 경제지·전문지 5개사의 인터넷 광고 매출은 2007년 283억, 2008년 317억, 2009년 407억으로 성장세를 드러냈지만, 종이신문 광고비에 비해서는 미미한 수준이었다(한국언론진흥재단, 2010a). 그러나 인터넷 광고 20대 사이트 중 언론사가 9개를 차지해 성장 잠재력은 높게 평가되고 있다. IPTV와 DMB 등 뉴미디어의 비중은 전체 광고시장에서 1%도 안 되지만 성장세가 급속해 점유 비중이 지속적으로 높아질 것으로 보인다. 2011년 처음으로 집계된 모바일 광고는 당초 예상(나스미디어)의 2배인 0.6%(600억 원)의 비중을 기록했다. 점유비의 수직상승이 예상되고 있다. 온라인 광고는 대부분 CPM(Cost Per Mille, 1천 명당 도달비용) 기준으로 요금이 책정되고 있다(≪제일기획 사보≫, 2012년 3월호; 한국언론진흥재단, 2010d).

5. 언론과 홍보

21세기 들어 홍보환경은 급격히 변화하고 있다. 미디어 발달과 교육수준의 향상, 다양한 이익집단의 출현 등은 전방위적·다차원적 활동을 요구하고 있다. 특히 이메일, 블로그, 트위터, 페이스북, 유튜브 등은 빛의 속도로 소문과 정보, 뉴스를 전 세계에 퍼뜨려 정부, 기업 등의 조직들과 개인들은 일상적 위기에 노출되고 있다. 이런 상황을 시시각각 점검하고 조직과 조직 바깥의 경계점에서 조직의 안보를 챙기는 것이 홍보활동이다. 21세기의 홍보는 인력, 자본, 기술에 이은 제4의 경영자원으로 간주된다.

1) 홍보의 의미

홍보, 즉 PR은 문화와 서로 연계돼 있다. 전 세계적으로 문화를 공유하는 사회는 PR에서도 공통점을 가진다. PR전략을 수립하는 데 반드시 고려돼야 할 환경 요인은 민주화 수준, 경제적 발전 정도, 시민운동 수준, 언론문화 등이다(뉴섬 외, 2007).

PR은 아이들이 성인이 되는 것과 같은 과정으로 성장해왔다. 1980년대 그루닉과 헌트(Grunig and Hunt)가 제시한 PR의 4개 모델은 성장의 각 단계를 보여준다(그루닉·헌트, 2006a). 1850~1900년에 발전된 언론대행 홍보모델, 1900년대 공공정보 모델, 1920년대 쌍방불균형 모델, 1960·1970년대 쌍방균형 모델이 그것이다. 언론대행 홍보모델은 선전활동과 유사하고, 공공정보 모델은 정확한 정보의 파급을 주된 목표로 한다. 쌍방불균형 모델은 사회과학적 방법론을 동원해 공중의 생각과 주장을 변화시키는 데 중점을 뒀다. 쌍방균형 모델은 공중과 홍보 주체가 상호작용을 하며 함께 적응해 나가는 과정을 강조한다. 현대 PR에서는 이들 4모델 모두가 사용된다(최윤희, 2008).

개념 PR14)은 공중을 뜻하는 Public과 관계를 뜻하는 Relations로 이뤄진 말이다. 그 정의는 여러 가지지만 조직이 자신을 둘러싼 다양한 공중들과의 우호적 관계를 유지하고 발전시켜 나가는 과정이라 할 수 있다. 주장이나 경제적 이해관계를 떠나 사회적으로 신뢰할 수 있는 인간관계 구축을 주 목적으로 하며, 공중과의 정보 교환을 강조한다. 이에 비해 공보는 일방적 메시지 전달에 중점을 두며, 설득과 의견 수렴과정이 없다. 선전은 수단과 방법을 가리지 않고 일방적 정보를 유포해 여론을 조작한다는 점에서 홍보

14) 국내에서는 홍보를 PR의 한 분야인 언론홍보, 즉 퍼블리시티(Publicity)로 인식해왔으나 점차 모든 PR영역을 포괄하는 광의적 의미의 PR로 개념이 확대되고 있다.

와 의미 차이가 크다. 거짓 정보를 포함하는 개념이다. 홍보에는 때로 광고가 사용되는데 이는 서비스나 제품판매가 목적이 아니라 조직 이해를 넓히기 위한 것이다(한균태 외, 2008).

홍보의 영역 홍보는 대상 공중별로 언론관계(매체관계), 지역사회 관계, 정부관계, 종업원관계, 활동적 공중 관계 등으로 나뉜다. 활동적 공중이란 시민사회단체, 행동단체 등을 말한다. 기업, 정부, 정당, 단체 등 조직 운영에 영향을 미칠 수 있는 모든 주체들이 홍보의 대상이다. 업무 내용별로는 보도관리, 유대관리, 이미지관리, 명성관리, 쟁점 및 위기관리 등이 있다. 홍보 업무는 홍보 기획,15) 보도자료 배포, 사보 제작, 인터뷰, 기자회견, 이벤트, 캠페인, 마케팅 PR, 공익활동, 문화사업 지원활동, 미디어 교육 등 전 분야에 걸쳐 있다. 홍보가 경영의 동의어로 인식될 만큼 영역의 확장이 이뤄지고 있다.

언론관계 언론관계는 매체관리, 기자관리, 보도관리, 위기관리의 4가지 큰 업무로 이뤄진다. 매체관리는 매체들과의 우호적인 관계 조성을 주된 목적으로 한다. 쌍방 간의 이해갈등 관계를 조정해나가는 것이 홍보의 역할이다. 보도관리는 언론홍보의 핵심 업무다. 기사개발, 오보방지, 모니터링, 언론대응 매뉴얼 마련 등의 업무분야가 있다. 언론대응 매뉴얼은 명문화된 조직의 대언론 대응 요령 또는 수칙이다. 조직의 언론정책과 개방성을 판단하는 기준이 된다(Jones, 2002). 홍보 전문가들은 매체의 보도가 많고, 호의적일수록 공중의 태도가 좋을 것으로 생각하나 보도와 태도는 별 상관이 없는 것으로 밝혀졌다(그루닉·헌트, 2006b).

---

15) 홍보 기획은 조직이 PR 문제를 분석하여 대안을 세우고 의사결정을 하여 그 결정을 실행에 옮기는 과정이다. ① 상황분석, ② 기획, ③ 프로그램 실행, ④ 평가의 4단계를 밟는다. 보통 하나의 PR 문제에는 제1공중, 제2공중 등 대상별로 여러 개의 PR 프로그램들이 사용된다(정인태, 2006).

2) 언론홍보

광고가 언론을 돈으로 통제한다면 홍보는 정보와 관계로 언론을 통제한다. 그런 점에서 홍보는 언론보도에 영향을 미치는 1차적 당사자다. 일반적 의미로 말하자면 취재원과 홍보원은 구분이 안 될 때가 많다. 홍보원은 언론의 뒷면에 있는 기사의 내재적 규정자다. 지금처럼 인력, 취재시간, 경비 등 취재환경이 열악해질수록 홍보원에 대한 의존도는 높아질 수밖에 없다. 이는 보도에서 홍보원의 영향력이 커지고 있음을 의미한다.

개념 언론홍보는 조직이나 개인에 관한 정보를 뉴스 매체에 제공해 일반인들에게 널리 알리는 활동이다. 구체적으로는 언론매체와 준언론매체, 유사언론매체 등에 사실적이고 흥미 있으며 뉴스가치가 있는 정보를 제공하는 것을 말한다. 뉴스 릴리스(News Release), 프레스 릴리스(Press Release)라고도 한다. 언론홍보에는 조직이나 기업 홍보, 제품 홍보, 개인 홍보와 같은 유형이 있다(최윤희, 2001).

홍보 채널 언론홍보 실무자들은 정보 활용의 생필품인 웹, FTP, 이메일, 유즈넷, 토론방, 게시판, 메신저, 채팅 등의 사용에 익숙해져야 한다. 기자들과 마찬가지로 HTML은 물론 이를 대체할 목적으로 만들어진 XML(Extensible Markup language)과 같은 정보형식도 알아야 한다(필립스, 2004). 이런 지식이 전제되지 않으면 메시지 제작, 가공, 배포 자체가 어려워진다. 언론홍보 담당자들은 여기에 신문, 방송, 온라인, 소셜미디어, 모바일 저널리즘을 이해하고 그 현장에 참여할 수 있어야 한다.

홍보 수단 언론홍보 기사는 비용이 들지 않고, 신뢰성과 객관성을 확보할 수 있는 장점이 있다(한균태 외, 2008). 그러나 메시지에 대한 통제가 안 되고, 방송시간과 신문 지면의 제한으로 정보가 압축되는 과정에서 내용이 왜곡되거나 불완전해지는 단점이 있다. 언론홍보의 수단으로는 ① 보도자료, ② 인터뷰, ③ 기자회견 및 간담회, ④ 이벤트, ⑤ 캠페인 등이 자주 사용된다. 보도자료는 19세기 중엽부터 사용되기 시작한 가장 일반적인 언론홍보 수단이다. 홍보부서의 일상적 업무에서 가장 큰 비중을 차지한다. 뉴스가치가 있고 뉴스 작성의 기본원칙에 부합할 것을 요구한다. 인터뷰, 기자회견, 간담회는 보도자료와 더불어 언론홍보에서 자주 사용되는 커뮤니케이션 수단이다(최윤희, 2001). 인터뷰의 유형으로는 전화 인터뷰, 이메일 인터뷰, 대면 인터뷰, 데스크 브리핑, 스튜디오 인터뷰 등이 있다. 기자회견과 간담회는 중요사안에 대한 언론홍보에 사용된다. 형식과 규칙의 유무, 주제의 제한성과 포괄성이 양자의 구분 기준이다(스튜어트, 2008).

3) 기자의 정보 행동

취재와 보도 활동에서 기자들의 정보행동은 적극적인 정보추구와 소극적인 정보처리의 양자에 걸쳐 있다. 기자들의 업무내용, 즉 보도자료의 기사화, 행사 등의 습관적 취재, 적극적 뉴스원에 반응하는 등의 점에서 보면 소극적 정보 처리자에 가깝다. 시갈(Leon Sigal)은 ≪워싱턴 포스트≫나 ≪뉴욕타임스≫ 기사의 4분의 3이 정보처리임을 확인했다. 58%는 공식적 절차, 보도자료, 회견이었고 16%는 브리핑, 정보누설, 비공식적 정보원에 의한 것이었다. 26%만이 적극적인 정보추구에서 나온 기사였다. 헤스(Stephen Hess) 역시 기자들은 뉴스의 80%를 24시간 안에 발생한 사건들로부터 얻고 있다는 점에서 기자 업무의 대부분이 정보처리라고 지적했다(그루닉·헌트, 2006b).

기자들의 정보행동이 정보처리 위주라면 홍보 주체들은 거기에 영향을 미칠 수 있는 여지가 많다. 그루닉과 헌트는 정보행동이 수동적인 대상에게는 독특한 구성이나 창의성 있는 메시지가 유리하다고 지적한다. 그 연장선상에서 기자 집단에는 의제설정 전략이 효과적이라는 분석을 내놓고 있다. 조직의 메시지를 미디어 의제로 만들고 의제가 지속되도록 노력할 필요가 있다는 것이다. 의제설정 연구에 따르면 기사에 대한 상세 인지도를 갖게 하기 위해서는 3~5개월의 의제설정 기간이 필요한 것으로 나타났다. 한편 정보행동이 능동적(정보추구)인 기자들에게는 광범한 정보를 제공하는 문서자료와 대면적 커뮤니케이션을 활용하는 것이 효과적이라고 한다(그루닉·헌트, 2006b).

4) 쟁점 및 위기 관리

홍보 관리는 관계자관리, 쟁점관리, 위기관리의 3가지 차원으로 구분할 수 있다. 관계자는 조직의 의사결정으로 영향을 받는 집단이거나 그 집단의 의사결정이 조직에 영향을 미치는 집단이다. 언론은 중요한 관계자의 하나다(최윤희, 2001).

개념 관계자관리는 쟁점관리에 선행하는 미래 대비적 개념이다. 관계자 단계의 커뮤니케이션은 안정적이고 장기적인 관계를 개발하는 데 도움을 준다. 쟁점관리는 어떤 쟁점들이 조직에 부정적 영향을 미치기 전에 그 쟁점들을 확인하고 그에 대한 외부의 의사결정에 영향을 주려는 사전 대응적 홍보활동이다. 쟁점은 조직의 책임과 밀접히 연관돼 있다.[16] 조직에 도움이 될 수도, 그렇지 않을 수도 있다. 쟁점의 성격을 변화시키거나 사라지게 해 사회문제가 되는 것을 막는 것이 1차적 목표다. 사회문제가 됐다면 그 타격을 줄여야 한다. 제품안전, 성희롱, 남녀차별, 사회 기여와 같은

---

16) 존스톤(David Johnston)은 기업책임을 기본책임, 공공책임, 사회책임의 3가지로 구분했다. 기본책임은 서비스의 질과 이익의 창출에 대한 책임, 공공책임은 기업 활동의 결과로 생기는 공해, 독점, 노사분규 같은 외부 영향에 대한 책임이다. 사회책임은 도시의 쇠퇴, 실업 등 기업과 직접 연관되지 않은 일반 사회문제를 해결하는 데 대한 책임이다. 기업의 책임은 적용이 다르더라도 여러 조직에 공통된다. 책임은 쟁점과 직결된다(그루닉·헌트, 2006a).

공공적 쟁점들이 주요 관심사로 부각된다(그루닉·헌트, 2006b). 언론과 홍보
는 같은 쟁점을 두고 서로 대립적인 입장이 될 수 있다.

위기란 조직이나 조직의 활동에 부정적인 영향을 미치는 비통상적인
사건 혹은 상황을 말한다. 작은 실수들이 큰 손실을 불러일으킬 수 있는
일들에서 잘 발생한다. 외국 보고서에 의하면 기업체 위기의 14%만이
예기치 못했던 것이고, 나머지 86%는 위기의 잠재성을 이미 알고 있었던
것이라고 한다. 위기관리는 조짐 발견, 준비와 예방, 손실의 억제, 회복,
학습의 5가지 국면을 관리하는 것을 의미한다. 위기의 대부분이 예측 가능
한 것임에도 위기관리를 제대로 하는 경우는 드물다(보턴·해즐턴, 2010;
뉴섬 외, 2007; 태윤정, 2007; 최윤희, 2001). 위기관리가 잘못될 경우 언론과
심각한 충돌을 빚는 것은 물론 기업의 존폐에까지 영향을 미칠 수 있다.

쟁점관리 쟁점에는 3가지가 있다. 언론 등의 보도로 나타나는 논의 중인
쟁점, 시간을 두고 부상되는 잠재적 쟁점, 장기적인 사회추세가 그것이다.
쟁점은 대개 예측 가능한 형태로 진화한다. 하나의 아이디어로 시작해서
여러 공중의 인지나 반응을 불러일으키고, 조직화, 해결의 단계를 거친다.
해결이 안 되면 위기상황으로 넘어갈 수 있다. 쟁점의 일반적 관리과정은
쟁점의 확인, 분석, 전략 마련, 실행, 평가 등으로 이뤄진다. 홍보 주체는
쟁점 확인을 위해 개인접촉, 언론보도, 현지 보고서, 이메일, 자문위원회,
직원회의, 여론조사 등을 활용한다(최윤희, 2001). 공공 쟁점에 대해 조직은
반동적(극렬 반대), 압력적(영향력 행사), 상호작용적, 수용적 반응을 보일
수 있다(그루닉·헌트, 2006b). 반동적, 압력적 반응에서 언론과 갈등을 일으
킬 소지가 높다.

위기관리 위기는 발생형태별로 물리력에 의한 위기(지진, 화재, 폭풍,
테러리즘)와 비물리력에 의한 위기(바이러스 전염, 가뭄), 발생원인별로 자연
재해, 의도적 위기, 비의도적 위기로 구분된다(뉴섬 외, 2007). 예측가능성이
나 위급성의 정도에 따라 돌발적 위기(폭발적 위기, 즉각적 위기)와 일상적

위기(잠재적 위기, 만성적 위기)로 나누기도 한다. 쟁점관리가 안 돼 발생하는
위기는 보통 일상적 위기다. 유형별로 위기관리 방식이 달라져야 한다.
어느 누구도 문제가 무엇인지 알지 못하며 문제를 어떻게 해결해야 할지
모르는 경우가 많다. 위기관리의 유일한 법칙은 정해진 법칙이 없다는 것이
다(최윤희, 2001).

제7장

신문 저널리즘

1. 신문 개황

종이신문은 언젠가 전자종이(스크린) 신문으로 대체될 운명이다. 전자종이의 개발은 세계 여러 기업, 연구소, 신문사들에 의해 추진되고 있다. 휴대가 가능한 접이식 전자종이는 터치스크린 기능과 동영상 및 음향 서비스를 할 수 있을 것으로 보인다. 독자들은 전용 펜으로 특정 기사에 댓글이나 의견을 달 수 있다. 전자종이의 등장은 신문들이 결국 웹 방식의 멀티미디어 정보생산을 지향하지 않으면 안 된다는 것을 의미한다(김사승·김효동·김광제, 2006).

1) 매체 및 발행 부수

일간신문은 전국종합일간, 지역종합일간, 경제일간, 스포츠일간, 외국어일간, 기타 전문일간으로 나눌 수 있다.

종합일간신문 전국종합일간은 조선, 중앙, 동아의 3대 신문과 나머지

<표 7-1> 2010 주요 일간지 발행/유료 인증 부수

구분	매체	발행 부수	유료 부수	구분	매체	발행 부수	유료 부수
전국 종합 일간	조선일보	181만 112	139만 2,547	지역 종합 일간	부산일보	18만 4,156	13만 76
	중앙일보	131만 493	98만 3,049		매일신문	15만 3,548	10만 5,136
	동아일보	124만 8,503	86만 6,665		국제신문	9만 7,490	6만 5,304
	국민일보	29만 5,932	21만 1,632		영남일보	6만 6,575	4만 5,038
	경향신문	26만 6,794	20만 158		강원일보	7만 5,420	4만 3,248
	한국일보	28만 6,684	20만 3,752		광주일보	4만 5,273	3만 634
	한겨레	28만 3,143	22만 5,102	무료 신문	Daily Focus	41만 7,540	-
	서울신문	17만 2,130	11만 6,541		metro	40만 8,695	-
	문화일보	16만 8,607	13만 3,430		스포츠한국	23만 4,074	-
	세계일보	8만 3,408	6만 5,849		AM7	20만 19	-
경 제 지	매일경제	88만 1,317	62만 1,974	스포 츠지	스포츠조선	33만 1,965	26만 7,998
	한국경제	50만 3,525	39만 4,340		일간스포츠	25만 9,566	18만 8,913
	서울경제	8만 446	5만 4,710		스포츠서울	22만 4,479	13만 6,307

자료: 한국ABC협회(2011)에서 재구성.

중소신문 8개의 두 부류로 나뉜다. 2010년 기준 발행 부수를 보면 3대 신문이 124~181만 부 수준이다. 실제로 돈을 받고 판매하는 유가 부수는 발행 부수의 69~77% 선이다. 중소신문들은 발행 부수가 30만 부를 밑돌았고, 10만 부에도 미달하는 신문사가 있었다. 전국종합일간의 배포지역은 서울 및 수도권이 50%, 기타지역이 50% 선이다. 지역종합일간은 주도지와 군소지로 구분된다. 주도지는 대략 4만~18만 부, 군소지는 2만 부 이하를 발행한다. 주도지의 유료 부수는 3만~13만 부 정도다. 군소신문일수록 유가 부수 비율이 떨어진다. 소재지 시도에 90% 이하를, 기타지역에 10% 이상을 배포하고 있다. 가두판매가 많은 서구와 달리 가정배달 판매가 90% 이상을 차지한다(한국언론진흥재단, 2011b).

경제신문, 무료신문 경제지는 매일경제와 한국경제의 양대 체제다. 2010년 각각 88만 부와 50만 부의 발행 부수를 기록했다. 나머지는 10만 부

이하다. 경제지는 가정배달 판매가 85%, 거리판매가 13% 선이다. 상대적으로 경영여건이 좋아 2008~2010년 사이 오프라인은 물론 온라인, 유선방송, DMB 등에서 17개의 경제매체가 창간됐다(한국언론진흥재단, 2010d). 무료신문의 경우 2002년 5월 메트로가 국내에 상륙한 이래 더 데일리포커스 등이 잇따라 창간되면서 스포츠신문에 큰 타격을 줬다. 2010년 현재 10만~41만 부의 발행 부수를 기록하고 있다. 무료신문은 지하철 등에서 가두배포된다(한국언론진흥재단, 2011b).

세계 속의 한국 신문 「세계신문협회 자료」(한국언론진흥재단, http://mediasis.kpf.or.kr/)에 따르면 2009년 현재 한국의 유료 일간지 발행 부수는 1,280만 부로 인도, 중국, 일본, 미국, 독일, 영국에 이어 세계 7위 수준이다. 인구 1,000명당 발행 부수도 319부로 일본, 노르웨이, 핀란드, 스웨덴, 스위스, 오스트리아에 이어 역시 세계 7위에 랭크되고 있다. 세계 100대 일간지에는 조선일보(12위), 중앙일보(13위), 동아일보(16위), 매일경제(69위) 등 6개사가 이름을 올리고 있다. 하지만 한국ABC협회(신문발행 부수공사기관)의 공사(公査)자료를 통해 이 통계치에는 상당한 거품이 있다는 사실이 확인됐다. 정부에 의해 발행 부수 공사가 반강제화[1]되면서 2010년 실시한 첫 전면 공사에서 조선일보 발행 부수는 2009년 하반기 기준 184만 부로 같은 해 세계신문협회 자료보다 46만 부가 적었다. 중앙일보는 89만 부, 동아일보는 81만 부가 모자랐다. 부산일보와 한겨레는 공사 부수가 19만 부 및 28만 부밖에 되지 않아 100대 일간지에서 제외될 것으로 보인다. 발행 부수의 급격한 감소는 독자 이탈에도 일부 원인이 있겠지만 신문업계의 관행적인 발행 부수 부풀리기가 주된 요인으로 풀이된다.

---

1) 문화부는 2010년부터 한국ABC(KABC: Korea Audit Bureau of Circulation)의 발행 부수공사에 참여한 신문, 잡지에 대해서만 정부광고를 집행하고 있다. 정부와 정부기관은 국내 최대 인쇄매체 광고주다(한국언론진흥재단, 2010d).

2) 신문 이용자

2011년 현재 미국 종이 신문업계의 구독 및 광고수입은 2000년 대비 43%나 축소됐다. 전반적인 뉴스산업의 불확실성에도 불구하고 뉴스가 일상생활에서 더욱 중요해지고 생활 깊숙이 침투해 들어갈 것이라는 증거들은 오히려 늘어나고 있다(Pew Research Center, 2012).

구독률과 열독률 뉴미디어 시대가 되면서 종이신문 이용이 계속 줄어들고 있다. 신문 정기구독률은 2000년 59.8%에서 2011년 24.8%로 떨어졌다(한국언론진흥재단, 2011a). 11년 만에 반 토막 이상이 날아가 버렸다. 비구독자의 50% 이상은 비구독 이유를 TV, 라디오, 인터넷, 무료신문 등에서 정보를 얻을 수 있기 때문이라고 응답했다. 또 학교나 직장에서 신문을 볼 수 있어 구독을 않는 것으로 나타났다(한국언론진흥재단, 2010b).

지난 1주일간 어떤 경로를 통해서든 신문을 봤다는 비율, 즉 신문 열독률은 2002년 82.1%에서 2011년 44.6%로 줄어들었다. 신문을 읽는 경로(복수응답)는 종이신문이 44.6%인 데 비해 PC를 통한 인터넷이 51.5%, 모바일 기기를 통한 인터넷이 19.5%나 됐다. 2010년에 비해 모바일 이용이 크게 늘어난 반면 종이신문과 PC 이용은 응답률이 떨어졌다(한국언론진흥재단, 2011a).

열독 신문 유형 지난 1주일간 읽은 종이신문을 유형별로 보면(복수응답) 전국종합일간이 93.9%로 압도적이었다. 그러나 열독 비중은 전체적으로 줄어들고 있었다. 지역종합일간, 경제지, 스포츠지, 경제지는 모두 10%대를 기록했다. 열독 신문 유형을 백분율로 나누면 전국종합일간이 58.9%, 지역종합일간이 11.6%, 경제지 8.6%, 스포츠지 9.2%, 무료신문 5.4%의 분포였다. 열독 신문 상위 10개지에는 조선·중앙·동아일보와 매일경제, 경향신문, 한겨레, 스포츠조선, 스포츠서울, 메트로, 일간스포츠 등이 포함됐다. 상위 3개지의 열독 신문 점유율은 44.6%(2010년 47.8%)로 조선이

〈표 7-2〉 연도별 열독 신문 유형 변화(복수응답)

(단위: %)

연도	전국종합	지역종합	경제지	스포츠지	무료신문
2006	98.4	17.9	11.6	21.0	25.3
2008	98.2	18.0	13.0	12.8	2.8
2010	96.9	17.5	11.0	15.7	18.7
2011	93.9	18.5	13.7	14.6	8.6

* 자료: 한국언론진흥재단(2011a).

19.0%, 중앙이 13.4%, 동아가 12.2%의 분포를 보였다. 나머지 신문들의 점유율은 6% 미만이었다(한국언론진흥재단, 2011a).

3) 신문정책

신문산업의 위기는 2000년대 이후 세계적인 현상이 되고 있다. 현대 신문산업을 주도해온 미국의 경우 신문 전성기인 1910~1920년대 유료 일간지 수는 2,200개에 이르렀다. 그러나 1970년 1,748개, 1990년 1,611개, 2008년 1,408개(2009년 2월 기준, 주말신문 902개 별도)로 줄어들었다(U.S. Census Burau, 2011에서 재인용). 매체환경의 변화와 언론의식의 약화, 상업주의, 정보통신 기술의 발달 등이 전통 신문의 입지를 좁히고 있다.

신문의 위상 한국 신문들의 정보시장 장악력은 계속 감소하고 있다. 경영과 보도의 양 측면에서 압박을 받아 신문의 신뢰도는 바닥까지 곤두박질쳤다. 1988년 신문의 신뢰도(가장 신뢰하는 매체)는 TV의 2배 가까운 56.2%에 달했으나 20년 만인 2008년 16.0%로 떨어졌다. 인터넷 20.0%보다 낮은 수준이다. 같은 기간 TV는 31.0%에서 60.7%로 거의 2배나 높아졌다.

신문정책 신문의 다양한 사회적 기능을 감안할 때 신문산업의 퇴조는 사회적 자본의 고갈이라는 불안한 결과로 이어질 수 있다. 경영난 등에 따른 신문의 질적 저하와 무관하게 사회적 문화기관, 종합정보매체로서의 신문의 역할은 여전히 중요하기 때문이다. 신문산업의 침체는 그 여파가 신문산업에서 끝나지 않고, 사회 전체의 정보유통의 질을 떨어뜨린다는 데 문제의 심각성이 있다. 언론자유를 왜곡하거나 제약하지 않는 범위에서 매체 균형발전을 위한 국가 차원의 대책들이 필요한 시점이다. 감성매체인 TV와 이성매체인 신문이 균형적 발전을 이룰 때 민주제도와 여론의 건전성을 유지해나갈 수 있을 것이다. 미디어법 개정으로 2011년부터 신문의 방송 경영참여의 길이 일부 트였지만 그것으로 문제가 해소된 것은 아니다. 역으로 신문의 경영에 큰 도움을 주지 못하면서 방송 겸영에 따른 신문의 질 하락만 가져올 수도 있다. 지역신문의 경우는 더 심각하다. 신문, 방송, 온라인 전국매체들의 여론 시장 흡인력이 커질수록 생존의 입지가 위축되고 있다. 신문·방송 겸영과 같은 지역 차원의 육성책이 있어야 할 것으로 보인다.

2. 신문 저널리즘

신문은 시민사회와 근대국가, 민주주의 성립에 결정적 원인을 제공했다. 또한 합리적·이성적 사고의 확대, 지식의 발전과 문명화를 촉진시켰다. 전자미디어·뉴미디어 시대의 도래로 그 역할이나 위상이 줄어들고 있지만 사회적 이성으로서의 특성과 존재가치는 여전하다.

1) 보도의 특성

신문은 뉴스의 전달과 해석, 즉 보도, 논평의 기능을 중시하는 매체다. 광범하고 포괄적인 정보를 제공하며 정치 지향적이다. 문제 제기·비판·고발에 강하다. 심층성·해설성에 강점이 있어 딱딱한 뉴스 보도에 적합하다 (이상철, 1999).

매체 특성 신문은 해설 및 지도기능에서 우월성을 가진다. 뉴스 전달은 지면이라는 공간을 통해 언어적(글), 시각적(사진)으로 이뤄진다. 객관적 전달을 위해 높임말을 중화시킨 중화체와 구어체를 가미한 문어체를 쓴다. 정보 전달 과정에서 내용 손실이 적고 이용자가 정보를 적극적으로 처리해야 하는 특성이 있다. 많은 사고 작용을 요구한다. 이용자가 뉴스를 선택해서 읽는 등의 통제력을 행사할 수 있다. 한 사회의 문화와 지적 수준을 반영하는 매체로 간주된다(배규한 외, 2006).

강점과 약점 신문은 기록성(역사성)과 간편성, 정보성(심층성)이 두드러진다. 신문이 역사의 매체로 간주돼온 것은 그만큼 기록성이 뛰어나다는 방증이다. 전자미디어인 방송이 따라잡을 수 없는 특성이다. 인터넷의 무한대적인 정보저장 공간으로 신문의 기록성에 전과 같은 의미를 부여하기는 어려워졌다. 그럼에도 불구하고 신문이 가진 저널리즘의 질적 우월성은 신문 기록의 중요성을 과소평가할 수 없게 만든다. 신문의 종합 정보산업화를 가능하게 하는 것도 이런 기록성에 기반을 두고 있다. 신문의 또 다른 강점은 언제 어디서나 이용할 수 있는 간편성이다. 독자들은 자신의 텍스트 이해 능력과 호흡에 맞춰 신문을 이용할 수 있다. 태블릿 PC 등의 뉴미디어도 간편성에서는 신문 못지않지만 뉴스들을 한꺼번에 펼쳐놓고 부담 없이 이용하는 데는 신문을 따라갈 매체가 없다. 정보성 역시 신문의 강점 중 하나다. 신문은 뉴스의 전모를 알리는 데 아주 효과적인 매체다. 심층보도, 탐사보도, 정밀보도에 알맞다. TV뉴스 30분 분량을 글자로 풀어쓰면 신문 몇 쪽 분량에 지나지 않는다. 그러나 제작과정이 복잡하고 경직돼 있어 속보경쟁에는 적합하지 않다. 하루 한 번 발행이란 제약이 최대의 약점이다 (유재천 외, 2010).

2) 신문 제작의 변화

1990년대 이후 한국 신문 제작 변화는 조간화, 시각화 및 연성화, 통합 뉴스룸 체제, 인터렉티브 뉴스의 등장으로 이어지고 있다. 신문 선진국인 미국과의 변화 시차가 거의 사라지고 있다.

조간화 서구의 경우 1960년대부터 석간지는 대도시에서 쇠퇴의 길을 걸었다. 교통난으로 신문 배달이 어려워지자 마감 시간이 앞당겨지고, 이로 인해 보도는 부실해질 수밖에 없었다. 라이프스타일(주요 활동 시간대)이 바뀌면서 사람들의 구독 행태도 아침 신문을 선호하는 쪽으로 바뀌었다(이상철, 1999). 미국의 경우 1970년 평일신문의 조간비율은 18.9%(334개사)에 불과했으나 2009년 현재는 61.5%(872개사)에 이르고 있다. 미국의 20대 주요 일간지는 모두 조간이다. 영국은 한국처럼 전국지 조간, 지방지 석간 체제를 유지하고 있다. 한국의 조간화는 1993년 동아일보(1962~1993까지 석간)를 시작으로 전 전국종합일간지로 확대됐다. 2010년 현재 일간신문의 조석간 비율은 89.9% 대 8.7%다. 전체 숫자로는 114대 11로 전국종합일간이 9대 2, 지역종합일간이 81대 4, 경제지가 5대 2, 무료일간이 2대 1의 분포를 보이고 있다(한국언론진흥재단, 2011d).

시각화, 전문화, 연성화 20세기 후반부터 영상매체와의 경쟁을 위해 시각화를 강조하는 한편 전문화된 보도에 초점을 맞추기 위해 섹션화가 이뤄졌다. 패션, 라이프스타일, 음식, 가정, 심리 등의 연성기사 비중을 늘렸다. 신문의 강점인 의견기사의 비중이 커지면서 오피니언 지면 확대도 일반화됐다. 미국 USA 투데이 같은 전국지들은 인쇄된 TV뉴스를 지향하고 있다. 기사를 잘게 만들어 한 면에서 모두 볼 수 있게 하고, 내용도 생활정보, 스포츠, 일기예보 등으로 초점을 돌렸다(이상철, 1999).

뉴스제작의 2원화 2000년대 들어 신문제작이 온오프라인으로 2원화되면서 다양한 전략들이 구사되고 있다. 미국 월스트리트 저널의 경우 2005년

부터 종이신문과 인터넷뉴스를 구분하는 전략을 채택하고 있다. 이듬해에
는 신문 판형을 대판에서 타블로이드판으로 축소했다. 신문 용지값 절약과
컴퓨터 화면 크기에 익숙해진 수용자 읽기 습관에 맞추기 위한 것이었다.
종이신문에는 독점 기사 등 하이라이트 기사만 제공하고 상세정보는 인터
넷신문으로 보완하고 있다(김사승·김효동·김광제, 2006).

통합 뉴스룸 국내 신문사들은 지난 2001년부터 통합 뉴스룸 구축에
나서기 시작했다. 동아일보를 시작으로 조선일보, 중앙일보, 한겨레신문,
매일경제, 한국경제 등이 온오프라인 뉴스룸 통합작업을 해왔다. 연합뉴스
는 2009년 9월 통합 뉴스룸을 열었다. 이 같은 제작 체제의 변화는 신문·통
신기자들에게 온라인과 모바일, 방송 콘텐츠 생산 등 다중능력을 갖출 것을
요구하고 있다. 신문뿐 아니라 인터넷과 모바일, 방송 기사용 취재와 기사
쓰기를 할 수 있어야 하는 시대가 됐다(한국언론진흥재단, 2010d).

인터랙티브 뉴스 2010년 들어서는 인터랙티브 뉴스를 선보이며 온라인
저널리즘을 강화하고 있다. 연합뉴스와 조인스닷컴 등이 수용자들과 교감
하는 인터랙티브 뉴스를 선보였다. 조인스닷컴은 시간대별 뉴스의 진행상
황을 보여주는 타임라인형, 대립형, 타일형, 게시판형 등 4가지 유형의
인터랙티브 뉴스를 제공하고 있다. 미국의 뉴욕타임스, 워싱턴포스트 등
주요 언론사들의 인터넷 사이트들은 대형사건이나 기획물에는 어김없이
인터랙티브 뉴스 코너를 마련하고 있다(한국언론진흥재단, 2010d). 종이신문
에서도 닷컴의 100자평, 트윗 독후감과 같은 인터랙티브 뉴스 코너들을
마련해 독자들과의 접점을 늘리고 있다. 조선일보는 2011년 10월부터 QR
(Quick Response) 코드로 100자평 읽기와 쓰기 기능 서비스를 시작했다(≪조
선일보≫, 2011년 10월 10일자, A1면).

3. 신문 보도

수용자들이 신뢰하지 않는다면 뉴스는 오락, 선전과 다를 것이 없다. 뉴스가 오랜 세월 이데올로기를 드러내기보다 중립성을 지향한 이유는 장기적 관점에서 중립성을 지키는 것이 신뢰를 얻는 적합한 선택이었기 때문이다. 그럼에도 거브너는 지구촌 어디에서도 이데올로기적이지 않고 비정치적이며 비당파적인 보도시스템은 존재하지 않는다고 말한다(맥퀘일, 2008).

1) 보도 조직

「2011 신문산업 실태조사」(한국언론진흥재단)에 따르면 신문사 종사자 가운데 편집국 소속 종사자 비중이 가장 높은 것으로 나타났다. 대략 40% 대에서 70%대까지의 분포였다. 일간지들의 기자 수는 300명 이상이면 대형, 200명 이상이면 중대형, 100명 이상이면 중소형, 30명 이상이면 소형으로 구분할 수 있다.

논설실과 편집국 전통적으로 종합일간신문사의 보도조직은 의견기사를 주로 담당하는 논설실과 사실기사를 주로 담당하는 편집국의 이원적 체제다. 신문의 제작내용을 점검하는 심의실이 독자기구로 있거나 논설실에 부속된다. 보도의 중추조직인 편집국은 편집부, 정치부, 국제부, 경제부, 산업부, 사회부, 전국부(사회2부), 문화부, 특집기획부, 체육부, 사진부, 교정부 등으로 구성된다. 현재도 이런 명칭과 체제를 사용하는 곳이 다수다. 인터넷 등장 이후에는 디지털뉴스부, 인터넷뉴스부, 온라인뉴스부가 편집국 조직에 추가됐다. 더러는 디지털뉴스룸, 디지털미디어본부, 통합뉴스센터, 멀티미디어국 등의 조직을 만들고 있다. 신문의 방송 진출과 함께 회사별로 아주 다양한 양태로 조직이 혼합되고 있다.

조직 변화 2000년대 이후 업무 세분화 경향이 나타나면서 정치부는 정치와 외교안보(외교통일부), 사회부는 사건과 정책뉴스로 갈라지는 경향이 있다. 일부 전국종합일간에 등장한 새 직제로는 카피 리더(copy reader), 팩트 체커(fact checker) 등이 있는데 정리부와 역할이 비슷하다. 편집의 미술적 기능을 강화하기 위한 아트 디렉터(art director)를 둔 곳도 있다. 전문기자들도 의료, 군사(안보)에서 외교, 국제, 경제, 복지, 식품, 환경, 노동, NIE, 여론조사, 관광, 바둑, 골프 등으로 확대되고 있다. 데스크 명칭은 부장이 일반적이지만 부문 에디터, 부문 편집장으로 사용하기도 한다. 에디터를 정점으로 부에디터, 부문 데스크를 둔 신문사도 있다. 통합 뉴스룸 도입에 따라 조직구조를 수평적으로 전환한 변화가 읽힌다. 중소 종합일간에는 상대적으로 조직의 변화가 적은 편이다.

경제지, 스포츠지 경제지도 논설실, 편집국 체제로 운영된다. 편집국은 편집부, 경제부, 정치부, 국제부, 금융부, 증권부, 사회부, 부동산부, 산업부, 모바일부, 중소기업부, 과학기술부, 유통경제부, 지식부, 문화부, 스포츠레저부, 여론독자부, 교열부, 사진부 등으로 구성된다. 통합 뉴스룸, 온라인뉴스본부, 방송 관련 실국 등 조직의 멀티미디어화가 진행되고 있다. 스포츠지는 편집국 산하에 편집부, 스포츠1부, 스포츠2부, 연예부, 사진부 등을 두고 있다(한국언론재단, 2010b).

2) 보도의 과정

신문제작은 인력과 장비의 효율적인 운용을 위해 전체 지면의 30% 정도를 하루 전에, 70% 정도를 당일에 제작한다. 문화, 특집 등의 전일 제작은 윤전 전 단계까지 완료해둔다. 당일 지면별 제작은 인력과 시설의 한계를 고려해 순차적으로, 동시다발적으로 이뤄진다. 보통 스포츠, 국제가 앞에 오고 경제, 사회가 다음, 마지막이 종합면 기사가 된다.

제작 체제 신문의 제작 일정표는 조간의 경우 새벽 4~5시, 석간은 낮 2~3시를 가정배달 완료시점으로 잡아 각각의 공정시간을 역산해서 만들게 된다. 보통 원고마감 - 편집마감 - 교정마감 - 청쇄마감 - 광고마감 - 필름 전송 - 인쇄원판 제작 - 착판 - 윤전시작 - 발송 등 각 공정의 시작 시각만 정해둔다. 아주 중요한 기사라면 조간은 밤 12시~새벽 1시까지 소화해낼 수 있다. 석간은 오전 10시 30분~11시가 한계다. 중요기사가 아니면 이보다 이른 시간의 기사라도 지면에 반영할 수 없다. 일반적으로 최종원고 마감부터 60~70분 뒤에 첫 신문이 찍혀 나온다. 신문발송의 늦고 빠르기, 윤전공장에서 지국까지의 거리, 지국의 삽지광고 작업, 한 사람의 배달구역과 배달 부수에 따른 시차가 많기 때문에 정확한 시점과 종점을 잡기가 어렵다. 신문 제작과정은 사별로 약간씩의 차이가 있지만 몇 개의 덩어리로 단순화하면 다음과 같다.

원고 취합 먼저 보도에 사용할 원고들을 모아들여야 한다. 텍스트 원고, 사진원고, 도안 및 그래픽 원고의 3부류가 있다. 텍스트 원고에는 취재기자의 기사, 외부 필진의 원고, 연합뉴스의 통신 기사 등이 있다. 사진원고 역시 사진기자의 현장사진, 사내 DB의 자료사진, 외부 입수 사진, 연합뉴스 사진으로 구성된다. 도안 및 그래픽 원고에는 희평(戱評)과 만평(漫評), 각종 그래픽, 제목이나 사진 도안, 날씨나 바둑 등의 시각물 도안들이 있다. 3가지 원고들은 모두 집신망(集信網)을 타고 신문사 내외부에서 메인 서버 (기사서버+사진서버)로 모여든다. 저장돼 있던 자료들도 많이 사용된다.

편집 준비 및 편집 취재부서에서는 자신들이 만든 원고들을 꺼내서 종합, 정리, 가공, 수정해 편집부로 넘겨준다. 편집부에 원고를 넘기는 부서로는 정치부, 경제부, 사회부, 문화부, 체육부, 국제부, 사진부, 정보관리부, 논설실 등이 있다. 연합뉴스 기사는 편집부에서 바로 점검할 수 있다. 편집부는 기사와 사진 원고를 넘겨받아 제목을 달고 지면 디자인을 하면서 필요한 도안 등 치장작업을 편집미술부에 의뢰한다. 다른 한편으로 교정부에서는 컴퓨터로 원고에 대한 교정작업을 진행한다. 편집용 컴퓨터에서 편집을 마친 개개의 지면은 각 부의 부장과 국장단, 교정자, 편집자, 편집부장에 의해 수정되고 개정된다.

제작 및 배달과정 OK 사인이 떨어진 지면은 컴퓨터상으로 제작기술부서에 넘겨지고, 여기서 기사와 광고(광고국에서 제작)를 합체시켜 전체 지면작업을 완료한다. 제작기술부서에서는 완성된 지면을 디지털 신호로 윤전공장에 전송해준다. 윤전공장의 페이지 팩스(신문 한 면 크기의 필름용 팩스)가 이를 수신해 신문 한 면 크기의 필름을 받아낸다. 이 필름을 수지판(樹脂版: 알루미늄 밑판에 수지를 발라놓은 판)에 부착해 감광시키면 윤전기용 인쇄원판(쇄판)이 만들어진다. 이것을 윤전기에 부착해 인쇄를 한다. 시간 절약을 위해 인쇄가 진행되는 대로 수송시간이 긴 지국부터 신문을 발송한다. 지국에서는 삽지(광고지)를 넣어 독자들에게 배달한다(박진용, 2004, 2005).

3) 보도 실례

신문 보도를 실제 상황에서 살펴보기 위해 동아일보(조간) 홈페이지에 소개된 하루 24시간 보도과정을 시간대별로 정리해봤다. 통합 뉴스룸이 일반화되면서 신문은 종이신문과 온라인 양쪽의 활동을 병행하고 있다.

오전 작업 보도활동의 시작은 오전 7시쯤부터다. 사회부 사건기자들이 각 경찰서와 병원, 소방서 등 출입처에 들러 사건 사고 현장 등의 뉴스와 정보를 챙긴다. 오전 9시 30분쯤 외근기자들이 기사 계획을 발제한다. 각 기자는 기사 소재를 데스크(부장과 차장)에 보고하며, 각 부서의 부장은 그날의 지면을 구상한다. 오전 11시 인터넷용 기사가 출고된다. 편집국 부장 및 팀장급 이상 간부들이 참석하는 오전 11시 편집회의에서는 아침에 발행된 신문을 비교 검토하고, 그날의 주요 기사 계획을 논의한다. 당일 예고된 기사 또는 속보(기획)는 정치, 사회, 경제 등 주요 부서와 인터넷뉴스

팀이 수시로 작성해 부서 데스크를 거쳐 곧바로 출고한다. 인터넷용으로 출고된 기사들은 닷컴을 통해 서비스된다. 오전 11시 30분 편집국장단과 정치, 경제, 사회, 문화부 등 주요 부장들이 따로 모여 주요 지면의 기획 아이템을 논의한다.

오후 작업 내외근 기자들은 오전 11시부터 오후 5시까지 기사 작성, 전송, 편집, 신문 제작을 동시다발적으로 진행한다. 취재기자들은 현장에서 노트북 컴퓨터로 기사를 작성한 후 편집국으로 전송한다. 사진기자가 찍은 사진이나 디자인기자의 그래픽도 전 과정이 컴퓨터로 처리된다. 각 부서의 데스크는 보내온 기사가 사실에 충실한지, 저널리즘 원칙에 맞는지 점검한다. 편집부의 지면 담당 편집기자는 기사와 사진, 그래픽 등을 내용에 따라 적절한 위치에 배치하고 제목을 붙이는 지면 설계 작업을 한다. 오후 2시에 또 한 차례 편집회의가 열린다. 오후 부장회의에서는 당일 발생한 생생한 뉴스를 고려해 지면 계획을 수정한다. 오후 3시에는 발행인과 편집국장, 논설주간이 모여서 그날의 주요 기사와 논설 등 지면 계획을 논의하는 제작회의가 열린다.

편집 및 초판 작업 편집기자들은 교열을 거친 기사와 화상 작업을 마친 이미지가 자신에게 되돌아오면 조판 작업을 마무리한다. 모든 제작 자료는 편집기자의 설계와 화상편집기 전문 오퍼레이터의 손을 거쳐 지면화 된다. 오후 6시에 기사가 마감되고 곧 조판작업이 종료된다.

야간 작업 오후 7시 30분 갓 발행된 초판 지면을 검토하는 저녁 편집회의가 열린다. 최종판(서울시내판) 지면에 보완할 부분이 없는지 점검한다. 오후와 밤 시간대에 발생한 새 뉴스들로 지면 계획을 재조정할 때도 있다. 기자들은 뉴스가 발생할 것에 대비해 밤 8시부터 대기상태에 들어간다. 밤 10시 편집국장단과 각 부서장이 모여 마지막 지면 점검회의를 한다. 최종판까지 새로운 뉴스를 담고, 기사의 정확도를 높이기 위해 지면을 수정한다. 당직 기자들은 국내외에서 발생한 중요 뉴스를 데스크에 보고해,

지면에 반영한다.

심야 최종판 작업 완성된 지면은 전용 광통신망을 통해 전국의 인쇄공장 페이지 팩스로 전송돼 필름으로 출력된다. 제판기 공정에서는 이 필름을 사용, 알루미늄 수지판을 감광시켜 인쇄원판을 만들어낸다. 이 수지판(쇄판)을 윤전기에 걸어 인쇄작업을 한다. 통상 밤 12시부터 새벽 2시30분까지 신문 인쇄 작업이 진행된다. 특종기사의 경우 인쇄 종료시점까지 지면에 반영할 수 있다. 인쇄된 신문은 수송 차량에 실려 독자센터에 전달되고 배달사원들의 손을 거쳐 새벽 4시 30분까지 배달이 완료된다.

심야 온라인 작업 새벽 3시에는 당일 최종판(서울판) 신문기사 전체가 인터넷에 올려진다. 집으로 배달되는 종이 신문보다 이르게 인터넷으로 기사와 PDF 신문을 볼 수 있다(http://www.donga.com/docs/ilbo/, 2011년 6월).

4. 신문기사

메시지 전달에서 신문은 방송에 비해 문장 의존도가 높다. 방송은 의미전달을 위해 문장 외에 소리(현장음), 영상을 사용할 수 있지만 신문은 문장만으로 전달수단이 국한된다. 이런 한계를 극복하기 위해 방송의 소리와 영상을 문장의 상상력으로 대체시키는 등 문장 메커니즘을 발전시켜왔다. 글쓰기 측면에서 신문기자들이 비교우위를 가지는 것은 이런 작업 스타일 때문이다. 신문의 기사 쓰기 일반원칙이나 세부사항들은 방송이나 온라인에 거의 그대로 적용시킬 수 있다.

1) 기본 기사

신문기사는 중요성과 빈도를 기준으로 4개 그룹으로 나눌 수 있다. 스트레이트, 해설, 화제물, 특집기획, 인터뷰, 사설, 칼럼은 중요성과 빈도가 높은 그룹이다. 기본기사로 꼽아줄 만하다. 단신, 다이어리, 실용, 방송안내 등은 빈도가 높지만 중요성이 떨어진다. 대담, 평론은 중요성은 있으나 빈도가 낮고, 가십(Gossip), 스케치, 연문은 중요성, 빈도수 모두가 낮은 유형이다.

스트레이트 보도기사의 기본형이다. 감정이나 편견에 좌우됨이 없이 객관적으로 있는 사실만을 제시하는 대표적 경성기사다. 육하원칙에 따라 역피라미드 형식으로 작성된다. 사실, 예증, 근거, 논리 등에 입각한 기사여야 한다. 전문(lead)과 본문으로 구성된다. 기사 형식 파괴와 함께 여러 변형 스트레이트가 나타난다. 스트레이트는 해설이나 화제물, 특집 기획, 인터뷰, 사설, 칼럼 등을 선도하는 예가 많다.

해설 해설기사는 스트레이트에서 못다 보도한 내용을 설명, 분석, 부연해주는 기사다. 주관적 해석과 분석이 가능하다(김창룡, 2007). 스트레이트 병행해설과 단독해설로 나뉜다. 중요사안이 발생했을 때 스트레이트로 개요를 알려주고 상세한 내용이나 배경, 전망, 여파, 부작용 등을 짚어주는 것이 병행해설이다. 단독해설은 좀 부드러운 소재의 사태나 상황을 풀어서 설명해줄 필요가 있을 때 쓰인다. 시사적 의미가 스트레이트만큼 크지 않다. 기사 쓰기 양식도 스트레이트보다는 자유롭고 부드럽다.

화제물 스트레이트나 특집기획의 병행 화제물 또는 단독 화제물이 있다. 관심의 대상이 되는 사람이나 사안 등을 무겁거나 가볍게, 요모조모 소개해주는 기사다. 스트레이트나 해설은 중요성에, 화제물은 흥미성에 중점이 두어진다. 뉴스의 요소 중 저명성, 이상성(異常性), 갈등성, 인간적 흥미 등이 관련된다.

인터뷰 스트레이트나 특집기획의 병행 인터뷰 또는 단독 인터뷰가 있다. 서술식은 인터뷰 대상자의 발언을 중심으로 기자의 시각과 느낌을 간략하게 보태는 방식이다. 문답식은 말 그대로 질문과 답변을 완전히 구분한다.

시간이 급하거나 사무적으로 전달할 필요가 있을 때 많이 쓰인다. 인용식은 발언 내용 하나하나가 분명한 의미가 있어 원형 그대로 전달하는 데 중점을 둔다.

특집기획 특정의 주제에 대해 일상적 취재 이상의 인력과 노력을 투입하여 통시적 또는 공시적 관점에서 광범하고 깊이 있게 보도하는 기사다. 용도가 다양해 대중소의 크기 구분도 가능하다. 스트레이트에 의해 유발된 것과 단독적인 것의 두 범주가 있다. 사회적 이슈가 되거나 시의성이 있는 문제에 대한 추적이 많다. 새로운 이슈를 제기하기 위해서도 사용된다. 다큐멘터리나 비사(秘史) 등의 특집기획이나 흥미성, 화제성 특집기획도 가능하다. 연재물이 일반적이지만 한 번에 1, 2개 면 전체를 채우는 방식도 있다. 정치, 경제, 사회, 문화, 교육, 생활, 체육, 국제 등 거의 전 지면에서 특집기획이 사용된다. 심층취재, 현장취재, 탐사취재, 잠입취재, 체험취재와 연결될 수 있다.

사설 대의공론에 입각한 의견기사다. 논리적으로 논지를 전개하며 결론이 반드시 있어야 한다. 사회 공공의 일로 소재가 국한된다. 글의 형식이 정해져 있으며 형태가 딱딱하고 예리하다. 사실을 바탕으로 글이 전개되지만 결론은 의견이다. 전문 언론인들이 주로 집필하지만 외부 전문가, 시민기자들도 사설을 쓸 수 있다.

칼럼 정형이 없다. 이성적이거나 감성적이거나 양자의 복합, 어느 형태도 가능하다. 소재도 신변잡사에서 국가대사에 이르기까지 다양하게 다룰 수 있다. 결론이 있어야 할 필요가 없고 글 쓰는 형식도 자유롭다. 독자에게 어떤 주장이나 의견을 전달하는 게 많지만 반성, 의문, 상상, 느낌을 주기만 해도 무방하다. 소재 자체가 주로 의견성이지만 사실성이 제외되는 것은 아니다. 사설과 마찬가지로 사내 필진과 사외 필진으로 구분된다(박진용, 2004, 2005).

2) 여타 기사

기본 기사 외의 기사 유형으로는 대담, 평론, 단신, 다이어리, 실용, 방송 안내, 가십(Gossip), 스케치, 연문 등이 있다. 기고, 투고 기사는 고정되지 않은 외부 필진이 쓴다는 데 초점을 둔 분류방식이다. 블로그 기사는 온라인에서 건너온 양식으로 일대일 대화양식의 편지체라는 특징이 있다. 신문기사에서 중화체를 쓰지 않는 경우는 대담과 블로그 기사 두 가지 정도다.

대담, 평론 대담은 두 사람 이상의 대화를 기사로 하는 경우다. 기자가 대담자나 진행자로 참여할 수도 있고 안 할 수도 있다. 2인 대담, 3인 정담, 좌담, 토론 등 양식이 있다. 평론은 주로 음악, 미술, 문학, 영화, 저술 등 인문·문예 부문의 창작성이나 최신 조류를 평가, 설명하는 기사다. 예술평론, 문학평론이 대표적이다. 시사 비평이나 미디어 비평도 평론기사의 하나다. 기자가 평가의 주체가 되거나 전문가들의 의견을 정리하는 2가지 방식이 있다.

단신 주요 기사는 아니지만 사용빈도가 높다. 뉴스 요약(다이제스트), 공적·사적 생활정보, 인물 동정 등의 유형이 있다. 뉴스 요약은 사회적 비중이 크지 않은 뉴스들을 짤막짤막하게 묶어 내놓는 기사다. 작은 스트레이트라 할 수 있다. 생활정보는 교통, 병원, 납세, 금융, 단수, 단전 등 공적인 것과 동창회, 향우회, 결혼, 부음 등 사적인 것이 있다. 정보 제공자가 공공의 기관단체냐, 사적 모임 또는 개인이냐의 차이다. 공적 생활정보는 뉴스 요약으로 만들 수도 있다. 인물 동정은 기관이나 조직의 주요 인물의 동정을 알려주는 기사다. 새 기관단체장 프로필, 홍보대사 위촉, 해외출장, 학위 취득 등의 사례들이 있다. 단신은 보통 200자 원고지 1장 내외의 길이다.

다이어리, 실용, 연문 다이어리는 일, 주, 월 단위의 일지식 기사다. 오늘의 소사나 역사 속의 오늘, 금주의 이벤트, 이달의 호국인물 등등의 사례들이 있다. 오늘의 운세나 금주의 운세도 다이어리 범주에 든다. 실용기사는 외국어 배우기 한 토막, 고사 속의 한자, 가정생활의 지혜 등 주로 고정물로 매일 또는 주 단위로 연재되는 기사다. 연문(軟文)은 서시나 추도시, 편지글 등의 기사를 말한다. 특정 상황에서 제한적으로 사용된다.

가십, 스케치 가십은 교훈이나 비판, 흥밋거리가 담긴 하나의 에피소드다. 일반적으로 기사 크기가 작지만 완결되는 구성을 가진다. 기사 쓰기의 자의성 때문에 1990년대 이후 거의 없어졌다. 방송의 흥미성 영상기사는 가십에 가까운 구성을 보여준다. 스케치는 분위기나 상황을 전달해주는 단편적·파편적 이야기 토막들이다. 사건사고 현장, 연말 도심가, 수능시험 현장 등의 스케치가 있다.

기고와 투고 기고는 칼럼 형식이 일반적이다. 미리 정해진 필진이 아니며, 원고 청탁과정이 있거나 없거나 한다. 주제는 시사 이슈나 평론, 감상, 생활 잡기 등 다양하다. 전문적 의견이나 주장도 많다. 투고의 전형은 독자 투고다. 칼럼이나 기고 기사와의 차이점은 매체로부터 원고청탁이나 게재 약속이 사전에 주어지지 않는다는 점이다. 시사문제가 주류를 이루나 광범한 신변잡사가 소재로 등장한다. 의견기사가 많지만 독자 고발이 될 때는 사실기사가 된다(박진용, 2004, 2011).

블로그 인터넷 등장 이후 통합보도체제가 낳은 신유형이다. 뉴스의 이면이나 취재소감 등을 자유롭고 편안하게 털어놓는 공간이다. 인터넷 이전에도 편지체 기사는 더러 있었지만 일대일 상황을 가정한 것은 아니었다. 신문에 사용되는 블로그 기사는 대체로 해설, 평론, 스케치, 가십 정도의 기사 범주에 속한다.

3) 기사 쓰기의 일반원칙

기사 쓰기에서는 1차적으로 사실의 전달, 설득, 의례, 재미 등 글 쓰는 목적을 분명히 해야 한다. 독자의 정서나 이해 수준도 중요한 고려대상이다. 글쓰기에서는 내용(창의성, 명료성, 논리성, 적절성), 구성(통일성, 응집성), 구문(문장구조와 문장 형태), 문법, 기능(철자법), 어휘의 6가지 조건들이 적합성을 지녀야 한다(허용 외, 2008에서 재인용).

완전원고 기사는 대체로 짧은 글이고, 문장 자체보다는 정보성, 흥미성을 중시한다. 기사 쓰기의 지향점인 완전원고는 ① 해당 분야에 대한 폭넓은 경험과 전문지식, 통찰력을 갖춘 기자가, ② 기사 작성법에 대한 충분한 지식과 기능을 익힌 뒤, ③ 사회현상의 시의적(時宜的) 해설능력과 처방능력을 보여주는 원고라 할 수 있다. 즉, 경험과 전문지식, 문장능력, 기자로서의 센스를 두루 갖춰야 완전원고에 접근할 수 있다(박진용, 2004).

3단계 전략 고도의 집중력을 요하는 기사 쓰기에서는 상당한 정도의 인지력이 소모된다. 긴 글을 쓸 때 후반부로 갈수록 문장 구사능력이 떨어지는 현상을 발견할 수 있다. 피로도의 증가나 집중력의 저하가 기사 내용에 그대로 반영된다. 정상적인 컨디션에서는 잘 나타나지 않는 거칠고, 단순하고, 노골적인 문장이나 용어들이 불쑥 끼어들어 기사의 흐름을 흐려놓는다. 인지력을 아낄 수 있는 기사 쓰기 기법을 익혀야 한다. 구상, 초고, 퇴고의 3단계 전략을 권장할 만하다. 각 단계별로 시간이 적절히 배분돼야 한다. 구상 단계는 개략화, 초고에서는 구체화, 퇴고에서는 세밀화가 기본 전략이다. 초고에서 대강의 문장으로 전체적인 틀을 잡고 퇴고에서 세부사항을 손질해나가는 방식이 적절한 대처법이다.

구상 단계 구상 단계에서는 기사의 핵심 즉, 눈을 무엇으로 할 것인지에 대한 숙고가 필요하다. 사실에 의미를 부여하고, 해석을 새롭게 하는 것이 이 작업의 요령이다. 기사에 따라 차이가 있겠지만 눈은 한 가지로 하는 것이 좋다. 제한된 기사 분량으로 눈을 여러 개 만들면 논점이 흐려지고 서술이 불충실해지기 쉽다. 눈이 만들어지면 전체 글의 구조를 정하고 소주제나 핵심주장을 정리한다. 키워드는 따로 써놓아야 한다(배정근, 2007).

초고 단계 초고에서는 글의 큰 내용에 집중하는 것이 올바른 접근이다. 처음부터 완벽한 문장을 쓰려고 하면 시간 소모가 너무 커진다. 글이 안 풀리면 조바심이 생겨 기사 완성이 더 어려워질 수 있다. 심한 경우 뱉어낸 문장 안에서만 사고가 맴을 돌게 된다(제4장 148쪽 트랩 효과 참조). 편하게 대강 적는다는 느낌으로 초고를 쓴 뒤 두 번 세 번 고쳐나가는 게 좋다. 시간사용이나 심리적 안정감에서 훨씬 효율적이다.

퇴고 단계 퇴고에서는 부가, 삭제, 구조를 검토해본다. 부가는 핵심내용의 보완, 삭제는 불필요하거나 초점을 흐리는 부분의 제거, 구조는 글의 배치 재확인이다. 관심을 일으키는 사실이 있더라도 그것이 주변적인 것으로 판단되면 과감하게 가지를 쳐야 한다. 퇴고는 시차를 두고 여러 번 하는 것이 성과를 높인다. 글을 객관화할 수 있다. 기사를 소리 내어 읽어보면 글의 리듬감 여부를 확인할 수 있다(배정근, 2007). 퇴고의 마지막 단계에서 표현, 문법, 용어, 철자, 숫자 등 자잘한 내용들을 정리한다.

4) 기사 쓰기의 대강

기자들이 글을 쓰다 보면 기사 맥락과 무관한 매력적 문장이나 단어 그 자체에 이끌리는 경우가 있다. 그러나 전체 글과 어울리지 않는 매력적인 문장이나 단어는 의미의 흐름을 왜곡시킬 뿐이다. 기사 쓰기에서 유의해야 할 여러 원칙들은 상호보완적인 것들이 많다. '기사 쓰기의 대강'은 주로 초고 단계에서 고려해야 할 사항들이다.

형식 요건 전체 기사의 호흡, 한 문장의 길이, 의미의 수, 주동(능동)과 피동, 시제 등이 고려돼야 한다. 문장이 고급화될수록 호흡에 대한 고려가 늘어난다. 호흡의 조절은 문장 간의 운율이라고 보면 된다. 문장의 길이에 적절한 변화를 주라는 것이다. 예를 들면 단 - 중 - 단 - 장 식의 변화를 줄 수 있다. 단은 40자 이내의 짧은 문장, 중은 41~60자 문장, 장은 61~80자

문장이다. 단위 문장의 길이는 조금씩 짧아지는 추세다. 특별한 사유가 없는 한 80자를 넘어서지 않도록 하는 게 좋다. 의미의 수에 있어서는 한 문장에 중심 되는 의미가 한 가지만 담기도록 노력해야 한다. 사건의 원인과 진행을 한 문장에 묶기보다 원인 따로, 진행 따로가 좋다. 주동과 피동의 경우 주어가 분명한 주동의 표현이 더 바람직하다. 주어가 불분명하면 기사의 이해가 어려워진다. 의도적인 완화나 겸손, 피해 가기가 아니라면 능동으로 쓰는 게 원칙이다. 시제는 현재로 한다. 기사에 사용되는 사실은 거의 과거지만 현재로 제시하는 것이 보도의 현실감과 박진감을 높인다.

내용 요건 각 문장의 주제어들이 자연스러운 연쇄를 일으키도록 해야 한다. 예를 들어 북한군의 연평도 포격 기사라면 북한군 도발 - 아군 대응 - 피해 상황 - 남북관계 긴장 - 후속조치 검토 등의 주제어들이 나타난다. 주제어들이 순서에 맞게 자연스레 배열되지 않으면 이가 빠진 것처럼 글 읽기가 거북하거나 이상해진다. 의도적인 전환이나 긴장감 유발이 아니라면 앞 문장 주제어의 연상영역을 벗어나서는 안 된다. 앞 문장 주제어와 쉽게 그리고 잘 연결되는 주제어를 배치해야 글 읽기가 쉬워진다.

전문 쓰기 언론의 글쓰기 훈련은 주로 역피라미드 형식인 스트레이트로 출발해 박스 기사로 넘어가는데 기자들은 대개 스트레이트를 더 어려워한다. 짧은 글에 사실, 시각, 논리적 배열이라는 3가지 목표를 동시에 충족시켜야 하기 때문이다. 그만큼 집중력이 필요하다. 훈련되지 않으면 틀에 맞춰 쓰기가 어렵다. 스트레이트에 능해지면 박스는 대개 따라온다. 반면 박스를 잘 쓴다고 해서 스트레이트 능력을 보장해주지는 않는다. 스트레이트를 한 번 더 요약한 게 전문(前文)이다. 그래서 전문 쓰기가 가장 어렵다고 한다. 제대로 된 전문이 되기 위해서는 전체 기사에 대한 완벽한 이해, 뉴스성의 추출, 그것을 포괄적이면서도 구체적으로 표현할 수 있는 능력을 갖춰야 한다. 변형 스트레이트나 연성기사의 전문은 형태가 다양해 어떤 가이드라인을 두기가 어렵다(박진용, 2004, 2005).

5) 기사 쓰기의 세부

앞에서 본 문장의 형식과 내용이 초고 단계에서 기사의 골격을 잡는 것이라면 '기사 쓰기의 세부'는 퇴고 단계에서 유의해야 할 사항들이다. 어순, 일치, 중복, 나열, 운율, 어휘 등의 요소들에 대한 이해를 필요로 한다. 서술의 편의상 기사 쓰기의 대강과 세부로 나누고 있지만 실제 기사 쓰기에서는 한꺼번에 검토해야 할 때가 많다.

어순의 명료화 주어와 술어, 수식어와 피수식어, 빈도의 변화 등은 가깝게 놓일수록 뜻이 명확해진다. 주어와 술어를 가깝게 위치시키라는 것은 문장을 짧게 쓰라는 말과 다르지 않다. 수식하는 말은 가능한 한 수식 받는 말 앞에 써야 한다. 잘못된 수식관계는 부사어나 관형어가 적절한 자리에 놓이지 않아서 발생하는 경우가 대부분이다. 부사나 부사어는 가능한 한 동사에 가깝게 배치해야 한다. 빈도의 변화에서는 '한 달 1차례에서 올해부터는 3차례'보다 '올해부터는 한 달 1차례에서 3차례' 식이 낫다는 이야기다.

일치 다양한 차원에서 기사 요소들 간의 일치가 유지돼야 한다. 일치의 원칙이 무너지면 문장이 불량해진다. ① 주어와 술어의 일치, ② 주동(능동)과 피동의 일치, ③ 문장성분의 일치, ④ 단어의 일치, ⑤ 시각의 일치, ⑥ 문체의 일치 등이 점검대상이다. 일치가 강조되는 것은 정확한 기사의 명확한 전달을 위해서다. 주어와 술어를 일치시키려면 문장 구조를 단순화하는 것이 좋다. 길면 나눠야 한다. 한 문장에 주술 관계(안은 문장과 안긴 문장)가 2개 또는 3개[2] 정도 들어가는 것이 적절하다. 4개 이상은 피하는 게 좋다. 이어지는 문장의 앞쪽은 주동으로, 뒤쪽은 피동(사동)으로 서술하면 문장이 뒤틀려 양복에 한복을 걸친 꼴이 된다.[3] 접속되는 앞뒤 문장,

---

2) 문장 예 : 객석에서 바라본(1) 콘크리트 배경은 미관에 좋지 못하다(2)는 관객 의견을 수용했다(3).

성분은 문법과 의미가 동질적이고 대등한 관계여야 한다. 자동사 - 타동사, 목적어 - 보어가 아니라 타동사 - 타동사, 목적어 - 목적어 등 같은 격의 성분으로 연결해주는 것이 좋다. 비동질·비대등 접속문에서는 각각의 주어를 명시해야 한다. 자동사 - 자동사는 사태의 나열을, 타동사 - 타동사는 행위의 연속을 나타내는 일이 많다. 접속문 전체의 내용도 동질적이어야 한다. 의미의 층위가 다른 어휘를 연결하거나 나열하면[4] 비문법적 문장이 된다. 단어의 일치는 같은 기사 내에 간호사/간호원, 학부모/학부형, 공단/산업단지 등을 섞어 쓰지 말고 어느 한 쪽으로 일치시켜야 한다. 시각의 일치는 1인칭이든 3인칭이든 기사 기술의 시각을 어느 한 가지로 하는 것이 원칙이다. 문체에서도 연성이든, 중성이든, 경성이든 같은 흐름을 유지해줘야 읽기가 편하다.

중복 기사 쓰기 훈련에서 가장 자주 거론되는 주의사항이다. 간결, 명확과 직간접으로 연결된다. 중복은 ① 단어 자체의 중복(겹말), ② 문장 내 같은 단어의 중복, ③ 기사 내 같은 단어의 중복, ④ 종결형 중복 등의 경우가 있다. 겹말에는 한글(고유어)과 한자 겹말, 한자 겹말, 외래어 겹말의 3가지가 있다. 고유어에 한자어가 유입되면서 단어, 구절, 구문 등에서 수많은 겹말들이 만들어졌다. 단어로는 돼지족발, 외갓집, 팔달교다리, 역전 앞 등이 있다. 구절 중에는 '지나치게 과소, 지나간 과거, 어려운 난관, 거의 대부분, 더욱 가중, 함께 공존, 그대로 방치, 사전에 예방, 새로운 신제품, 그대로 직행' 등 일상생활에서 굳어진 것들이 의외로 많다(배정근, 2007). 이외에도 '이름 있는 유명인, 할 수 있는 가능성, 다시 재발, 일견해 보기에는, 스스로 자각, 깨끗이 청산, 다 함께 동참, 진짜 순 참기름' 등등이 있다.

---

3) "소방차가 출동해(주동) 불이 꺼졌다(피동)"라는 문장에서 '불이 꺼졌다'는 '불을 껐다'로 연결해야 자연스럽다.

4) 생물과 무생물, 동물과 식물은 의미의 층위가 같다. 생물과 사람, 동물과 사과는 의미의 층위가 다르다.

구문에서는 '박수 치다, 식사 들다, 주목 끌다'(정확한 표현은 손뼉치다, 식사하다, 주목되다)와 같은 목적어와 서술어의 의미 중복이 나타나기도 한다. 한자어 겹말로는 '과반수 이상, 정기 월례회' 등이 있고, 외래어 겹말로는 '짜릿한 스릴, 행사 이벤트, 라인 선' 등이 있다(천소영, 2007; 박진용, 2004). 이런 식의 겹말들이 강조라는 긍정적 측면도 있지만 언론문장에서는 적합성을 가진다고 보기 어렵다. 가능한 한 모두 제거해야 깨끗한 문장이 된다.

문장 내, 기사 내 같은 단어의 중복에서는 의례적이거나, 무의미하거나, 과장 또는 축소의 부류들을 조심해야 한다. 한 문장 안에서나 인근 문장들에서 동어반복 하는 예가 생각 밖으로 많다(제4장 148쪽 언더라인 효과 참조). 이는 기사의 리듬과 다양성을 죽인다. 문장 끝 종결형의 반복도 기사를 우스꽝스럽게 만든다. 예를 들어 5개 문장을 모두 '-이다'로 끝내거나, '-있다'로 끝내거나, '-했다'로 끝낸 기사를 읽어보면 그 의미가 이해될 것이다.

나열 밥상에 같은 고기반찬 5가지나 같은 나물 반찬 5가지를 한꺼번에 올리는 사람은 없다. 숫자의 절제 없는 나열, 같은 격을 가진 단어들의 지나친 나열 등은 독자들의 각성도를 떨어뜨린다. 보통의 경우 이미지나 숫자의 나열은 '사과, 배, 감'처럼 사람들이 기억하거나 발음하기 쉬운 3개까지가 적절하다.[5] '사과, 배, 감, 대추, 호두'처럼 나열이 많아지면 독자들은 아무것도 기억하지 못한다.

단어의 선택 단어사용에서의 안배와 일치는 문장 안에서 무거운 단어와 가벼운 단어를 적절히 안배시키고 무거운 단어가 중요한 개념을, 가벼운 단어가 주변 개념을 설명하는 것이 원칙이다. 외국어, 한자어, 숫자 등은

---

[5] 일반인들은 단기기억에서 7청크(chunk, 의미의 묶음)±2의 기억능력을 보인다. 월화수목금토일은 7청크다. 기사에서는 기억해야 할 앞뒤 단어와 문장들이 있기 때문에 나열되는 의미를 최소화하는 것이 바람직하다.

무거운 단어의 범주다. 이에 비해 순 한글, 일상용어 등은 가벼운 범주에
든다. 단어 선택에서는 발음에 대한 고려도 필요하다. 단어들의 마지막
음절에 같은 자음 받침이 연이어 사용되는 것은 피해야 한다. '많은 젊은
사람들이'와 같은 경우는 좋지 않다.

　　언어습관　과장과 흥분 같은 국민 일반의 나쁜 언어습관은 기사에서 걸러
줘야 한다. '대(大)'자나 '큰' 자의 남용(대격돌, 큰 걱정 등), 용어적 흥분(우롱,
기만, 투쟁 등), 수식적·의례적 흥분(초긴장, 초대형, 긴급출동)을 자제해야
한다(박진용, 2004). 최근 언론 문장에서 피동이어야 할 내용을 주동으로
표현하는 것도 잘못된 언어습관의 하나다. "경제상황이 악화되다"에서 주
어는 사람이 아니기 때문에 동작을 일으킬 수 없는데도 "경제상황이 악화하
다"로 쓰는 경우가 흔하다. "사람이 기도하다"를 "사람이 기도되다"로
쓰는 것이나 마찬가지다.

5. 신문 편집

　　언론사의 뉴스 운영은 합리적 질서에 따라 움직이는 것이 아니다. 일반성
이나 절대성만큼이나 특수성과 상대성의 영향을 받는다. 기자들은 취재대
상을 의도적으로 선택하거나 가리지 않지만 결과적으로 선택한 모양새가
될 때가 있다. 이는 곧 특수성을 의미한다. 뉴스가치의 평가에서는 상대성이
강하게 작용한다. 당일의 기사 중 어느 것이 가치 있느냐가 보도 여부와
보도 크기를 결정하기 때문이다(박진용, 2004).

1) 편집

　　개개의 신문은 자신만의 개성을 가진다. 그 개성을 구현하는 것이 광의적

〈표 7-3〉 한국 신문의 주요 판형

(단위: mm)

판형	대판	베를리너판	타블로이드판
한국 규격	394×546	323×470	273×394
사용 비율	60.4%	1.3%	28.5%
구미 규격	400×570	315×470	285×400

자료: 한국언론진흥재단(2010a).

의미의 신문 디자인이다. 디자인 개념은 선을 긋기가 어렵지만 2가지 요소가 중심이 된다. 즉, 기본구조와 타이포그래피(typography, 인쇄체제)다. 기본구조란 신문 판형, 제호, 디자인 규정 등을, 타이포그래피는 글자체, 글자크기, 글줄 사이, 글자 사이, 낱말 사이 등의 체제를 말한다(서정우, 2002). 신문판형으로는 대판(broadsheet), 베를리너판(berliner), 타블로이드판(tabloid)의 대중소 3가지가 있다(한국언론진흥재단, 2010d). 판형 선택은 신문의 개성을 상당 부분 결정한다. 대판은 전통신문, 베를리너판은 실용성과 도시성, 타블로이드판은 대중성과 선정성을 암시한다. 타이포그래피 역시 신문의 개성을 결정하는 중요한 요소다. 본문 활자와 제목 활자의 어울리는 정도, 글자체, 행간, 띄어쓰기의 형식 등이 신문의 인상을 아주 다르게 만든다. 판형과 타이포그래피 구축에는 거액의 자금이 들어 한 번 결정하면 쉽게 바꿀 수 없다. 신문편집은 이런 요소에 종속된다.

"좋은 편집 없이 좋은 신문 없다"는 말처럼 편집은 좋은 신문의 첫째 조건이다. 편집은 기사가치 판단, 표제(제목) 달기, 지면 디자인(레이아웃)의 3가지 작업으로 구성된다. 편집기자는 기사의 첫 독자로서 기사가치를 판단하고 표제를 달아 지면에 배치하고 지면을 단장하는 작업을 한다. 신문을 시장에 내놓는 마케터의 역할이다. 편집기자는 언어적인 감각과 미적인 감각을 동시에 갖추고 있어야 한다. 1990년대 이후에는 컴퓨터 조판 능력이 필수화되고 있다(박진용, 2004).

2) 표제 달기

신문 뉴스 지면(스트레이트판)은 가로를 7단으로 구획하는데 한 단 크기 제목이면 1단 기사, 두 단 크기 제목이면 2단 기사가 된다. 본문의 길이나 너비와는 무관하다. 이어서 3단, 4단, 5단, 6단 표제가 있고 '서해서 천안함 피격'과 같은 통단표제도 사용된다. 표제가 클수록 그 기사의 비중이 큰 것으로 간주된다. 문화, 특집 등 간지(間紙)에서는 뉴스 지면과 같은 단수가 적용되지 않는다.

표제 활자는 기사의 내용과 성격에 따라 여러 가지가 사용된다. 본문 활자를 동일한 형태로 확대시킨 명조체와 표제에 힘을 실어주는 고딕체가 기본이다. 필요에 따라 가독성이 검증된 변형 활자체들을 사용한다. 표제 달기에서는 큰 제목이 뉴스가 되는 행위나 내용의 핵심을, 보조 제목이 발언이나 행위의 주체, 세부사실, 배경 등을 담아주는 것이 기본원칙이다.

표제의 기능 표제는 ① 요약과 압축 기능, ② 암시 기능, ③ 뉴스 등급화 기능, ④ 지면 미화 기능, ⑤ 사시(社是) 반영 기능, ⑥ 광고 기능을 가진다. 학자에 따라서는 정보 전달 기능, 뉴스 색인 기능, 뉴스가치 평가 기능, 지면 미화 기능으로도 분류한다. 용어를 달리할 뿐 그 실질적 내용은 비슷하다. 요약과 압축 기능은 기사를 일일이 읽지 않고도 그 기사가 무엇을 말하고 있는지를 알게 해준다. 잘 정리된 표제는 하나의 기사역할을 해낸다. 표제의 보도 시각은 일종의 암시(프레임)이기도 하다. 독자들은 표제가 의미하는 바에 따라 기사를 읽으려는 성향을 보인다. 같은 기사라도 제목의 방향에 따라서 기사의 중심을 이동시킬 수 있다. 뉴스 등급화 기능은 개개 기사가 얼마나 중요한 것인가를 판단해주는 길잡이 역할을 한다. 표제의 크기가 뉴스 등급화다. 지면 미화 기능은 표제가 지면을 아름답게 꾸며 생기와 활력을 불어넣는다는 개념이다. 본문으로만 가득 채워진 지면은 접근을 어렵게 만든다. 사시 반영의 기능은 특정 언론사의 제작 지향점을 표제에 반영하는 기능이다. 이념과 가치의 기능이다.

표제의 조건 신문 표제는 문장에 가까운 의미의 전달체다. 그러면서도 뉴스를 정확, 간결하고 생생하게 표현해야 한다. 평이하면서 정중해야 제격이다. 기사가 풍기는 분위기와 맛에 어울리면서 전체 내용을 반영해야 한다. 표제 언어는 생략과 상징 등 수사적 기법들을 다양하게 구사하는 특성이 있다. 표제의 3가지 언어적 요건은 함축, 명료성, 운율이다. 내용적 요건은 새롭고 참신함, 의미의 재창조, 짧고 핵심적인 표현이다. 표제는 뭉뚱그린 개념의 전달을 목표로 하지만 한 마디의 구체 언어로 전모를 표현할 수 있어야 한다. 길이가 길어서도 재미가 없다. 왕 제목이라면 12자 이내로 핵심을 보여줘야 한다. 큰 제목이라면 15자 내외다. 자수 제한은 시대나 상황, 판형, 기사성격, 공간 여유에 따라 다소 달라진다(박진용, 2004).

3) 디자인

디자인(레이아웃)은 지면에 사용될 기사와 제목, 사진, 도안, 도표, 그래픽(정보그림) 등을 배열하고 정돈하는 작업이다. 신문의 첫인상을 결정하는 요인이다. 상쾌한 지면을 만들어 독자들이 게재된 기사를 모두 읽어나가도록 만드는 데 목적이 있다. 1단짜리 기사라도 독자들의 시선에서 벗어난다면 좋은 디자인이 아니다. 스트레이트, 해설, 간지 박스 등 기사의 유형과 기사의 내용, 그날의 지면 상황, 독자들의 관심도, 타 언론의 보도상황 등을 참작해서 디자인을 결정한다. 기본요소는 균형, 비율, 조화와 대조, 운율과 리듬의 4가지다. 신문 시각화와 함께 모듈러 편집과 파격형 편집이 일반화됐다.

기본요소 균형은 기사를 경중에 따라 차별화하면서 전체 지면이 자연스럽게 보이도록 처리하는 원칙이다. 한쪽이 지나치게 답답해 보인다거나 느슨해 보이게 해서는 안 된다. 편집의 각 요소들, 즉 제목, 사진, 컷, 삽화

간에는 적절한 면적 비율이 유지돼야 한다. 모든 표제는 그 크기에 상응하는 여백을 주어야 시각적인 효과를 살릴 수 있다. 기사의 길이와 표제의 크기가 불균형을 이뤄서도 안 된다. 조화는 눈에 거슬리지 않게 요소들을 구현하는 일이다. 심각한 사건 기사에는 검은 바탕의 고딕체 제목이, 부드러운 미담 기사에는 명조체가 알맞다. 대조는 균형적인 조화를 의미한다. 좌우 또는 상하에 같은 내용 또는 상반된 내용을 대칭시킬 수 있다. 운율은 신문을 펼쳤을 때 컷이나 제목을 부드럽고 경쾌하게 읽을 수 있게 해주는 요소다. 어떤 지면이 모두 읽히기까지 한 요소에서 다른 요소로 자연스레 독자들의 눈을 끄는 것이 리듬이다.

모듈러 디자인 1982년 창간된 ≪USA투데이≫는 아트 디렉션 개념을 도입함으로써 신문 디자인의 새 패러다임을 만들어냈다. 모듈러(modular) 채택과 함께 1면 편집을 정형화시켜 10여 개의 지면 모델을 뉴스 상황에 따라 순환적으로 사용한다. 정보그림, 즉 그래픽을 디자인의 중요한 요소로 부각시켰다. 국내에서는 2000년대 이전에 균형, 대조, 집중 중시의 레이아웃을 해왔으나 2000년대 이후 모듈러형이 대세가 됐다. 모듈러형은 각각의 기사를 규격화된 구성단위, 즉 모듈(module)로 만들어 블록을 쌓듯 배치하는 기법이다. 과거의 신문 제작이 기사에 디자인을 종속시켰다면, 모듈러형은 디자인에 기사를 맞춘다. 디자인이 단순해 가독성이 좋고 지면에 안정감을 주며 개개 기사가 고루 다뤄지는 장점이 있다. 반면 각각의 기사를 한 단위의 상자(Block)로 만들어 배치하므로 크기 조건을 맞춰야 한다.

파격형 디자인 뉴스 지면의 경우 대형 사건·사고나 대형 재해가 발생했을 때 잘 사용된다. 편집의 기본원칙은 거의 무시된다. 연평도 포격, 대통령 당선, 미국 9·11사태 등 초대형 사건보도의 경우 사진과 제목이 지면 전체를 차지하게 되며, 상황의 급박한 전달을 위해 여러 줄의 제목이 달린다. 스포츠·특집 기사에서도 사진이나 그래픽 요소들을 파격적으로 배치하는 디자인이 자주 쓰인다. 기사는 단지 사진과 제목의 빈자리를 활용, 균형 있게 배치하는 정도에 그친다(박진용, 2004).

4) 신문사진

신문사진은 Heliography, Photogenic Drawing 등으로 불리다가 1839년 영국학사원의 허셸(William Herschel)에 의해 photography로 공용화됐다. 1848년 비오와 스텔즈너(Biow and Stelzner)가 독일 함부르크에서 있었던 대화제를 기록한 40여 장의 사진들이 최초의 포토저널리즘으로 간주된다. 지면에 사진을 처음 게재한 신문은 1880년 3월 4일 미국의 《뉴욕 데일리 그래픽》이다. 보도사진이란 용어는 1934년 일본에서 처음으로 사용됐다. 기사의 그늘에서 벗어나 독자영역을 구축한 것은 TV 등장 이후다. 한국에서는 신문의 조판 방식이 세로짜기에서 가로짜기로 전환되면서 사진의 비중이 커졌다(서정우, 2002).

신문사진의 기능   압축, 고발, 확인, 의문 해소, 의미 부여, 지면 미화 기능을 가진다. 신문사진은 기사를 압축해서 하나의 장면으로 보여준다. 기사에 제시된 사실에 대한 의문을 해소해주거나 확인, 고발하는 기능을 가진다. 사진의 게재 자체가 어떤 보도대상에 대해 의미를 부여해주는 기능이 있다. 사진 없는 신문을 상상하기 어려운 것은 지면을 보기 편하게 해주는 미화 기능 때문이다.

신문사진의 유형   스트레이트, 기획, 스포츠, 기타 사진의 4가지 범주로 나눌 수 있다. 스트레이트 사진은 기자가 시간, 장소, 피사체, 배경 등 촬영환경을 전혀 통제할 수 없는 사진이다. 화재나 시위현장 사진은 사진기자가 통제하거나 재연할 수 없다(박진용, 2004). 미국 사진기자협회는 스트레이트 사진을 돌발적 사건을 담은 현장뉴스(spot-news) 사진과 사전에 계획된 행사 사진인 일반뉴스(general news) 사진으로 구분하고 있다(서정우, 2002). 기획 사진은 기자가 전면적이거나 제한적으로 상황을 통제할 수 있는 사진이다.

스포츠 사진은 별도의 장르로 간주된다. 그 안에 스트레이트, 기획, 기타 사진이 다시 세분류된다. 기타 사진은 다양한 용도를 가지며 인물, 정물, 특수사진, 작품사진 등의 부류가 있다.

제8장

방송 저널리즘

1. 방송 개황

한국의 방송언론은 공영방송, 민영방송, 특수방송(이상 지상파), 유선·위성방송의 방송채널사용사업자(PP), IPTV로 대별된다. 지상파 경우 KBS, MBC, EBS가 공영이고 SBS가 민영이다. 지상파방송사의 지방 네트워크는 직할국(KBS), 계열사(MBC), 제휴국(SBS)의 형태로 운영된다.

1) 방송언론 구성

광의의 방송언론은 지상파 54개사(TV 33, 라디오 21), DMB 20개사(지상파 19, 위성 1), 유선·위성방송 195개사, 유선·위성 방송의 채널사용사업자 179개사, IPTV 3개사 등 451개사로 구성된다(방송통신위원회, 2011b). 채널 수는 지상파 TV 5개, 지상파 라디오 30개, 유선방송 180여 개, 위성방송 270여 개다. 이 가운데 라디오 겸영 지상파 TV 33개사, 유선·위성 방송의 채널사용사업자 20개사가 방송언론의 중심이 된다. 방송채널사용사업자의

<표 8-1> 2011 주류 미디어 보도 채널 현황

(단위: 개)

구분		방송사	TV(채널명)	라디오	DMB
지상파	공영	한국방송공사(1)—(18)	KBS1, KBS2	AM(3), FM(2)	U KBS(4)
		문화방송(1)+(19)	MBC	AM(1), FM(2)	My MBC(3)
		한국교육방송공사	EBS	FM(1)	EBS u
	민영	SBS(1)+지역민방(10)	SBS	AM(1) FM(11)	SBS u(9)
	특수	종교(5), 교통(2), YTN	-	AM(2) FM(10)	교통방송(2)
유선방송 PP		종편(4), 보도전문(2)	YTN 등(6)	-	지상파(2), 위성(1)
계		47	11	33	22

자료: 방송통신위원회(2011b)에서 요약 및 재구성.

경우 2011년 12월 개국한 종합편성 채널 4개, 보도 전문 채널 2개 외에 경제 전문 10여 개, KTV, 국회방송, 아리랑TV 등이 있다. 방송의 다채널화가 이뤄지면서 방송사 내부경쟁은 훨씬 복잡한 양상을 띠고 있다.

보도 채널 방송 보도는 여전히 지상파 TV 3사가 장악하고 있다. 이들 3사는 유선·위성방송의 채널사용사업자, 지상파·위성 DMB로 활동영역을 넓히며 방송 보도를 이끌고 있다. 2012년 현재 신문, 방송, 통신 등 주류 미디어들의 보도 채널은 지상파 TV 5개, 유선TV 6개, 라디오 33개, DMB 22개 등 66대다. 유선 TV로는 종합편성 채널인 조선TV(조선일보), JTBC(중앙일보), 채널A(동아일보), MBN(매일경제)과 보도전문 채널인 YTN과 Y뉴스(연합뉴스)가 있다. 경제 전문 채널 10여 개, KTV, 국회방송, 아리랑TV도 보도 기능이 있다. 이외에 지역 독립 라디오방송 채널 2개(FM)가 추가된다.

지상파 TV 2010년 말 현재 지상파 TV방송 사업자(라디오, DMB사업 병행)는 KBS, EBS, MBC와 19개 지역 MBC, SBS와 10개 지역 민방사업자 등 33개사다. KBS, MBC, SBS 등 지상파 TV 3사는 서울 본사 외에 지방에

〈표 8-2〉유선방송 PP채널 현황

(단위: 개)

종합편성	보도전문	경제	공공	스포츠게임	레저	여성패션	종교	드라마	영화	연예오락	어린이	교육다큐	교양정보	쇼핑	해외	계
4	2	13	10	8	11	13	10	17	12	21	17	22	17	5	25	208

자료: 한국언론진흥재단(2011c)에서 재인용(한국케이블TV방송협회, 2011년 12월).

47개 네트워크(KBS 18, MBC 19, SBS 10)를 가지고 있다. KBS가 KBS1, KBS2 등 2개 채널(KBS World를 포함하면 3개)을, MBC 및 SBS가 1개씩의 TV채널을 운영하고 있다.

유선 · 위성 방송 유선·위성 방송업계는 방송채널사용사업자(PP), 종합 및 중계 유선방송사업자(System Operator: SO) 등으로 구성된다. 종합유선방송의 가입자 비중이 99%에 가깝다. PP는 방송 프로그램을 SO에 공급해주고, SO는 이 프로그램을 각 가입자에게 전송해준다. 유선 채널이나 방송을 복수로 소유한 사업자를 MPP, MSO라고 한다. 양자를 복수로 복합 소유한 사업자는 복수 종합유선방송 · 채널 사용사업자, 즉 MSP(Multiple System operator and program Provider)가 된다.

2003년 42개에 그쳤던 PP는 2010년 말 현재 179개로 늘어났다(<표 8-2> 참조). 홈쇼핑 PP(5개), TV·라디오 PP(149개), 데이터 PP(25개)로 구성된다 (방송통신위원회, 2011b). 종합편성과 보도전문 등 언론기능을 하는 PP는 TV·라디오 PP에 속한다. 지상파 TV들도 19개의 TV·라디오 PP를 운영하고 있다. KBS가 스포츠, 드라마 등 4개, MBC가 6개, EBS가 3개, SBS가 6개다.

2011년 9월 말 현재 종합유선방송사업자는 94개다. 복수종합유선방송사업자(MSO) 3개가 59개(62.9%)의 방송사를 소유하고 있다. 22개 SO를 소유하고 있는 티브로드가 최대 MSO다. CJ헬로비전(19개), 씨앤엠(18개)이

뒤를 잇고 있다. 개별 SO는 18개를 운영 중이다(한국언론진흥재단, 2011c). 종편이나 보도전문 PP와 달리 SO는 자체적인 보도 논평을 못한다. 위성방송은 2002년 3월 개국한 한국디지털위성방송이 있으며 기능은 유선방송과 같다.

라디오, DMB, IPTV 라디오 방송사업자로는 5개 종교방송, 2개 교통방송, YTN라디오(보도전문방송), 국악방송, 3개 영어방송, 경기방송, 경인방송 등 21개사가 있다(공동체 라디오방송 7개를 포함하면 28개). 지상파 TV방송사들은 모두 라디오 방송을 겸영하고 있다. 지상파 DMB(이동멀티미디어방송 사업자)는 KBS, MBC, SBS, YTN디엠비, 한국DMB, U1미디어 등이 주요 사업주다. KBS의 UKBS, MBC의 My MBC, SBS의 SBS u는 각각 몇 개씩의 DMB채널을 운용하고 있다. 지역민방, 지역라디오방송, 교통방송, 영어방송 등도 DMB채널을 보유하고 있다. 위성DMB의 경우 2005년 5월 개국된 티유미디어와 EBSu 위성DMB 채널이 있다. IPTV는 2008년 사업 승인된 KT, SK브로드밴드, LG텔레콤의 3사 체제다.

2) 방송 이용자

시청자들이 가장 많이 보는 지상파 TV프로그램은 뉴스, 드라마, 버라이어티쇼, 스포츠 순이다. 남성은 뉴스와 스포츠, 여성은 드라마와 뉴스를 많이 본다(방송통신위원회, 2010a). 연령이 높을수록 뉴스와 드라마를, 연령이 낮을수록 버라이어티쇼와 음악 쇼, 코미디를 자주 시청하는 것으로 나타났다. 2010 미디어 리서치(광고주협회)에서는 뉴스·보도(30.8%)가 드라마(32.6%)에 이어 두 번째로 선호되는 장르였다. 지상파 TV의 프로그램 만족도에서는 뉴스(52.0%)가 15개 장르 중 가장 높은 것으로 조사됐다. 그러나 시사보도(32.9%)나 토론(20.2%)은 중위권 및 하위권에 머물렀다.

TV 시청 가정용 TV의 시청 경로는 지상파방송, 유선·위성방송, IPTV의

4가지다. 「2010 언론수용자 의식조사」에 따르면 이용자별 하루 평균 전체 이용시간은 168.7분으로 나타났다. 매체 이용자별 이용시간은 지상파방송이 120.0분으로 가장 길었고, 유선방송이 68.4분, 위성방송이 71.1분, IPTV가 43.6분이었다. 4개 매체 모두 평일보다 주말의 이용시간이 많았다. 지상파 TV 시청시간은 연령이 낮을수록 줄어들어 10대의 시청시간은 60대 이상의 절반에 불과했다. 지상파 TV의 플랫폼이 늘어남에 따라 이용방식이 다양해지고 있으나 실시간 방송 이용자가 82.4%로 대종을 이뤘다. 2009년 94.8%에 비해서는 실시간 시청이 많이 줄어들어 이용 매체 다변화 경향을 읽을 수 있었다.

한편 기사, 뉴스, 시사보도만의 TV 이용시간은 평일이 54.3분, 주말이 51.8분, 하루 평균 53.6분을 기록했다. 이런 수치는 신문 하루 평균 39.1분, 인터넷 35.7분, 라디오 25.3분, 휴대용 단말기 18.6분을 훨씬 앞서는 것이다(한국언론진흥재단, 2011a).

비TV 시청 가정용 TV를 제외한 TV 시청, 즉 비TV 시청은 DMB, 인터넷, PMP 등을 통해 이뤄진다. 2010년의 이용자는 17.6%(2009년 10.2%)였으며 남성과 20·30대 등의 이용 비율이 높았다. TV 이외의 매체 중에서는 DMB가 52.2%로 가장 높게 나타났다. 지상파 DMB 이용자는 주중 하루 평균 35.9분, 위성 DMB는 36.4분 정도 이용했다. 지상파 DMB 에서는 지상파 실시간 방송(77.6%)을, 위성 DMB에서는 실시간 중계방송 (49.6%)과 지상파 재방송(17.6%)을 즐겨 보는 것으로 조사됐다. 전체적으로 지상파 의존도가 높았다. 위성 DMB의 전용 프로그램 이용률은 14.5%에 불과했다(방송통신위원회, 2010a). DMB 이용자들의 대다수는 향후 이용의 향이 없다고 밝혀 DMB 시장 활성화가 쉽지 않을 것으로 전망됐다. DMB 다음의 TV 방송 청취 수단은 인터넷 실시간 방송이나 다시 보기를 통한 시청(40.8%)이었다. 컴퓨터를 통해 동영상파일로 재생해서 보는 비율은 22.9%였고, PMP를 통해 재생해서 보는 비율은 2.2%로 집계됐다.

라디오 라디오의 청취율은 2009년 28.1%에서 2010년 24.1%로 떨어졌다. 자가용에서 이용하는 비율이 58.2%로 가장 높았고, 집에서 이용하는 비율은 32.1%였다. 청취 방법은 카오디오(59.1%)와 전용 수신기(38.2%)가 많았으나 인터넷(7.0%), MP3·PMP겸용 수신기(3.8%) 등 다양한 방식으로 변화하고 있었다. 청취자가 가장 많이 듣는 프로그램은 음악, 종합구성(음악, 정보, 토크), 시사보도의 순이었다(방송통신위원회, 2010a). 2011 전국 라디오 이용행태 조사(한국언론진흥재단)에서는 MP3·PMP·휴대전화 수신기를 통한 청취 비율이 3.8%에서 12.9%로 높아져 있었다. 지난 1주간 들은 라디오 프로그램(복수응답)은 MBC 표준FM/AM이 51.7%로 가장 높았고, 다음이 SBS 파워FM 22.1%, MBC FM 4U/음악FM 20.6%, KBS2 10.5%, KBS1 9.7%의 순이었다.

3) 유료방송 이용

2005년 유선·위성방송, IPTV 등 유료방송 가입 대수(1,640만 대)는 TV 등록 대수(1,986만 대)의 82.6%였다. 이 수치는 2009년부터 역전돼 2010년 말에는 유료방송 가입 대수(2,336만 대)가 TV 등록 대수(2,146만 대)의 108.9%로 높아졌다. 「2011년 방송매체 이용행태조사」에 따르면 조사대상 가구의 88.6%가 하나 이상, 5.1%가 2개 이상의 유료방송 서비스에 가입한 것으로 나타났다. 유형별로는 유선방송이 74.8%, 위성방송이 6.8%, IPTV가 12.4%였다. 유선·위성방송의 TV 대비 보급률은 2000년 18.0%에서 2010년 83.3%(1,787만 대)로 높아져 지상파와 어깨를 겨룰 정도가 됐다.

가입 이유 유선방송의 가입 이유는 57.1%가 지상파방송을 잘 보기 위해, 19.6%가 다양한 채널 때문으로 조사됐다. 위성방송은 40.5%가 다양한 채널, 34.5%가 지상파방송을 잘 보기 위해서였다. IPTV 이용 이유(복수응

〈표 8-3〉 연도별 유료 방송 가입자 수 추이

(단위: 만 명)

구분	2000	2002	2004	2006	2008	2009	2010
종합유선	308	691	1,301	1,406	1,501	1,505	1,486
중계유선	690	452	51	17	21	17	18
일반위성	-	53	165	194	233	245	283
위성DMB	-	-	-	101	185	200	185
IPTV	-	-	-	-	-	237	365
계	999	1,197	1,517	1,720	1,941	2,206	2,336

자료: 방송통신위원회(2011b).

답)는 TV프로그램을 원하는 시간에 이용 76.5%, 다양한 콘텐츠 53.0%, 콘텐츠를 골라 보기 위해 41.2% 순으로 나타났다. 유선·위성방송과 마찬가지로 지상파 이용 의존도가 높았다(「2010 방송산업 실태조사」).

만족도 유료방송 이용자의 프로그램 만족도는 가입 유형(유선·위성·IPTV)에 큰 차이 없이 드라마, 뉴스, 스포츠, 영화, 연예오락에서 좋은 반응을 보였다. 뉴스는 지상파만 보는 집단의 시청 정도가 높았지만, 드라마와 스포츠는 유료방송 가입자 집단의 시청 정도가 더 높았다. 유료 방송 시청에서도 지상파 콘텐츠 쏠림 현상이 현저했다(방송통신위원회, 2010b).

4) 방송정책

어느 나라나 방송은 신문이나 온라인에 비해 정부로부터 엄격한 규제를 받는다. TV와 라디오는 여전히 허가제로 운용되며, 정치적 자유에 제약을 받는다(배규한 외, 2006). 다른 미디어들에 비해 규제가 심한 이유는 크게 2가지다. 전파 자원이 개인의 소유가 아니라 한정된 공공자산(현재는 타당하지 않다는 주장이 있지만)이라는 점과 방송사의 막강한 영향력에 걸맞은 사회적 통제의 필요성 때문이다.

〈표 8-4〉 2010 방송 사업자 현황

(단위: 개)

구분	매체	2005	2010	구분	사업수단	2005	2010
지상파	TV	32	33	위성방송	일반위성방송	1	1
	라디오	11	21		위성DMB	1	1
	지상파DMB	-	19	기타	방송채널사용PP	144	179
유선방송	종합유선	119	94		전광판방송	45	32
	중계/음악	198/63	100/0		IPTV	-	3

자료: 한국언론진흥재단(2010d, 2011b)에서 재인용.

공공성의 확보 방송 미디어는 민주주의 과정에 도움을 주면서 공적 측면을 위해 봉사해야 한다는 사회적 기대를 가진다(배규한 외, 2006). 특히 독과점 상태로 운영되는 지상파방송의 경우 공공성을 우선해야 할 무거운 책임과 의무가 주어진다. 신문은 공적이면서도 제한적으로 사적 기구(사시나 편집방침)가 될 수 있지만, 방송은 오로지 공적인 기구로서만 기능해야 한다는 것이 세계의 보편적 시각이다. 문제는 법적 규제나 방송의 자발적인 공적 책임 수행보다 시장의 압력이 공공성에 더 큰 영향력을 미치고 있다는 사실이다. 세계화 시대에 걸맞은 국제경쟁력을 갖추기 위해 산업성도 함께 배려돼야 한다는 현실이 공공성 추구를 복잡하게 만들고 있다(맥퀘일, 2008).

보편적 서비스 미디어 산업은 다른 산업과 달리 싫든 좋든 공적 책임의식을 가질 것을 요구받는다. 방송에 보편적 서비스의 의무가 주어지는 것도 그 때문이다. 보편적 서비스란 특정한 서비스를 사회 구성원 모두가 이용할 수 있어야 한다는 개념이다. 지상파와 달리 유선·위성방송은 보편적 서비스에 대한 개념 적용에 논란이 있다(배규한 외, 2006). 온라인 미디어는 보편적 서비스 개념을 적용해야 한다는 주장에 무게가 실리고 있다.

2. 방송 저널리즘

방송 저널리즘의 영역은 3가지로 구분할 수 있다. 좁게는 기자들이 담당하는 방송 뉴스보도에 국한되는 영역이다. 통상적 개념의 언론활동이다. 다음으로는 기자 영역에 PD들이 제작하는 뉴스 성격을 가지는 프로그램까지를 보탠 영역이다. 방송에서는 신문기자들이 다루는 의학, 건강, 레저, 연예, 대담, 퀴즈 등을 PD들도 담당한다. 가장 넓게는 공시(publicity)의 개념이 적용되는 영역으로 모든 방송내용을 저널리즘의 범주로 볼 수 있다. 지금까지의 논의는 프로그램이 뉴스를 전달하느냐 않느냐에 따라 저널리즘 여부를 결정하는 것이 합리적이라는 결론을 내리고 있다. 보도부문은 물론 교양, 오락부문도 뉴스를 다루는 프로그램이면 저널리즘 영역이 될 수 있다는 이야기다(김춘옥, 2006).

1) 보도 특성

방송은 뉴스의 양이 적어 핵심적이고 요약된 내용만 보여준다. 헤드라인 서비스에 가깝다. 주요 뉴스를 중심으로 같은 뉴스를 반복하기 때문에 실제 뉴스 건수는 하루 40~50건에 불과하다. 문어적 표현이 가미된 구어체와 경어체를 쓴다. 매체 특성상 현장성을 가진 감각적 표현도 사용한다. 뉴스 전달 과정에서 정보 손실이 많고 이용자가 정보를 소극적으로 처리하는 경우가 대부분이다. 뉴스 소비의 집중도가 떨어지고 기사 선택이나 통제가 불가능하다. 광고를 위한 시청률 경쟁에 종속되는 경향이 있으며, 모든 보도에 방송시간대가 고려된다.

TV 뉴스 전달은 영상이라는 시간을 통해 언어적(말과 글), 비언어적(음성, 용모), 시청각적(영상)으로 이뤄진다. 기자와 앵커의 표정, 태도 등 비언어적 요소들이 중요한 역할을 한다.

TV 보도의 성격을 규정하는 3가지 특성은 ① 단편성, ② 시청각성, ③ 인물 중심성이다. TV뉴스의 길이는 스트레이트가 25~45초, 리포트가 1분 20초~2분 20초에 불과하다. 보도내용은 설명(해설)이라기보다 개요에 가깝다. 단편성이나 피상성이 불가피하다. 시간제한 때문에 왜, 어떻게 방송되느냐보다 무엇이 방송되느냐를 우선한다. 방송 정보가 부족하면 시청자들은 타 매체에서 정보를 보충하거나 확인하는 경향이 있다. 단편성은 비전문성으로도 연결된다. 미국에서는 저녁 뉴스에서 중요 주제를 간략 보도하고, 아침 시사정보 프로그램을 통해 긴 뉴스, 해설이 필요한 정보를 제공한다.

TV 보도는 시청각 요소를 이용하기 때문에 그림만 좋아도 뉴스로 선택될 가능성이 있다. 현장 장면이 충격적, 감명적인 경우 내용이 그리 중요하지 않아도 뉴스로 올려진다. 시청각성에 얽매이다 보면 뉴스 중요도가 경시되는 문제점을 피할 수 없다. 시청각성으로 인해 합리적, 이성적 판단보다는 감정적 판단을 유도할 가능성이 높다. 다른 매체에 비해 정서적 영향력이 강하다.

TV는 모든 보도 사안을 인물 중심으로 풀어나간다. 사건을 추상적 개념으로 보도할 수 없기 때문에 관련 인물을 등장시키는 것이 방송 보도의 일반적 패턴이다. 정치인의 경우 이념과 철학, 공약보다 개개인의 말이나 행동 중심으로 보도하는 경향이 있다(윤석홍·김춘옥, 2000).

라디오 라디오는 주변매체로 간주되지만 저널리즘 측면에서는 TV보다 적격일 수 있다. 사람들은 TV보다 라디오 메시지를 더 잘 기억한다는 연구 결과가 있다. 주의 집중의 효과가 더 크다는 것이다. 라디오는 엘리트 저널리즘이 아니라 생활 밀착적 저널리즘에서 비교 우위를 가진다. 일반 시민을 주 정보원으로 하는 시민 저널리즘에 적합하다. 사회문제를 어느 매체보다 간편하게 의제로 제시할 수 있다. 검증되지 않은 주장이나 견해를 잘 수렴한다. TV가 시청각성에 얽매여 있는 데 비해 라디오는 정보의 가치에 따른 뉴스 선택이 가능하다(김춘옥, 2006). 미국에서는 근년 들어 라디오 저널리즘이 재평가되고 있다(유재천 외, 2010).

2) 보도의 강약점

이야기 중심의 TV뉴스 프로그램은 드라마나 시트콤과 같은 구성을 가진다. 앵커는 고정인물, 그날그날의 뉴스는 에피소드를 구성하는 주변인물(매일 바뀌는)로 볼 수 있다(김춘옥, 2006).

TV TV는 뉴스 파급 범위가 넓고 이미지의 전달력이 강해 주류 의제, 즉 사회 공동의 의제 설정에 강점을 가진다. 영상의 특성상 부드러운 뉴스에 적합하다. 타 매체에 비해 현장성, 친밀성에서 우위를 가진다. 화면을 동반하기 때문에 시청자들을 현장으로 바로 끌어들일 수 있다. 거실에서 일대일의 대화 형식으로 진행되는 보도체제는 친밀성을 높인다. 강한 호소력이 다른 미디어가 가질 수 없는 장점이다. 어느 정도 속보성을 살릴 수 있다. 반면 시간제약으로 융통성이 없고, 정보 전달량이 적은 편이다. 보도의 차별성, 심층성, 연속성에서도 약점을 드러낸다. 극화된 뉴스의 서술양식은 현실을 왜곡시킬 수 있다.

라디오 라디오는 상상성, 친밀성, 신속성, 참여성, 전문성 등의 강점이 있다(배규한 외, 2006). 보이지 않는 매체의 특성으로 인해 실감은 떨어지지만 상상을 자극한다. 소리만으로 메시지를 전달함으로써 텃세의식(territoriality)을 극복하기가 쉽다. 개인미디어의 성격을 갖는 데다 언제 어디서나 들을 수 있다는 점이 친밀성을 높인다. 긴급뉴스 보도 등 신속성에 강점이 있으며, 청취자들이 쉽게 프로그램에 참여할 수 있다. 성, 연령, 종교, 취미에 따라 세분화된 청취자 분류가 가능해 전문성을 살릴 수 있다. 상업성이나 정치규제로부터 상대적인 자율성을 가진다. 그러나 이용자층이 제한돼 사회적 영향력이 미미하다는 것이 가장 큰 약점이다(김춘옥, 2006).

3. 방송 보도

방송 프로그램은 보도, 교양, 오락의 3가지로 구분된다. 보도 프로그램은 국내외 정치, 경제, 사회, 문화 등의 전반에 관한 시사적인 취재보도, 논평 또는 해설 등을 말한다. 교양 프로그램은 국민의 교양 향상 및 교육을 목적으로 하는 것과 어린이, 청소년의 교육을 목적으로 하는 것의 2가지가 있다. 오락 프로그램은 국민정서의 함양과 여가생활의 다양화를 목적으로 하는 콘텐츠다. 현행 방송법 시행령에는 TV, 라디오의 경우 오락 프로그램이 당해 채널의 매월 전체 방송시간의 100분의 50을 넘을 수 없도록 하고 있다.

1) 보도 조직

"언론기관 하면 가장 먼저 생각나는 것은?"이란 질문(복수응답)에 대해 미국인들의 63%는 CNN이나 Fox 뉴스 같은 24시간 보도전문 케이블 채널을 떠올렸다. 지상파 TV네트워크 방송사를 꼽은 비율은 36%에 불과했고, 지방 TV 방송사는 10%, 전국지는 5%, 지방지는 4%, 웹사이트는 3%의 분포를 보였다(Pew Research Center, 2011).

지상파 보도편제 지상파 TV 3사(네트워크 본사)의 조직편제는 본부-실국-부서 체제를 따르고 있다. 보도본부는 보도 프로그램을, TV제작본부(콘텐츠본부)는 교양·오락 프로그램을 담당한다. 보도본부는 산하에 여러 실국을 두는데 해설위원실(논설위원실)과 보도국이 기본 편제다. 보도국 인원과 업무가 커지면서 보도제작국, 스포츠국, 보도영상국이 만들어졌다. 심의실은 별도 기구로 추가되기도 한다. KBS보도본부는 6개 실국, MBC보도본부는 3개 실국, SBS보도본부는 4개 실국으로 구성돼 있다. 실국 숫자에 따라 업무가 분리, 통합된다. TV제작본부 산하에는 교양국, 다큐멘터리국, 예능국, 드라마국 등이 배속된다.

〈표 8-5〉 2010 지상파 TV 3사의 프로그램 편성 비율

(단위: %)

KBS1			KBS2			MBC			SBS		
보도	교양	오락	보도	교양	오락	보도	교양	오락	보도	교양	오락
31.8	52.5	15.7	8.5	47.1	44.4	21.0	35.8	43.2	19.9	37.2	43.0

자료: 방송통신위원회(2011b).

보도본부 보도의 중심 역할을 하는 보도국은 뉴스편집부, 정치외교부, 경제부, 사회1·2부, 문화과학부, 네트워크부, 기획취재부, 생활과학부, 국제부 등을 두고 있다. 특파원은 10~13명 정도다. 보도제작국(시사제작국)은 보도제작 1, 2부 또는 시사제작 1, 2부, 탐사제작부 등으로 구성된다. 스포츠국은 스포츠 취재부, 중계부, 제작부가 일반적이다. 보도영상국은 영상취재부와 영상편집부로 구성된다.

지방 네트워크 지상파방송 3사의 지방 네트워크 조직들은 사별로 차이가 있다. KBS총국(직할국)은 일률적으로 편성제작국, 보도국, 기술국, 시청자서비스국의 4국 체제다. 편성제작국이 교양·오락 프로그램을, 보도국이 보도 프로그램을 맡는다. 지방MBC(계열사)는 경영국, 기술국, 편성제작국, 보도국 체제가 일반적이다. 경영국과 기술국을 묶어 경영기술국, 편성제작국과 보도국을 묶어 편성제작국이나 보도제작국으로 운영하기도 한다. SBS 지방방송(제휴국)은 경영국, 편성제작국, 광고사업국, 보도국 체제가 많다. 보도국에는 3사 모두 보도부(취재부), 영상부, 편집제작부 등을 두고 있다(한국언론재단, 2010b). 지방 네트워크의 로컬 프로그램 비중은 KBS 1TV가 13~15%, MBC TV가 15~20%, SBS TV가 30% 선이었다. 라디오는 8~35%의 비중을 보였다(방송통신위원회, 2011b).

유선방송 2011년 12월 출범한 종합편성 채널은 80~155명의 보도국 인력을 유지하고 있다. 지상파 본사(242~518명)와 비교했을 때 규모가 훨씬

<표 8-6> 2010 지상파 TV 보도 · 취재 인력 비율

매체	전체(명)	보도(명)	전체/보도(%)	보도/취재(%)
KBS	4973	806	16.2	33.1
MBC	3477	673	19.4	37.8
SBS	872	219	25.1	50.4
지역 민방	1516	328	21.6	-

자료: 방송통신위원회(2011b).

작다(한국언론진흥재단, 2011c). YTN, 한경TV 등 기존의 채널들은 해설위
원실, 심의실, 보도국, 보도제작국 등의 보도편제를 보인다. 보도국에는
정치부, 경제부, 산업부, 문화과학부, 사회1·2부, 스포츠부, 국제부, 영상취
재부 등의 부서를 배속시키고 있다. 종편도 이와 유사한 체제를 도입하고
있다. TV조선은 사회부, 채널A는 정치부, JTBC는 사회부 및 정치부, MBN
은 경제부에 무게를 두고 있다(한국언론재단, 2010b).

2) 뉴스 보도

신문의 경우 TV와의 보도경쟁이 어렵게 되자 의견기사를 강화하고, 연성
화 및 섹션을 통한 뉴스의 심층화로 활로를 모색했다. 지상파 TV도 이와
유사한 과정을 밟고 있다. 온라인 미디어와의 보도경쟁이 어렵게 되자 2000
년대 중반부터 해설 강화와 보도 심층화로 뉴스 포맷을 바꿔나가고 있다.
지상파 속보 기능을 온라인에 빼앗기면서 지상파 TV의 저녁 뉴스는
이제 새로울 것이 없어졌다. 그 돌파구의 하나가 해설 강화와 보도 심층화
다. 2006년과 2011년 지상파 TV 종합뉴스의 기사 양식을 비교했을 때
스트레이트는 줄고(85.3% → 72.4%), 해설·기획은 상당 폭 증가(7.2% →
16.0%)한 것으로 나타났다. 뉴스의 길이에서는 1분 미만짜리는 감소하고
1분 이상, 1분 30초 이상, 2분 이상, 2분 30초 이상은 모두 늘어났다.

<표 8-7> 연도별 지상파 TV 종합뉴스 시청률

(단위: %)

구분	2002	2004	2006	2008	2010	2011
KBS1	20.7	19.8	17.0	18.9	17.3	18.3
MBC	15.6	14.1	9.0	9.2	9.3	9.8
SBS	12.8	11.2	10.6	11.4	12.8	12.9

자료: 한국언론진흥재단(2011c) AGB 닐슨 코리아에서 재인용.

이는 뉴스의 깊이를 강화하려는 시도로 해석할 수 있다. 뉴스 길이의 확대는 특집/심층보도 포맷의 도입과도 무관치 않다. KBS의 <이슈 & 뉴스>, SBS의 <뉴스 in NEWS>, <현장 줌인>, MBC의 <뉴스플러스> 등이 그것이다. 일반성을 추구하는 종합뉴스의 경우 근본적 변화를 주기 어렵다는 한계점이 작용하고 있다(한국언론진흥재단, 2011c).

종합뉴스 시청률 지상파 TV 3사의 종합뉴스 시청률은 KBS, MBC, SBS 순으로 이어지다 2006년부터 SBS, MBC가 역전됐다. 2000년 경우 KBS1 15.5%, MBC 14.4%, SBS 8.7%였으나 2005년에는 KBS1 17.3%, MBC 11.3%, SBS 10.7%로 KBS 집중이 심해졌다. 2006년부터 SBS, MBC의 순위가 뒤바뀌어 2011년 경우 KBS1 18.3%, SBS 12.9%, MBC 9.8%로 조사됐다. MBC 종합뉴스의 시청률이 떨어진 것은 신뢰도 저하에 원인이 있는 것으로 보인다. TV의 주 이용층인 50, 60대들이 MBC 이용을 외면, 전체 시청률을 떨어뜨리고 있다(한국언론진흥재단, 2011c).

보도전문 채널 유선·위성방송의 보도전문 채널인 YTN, MBN의 저녁 8시 메인뉴스 시청률은 2009년 이후 0.4% 전후에서 안정화되는 추세를 보였다. 지상파와는 큰 격차가 있으나 24시간 뉴스방송의 장점을 살려 정착의 틀을 잡았다는 평가다. 보도전문 채널과 지상파 3사의 메인뉴스(2011.11.7~12)를 비교했을 때 보도전문 채널의 기사 길이가 훨씬 짧았다. 1분 미만의 경우 지상파가 13.4%인 데 비해 보도전문 채널은 37.1%나

됐다. 2분 이상 긴 뉴스는 지상파가 10.0%인 데 비해 보도전문 채널은 5.5%였다. 기사 양식에서는 보도전문 채널의 해설/해석, 인터뷰, 기획/특집의 비중이 현저히 높았다. 뉴스의 주제에서는 국제뉴스(YTN, MBN), 경제뉴스(MBN, YTN) 비중이 높고, 사회 뉴스의 비중이 낮았다. YTN은 의료/과학에서 지상파 3사, MBN보다 월등히 높았다(한국언론진흥재단, 2011c).

종합편성 채널 종합편성 채널의 경우 2011년 연말, 하루 뉴스 편성시간을 3시간 10분~3시간 25분으로 잡았다. 보도전문 채널에서 종편으로 넘어온 MBN은 10시간 30분으로 3배 이상 길었다. 메인뉴스 시간대는 4사 모두 달랐다. MBN은 종전대로 저녁 8시를 유지했고, 채널A는 저녁 8시 30분, JTBC는 밤 10시로 교차편성했다. 이에 비해 TV조선은 KBS1, MBC와 같은 저녁 9시의 동종 대항편성을 선택했다(한국언론진흥재단, 2011c).

종편들의 개국 초기 편성전략을 보면 TV조선과 채널A는 보도와 시사 프로그램 중심, jTBC는 재미있는 방송, 매일경제는 젊은 시청자 중심의 성격을 드러냈다. 보도전문 채널인 뉴스Y는 국제뉴스와 지역뉴스로 차별화를 꾀하고 있다(한국언론진흥재단, 2011b).

라디오 2011년 현재 라디오 방송국은 105개(채널 수로는 25개)로 이 중 94개 방송국이 보도 프로그램을 운영하고 있다. 방송국 수는 KBS가 22개, MBC가 20개, CBS가 14개, SBS가 11개다. 뉴스 프로그램 방송은 오후, 오전, 저녁, 심야 순으로 많았고, 시사 관련 프로그램은 오전, 오후, 저녁, 심야 순이었다. 지상파 3사 라디오의 정오 뉴스 주제(2011.11.7~12)를 보면 KBS가 사회(37.2%)와 국제(23.1%), MBC가 사회(26.3%)와 경제(23.7%), SBS가 사회(26.1%)와 경제(22.8%), 국제(19.6%)에 보도의 비중을 두고 있었다(한국언론진흥재단, 2011c).

〈표 8-8〉 2011년 11월 지상파 TV 뉴스 편성 비율

(단위: %, 분)

구분	KBS1	KBS2	MBC	SBS
평일 하루 평균	30.2	10.2	19.6	18.4
주말 하루 평균	19.2	0.4	13.6	4.7
1주일 평균	28.5	8.4	18.3	15.8
1주일 뉴스방송시간	2,145	630	1,375	1,175

자료: 한국언론진흥재단(2011c)에서 재구성.

3) 보도 프로그램

보도 프로그램 편성 비율은 연도별, 방송사별로 차이가 있다. 보도전문 채널인 YTN 라디오, YTN DMB가 70%대로 가장 높다. 지상파 TV는 10~30%대, 라디오 방송은 10%대가 일반적이나 KBS1 AM(47.7%)처럼 예외적으로 높은 경우가 있다. 반면 KBS2 AM은 7%대에 머문다. 특수방송 사는 10% 내외의 편성 비율을 보인다(방송통신위원회, 2011b). 2011년 11월 지상파 TV 3사의 1주일 평균 뉴스 편성 비율(시사 프로그램 별도)은 8.4~28.5%였다.

보도 프로그램 보도 프로그램은 뉴스 프로그램과 뉴스 관련 시사 프로그램으로 나뉜다(설진아, 2008). 세분하면 ① 정규 뉴스보도(종합뉴스, 간추린 보도, 토막소식, 급보 등), ② 논평보도(방송해설, 시사비평), ③ 심층취재 보도(뉴스 다큐멘터리, 뉴스 특집, 심층 인터뷰, 베리테), ④ 탐사보도, ⑤ 현장 중계보도의 5가지가 있다. 이 가운데 정규 뉴스보도가 보도의 중심이 된다(윤석홍·김춘옥, 2000).

정규 뉴스보도 보도 프로그램은 방송사마다 하루 2차례 이상 열리는 편집회의에서 결정된다. 정규 뉴스보도의 경우 저녁 종합뉴스의 구성을 중심으로 주요기사, 기획기사 아이템과 뉴스 순서가 정해진다. 지상파 TV

의 정규 뉴스보도는 가변성이 있으나 하루 5~10회 정도 편성된다. 2011년 9월과 10월 조사에서는 KBS1이 10회(380분), KBS2가 5회(95분), SBS가 6회(165분), MBC가 7회(230분)였다. 시간 길이는 5분, 10분, 20분, 30분, 40분, 50분, 60분, 110분, 120분 등 여러 형태다. 유선방송의 종합편성 채널도 이와 비슷한 체제다. 24시간 보도전문 채널의 정규 뉴스보도는 횟수를 특정하기가 어렵다.

종합뉴스 순서와 구성 평일 저녁 종합뉴스의 시간분량은 50분 또는 60분이다. 일반적인 방송 순서는 ① 본사 주요뉴스·경제 동향, ② 본사 리포트 및 스트레이트, ③ 지방사 주요뉴스, ④ 지방사 리포트 및 스트레이트, ⑤ 본사 스포츠 뉴스(리포트 및 스트레이트), ⑥ 날씨로 이어진다. KBS1, MBC의 경우 본사 뉴스가 30~40분, 지방사 뉴스가 10~14분, 스포츠 뉴스가 2~10분, 날씨가 1분 20초 정도 배분된다. 본사 뉴스는 리포트 기사를 중심으로 18~22건 정도가 방송된다. 스트레이트는 1, 2건에 그친다. 지방사 뉴스는 리포트 3~5건, 스트레이트 10건 내외로 스트레이트 방송 분량이 많은 편이다. 본사 스포츠 뉴스는 리포트 2~5건에 스트레이트 1, 2건이 추가된다. SBS는 본사 25~35분, 지방사 10~15분, 스포츠 5~10분 정도를 할애한다. 날짜에 따라 스포츠 뉴스를 일반뉴스에 통합시키고 별도 편성이 없는 경우도 있다.

종합뉴스 진행 정규 뉴스방송의 준비는 진행의 개념으로 이해해야 한다. 뉴스 시간마다 보완되고 업데이트되기 때문이다. 먼저 기사 선택 및 조정 과정을 거친다. 개별 기사 마스터 테이프들이 편집부로 넘겨지면 보도상황이나 뉴스의 중요도에 따라 방송 분량을 조정한다. 스트레이트는 20~45초, 리포트는 1분 20초~2분 40초 범위에서 길이가 정해진다. 다음으로 기사 배열작업을 한다. 중요한 기사는 먼저 넣고 길게 넣는다. 방송은 뉴스 배치 순서와 기사 길이가 기사의 경중을 가리는 기준이다. 기사 배열작업이 완료되면 큐(Cue)시트, 즉 방송운행표를 작성한다. 뉴스 큐시트에는 기사제목과 순서, 길이, 스트레이트·리포트 등 세세한 내용들이 기록된다. 뉴스방송은 큐시트에 따라 진행되는데 뉴스진행 PD(뉴스를 생방송으로 진행하는 책임자), 앵커와 아나운서, 기상 캐스터, 기술감독(Technical Director), 오디오담당, 비디오담당, 자막·CG(컴퓨터 그래픽)담당, 스튜디오 카메라담당 등이 참여한다. 기술감독은 보도에 필요한 각종 자료들을 온 에어 화면에 입력시키는 역할을 한다(설진아, 2008).

4) 뉴스 보도 편집

전체 길이가 30분이 넘는 종합뉴스에서는 3개 이상의 단락으로 나눠 진행하는 것이 보통이다. 뉴스를 나눠줘야 시청하기에 편하다. 각 단락에 톱, 중간을 배열하기도 한다.

3단락 진행 3단락으로 할 경우 시작 단락은 그날의 딱딱한 주요뉴스, 중간 단락은 생활밀착 기사 또는 화제성·고발성 기사, 마지막 단락은 관심도가 떨어지지만 꼭 알아야 할 국내외 기사들을 배치한다. 뉴스 시작 15분 전후의 중간단락 기사배치에 특히 신경을 쓴다. 시청자들은 보통 10여 분 정도 지나면 그날의 주요 뉴스를 소화했다고 보아 다른 채널로의 이동을 고려한다. 이 시점에 생활과 밀접한 뉴스나 선정적인 화면을 내보내 채널 고정을 유도한다(이재경, 2003).

단락별 편집 각 단락이나 전체 뉴스 편집은 톱뉴스 결정으로부터 시작된다. 톱이 정해지면 관련 뉴스들을 모아준다. 정치, 경제 등 뉴스 영역별로 묶거나 복지, 실업 등 주제별로 묶을 수 있다. 신문 편집에서 관련 기사들을 인접 위치에 배치하는 것과 같다. 단락 편집과 함께 양념 기사를 적절히 섞어 시청자 이탈을 막는다. 무겁고 부정적인 뉴스가 장시간 계속되면 시청자들은 심리적 압박감을 느껴 채널을 벗어나고자 한다. 이런 압박감을 줄여주기 위해 쉬어 가는 기사, 쿠션용 기사, 호흡 조절용 기사가 사용된다.

하루 저녁 많으면 4, 5건, 적으면 2, 3건이 배치된다.

뉴스 마무리 뉴스의 마무리는 미담이나 해외 토픽으로 처리한다. 종합뉴스의 대부분은 가슴을 무겁고 답답하게 만드는 내용들이다. 뉴스 시청을 끝내고 가벼운 마음으로 되돌아갈 수 있도록 밝고 재미있는 뉴스를 마지막에 배치한다. 세상사 어둡고 힘들지만 그래도 살아볼 만하다는 희망의 메시지를 전달해주는 뉴스다. 이를 키커(kicker)라고 한다(Jones, 2001). 가슴에 쌓인 부정적인 뉴스들을 한 방에 날려 보내버린다는 의미다. 미담이 마땅치 않으면 토픽성 또는 영상 볼거리 중심의 국제기사로 대체한다(이재경, 2003).

5) 방송 편성

방송 편성은 뉴스보도와 직접적인 연관은 없지만 전체 방송 프로그램을 이해하는 데 빠뜨릴 수 없는 개념이다. 한국 방송사들은 연 2회 프로그램을 개편하는 것이 관행이다. 최근에는 임시편성이나 중간 개편을 수시로 하고 있다.

편성의 개념 편성(programming)은 넓게 보면 방송 프로그램의 계획, 제작, 운행, 송출까지를 포괄하는 개념이다. 협의로는 프로그램의 주제와 형식 및 시간 결정 행위로 해석된다. 방송 프로그램을 기획하고 배열하는 행위로 정의하기도 한다. 편성의 목표는 특정 시간대에 가장 이상적인 시청자 계층을 확보하기 위해 경쟁력 있는 프로그램을 배치하는 데 있다(유재천 외, 2010).

편성 유형 9가지가 사용된다. ① 띠(strip) 편성은 1주일에 5일 이상 동일 시간대에 동일 프로그램을 편성하는 방법이다. 라디오의 경우 거의 모든 프로그램을 띠 편성하는 경향이 있다. ② 구획(block) 편성은 동일한 유형의 프로그램을 연속적으로 배열하는 방식이다. 하루를 몇 가지 시간대로 구획하고 각 구획마다 특정 시청자를 대상으로 하는 프로그램을 집중 편성한다.

③ 장기판(checkboard) 편성은 동일 시간대에 매일 다른 유형의 프로그램을 배치하거나 격일 또는 주간 단위로 같은 프로그램을 내보낸다. ④ 블록버스터(blockbuster) 편성은 90분에서 2시간 정도의 강력한 단일 프로그램으로 상대 방송국의 짧은 프로그램을 압도하는 목적으로 쓰인다. ⑤ 동종 대항(power) 편성은 다른 방송국의 강력한 프로그램 시간대에 동일 시청자를 상대로 같은 유형의 프로그램을 편성하는 방법이다. ⑥ 이종 대항(counter) 편성은 경쟁 방송국과 맞선다는 점에서는 동종 대항과 같으나 전혀 다른 유형의 프로그램을 내보내는 점에서 차이가 있다. ⑦ 교차(cross) 편성은 SBS의 저녁 8시 종합뉴스처럼 경쟁 방송사의 프로그램보다 조금 앞서 편성하거나 경쟁 프로의 가운데쯤에서 프로그램을 시작한다. ⑧ 끼워 넣기(sandwich) 편성은 장래가 불확실한 새 프로그램의 시청자를 확보하기 위해 인기 있는 두 프로그램 사이에 끼워 넣는 전략이다. ⑨ 앞뒤 걸치기(tent-poling) 편성은 인기 프로그램의 앞뒤에 새 프로그램을 편성해 동반효과를 노리는 전략이다(유재천 외, 2010).

4. 방송기사

방송기사는 기능적 측면에서 신문기사보다 까다롭다. 깊이 부담은 없지만 여러 가지 제약이 많다. 기사의 틀을 어떻게 잡느냐에 따라 취재와 기사 쓰기 전 과정이 달라질 수 있다(SBS·양철훈 외, 2008). 신문처럼 기사의 유형이 다양하지는 않다.

1) 방송기사의 유형

방송기사는 스트레이트, 리포트, 출연용, 크로스토킹(cross-talking)용, 매거진, 특집기획, 다큐멘터리, 논평기사로 구분된다. 스트레이트 중에서 묶음기사에 쓰이는 짧은 것들을 따로 단신(토막뉴스)으로 분류하기도 한다. 형태는 다르지만 말의 특성을 살려야 한다는 점에서는 동일하다.

스트레이트 앵커나 뉴스캐스터, 아나운서가 그대로 읽어 내려가는 라디오·TV의 짧은 뉴스기사다. 발신자(정보원)가 드러나지 않기 때문에 객관적 사실의 객관적 서술에 가깝다(SBS·양철훈 외, 2008). 일반적으로 인터뷰가 포함되지 않는다. 사실 위주로 육하원칙에 따라 간결하게 작성된다. 도입부가 없고 대략 25~45초의 길이다. 역피라미드 구성의 신문기사와 스타일이 비슷하며 리포트보다 단위 문장의 길이가 길다. 리더스(readers)와 보이스오버(voice over)의 2종류가 있다(국립국어원·MBC, 2008). 리더스는 VCR (Video Cassette Recorder) 화면이나 VF(video file)의 지원 없이 카메라에 노출된 앵커나 아나운서가 전체 기사를 읽는 기사다. 보이스 오버는 화면 전체에 별도 비디오나 그래픽이 뒷받침된 상태에서 앵커 등이 모습을 드러내지 않고 뉴스 문장을 읽는 기사다. SOT(sound in tape)라고도 한다(김구철, 2006). 화면의 중요성이 크게 강조되지 않는다. 영상취재 기자가 촬영한 영상과 자료화면을 모아 기사 내용과 길이에 맞게 조정하는 데 그친다(SBS·양철훈 외, 2008).

리포트 reporter's package를 줄인 말로 취재기자가 기사원고를 작성해 자신의 목소리로 녹음한 뒤 여기에 화면을 입힌 종합구성의 기사다. 현장화면, 인터뷰(뉴스원의 sound bite를 필요한 만큼 짧게 자른 것), 현장음, 스탠드업, 음악, 컴퓨터 그래픽, 내레이션, 자막 등이 패키지로 사용된다. 메인뉴스는 주로 리포트로 보도된다. 일반적으로 앵커의 유도 멘트(앵커 리더스)에 이어 기자가 내레이션 하는 본문(리더스 또는 보이스 오버)으로 구성된다. 보통은 뉴스방송 전 편집을 마친 사전제작물(녹화) 형태지만 생방송으로 리포트 하는 경우도 있다(김구철, 2006). 현장에서 기자가 사건을 보여주는 형식을 취하기 때문에 현장 속에 개입하는 느낌을 준다. 스트레이트는 역피라미드 형식(제4장 144쪽 기사의 구조 참조)으로 제작되지만, 리포트는 일정한 틀이 없고 기사의 전개방식도 제각각이다. 현장 화면이나 인터뷰가 없는 경우도 있다. 리포트 길이는 제작상황과 당시 보도 스타일에 따라 유동적이다(국립국어원·MBC, 2008). 2000년대 중반엔 1분 20초가 주류를 이뤘지만 지금은 1분 20초~2분 20초 정도로 길어지고 있다. 심층 보도물의 경우 몇 개의 리포트와 짧은 스트레이트를 묶어서 내보낸다. 취재기자들이 릴레이 식으로 다음 리포트의 유도 멘트를 한다. 과거의 심층보도물은 2, 3분 길이였으나 요즘은 4~6분 정도로 분량이 늘어났다.

출연용, 크로스토킹용 뉴스 진행자와 대담하는 생방송용 기사들이다. 출연용은 기자가 스튜디오에 출연해서, 크로스토킹용은 전화나 중계차를 통해 이야기를 주고받는다. 2~6분 정도의 길이다(MBC, 2002).

매거진 시청자의 집중도가 가장 높은 13분을 기준으로 제작되는 보도제작물 기사다(MBC, 2002). 13분짜리 3편과 프로그램 소개, 앵커멘트를 모으면 45분 길이(광고 포함 50분)가 된다. 취재기자와 제작보조요원(AD), 영상취재기자, 편집기자가 한 팀(10명 내외)이 돼 3, 4주마다 한 아이템씩 만든다. 지방방송에서는 각 4명 정도의 제작팀이 격주로 제작한다.

특집(기획), 다큐멘터리 특집(기획)은 주로 시사 아이템을 다루는 집중제작물이다. 건강, 종교, 과학 등 다양한 주제가 가능하다. 30분~1시간 정도의 종합 구성물이어서 호흡이 길고 상황 설명도 자세하다. 취재기간은 짧게는 1, 2주 길게는 1, 2년씩 걸린다. 다큐멘터리 기사는 주로 자연, 환경, 역사를 다룬다. 특집기사와 제작방식이 비슷하다(SBS·양철훈 외, 2008).

논평 기사 기사 줄거리에 해설과 의견을 덧붙인 기사다. 길이는 2분 정도다(MBC, 2002). 라디오에 간혹 등장하지만 TV에서는 거의 사라졌다. 딱딱하고 어색한 느낌을 주기 때문으로 보인다.

2) 방송기사의 형식

방송기사에서는 논리적으로 부적절한 부분이 있더라도 쉽게 드러나지 않는다. 화면이 함께 제공되기 때문이다. 그러나 논리성에 충실해야 기사의 전달력이 높아진다. 이해가 잘 안 되는 기사는 논리적 결함을 안고 있는 경우가 많다(SBS·양철훈 외, 2008).

구어체와 문어체의 혼용 방송 원고는 대체로 일상대화에서 사용하는 구어체로 작성된다. 프로그램 장르에 따라서는 문어체 표현을 쓰기도 한다. 뉴스방송은 구어체 표현과 문어체 표현을 동시에 구사한다. 구어체와 문어체는 구성과 표현, 시제, 접속조사 등에서 차이를 보인다.

구어체 표현의 특성 방송기사는 읽으면서 따옴표가 사라지기 때문에 직접화법을 사용할 수가 없다. 큰따옴표가 아예 없다고 생각하는 것이 편하다. 의미가 변하지 않는 범위에서 간접화법으로 바꿔줘야 한다. 직접인용이 필요하면 인터뷰를 통해 말하는 장면을 그대로 집어넣는 것이 좋다. 불가피하게 인용문을 넣어야 한다면 짧게 처리해야 한다. 방송기사에서는 강조나 구분의 작은따옴표도 없다. 의미를 풀어 적는 수밖에 없다. 스트레이트 기사는 작성자와 방송자가 다른 경우가 대부분이므로 낯선 용어나 기호 등은 표기에 주의해야 한다(SBS·양철훈 외, 2008). 고유명사는 대명사(그, 그녀)를 쓰지 않고 반복하는 것이 일반적이다. '이같이, 이에 대해, 그러므로, 아무튼, 어쨌건, 한편, 그런데, 이와 관련'과 같은 접속어, 지시어, 지칭어는 가급적 쓰지 않는다. 객관성이 중시되는 뉴스, 토론 프로그램에서는 감탄사, 감탄 어미, 호격조사의 사용이 금기시된다. 발음하기 어려운 단어는 가급적 안 쓰는 게 좋다(윤석홍·김춘옥, 2000).

말씨와 발음 경어체에 표준어와 표준발음이 사용된다. 생동감이 있어야 하며 은어, 속어 등 품위를 떨어뜨리는 용어를 써서는 안 된다. 문장이 좋아도 음성, 발음이 나쁘면 의사전달이 불완전해지는 만큼 이에 대한 훈련이 필요하다. 의미를 삭감하지 않는 범위에서 음운이나 음절을 생략하는 것이 자연스럽다. '-하였고'가 아니라 '-했고', '-되었고'가 아니라 '-됐고'로 표현한다.

3) 방송기사의 내용

방송은 풍부한 정보를 담아주지 못한다. 몇 개의 문장으로 전체 윤곽을 그려내야 한다. 근년 들어 리포트의 길이가 1분 20초~2분 40초 정도로 길어졌다고 하지만 인터뷰 2개 정도가 들어가면 기자가 내레이션 하는 문장은 10개 내외에 지나지 않는다. 화면의 도움을 받더라도 짧은 메시지 속에 전할 말을 압축시켜야 한다.

구성 리포트 기사에는 기승전결, 서론·본론·결론, 정반합 등 논리의 틀이 사용된다. 시청자 스스로 의도한 결론에 자연스럽게 도달하도록 해주는 것이 바람직하다. 개개의 사실에 얽매이지 말고 전체 흐름을 먼저 생각해야 한다. 흐름에 방해가 되면 과감히 생략하는 것이 올바른 태도다. 취재사실의 90%를 담아 40%를 전달하기보다 70%를 담아 50%를 전달하는 게 낫다는 경제적 사고가 필요하다.

표현 간결 명확해야 한다. 의미가 자연스럽게 전달될 수 있다면 문장필수 성분도 생략이 가능하다. 그러나 의미전달이 불완전해지는 문장성분의 생략은 피해야 한다. 간결과 동시에 표현을 명확히 해야 시청자들에게 혼란을 주지 않는다. 방송뉴스는 객관성을 중시하는 만큼 자극적이거나 강한 표현은 좋지 않다. 형용사(큰), 부사(아주) 등의 수식어 사용도 제한된다. 예정, 추정을 기정사실로 오해하도록 표현해서는 안 된다.

문장구조 눈은 한 번에 문장 전체를 인식하나 귀는 단어 하나씩을 받아들인다. 청각을 통한 의사전달은 시각보다 효율성이 떨어지고 불완전하다. 그 때문에 방송문장은 신문문장보다 더 간결하고 쉬워야 한다. 문장구조는 단순하게, 길이는 짧게 하는 것이 좋다. 중문, 복문보다는 단문으로 작성하는 것이 의미 전달에 유리하다. 전달의 효율성 차원에서 한 문장에 하나의 사실만 담아주는 것이 바람직하다. 문장 길이가 25단어(조사 제외)를 넘어서면 두 문장으로 나눠야 한다(SBS·양철훈 외, 2008).

문장용법 주어와 서술어, 목적어와 서술어 등 성분 간의 호응관계를 일치시켜야 한다. 예외적 경우가 아니면 문장의 힘을 떨어뜨리는 피동법을 피하고, 적극적 동작의 주동법을 사용한다. 피동법은 주체를 얼버무리거나 겸손의 표현으로 사용된다. '-되어지다'(되다+지다), '-보여지다'(보이다+지다)와 같은 영어식 이중 피동법은 우리 어법에 없는 비문이다. 방송의 특성상 중의적으로 해석될 수 있는 문장은 좋지 않다. 신문에서와 마찬가지로 문장이나 기사에서 동어 반복되는 것을 조심해야 한다. 종결형 반복도 피해야 한다. '-했습니다' 또는 '-나타났습니다' 등으로 연속되는 것은 좋지 않다. 반복을 피한다고 의미가 다르거나 뉘앙스가 있는 말들을 함부로 써서는 안 된다. 정형화된 표현, 즉 관용구들은 긍정 또는 부정의 의미가 내포된 경우가 많으므로 이에 대한 주의가 필요하다. 예를 들어 '-할 노릇', '-할 지경'이란 관용구는 부정적인 내용과 호응한다. 긍정적인 의미로 쓰면 어색해진다(SBS·양철훈 외, 2008).

용어 한 번 듣는 것으로 끝나기 때문에 모든 용어는 쉬운 말로 풀어써야 한다. 이중부정, 동음이의어(同音異義語), 약어(略語), 추상적 용어 등은 피하는 것이 좋다. 복잡한 숫자는 이해하기 어렵고 다음 문장을 듣는 데 방해가 되므로 어림수를 활용한다. 인구증가율, 물가상승률, 주가지수 등 통계적 의미가 있는 경우는 예외로 한다. 전문용어는 풀어서 쓴다. 어려운 한자어는 사용을 피해야 하지만, 한 단어로 개념을 정확하게 전달하는 데는 도움이 될 때도 있다. 지명, 인명, 단체명, 행사명은 압축해서 사용하는 만큼 주의가 필요하다. 외래어는 무방하나 외국어는 쓰지 않는 것이 원칙이다. 방송뉴스의 외래어 사용 비율은 오락, 교양 프로그램에 비해 아주 낮다. 외국어 두문자를 사용한 기관명은 'EU → 유럽연합, IPU → 국제의원연맹, FRB

→ 미국연방준비제도' 이사회처럼 적절한 국어로 바꾸어 써야 한다. OECD, UN, CIA 등은 그대로 쓰는 게 일반적이다. 두문자 사용비율이 높아지는 추세다.

5. 리포트

미국 방송에서는 선거 후보자의 인터뷰(sound bite) 인용시간이 1950, 1960년대 평균 40초에서 1990년대 후반 8초 이내로 줄어들었다(김춘식 외, 2010에서 재인용). 이런 길이의 뉴스 인터뷰에는 깊이 있는 내용보다 구호와 비슷한 압축적이고 감성적인 내용이 적합하다(김춘식 외, 2010). 한국의 지상파 TV 인터뷰는 7, 8초짜리가 가장 많다.

1) 리포트의 용도와 유형

리포트는 방송 보도의 핵심 장르다. 50, 60분 길이의 지상파 TV 저녁 종합뉴스에는 대략 30꼭지 내외의 리포트가 사용된다. 본사 종합, 지방사 종합, 스포츠 뉴스를 모두 합친 숫자다.

리포트의 용도 리포트는 중요 사안을 비중 있게 다루거나 스트레이트로 처리하기 곤란한 경우에 적합하다(SBS·양철훈 외, 2008). 해설·고발·미담· 기획기사, 인물 중심 기사, 찬반양론의 기사, 흐름이 복잡한 기사, 화면 위주의 기사에 두루 쓰인다. 해설·고발·미담·기획기사의 경우 스트레이트로 처리하면 보도가 딱딱해지거나 기사의 의도를 전달하기가 어려워진다. 사건 진행이나 배경, 뒷이야기 등에 등장하는 인물기사도 마찬가지다. 보도가 어색하고 불안해 보일 수 있다. 찬반양론의 기사는 리포트로 처리해야 중립성 유지가 쉬워진다. 정치, 문화 기사처럼 흐름이 복잡한 기사도 리포트가 제격이다. 그림과 내레이션을 일치시켜야 하는 화면 위주의 기사에서도 리포트가 유리하다(김구철, 2006).

성격별 유형　리포트는 성격별로 스트레이트, 해설, 배경, 화제물, 기획, 고발, 영상, 심층 등의 구분이 가능하다. 실제 보도에서는 여러 가지 조합이 만들어진다. 사안이 중요한 경우 스트레이트 리포트를 앞세우고 뒤에 배경 리포트를 받치기도 한다. 문제 양상이 복잡한 경우 스트레이트 리포트를 여러 개 병렬시킬 수도 있다(SBS·양철훈 외, 2008).

형태별 유형　녹화방송과 생방송이 있는데 세분하면 ① 사전 녹화물 리포트, ② 중계차 리포트, ③ 전화 리포트, ④ 직통 리포트, ⑤영상 리포트, ⑥ 앵커 리포트, ⑦ 사이버 리포트 등의 유형이 있다. 사전 녹화물 리포트가 가장 많이 쓰인다. 뉴스 진행은 앵커가 생방으로 하고, 기자 리포트는 녹화물로 방영한다. 중계차 리포트는 기자 생방의 하나다. 앞부분만 생방으로 하고 뒷부분은 사전 녹화물로 준비하기도 한다. 전화 리포트는 긴급상황에서 사용되는 생방의 하나다. 직통 리포트는 취재부서의 책상에 설치된 마이크를 뉴스센터에 연결해 생방하는 리포트다. 뉴스 시간까지 계속되는 스포츠게임 등에 사용된다. 영상 리포트는 메인 리포트의 하나 또는 쉬어가는 코너로 활용된다. 용도에 따라 길이가 달라진다. 앵커 리포트는 기자 대신 앵커가 직접 리포트를 하는 경우다. 사전 녹화물과 생방의 2가지가 있다. 앵커가 두세 줄의 스트레이트 기사를 전한 뒤 곧바로 뉴스 관련자의 인터뷰(sound bite)를 트는 형식을 취한다. 스트레이트와 기자 리포트의 중간 정도의 길이와 효과를 가진다. 차트를 넘기는 것과 같은 터치스크린 스타일도 일종의 앵커 리포트다(SBS·양철훈 외, 2008). 사이버 리포트는 2010년대 이후 도입된 사이버 스튜디오 또는 가상공간에서의 리포트다. 디지털 기술을 빌려 다양한 표현 양식을 사용할 수 있다. 그림이 없거나 마땅찮은 뉴스에 적합하다.

2) 리포트 제작과정

방송뉴스 제작과정은 크게 3단계로 구성된다. 취재단계, 기사 쓰기 단계, 뉴스제작단계(라디오는 녹음, TV는 녹음과 그림 입히기)다(설진아, 2008). 리포트 취재에서 제작완료까지 걸리는 시간은 최단 2, 3시간에서 최장 12시간 정도다. 통상의 리포트는 5, 6시간 정도 걸린다. 취재현장에서 2시간 정도를 보내고 회사로 돌아와 기사 쓰기, 데스킹, 비디오·오디오 편집 등 내근 작업에 3, 4시간을 들인다. 기사를 사전에 써 나가거나 외부에서 송고하는 경우도 있다(박진용, 2005). 리포트 제작은 대강 다음의 순서에 의한다.

취재 및 기사 쓰기 취재기자가 리포트 제작계획서를 제출하면 오전 편집회의에서 리포트의 제목과 시각 등을 걸러 오전 10시쯤 채택 여부를 결정한다. 통과되면 취재팀을 배정받아 현장 취재에 들어간다. 리포트의 촬영 분량은 방송 분량의 4배 정도다. 이야기 전개에 따라 촬영을 하고 편집할 때도 이 순서에 따르면 시간이 절약된다(윤석홍·김춘옥, 2000).

취재를 끝내고 사무실로 돌아온 기자는 취재 내용을 나열해본 뒤 논리를 어떤 방식으로 전개할지 결정한다. 시간이나 공간의 변화, 인물이나 집단 중심, 귀납·연역·변증 등의 전개방식이 있다. 대충 기사를 쓴 다음 화면을 보면서 기사를 마무리한다. 읽기 편하도록 문장을 가다듬고 시제와 장소, 인명, 수치 등을 재확인한다. 앵커멘트도 함께 작성한다. 신문의 제목을 문장화한 것이 앵커멘트라고 생각하면 된다. 앵커멘트, 스탠드업, 인터뷰에서 동일한 내용과 표현이 반복돼서는 안 된다. 기사 쓰기가 끝나면 데스크의 점검(데스킹)을 거친다. 같은 시간대에 컴퓨터 그래픽(CG) 원고를 그래픽 작업실에 넘긴다. 복잡한 수치나 위치, 상관관계 등을 도표화하면 기사 전달에 도움이 된다. 단조로운 화면을 보완하는 효과도 있다.

녹음 취재기자는 데스크 점검을 거친 내레이션 원고를 받아 보도국 녹음실에서 녹음한다. 스탠드업, 인터뷰, 현장음 등을 내레이션 어느 부분에 따 넣을 것인가를 미리 고려해야 한다. 오독한 경우에는 반드시 처음부터 다시 읽는다. 리포트 녹음 원고는 한 번 잘못 읽으면 수정이 어렵다. 시간을 줄이기 위해 문장을 급하게 읽는 것은 좋지 않다. 차라리 문장을 덜어내야 한다. 같은 시간대에 자막 원고를 편집팀에 넘긴다. 너무 많으면 좋지 않다.

영상편집 영상편집기자 또는 영상취재기자는 취재기자가 만든 녹음테이프를 갖고 화면을 편집한다. 취재기자도 영상편집에 참여할 수 있다. 편집이 마무리되면 특수 효과 처리를 한다. 감춰야 할 취재원 얼굴, 잔인한 장면 등은 모자이크 처리한다. 장면전환이나 암시 효과를 얻기 위한 처리도 함께 이뤄진다. 완성된 마스터 테이프를 편집부 뉴스 진행팀으로 넘긴다. 뉴스는 생방송으로 진행되기 때문에 한 기사 한 테이프 원칙이 기본이다(김구철, 2006).

3) 리포트 제작원칙

리포트의 일반적인 제작원칙은 구성과 배치, 내레이션에서 대략 7가지를 꼽을 수 있다. 제작원칙을 유념하되 여기에 너무 구애돼서도 안 된다. 바둑의 정석과 같은 개념이다.

구성과 배치 리포트 구성은 변화가 있어야 한다(SBS·양철훈 외, 2008). 서너 번쯤 인터뷰나 스탠드업, 현장음 등으로 변화를 줘야 지루하지 않다. 가능하면 15~20초 단위로 끊는 게 좋다. 앵커멘트 → 기사 본문 → 인터뷰 → 기사 본문 → 그래픽 → 기사 본문 → 인터뷰 → 기사본문 → 스탠드업 과 같은 순서를 밟을 수 있다. 구성에서는 화면을 최우선으로 생각해야 한다. 내레이션에 구애돼 화면을 너무 잘게 나누는 것은 좋지 않다. 화면을 살펴본 뒤 기사를 쓰는 게 바람직하다. 강력한 화면, 강력한 메시지를 맨 앞부분에 배치한다. 리포트에서는 10개 내외의 문장을 전할 수 있을 뿐이다. 에둘러 갈 여유가 없다. 현장음으로서의 음악이 아닌 음악은 사용하지 않는 것이 원칙이다. 리포트의 긴장을 무너뜨릴 수 있다(김구철, 2006).

내레이션 표정을 전한다는 생각이 중요하다. 상황을 표현할 수 있는 단어 하나, 표현 하나가 몇 문장을 대신할 때가 있다. 리포트의 객관성을 해치지 않는 범위에서 '단호했다, 심각했다, 강경했다'와 같은 형용사를 쓸 수 있다. 찬반 논란이 있겠지만 현장의 표정을 생생하게 전달하는 데 도움이 된다. 핵심 부분의 재강조도 고려사항의 하나다. 명확한 요지 전달을 위해 기자의 멘트로 한 번 더 짚어주는 방법이 있다. 반복되는 이야기지만 내레이션은 쉽게 써야 한다. 너무 많은 내용을 담으려 들면 뉴스가 어려워진다. 알맹이만 남기고 과감히 버린다는 자세가 필요하다. 적게 전달할수록 전달효율이 높아진다. 발표문의 어려운 단어, 딱딱한 표현은 쉽게 풀어준다 (SBS·양철훈 외, 2008; 김구철, 2006).

6. 방송리포트 제작

뉴스방송에 나오는 리포트의 일반 구성요소를 정리하면 뉴스제목, 앵커 멘트, 기자 리포트(내레이션), 인터뷰, 스탠드업, 현장음을 포함한 현장화면, 그래픽, 자막의 8가지다. 리포트 취재와 기사 쓰기, 보도제작은 순차적 개념 같지만 서로 연계되는 경우가 많다.

1) 뉴스 제목

뉴스 제목(headline)은 앵커와 함께 화면의 어깨걸이(DVE: digital video effect)에 들어간다. 요즘은 화면 하단에 자주 배치된다. 시청자들이 기사내용을 이해할 수 있도록 간략하게 소개하거나 호기심을 자극해 시청 욕구를 높이는 기능을 가진다. 어깨걸이 제목은 전체 기사의 핵심내용 또는 주제를

8자 이내로 표현해야 한다. 이해가 부족하면 작은 글씨로 보완할 수 있다. 화면 하단의 제목은 15자 이내가 적당하다. 시청자들에게 노출되는 시간은 10초 정도이며 길어도 15초를 넘지 않는다(국립국어원·MBC, 2008).

제목달기의 요령 앵커멘트 중에서 제목을 뽑는 것이 무난하다. 다음 사항들이 고려돼야 한다. ① 간접표현을 적절히 활용한다. 뉴스 기사의 3분의 1 정도가 의문형, 추측형, 생략형 등 궁금증을 자아내는 제목이다. 생략과 비약이 지나쳐서는 안 된다. 유형별 실례를 보면 '올림픽 유치될까, 이름 바꾸면 신제품, 비리몸통 밝혀지나'(이상 의문형), '개헌 않을 듯'(추측형), '졸업 하루 앞두고'(생략형) 등이 있다. ② 앵커멘트와 호흡을 맞춰야 한다. 제목은 앵커멘트가 나갈 때 TV화면에 노출된다. 제목과 앵커멘트는 중복돼도 상관이 없다. 오히려 제목과 멘트가 따로 가는 것이 문제다. ③ 문장부호를 적절히 활용한다. 다양한 문장부호를 통해 효과적 표현이 가능하다. 물음표, 느낌표, 말줄임표는 생략해도 무방하다. 큰따옴표는 인용, 작은따옴표는 강조에 쓰인다. ④ 동음이의어는 의도적 사용이 아니면 피하는 것이 원칙이다(SBS·양철훈 외, 2008).

제목달기의 표현 양식 기사에 따라 다양한 문장형식과 구절을 사용할 수 있다. 문장 형식별로 보면 평서문(취업문 넓어진다), 부정문(대응 않겠다), 의문문(물가 잡을 수 있을까), 감탄문(소한, 정말 춥다!), 명령문(악플, 이제 그만)이 두루 쓰인다. 표현 양식에서는 청유문(에너지를 아낍시다), 생략문(회기 끝나자마자…), 인용문("줄마 안 한다") 등이 자주 사용된다. 구절에서는 명사구, 부사구가 자주 사용된다. '대북 금융재제, 스타 만들기 백태, 지진 사상자 수백 명, 구제역 확산 비상' 등은 명사구, '여름 속으로, 공기업들 어디로'는 부사구의 형태다(SBS·양철훈 외, 2008).

2) 앵커멘트

앵커멘트는 객관적이고 정확해야 한다. 그러나 언어 외적인 필요, 즉 신뢰감, 카리스마를 심어주기 하기 위해 정확성, 객관성의 범주를 벗어나는 경우도 있다. 최근에는 기사의 정확성이나 객관성보다 취향에 맞는 앵커의 뉴스를 시청하려는 경향이 감지되고 있다(국립국어원·MBC, 2008).

앵커멘트의 유형 용도에 따라 종합뉴스 시작 때의 오프닝멘트, 기자 리포트 이전에 하는 유도멘트, 짧은 기사를 전하는 토막멘트, 종합뉴스가 끝날 때의 클로징멘트(정리 멘트) 등이 있다. 앵커멘트는 본문 요약형이 40% 내외로 가장 많다. 이외 원인분석형, 전환형, 전망형, 고발형, 질문형, 촉구형 등이 사용된다.

앵커멘트의 구성 오프닝멘트에서는 전체 뉴스 상황을 정리하거나 오늘 일어난 일의 핵심을 먼저 전달한다. 개별기사의 유도멘트에서는 중요정보를 생략해서도 안 되지만, 과도하게 정보를 제공하는 것도 금물이다. 앵커멘트 자체로 완결성을 가지면서 다음에 오는 기자 리포트와 논리적으로 연결돼야 한다. 비중이 비슷한 여러 정보가 기사에 나올 경우 가능하면 두세 정보를 묶어 앵커멘트를 작성하는 것이 좋다. 기사의 특정 부분을 강조하기 위해 일부러 중복할 수도 있다. 톱이나 앞선 기사를 뒷받침하는 기사라면 앞선 기사의 끝부분과 연계시키는 것도 한 방법이다. 배경설명, 중요정보 요약 등 기사에 넣기 힘든 사실을 앵커멘트로 처리하기도 한다. 시청자들의 궁금증을 자아내는 선에서 그쳐야 할 때도 있다. 설명이 너무 복잡하면 이 방법이 효과적이다. 속보기사라면 오늘 바뀐 부분 중 가장 중요한 사실을 먼저 전달해야 한다. 단순기사의 경우 리포트를 요약하기보다 해설이나 논평을 곁들이는 것이 뉴스의 흥미도를 높인다.

앵커멘트의 작성 앵커멘트는 기자를 소개하는 말을 제외하면 두세 문장, 15초 안팎이 일반적이다. 길게는 30초까지도 한다. 짧은 시간에 시청자의 주의를 끌어야 한다. 취재기자가 쓰는 것이 일반적이나 앵커가 리포트를 보고 직접 작성할 수도 있다. 앵커멘트는 내용상 본문기사의 첫 문장이나 앞선 리포트 끝 문장과 겹치면 안 된다. 기자의 문장, 문구와도 겹치지 않는 게 좋다. 격식체를 쓰되 딱딱해지지 않도록 구어체의 특징을 잘 활용해야 한다. 일반적 구어체 문장과는 약간의 차이가 있다. 간투사(네), 축약(없단, 했단), 접속부사(그렇지만, 하지만), 해요체(있어야겠지요) 등을 써 자연스럽게 말을 이어간다. 방송의 구어체에서는 조사 생략이 자유롭다. 구제역 발병상황 어떤지(조사 '이' 생략), 내용 설명해드립니다(조사 '을' 생략)와 같이 쓸 수 있다. 일단락 분위기('되는'이 빠진 상태)처럼 '-하다, -되다'를 생략하면 자연스럽지 못하다. 방송기사 작성의 일반적 요건들이 그대로 적용된다(SBS·양철훈 외, 2008).

앵커멘트의 수사법 수사법을 잘 활용하면 개성적 표현이 가능하다. 효자산업, 부자정책과 같은 비유법은 정보를 단순 나열하는 것보다 관심도를 끌어올린다. '바로, 확' 등의 부사를 활용하면 생동감이 살아난다. 그러나 제한적으로 써야 한다. '여기는 북·중 접경인 두만강'과 같은 명사 종결표현은 긴장, 집중, 주목의 장치로 사용된다. 의문문은 기자 리포트에는 드물지만 앵커멘트에는 가끔씩 등장한다. "어떻게 허가를 받을 수 있었을까요?"처럼 뉴스의 소재를 던지거나 시청자의 궁금증을 기자에게 물어 리포트로 관심을 이동시킨다. 숫자의 활용은 강렬한 인상을 줄 수 있다. 그러나 가능하면 적게 써야 한다(SBS·양철훈 외, 2008).

앵커멘트의 태도 무엇보다 객관적이고 공정한 태도가 요구된다. 한쪽으로 몰아가는 멘트나 과장된 표현은 보도의 신뢰도를 떨어뜨린다. 시청자들은 자신의 성향에 맞게 뉴스를 전달해주는 방송사를 선호한다. 그런 의미에서 객관성에는 한계가 있지만 객관성 유지야말로 방송의 장기적인 신뢰를 담보하는 길이다. '답답하다, 서글프다, 안타깝다'와 같은 주관적·감정적 표현은 좋지 않다. 견해를 밝힐 때는 국민의 공감대를 바탕으로 해야 한다.

예민한 사항은 시청자들이 스스로 판단하도록 여유를 주는 것이 바람직하다. 때로 가정주부, 근로자, 대학생, 버스 승객 등 시청자와 눈높이를 맞춰야한다. 시청자를 가르치거나 훈계하려 들면 외면당하기 십상이다(SBS·양철훈 외, 2008).

3) 기자 리포트

기자 리포트는 기사 구술, 즉 내레이션 부분이다. 현장화면, 자료화면, 제보화면, CCTV화면 등을 사용해 기사를 얹는다. 기자 리포트는 리드(lead), 본문(body)으로 나뉜다.

리드의 유형 기사의 내용을 압축적으로 제시하거나 흥미로운 사실을 드러냄으로써 관심을 유발시키는 부분이다. 앵커멘트가 기자 리포트의 리드와 중복되지 않도록 해야 한다. 리드는 형태별, 내용별로 유형을 나눌 수 있다. 형태별로는 기사의 핵심내용을 압축하는 요약형, 기사 내용 중 관심 부분이나 중요 부분을 제시하는 발췌형, 본문의 내용을 자연스럽게 유추할 수 있도록 하는 유추형 등이 있다. 요약형이 가장 많이 쓰인다(국립국어원·MBC, 2008). 내용별로는 직접 리드, 해설 리드, 병렬 리드, 지연 리드로 구분된다. 직접 리드는 직선적으로 기사의 핵심을 꺼내는 방식으로 대부분의 스트레이트 기사가 이 리드를 사용한다. 해설 리드는 단순히 사실을 전달해서는 의미 파악이 힘든 경우 배경이나 본질을 풀어 설명해주는 방식이다. 병렬 리드는 동등한 중요성을 지닌 주제가 여럿 있을 때 이들을 비슷한 비중으로 제시하는 것을 말한다. 지연 리드는 기사의 핵심이 서너 문장 지나서 나오는 형태다. 독특한 표현이나 분위기 전달로 관심을 집중시킨 뒤 리드를 꺼내는 방식이다(윤석홍·김춘옥, 2000).

본문 사실을 전달하거나 설명, 해설, 주장을 펼치는 부분이다. 사실의 배치는 여러 가지 기준에 근거한다. 시간적·인과적·공간적 순서나 속성별 병렬, 이들의 복합사용이 가능하다. 대부분의 기사는 복합형이다. 기사 말미에 내용을 요약하거나 본문에서 빠진 내용을 부연하고 전망하는 경우도 있다. 정리멘트는 기사 전체의 내용을 압축하는 요약, 생각 따위를 불러일으키기 위한 주의환기, 예상되는 결과나 반응 등을 제시하는 전망, 사안에 대한 부연설명이나 해석을 덧붙이는 해석 등의 유형이 있다.

4) 인터뷰

인터뷰는 인물 중심, 사건 중심, 인물과 사건 중심의 3부류가 있다(할러, 2008). 뉴스에 포함되는 인물의 인터뷰를 사운드바이트(sound bite) 또는 클립(clip)이라고 한다. 기사 원고에는 INT로 표시된다. 현장 화면과 일체화시킨 인터뷰는 싱크로나이제이션(synchronization)이라고 한다. SYN으로 표기된다(국립국어원·MBC, 2008; 윤석홍·김춘옥, 2000). 지상파 TV뉴스의 경우 리포트당 1.5회 정도 사용된다. 많으면 5개, 없을 때도 있다. 5~15초 범위의 길이로 7, 8초짜리가 많다.

인터뷰의 기능 인터뷰는 방송 뉴스의 객관성과 중립성을 유지해주는 장치로 쓰인다. 사건사고 현장의 생생한 분위기를 전달해주며 보도의 설득력을 높인다. 직접 증언하는 취재원의 한 마디는 기자 멘트보다 보도내용을 더 잘 전달해줄 수 있다. 인터뷰가 없으면 사실감이 떨어져 정보 확인이 부족한 느낌이 든다. 해설이나 설명이 필요한 보도에 인터뷰가 빠지면 공정성에 대한 의구심을 일으킬 수 있다.

인터뷰 대상자 관계자(당무자), 전문가, 체험자의 3부류가 있다. 관계자는 직접성, 전문가는 객관성, 체험자는 현장성이 강조된다. 뉴스 성격에 맞게 대상자를 선택해야 한다. 기사에 신뢰성을 부여할 수 있는 사람이 섭외 1순위다. 핵심내용만 따거나 취재기자와의 질문 답변을 그대로 삽입하는 방법이 있다. 생생한 인터뷰를 얻기 위해서는 공격적 태도가 필요할 때가 있다.

인터뷰의 형태 노출 인터뷰와 비노출 인터뷰(화면 및 음성)가 있다. 비노출 인터뷰에는 모자이크 인터뷰, 아웃 포커스(초점을 흐리게 하는 것) 인터뷰, 얼굴 뺀 인터뷰, 음성(변조) 인터뷰, 몰래 카메라 인터뷰 등이 있다. 문답, 대담 등을 담은 현장 화면이나, 회의·간담회·기자회견 발언은 인터뷰와 같은 용도로 쓸 수 있다. 화면 전체에 인터뷰이를 담거나 배경 화면에 인터뷰이를 작게 따 넣는 삽입처리 방식도 사용된다. 전체화면 노출 인터뷰가 많고, 얼굴이나 음성변조 인터뷰, 현장화면이 다음 순으로 사용된다.

사용요령 인터뷰가 사실을 먼저 제시하고 기자가 이를 요약하거나, 기자가 말한 내용을 인터뷰가 뒷받침하는 2가지 방식이 있다. 있는 그대로의 인터뷰 내용이 보도에 반영돼야 한다. 어떤 형태로든 작위성이 개입돼서는 안 된다. 내용의 적절성도 중요한 요건이다. 기자의 내레이션과 연관성을 갖도록 배치하고, 논리적 흐름에 무리가 없도록 해야 한다. 내레이션과 인터뷰가 딴말을 하거나, 논리적 비약이 있는 경우 정보 전달에 장애가 생긴다. 기자의 내레이션 멘트와 인터뷰는 같은 내용을 다르게 표현하는 것이 바람직하다. 대립적이고 상반되는 내용의 인터뷰를 나열할 때는 일반적이고 중립적인 순서에 따라야 한다. 인터뷰의 중복이나 남용은 난삽한 느낌이 들어 역효과를 낼 수 있다. 인터뷰 문장은 중간에서 자르지 말고 완결된 문장을 통째로 넣는 게 좋다. 일부분만 인용하면 의미가 잘못 전달될 수 있기 때문이다. 인터뷰 편집에는 취재기자가 함께 참여하는 것이 바람직하다. 취재 때의 인터뷰 화면 중 적당한 부분을 잘라서 사용하되 짧고 간결해야 한다(국립국어원·MBC, 2008; 설진아, 2008; 윤석홍·김춘옥, 2000).

5) 스탠드업

보도의 현장감을 살리기 위해 기자가 TV 화면에 모습을 드러내고 멘트하는 것을 스탠드업(stand-up)이라고 한다. 리포트의 절반 이상에는 한 번의 스탠드업이 사용된다. 짧게 두 번 사용될 때도 있다. 길이는 4~17초 범위로 다양하다. 리포트 도입부에 앵커와 기자 간 크로스토킹을 배치해 스탠드업을 대체하기도 한다. 현지 취재 강조, 신뢰도 높이기, 화면 전환이나 연결 등에 유용하다. 화면을 구성하기 어려운 정치, 문화 등 추상적 사안에서 적절히 활용할 수 있다(SBS·양철훈 외, 2008; 설진아, 2008; 김구철, 2006; 윤석홍·김춘옥, 2000).

스탠드업 처리 스탠드업은 현장 취재활동이면서 기사 쓰기 활동의 일부가 된다. 기사 전체의 틀이 잡히지 않았다면 미리 몇 종류의 서로 다른 스탠드업을 해두는 것이 좋다. 취재현장에 다시 갈 시간 여유가 없기 때문이다. 돌아와서 기사 쓸 때를 대비해 스탠드업 내용은 미리 메모해둬야 한다. 스탠드업을 쓰지 못할 경우도 있으므로 기자가 현장에 뛰어들거나 움직이는 모습 몇 컷을 담아두는 방법도 고려해볼 만하다. 주고받은 말은 인터뷰 겸 스탠드업 대용으로 사용할 수 있다. 스탠드업에서는 기자 개인의 의견이 드러나지 않도록 해야 한다. 훈계조가 돼서도 안 된다(SBS·양철훈 외, 2008).

스탠드업 종류 등장하는 위치에 따라 ① 리포트 첫머리는 오프닝/오프너, ② 중간은 브리지, ③ 마지막은 클로징/클로즈라고 한다. 처리가 용이한 클로징의 사용빈도가 높다. 리포트의 의미를 요약하거나 향후 사태의 전개 방향을 짚어보는 경우가 많다. 리포트 중간에 등장하는 브리지는 근년 들어 사용빈도가 늘었다. 스탠드업 전후(녹음실 - 현장 - 녹음실)로 목소리의 고저와 말투가 달라지고 이야기 연결이 쉽지 않은 단점이 있다. 그러나 현장성을 살리는 데는 제격이다(설진아, 2008). 오프닝은 취재장소가 중요하거나 중계차 연결처럼 현장성을 강조하는 경우가 아니면 잘 쓰이지 않는다(김구철, 2006).

6) 현장음

현장음(natural sound, effect, channel 2)은 현장 화면에 채록된 굉음, 함성 등 인공음과 물소리 등 자연음 모두를 포함한다. 뉴스의 생동감, 현장감을 살려줄 뿐 아니라 궁금증을 해소해준다. 몇 초의 현장음으로 리포트를 시작 하면 시청자들은 쉽고 명확하게 정보를 파악할 수 있다. 정제된 인터뷰보다 현장 구호가 특정 단체나 기관의 주의주장을 전달하는 데 제격일 때가 있다(김구철, 2006).

현장음의 용도는 크게 3가지다. 먼저 장면 전환, 호흡 조절, 리듬 조절을 위해 사용된다. 사건사고 묶음이나 정치·경제 단신을 묶어 리포트 할 때 활용할 수 있다. 둘째, 내레이션 시간을 절약할 수 있다. 날치기 법안 처리나 시위현장 등은 장황한 설명보다 현장음을 몇 초 내보내는 것이 훨씬 효과적 이다. 마지막으로, 생생하고 자연스러운 인터뷰에 적합하다. 이펙트 마이크 를 쓰면 현장의 모든 음향이나 음성을 동일한 조건에서 받아들여 현장 분위기를 살릴 수 있다. 그러나 지향성 마이크에 비해 음질이 떨어지는 약점을 감안해야 한다. 리포트 편집 때 채널 2로 계속 현장음을 살려두면서 작업을 진행하는 방법도 있다(김구철, 2006).

7) 뉴스 자막과 그래픽

화면 하단의 자막(superimpose)은 기사 내용 요약, 보충설명, 부가정보와 세부 자료 제시, 출연자 신원 소개 등에 사용된다. 잘 활용하면 기사의 전달력을 높이고 복잡한 사안을 간명하게 정리할 수 있다. 남용은 피해야 한다. 글자 수는 적을수록 좋다(김구철, 2006).

자막의 종류 ① 신원 소개 자막, ② 인터뷰 내용 자막, ③ 번역 자막, ④ 스크롤 자막, ⑤ 실크 스크린 자막 등 5가지가 주로 쓰인다. 신원 소개 자막은 취재원이나 인터뷰 대상자의 신원을 알릴 때 사용된다. 원고를 넘기기 전에 이름, 신분, 직함, 나이, 주소 등을 재확인할 필요가 있다. 직함을 잘못 줄이면 오해가 빚어진다. 취재기자 정보도 자막으로 처리한다. 인터뷰 내용 자막은 인터뷰 발언 내용의 정확한 전달을 위해 사용된다. 현장음으로 채록한 인터뷰는 전달력이 불완전한 경우가 많다. 대개 질문은 노란색, 답은 흰색으로 표기한다. 번역 자막은 내용 전달에 지장이 없는 범위에서 가지치기가 필요하다. 말하는 속도와 자막의 길이에 유의해야 한다. 원문과 번역 자막의 길이를 비슷하게 하는 것이 좋다. 화면에 노출되는 자막의 분량은 두 줄이 적당하다. 스크롤 자막은 오른쪽에서 왼쪽으로 움직이는 자막이다. 많은 양의 자막을 소화하는 데 편리하다. 실크 스크린 자막은 전체 화면에 연한 바탕을 깔고 자막을 내보내는 방식이다. 자막의 명시성을 높인다. 추모시 등의 보도에 사용된다.

자막의 작성 및 활용 자막의 노출시간을 고려해 읽을 시간이 부족하면 글자 수를 조금 줄여야 한다. 자막을 읽는 호흡이 다음 줄로 넘어가는 것은 좋지 않다. 자막에 제목을 달면 생동감과 입체감을 줄 수 있다. 주체(예, 전경련)나 주제(예, 기상이변)를 명확히 하거나 장면 전환, 복잡한 사안을 나열할 경우에도 도움이 된다. 뉴스리포트의 평균 자막 글자 수는 한 줄 14자 정도다. 제목을 제외하고 자막은 두 줄 이내가 바람직하다. 줄 간에 균형이 무너진 가분수 자막은 피해야 한다.

그래픽 복잡한 수치나 관계, 비교와 대비, 추이, 정황 설명, 원인분석, 강조, 용어설명, 약도 등의 표현에 두루 쓰인다. 현장 화면이 없을 경우 그래픽으로 대치되는 경우가 많다. 다양한 동작기법을 동원해 화면에 생동 감을 부여할 수 있다. 통상의 리포트에서는 뉴스 성격에 따라 2, 3건까지 사용된다. 평균 사용 정도는 리포트 건당 하나에 못 미치는 수준이다. 사이버 스튜디오 리포트에서는 3~5건은 보통이고, 10건 이상도 쓰인다. 크게 보면 사이버 스튜디오 자체가 그래픽의 연장선상이라 할 수 있다. 그래픽 사용이 지나치면 리포트가 건조해지는 단점이 있다(김구철, 2006).

7. 영상 촬영

카메라는 사람의 눈과 달리 시야각이 넓지 않다. 사람의 육안은 기능적으로 좌우 180도를 지각할 수 있는 반면 카메라는 초광각(超廣角)이라야 100도 내외다. 표준렌즈는 60도 정도에 지나지 않는다. 때문에 카메라는 육안으로 볼 수 있는 많은 사람과 배경 중에 특정 영역이나 일부만을 보여준다. 사람의 눈도 일상적인 시야각은 표준렌즈와 비슷하다.

1) 영상 단위와 화면구성

TV화면에서 시청자들의 초점이 모이는 곳은 위에서 3분의 1, 좌우 양측에서 3분의 1 되는 두 지점이다. 대부분의 TV 영상은 이 2개 초점을 기준으로 촬영된다(윤석홍·김춘옥, 2000).

영상단위 TV제작의 영상단위는 ① 숏(shot), ② 신(scene), ③ 시퀀스(sequence), ④ 스토리(story)로 구성된다. 숏[1]은 영상의 최소단위로 한 번의 카메라 조작으로 얻을 수 있는 하나의 장면이며, 의미가 담기지 않는다. 신은 숏들이 모여서 파편적인 의미를 구성하는 단위다. 화재 신, 시위 신처럼 하나의 완결된 행위를 여러 개의 숏으로 보여준다.[2] 동일 시간, 동일

---

[1] 숏과 컷(cut)은 영상의 가장 작은 단위로 숏은 촬영 중심, 컷은 편집 중심의 용어다. 테이크(take)는 숏과 같은 말이지만 동일 장면을 반복해서 찍을 때 하나하나를 테이크라 한다. 재촬영한 것은 리테이크(retake)다.

장소에서 촬영된다. 숏과 신이 시각적 단위라면 시퀀스와 스토리는 내용적 단위다. 시퀀스는 여러 개의 신들이 구성하는 독립적이고 단편적인 이야기다. 전체 스토리의 일부가 된다. 스토리는 시퀀스들이 모여 전체적인 구성 및 줄거리를 갖는 완결된 이야기를 말한다(설진아, 2008).

화면 구성 화면 구성에서 고려해야 할 요소들로는 ① 헤드룸(head room), ② 노즈룸(nose room/looking room), ③ 리드룸(lead room), ④ 클로저(closure), ⑤ 면의 중첩 등이 있다. 헤드룸은 머리 위, 노즈룸은 인물의 시선방향에 적당한 공간을 주는 것을 말한다. 리드룸은 출연자가 좌우 어느 쪽을 가리키거나 움직일 때 동작이 일어나는 쪽의 여백이다. 여백이 없으면 화면이 답답해지고 균형감을 잃게 된다. 클로저는 화면상 실제로 보지 못하는 공간을 상상력으로 채워 넣는 과정이다. 사람들은 경험을 통해 보이지 않는 부분까지 상상으로 채워 전체를 인식한다. 여기서 비롯된 비논리적 클로저는 화면 구도상 피사체와 보기 싫게 겹치는 배경 물체, 피사체를 시각적으로 방해하는 배경 등을 일컫는다. 머리 위로 뿔이 솟게 하거나 인물의 목을 가로지르는 횡선은 시청자들을 불편하게 만든다. 사람의 관절이나 옷자락을 분할하는 것도 피해야 한다. 면의 중첩은 2차원의 화면 속에 3차원의 입체감을 살리는 기법이다. 재해 현장의 경우 무너진 건물더미를 배경으로 한쪽 구석에 구조장비나 요원들을 중첩해서 배치하면 입체감이 살아난다(설진아, 2008).

2) 앵글과 숏

카메라의 앵글에 따라 영상으로부터 전달되는 메시지는 판이하게 달라진

---

2) 숏과 숏, 신과 신 사이에 화면을 전환시키는 기법으로는 6가지가 있는데 뉴스 프로그램에서는 한 그림에서 다른 그림으로 순간적인 전환을 이루는 컷이 주로 사용된다(설진아, 2008).

다. 카메라 앵글은 피사체에 대한 각도로서 인물의 눈높이나 가슴높이와 카메라 렌즈의 광축이 수평이 되는 숏(eye level shot), 즉 수평앵글 숏을 기준으로 한다. 위에서 내려다보는 조감숏과 부감숏, 위로 올려다보는 앙각 숏 등이 있다. 뉴스 프로그램에서는 객관적 시각을 드러내는 수평 앵글 숏이 가장 많이 쓰인다(설진아, 2008).

피사체의 상대적 크기별 숏 주로 인파를 보여줄 때 사용되는 ELS(Extreme Long Shot)은 원경 숏의 하나로 파노라마 숏이라고도 한다. LS(Long Shot)은 사물의 구체적 설명이나 피사체끼리의 관계, 전체와의 연관성 등을 전달할 때 사용된다. 인물의 경우 전신이 드러난다. MS(Medium Shot)은 인물 상반신을 촬영한 숏으로 몸짓, 표정, 움직임의 포착과 2인용 숏(2S)3)에 적합하다. CS(Close Shot)은 얼굴 등 피사체가 화면에 가득 차도록 잡는 숏이다. 출연자의 감정 표현을 나타내거나 중요한 것을 부각시켜 보여준다(설진아, 2008; 윤석홍·김춘옥, 2000).

피사체 크기별 숏 FS(Full Shot)은 인물의 주변 전경과 다른 출연자 등 피사체 전체를 보여주는 숏이다. FF(Full Figure Shot)은 출연자 전체를 보여주나 주 피사체만을 타이트하게 잡는 방식이다. FS보다 피사체의 크기가 크다. KS(Knee Shot)은 무릎 위 상반신의 움직임을 보여주는 데 적합하다. WS(Waist Shot)은 인물의 허리 위를 보여준다. 2인용 숏(2S), 3인용 숏(3S)에 많이 사용되며 BS 다음으로 빈도가 높다. BS(Bust Shot)은 TV 프로그램에서 가장 많이 사용되는 숏으로 가슴 위쪽으로 삼각형 구도가 형성되는 크기다. TBS(Tight Bust Shot)은 드라마에서 많이 사용된다. 목과 셔츠 깃에서 머리카락 가장자리까지 닿는 크기다. CU(Close Up)은 감정을 표현하는 데 효과적인 화면 구도다. 대개 인물의 이마 윗부분이 잘리고 턱은 보이도록 한다.

---

3) 피사체인 사람의 수에 따라 1S(1 shot), 2S, 3S, GS(group shot, 4, 5명 이상)로 나눈다.

ECU(Extreme Close Up)은 신체의 특정부위나 피사체의 일부분을 자세히 보여주는 숏으로 감정이 강렬하게 전달된다(설진아, 2008).

제9장

온라인 저널리즘

1. 온라인 개황

2005년 7월 국내 인터넷신문(독립형)들은 신문법상의 언론매체로 인정 돼 제도권 안으로 들어왔다. 2009년 8월에는 언론사닷컴(종속형)이 인터넷 신문에 포함됐다. 언론사닷컴이란 신문, 방송, 잡지, 통신사의 계열회사가 온라인을 통해 주로 모회사 기사를 서비스하는 매체다. 논란이 됐던 포털(매개형), 즉 인터넷뉴스서비스사업자는 2010년 1월부터 신문법상의 언론 지위를 부여받게 됐다. 뉴스를 생산하지 않지만 수집, 가공, 서비스하는 일부 블로그(블로그형)에도 포털과 같은 언론으로서의 법적 책임이 부과되 고 있다.

1) 매체 현황

2005년 신문법 개정 전 온라인 언론계는 법외(法外) 상태의 종속형 160여 개(방송 67개), 독립형 20여 개, 포털 9개(전체 21개)가 중심세력을 형성하고

〈표 9-1〉 연도별 인터넷신문 등록 현황

(단위: 개)

연도	2005	2006	2007	2008	2009	2010	2011
등록	286	626	927	1,282	1,698	2,484	2,921

자료: 한국언론진흥재단(2011c).

있었다. 법 개정 후 제도권으로 들어온 인터넷신문은 지속적인 증가세를
보여 2011년 8월 말 현재 2,921개에 이르고 있다. 여기에 포털 20여 개
등 인터넷뉴스서비스사업자와 신문·방송의 인터넷판 170여 개를 보태면
전체 인터넷 언론은 3,100여 개가 된다. 2012년 현재의 온라인 언론계는
5대 포털과 언론사닷컴 15개, 신문·방송의 인터넷판 130여 개, 독립형
인터넷신문 20개 정도가 중심이 되고 있다.

인터넷신문 인터넷신문 중 2011년 신문산업 통계조사에 응답한 사업체는
559개(매체로는 776개)로 지역신문이 236개로 가장 많았고, 다음이 전문신
문 226개, 종합신문 137개 순이었다. 일반현황 조사에 응답한 1,064개
매체 중 85%가 종사원 10명 이내의 소규모로 운영되고 있었다. 4명 이하도
57%나 됐다. 논설위원, 취재기자, 편집기자, 사진(영상)기자 등 기자직 종사
자는 전체의 50%에 가까웠다. 취재 인력 2명 이상을 포함해 취재 및 편집
인력 3명 이상을 상시 고용해야 하는 법적 요건을 채우지 못하는 매체도
상당수일 것으로 보인다. 인터넷신문 706개사와 언론사닷컴 15개사를 조
사대상으로 한 「2010 인터넷 이용실태조사」에서는 인터넷신문의 1개사당
평균 종사자가 7.5명, 언론사닷컴은 112.9명으로 추정됐다.

포털 포털의 뉴스서비스는 온라인뉴스 산업의 가장 큰 부분을 차지한다.
1999년 뉴스서비스가 시작돼 2002년 하반기를 기점으로 웹사이트 방문자
수 선두군(群)을 차지했다. 2004, 2005년 직접 뉴스 생산에 뛰어들기도
했지만 다른 뉴스매체들이 생산한 뉴스를 매개만 하는 것으로 역할이 정리
됐다(박진용, 2005). 「한국의 인터넷뉴스서비스」(2010)에 따르면 2010년 10

〈표 9-2〉 지난 1주간 인터넷뉴스 이용방법

(단위: %)

이용방법	비율
포털 프런트 페이지 뉴스제목 클릭	86.5
실시간 검색순위 인물, 사건 보기	46.3
정보검색하다 관련뉴스 보기	34.8
포털 뉴스 홈에서 관심뉴스 찾아보기	34.6
포털 뉴스 홈에서 언론사뉴스 찾아보기	10.1
모바일 뉴스앱 통해 뉴스 보기	9.5
오프라인 언론사 사이트 찾아가 이용	8.0
인터넷신문사 찾아가 이용	4.3

주: 2,810명 복수응답.
자료: 한국언론진흥재단(2011a).

월 현재 등록 인터넷뉴스서비스는 모두 93개다. 이 가운데 신문법 규정대로
의 서비스를 하는 포털은 20개 정도다. 검색점유율 최상위권의 네이버
(65.9%), 다음(24.6%) 양대 포털(2011년 5월 현재)의 독과점 체제가 유지되고
있다.

2) 온라인 이용자

「2010 인터넷 이용실태조사」에 따르면 2010년 5월 현재 만 3세 이상의
인터넷 이용률은 77.8%, 이용자 수는 3,701만 명으로 나타났다. 10년
전인 2000년 44.7%, 1,904만 명과 비교하면 거의 2배 가까이 늘어난
수치다. 인구 100명당으로 따질 때 세계 8위권이다(한국인터넷진흥원, 2011
에서 재인용).

뉴스 이용 방법 「2011 언론수용자 의식조사」에 따르면 뉴스 이용의
대다수는 포털 메인의 제목을 보고 클릭(86.5%, 복수응답)하는 것으로 나타
났다. 이외 실시간 검색순위(46.3%), 포털 뉴스 홈에서 관심 있는 주제

<표 9-3> 인터넷으로 뉴스를 읽는 매체와 사이트

(단위: %)

순위	뉴스 이용 매체	이용률	뉴스 이용 사이트	점유율
1	포털 뉴스 서비스	96.5	네이버	62.7
2	신문사 사이트	47.0	다음	22.5
3	인터넷신문 사이트	40.5	네이트	5.5
4	방송사 사이트	28.5	야후	4.4
5	뉴스 통신사 사이트	17.1	조선닷컴	1.6
6	카페 클럽 블로그 미니홈피	13.6	구글	0.8

주: 뉴스 이용 매체는 복수응답, 사이트는 단수응답.
자료: 한국인터넷진흥원(2010a), 한국언론진흥재단(2010b).

(34.6%)를 활용했다. 정보검색을 하다가 우연히 이용하는 비율도 34.8%에 달했다. 태블릿PC, 스마트폰의 뉴스 앱을 활용한 비율(29.5%)은 급격히 늘어나고 있었다. 모바일 기기를 통한 인터넷 뉴스 이용은 포털 경유가 64.8%로 절반 이상을 차지한 반면, 뉴스 앱은 10.5%, 언론사 경유는 7.6%에 머물렀다. 「2010 미디어 리서치」(광고주협회)에 따르면 시작 페이지는 대부분이 포털(97.4%, 복수응답)이었다.

뉴스 이용 사이트 지난 1주일간 뉴스를 보기 위해 가장 먼저 이용하는 사이트를 조사한 결과 상위 10개 사이트에는 네이버 62.7%, 다음 22.5%, 네이트 5.5%, 야후 4.4%, 조선닷컴 1.6%, 구글 0.8% 등이 포함됐다(한국언론진흥재단, 2010b). 인터넷뉴스 이용자들의 절반이 넘는 56.8%는 '뉴스 제공 언론사를 거의 모른다'고 답해 정보원에 대한 관심은 저조했다. '30% 정도 알고 있다'가 21.4%였고, '거의 다 알고 있다'는 5.8%에 지나지 않았다(한국언론진흥재단, 2011a). 개별 뉴스 제공자는 '기억나지 않는다'가 45%대로 가장 많았고, 기억된 언론사는 조사에 따라 현저한 차이를 보였다. 2010년의 경우 ≪조선일보≫, ≪중앙일보≫, ≪동아일보≫, ≪오마이뉴스≫, 2011년이 ≪연합뉴스≫, ≪오마이뉴스≫, ≪데일리안≫, ≪마이 데일리≫, ≪노컷뉴스≫ 순이었다(한국언론진흥재단, 2010b, 2011a). 조사 결과

〈표 9-4〉 2010년 5월~2011년 4월 포털의 방문자 수 비중

(단위: %)

포털	전체	뉴스 & 미디어	포털	전체	뉴스 & 미디어
네이버	66.24	37.99	네이트	3.32	0.18
다음	23.25	58.70	야후코리아	1.98	0.98
구글	4.33	2.13	기타	0.88	0.02

자료: 인터넷트렌드(http://trend.logger.co.kr).

에 대한 신중한 해석이 요구된다.

포털 이용 2010/2011년 포털의 방문자 수 비중(인터넷트랜드)을 보면 종합순위에서 네이버가 압도적이었고, 다음이 현저히 뒤지는 2위를 차지했다. 구글, 네이트, 야후코리아는 3, 4, 5위를 차지했으나 방문자 수 비중은 미미했다. 뉴스 & 미디어 분야에서는 다음이 독보적 강세를 보였고, 네이버가 현저히 뒤지는 2위였다. 구글, 야후코리아, 네이트는 3% 미만의 점유율을 기록했다.

인터넷신문 이용 코리안클릭에 따르면 2010년 현재 인터넷신문의 이용자 수는 언론사닷컴들이 20위권 안, 독립형이 20~40위권에 포진됐다. 평균 체류시간, 도달률에서도 비슷한 경향을 드러냈다. 인터넷신문의 주간 평균 방문자 수는 5,000명 미만이 34.9%의 분포를 보여 이용자 기반이 취약한 것으로 평가됐다. 10만 명 이상은 12.1%였다.

2. 온라인 저널리즘

"TV뉴스는 연예 프로그램과 별 차이가 없다"는 지적과 마찬가지로 온라인뉴스도 형식과 실제, 인식에서 이와 비슷한 확립과정을 거치고 있다. 온라인 미디어들은 상업 TV의 멋진 포장과 비슷한 형태로 닮아가려는

움직임을 보이고 있다(앨런, 2008).

1) 온라인 저널리즘

1960년대 베트남 전쟁이 TV 전쟁이었다면, 2003년 이라크 전쟁은 인터넷 전쟁이었다. 이라크 전쟁 당시 관련 뉴스는 거의 분 단위로 업데이트됐고, 사람들은 웹브라우저에서 손을 뗄 수 없을 정도였다. 이를 계기로 인터넷은 주류 뉴스미디어로 진입했다(앨런, 2008).

저널리즘 명칭 인터넷으로 대표되는 가상공간에서의 미디어와 저널리즘을 어떻게 지칭할 것이냐에 대해서는 정리된 견해가 없다(홍승희, 2002). 디지털, 인터넷, 웹, 사이버, 온라인 등의 용어들이 나름의 설명력을 가진다. 신문, 방송처럼 사용되는 매체를 중심으로 하면 인터넷 미디어, 인터넷 저널리즘이 적합하다. 그러나 기술이나 매체, 공간적 특성 모두를 반영하지 못하는 약점이 있다. 이 때문에 학계에서는 온라인 미디어, 온라인 저널리즘에 무게를 실어주고 있다(김병철, 2005).

개념 온라인 저널리즘의 영역이나 정의도 명칭 문제처럼 혼란스러운 실정이다. 온라인 저널리즘을 협의로 정의하면 정치, 경제, 사회, 문화, 시사 등에 관한 보도, 논평 및 여론 등을 전파하기 위한 목적으로 인터넷과 같은 가상공간을 이용해 정보를 제공하는 행위나 활동이라고 할 수 있다. 그러나 저널리즘의 양상이 아주 다양해 협의적 정의만으로는 충분치 않다. 소셜 네트워크 서비스가 등장한 이후에는 더욱 복잡해졌다. 듀즈(M. Deuze)는 온라인 저널리즘을 언론인 영역과 개인들 사이의 공공적 커뮤니케이션 영역 2가지로 구분하고 있다. 개인 저널리즘 현상까지도 온라인 저널리즘에 포함시킨 것이다. 디지털 기술을 활용해 뉴스와 정보를 생산하고 유포하는 것을 온라인 저널리즘으로 정의하는 학자도 있다. 가상공간에서 혹은 가상공간을 이용해 의견이나 정보를 교환, 분배, 전달하는 행위로 규정하기도 한다. 온라인 저널리즘은 이런 여러 개념들을 포괄하고 있다고 보는 것이 적절할 것 같다(김병철, 2005).

2) 온라인 미디어의 구분

온라인 미디어들은 포털과 틈새로 다양하게 발전하고 있다. 포털의 경우 모든 뉴스를 모아들이는 뉴스 포털과 특화된 뉴스만 다루는 전문 뉴스 포털로 분화되는 추세다. 기성 매체들보다 훨씬 좁은 영역의 뉴스를 집중 발굴하는 틈새 전문미디어들은 미디어의 다양화를 촉진하고 있다.

뉴스미디어의 기준 인터넷의 다양한 매체 특성이 뉴스 전달을 주목적으로 하는 매스미디어로서의 개념설정을 모호하게 만들었다(홍승희, 2002). 이 때문에 뉴스, 정보 사이트는 물론이고 커뮤니티, 광고, 홍보 사이트까지 뉴스미디어로 분류되는 혼란이 빚어지고 있다(한국언론재단, 2001). 뉴스미디어의 명확한 기준 제시는 쉽지 않지만 다음의 3가지를 참고해볼 만하다. 첫째, 제공되는 정보에 객관성, 공정성이 담보되어 있는가. 둘째, 불특정 다수가 누구나 쉽게 접근할 수 있는가. 내부 구성원들이 제한적으로 이용한 다면 뉴스를 전달한다 하더라도 뉴스미디어로 보기 어렵다. 셋째, 제공된 정보에 뉴스원이나 이용자들의 반론권이 보장되어 있는가. 대중과의 상호 작용은 공공적 매스미디어의 의무이자 책임이다(홍승희, 2002).

운영주체별 구분 미디어 운영주체별로는 종속형, 독립형, 매개형(포털), 블로그형의 4가지로 나눌 수 있다. 종속형은 기존의 종이신문, 방송 등과 어떤 형태로든 종속 관계에 있는 매체다. 종이신문이나 방송이 조직 내에 부서를 두어 직접 인터넷판을 만들거나 자회사(언론사닷컴)를 통해 뉴스 서비스를 할 수 있다. 독립형은 종이신문이나 방송 등과 경영적 연계가 없는 개인이나 법인의 온라인 단독 매체다. 매개형은 포털처럼 직접 뉴스 정보를 생산하는 것이 아니라 정보생산자와 소비자를 연결해주는 데 주력하는 미디어다. 종속형, 독립형에서 뉴스를 제공받아 이를 편집해 내보낸다. 블로그형은 블로거(블로그 운영자)가 직접 취재한 뉴스를 제공하거나 인터넷 사이트에서 스크랩한 뉴스를 자신의 관점으로 보완 또는 평가해놓은 미디어다. 다양한 주제들의 파워 블로그는 뉴스미디어로 봐줄 여지가 충분하다(김경희, 2009).

기타 구분 뉴스를 다루는 지역적 범위를 기준으로 하면 전국종합, 지역종합 뉴스미디어로 나눌 수 있다. 뉴스의 성격이나 형태별로는 뉴스브리프 사이트, 뉴스와이어 사이트, 맞춤뉴스 사이트, 특화분야 뉴스속보 사이트, 인터넷뉴스 전문 사이트, 패러디 뉴스 사이트, 안티 뉴스 사이트, 이슈 토론 전문사이트, 전문뉴스 사이트 등의 유형들이 나타난다(홍승희, 2002).

3) 온라인 미디어의 특성

온라인 미디어는 디지털성, 상호작용성, 네트워크성 등의 특성을 가진다. 이들 특성들은 저널리즘 측면에서 여러 가지 함축된 의미를 가진다. 디지털성은 온라인뉴스의 3가지 세부 특성(멀티미디어, 하이퍼텍스트, 데이터베이스)을 포괄한다.

디지털성 정보처리의 디지털화는 매체 간 구분이 없어지고, 정보들이 링크로 연결되며, 데이터베이스화(검색기능)된다는 의미를 가진다. 디지털 기술은 문자, 소리, 영상 등 모든 정보를 0과 1의 조합으로 표시한다. 미디어 융합, 즉 멀티미디어화가 이뤄져 신문, 라디오, TV, 전화, 우편, 카메라, 영화 등의 기능이 한데 묶인다. 하이퍼텍스트인 각각의 정보는 링크로 연결된다(홍승희, 2002). 디지털 정보는 하나의 인덱스인 동시에 텍스트다. 모든 정보가 검색 가능한 정보의 덩어리가 되면서 온라인 취재는 데이터베이스를 검색, 활용하는 형태로 바뀌고 있다(서정우, 2002).

상호작용성 온라인 미디어는 이메일, 채팅, 토론, 투표와 설문조사 등 다양한 상호작용 기제를 가지고 있다(김병철, 2005). 대인 미디어와 매스미디어로서의 조건을 함께 갖춰 일대일, 일대다, 다대다의 다양한 커뮤니케이션을 가능하게 한다. 이런 상호작용성들로 인해 뉴스 생산자와 유통자, 이용자의 구분이 어렵게 됐다(홍승희, 2002). 미디어의 개인화와 일대일 방식의 커뮤니케이션은 분중화(分衆化)를 촉진하고 있다(한균태 외, 2008). 이는 미디어에 편향적으로 노출될 가능성이 커지고 있음을 의미한다.

네트워크성 온라인은 유선과 무선을 통해 공동체, 국가, 지구촌까지 하나의 네트워크로 연결하고 있다. 국경조차도 의미가 없어졌다. 링크 기능을 통한 광범한 이동성은 무소부재의 편재성(遍在性, ubiquity)을 가능케 한다(홍승희, 2002). 방송에서의 매스커뮤니케이션이 broadcast(TV, 라디오) 또는 narrowcast(케이블TV)라면 네트워크 커뮤니케이션은 broadcatch다(김병철, 2005).

개방성 신문, TV 등 전통매체는 접근이 제한돼 일반인들은 의견이나 정보를 반영하기가 쉽지 않았다. 그러나 인터넷은 접근을 가로막는 장치가 없어 다양한 경로로 의견 개진과 정보 제공이 가능하다. 뉴스미디어의 정보 생산자와 이용자의 지위가 동등해지면서 게이트키핑 기능도 뉴스 생산자에서 이용자로 이동하고 있다. 온라인 미디어의 이런 개방성은 평등성, 익명성으로 이어진다(홍승희, 2002). 개인의 지위나 신분, 연령, 성별 등에 관계없이 미디어에 접근할 수 있는 평등성이 주어지는 반면 면대면 상황에서의 사회적 압력이 없어지면서 익명성의 폐단이 노출되고 있다(김병철, 2005).

저비용성 온라인 미디어는 이론상 또는 실제로 설립에 큰 자본이 필요하지 않다. 자본에 대해 상대적으로 자유로운 언론의 출현을 도울 수 있다. 문화적 소수파, 비주류 매체로서 적합하다. 미디어 운영비도 적게 든다. 뉴스를 생산하는 비용은 있지만 중간가공 등 유통비용은 거의 들지 않는다(홍승희, 2002).

4) 온라인 보도의 특성

온라인 미디어는 뉴스 생산 및 유통, 이용의 수직적 구조를 수평적 구조로 전환시켰다. 전통매체에서는 게이트키퍼가 매체 접근 및 뉴스 내용을 통제해왔으나 온라인에서는 메시지 제작 통로의 다변성으로 인해 통제가 불가능하다. "정보를 알리고 싶어 하는 사람은 모두 기자다"라는 캐치프레이즈를 가능하게 하는 구조다. 정보 이용자들은 정보 생산뿐 아니라 정보의 확대 재생산과 분배에도 참여한다(홍승희, 2002).

무제약성 온라인 보도는 방송의 시간과 신문의 공간 제약에서 자유롭다. 무한대의 뉴스공간과 24시간의 항시성을 가진다. 하루 몇 차례 기사를 마감해 뉴스를 내보내는 신문, 방송과 달리 온라인에서는 이론상의 마감 시간이 없다. 기사의 개정이나 교체도 제약을 받지 않는다. 시공간 장벽이 사라지면서 뉴스 서비스의 비동시성을 가져와 프라임타임, 피크타임의 의미가 특별할 것이 없어졌다. 원하는 시간에 원하는 내용을 받아보는 주문형 뉴스, 맞춤형 뉴스가 일반화되고 있다(김병철, 2005).

속보성 온라인 미디어의 속보성은 거의 현장 중계 수준이다. 기사 개정이나 오보 처리에서도 그대로 적용된다. 속보성은 양날의 칼이 될 수 있다. 종이신문 이상의 시간적 중압감은 기획보도나 탐사보도와 같은 심층보도를 저해하는 요인이 되기도 한다(홍승희, 2002).

대량성, 광범성 인터넷 이상으로 단시간에 대량의 정보를 광범하게 유통시킬 수 있는 매체는 없다. 그러나 대량성과 광범성은 잘못된 정보를 확산시킬 위험성을 동시에 안고 있다. 전통언론보다 오보가 확대 재생산될 가능성이 크다. 음란물, 폭력물의 범람과 지적 재산권과 사생활권 침해, 명예훼손에 대한 우려가 줄어들지 않고 있다.

진보성 온라인 미디어들은 선진국이든 개도국이든 기성가치와 기득권에 대항하는 성격을 가진다. 미디어 설립 구성원들과 이용자들이 상대적으로

젊고 진보적이어서, 전통매체의 독점적 권력화를 견제하려는 성향을 띤다. 선진산업국 중심의 시각에 도전하며 제3세계의 관점을 수용하려는 입장을 보인다. 각국의 온라인 미디어들이 세계화나 다국적 기업들의 비도덕적 행위에 저항하는 일종의 연대를 형성하는 것도 그런 현상의 하나다(홍승희, 2002).

5) 차별적 저널리즘

온라인 저널리즘은 인터넷의 기술적 특성 때문에 저널리즘 관행과 조직, 구독행태 등에 근본적 변화를 불러왔다. 특정 분야의 전문지나 특정 소지역을 권역으로 하는 온라인 매체는 더 이상 객관보도의 관행을 수용하지 않는 경향이 있다. 대항언론으로 분류되는 온라인 매체들은 선전도구의 역할을 하기도 한다(서정우, 2002).

뉴스판단의 새 틀 미디어에 따라 차이가 있지만 온라인에서는 몇 가지 새로운 저널리즘 양상이 확인된다. 먼저 전통언론의 보도관행을 인정하지 않고 있다. 전통언론이 무시해오던 정보들을 대중의 잣대에 맞춰 기사화함으로써 작지 않은 파장을 몰고 온다. 르윈스키 스캔들, 위키리크스의 비밀정보 누출, 한국의 술자리 성희롱 사건 등이 그런 사례들이다. 또 경성기사에 치중하지 않고 대중의 공감대만 형성할 수 있다면 생활상의 사소한 경험과 감상들을 기사로 싣는다. 거의 모든 기사를 동일한 뉴스가치로 취급하거나 전문기자와 아마추어 기자를 구분하지 않는 등의 개방적 자세를 드러내고 있다(홍승희, 2002).

기사 형식의 파괴 온라인 미디어들은 신문, 방송의 기사 체제를 답습하지 않고 온라인 고유의 특성을 살리고자 한다. 역피라미드 형식의 스트레이트보다 해설 등 장문의 기사에 치중한다. 때로는 개인적 평가나 소감을 곁들이기도 한다. 문체도 파괴된다. 시민기자의 등장은 기사 형식에 아마추어리즘적 변화를 수반하고 있다.

기사 내용의 구성 기사에 대한 의견, 논평, 반론 등 댓글을 통한 피드백이 보도에 바로 반영된다. 뉴스 정보의 일방적 전달에서 정보 이용자들과 함께 뉴스를 만들어나가는 방식으로 저널리즘의 성격이 바뀌었다. 일반인들이 능동적이고 적극적인 사회적 발언을 할 수 있는 커뮤니케이션 환경을 조성해주고 있다.

3. 온라인 보도

2001년 9월 11일의 미국 세계무역센터 테러사건은 온라인 저널리즘의 한계를 보여줬다. 이만한 사태를 한꺼번에 다뤄낼 정보처리 능력이 없었던 것이다. 접속 폭주로 사이트가 불통되자 사람들은 웹에서 TV로 눈길을 돌렸다. 대부분의 인터넷 이용자들은 TV를 주된 뉴스원으로 삼고 온라인을 보조 뉴스원으로 삼았다(앨런, 2008). 소셜미디어가 발달된 지금의 상황에서는 또 다른 평가가 가능할 것으로 보인다.

1) 보도 조직

온라인 미디어의 보도 조직은 종속형의 언론사닷컴(계열사)과 인터넷 부서(언론사 내부 조직), 독립형의 인터넷신문, 매개형의 포털 등 매체 종류에 따라 제각각이다.

종속형 비교적 규모가 큰 편에 속하는 언론사닷컴의 전속 인력은 10명에서 110명 선이다. 모기업 매체의 기자들이 보도에 활용되고 있어 정확한 보도 인력 규모를 파악하기가 쉽지 않다. 조직의 형태는 대표이사 밑에 1개국(본부), 드물게 2개국(본부)을 두는 경우가 있다. 보도담당 책임자의 명칭은 본부장, 편집담당 국장, 미디어센터국장, 편집본부장, 온라인뉴스국장 등 회사마다 다르다. 실무부서로는 편집을 담당하는 뉴스팀/뉴스편집팀/편집팀 등을 두고 다양한 명칭의 취재팀을 운영한다. 취재팀, 뉴스미디어부, 영상취재팀, 산업경제팀, 경제팀, 부동산팀, 증권팀, 글로벌뉴스팀 등의 명칭이 사용된다. 경영관리 부서나 사업팀, 기술팀을 국이나 본부 산하에 통합 배치하는 경우가 많다. 신문, 방송사의 1개 본부나 부서로 운영되는 온라인뉴스 담당 내부 조직의 경우 기술인력을 포함한 전체 인력이 거의 10명 미만이다. 타 부서 기자들을 보도에 활용하고 일부는 직접 처리한다. 기술팀, 사업팀을 한꺼번에 묶어서 운영하거나 외주로 조달한다(한국언론재단, 2010b).

독립형 보도인력은 수 명에서 50명대까지의 분포를 보인다. 대표이사 밑에 편집국 또는 본부 체제가 일반적이다. ≪아이뉴스 24≫는 편집국 실무 부서로 통신미디어부, 디지털산업부, 경제시사부, 스포츠연예부, 편집운영부를 두고 있다. ≪프레시안≫은 정치팀, 기획취재팀, 국제팀, 문화팀, 이미지팀(사진, 동영상 담당)으로 편집국을 구성한다. ≪오마이뉴스≫는 편집부, 정치부, 사회부, 기획취재부, 경제부, 지역팀과 사진팀, 동영상팀을 운영하고 있다. 지역 단위의 중소 인터넷신문들은 편집부와 취재부를 2개의 축으로 해서 규모가 커지면 취재부를 분할해 나가는 편제를 쓰고 있다. 5, 6개 취재팀을 두는 경우도 있다. 편집과 영업, 사업이 통합적으로 운영되는 경우가 많다(한국언론재단, 2010b).

매개형(포털) 2005년 무렵 네이버, 다음 등 주요 포털의 뉴스 에디터는 10명 내외로 언론사 인터넷 사이트 근무경험이 있는 20, 30대 웹 에디터나 취재기자 출신들이었다. 한때 자체 취재인력을 두고 뉴스 생산에 참여하려 했으나 포털의 언론기능과 관련한 사회적 책임이 대두되면서 편집 인력을 중심으로 뉴스서비스를 하고 있다(김경희, 2009). 주요 포털들은 대외 보안 등의 이유로 뉴스팀 인원, 조직, 활동방식, 회의 등 사항을 일체 노출시키지

〈표 9-5〉 2011년 11월 1주간 정오 프런트 페이지 기사주제 분석

(단위: 건, %)

구분	사례	정치	경제	사회	국제	생활/ 문화	스포츠 /연예	의료/ 과학	남북	기타
포털	871	13.4	13.7	33.1	1.4	3.2	25.7	6.2	1.0	2.3
닷컴	1,519	24.0	12.8	36.6	3.7	6.6	8.0	3.9	3.5	0.8
독립형	1,000	33.6	12.3	27.4	2.8	11.0	7.2	2.5	2.4	0.8
계	3,390	24.1	12.9	33.0	2.8	7.1	12.3	4.1	2.5	1.2

자료: 한국언론진흥재단(2011c).

않고 있다.

2) 뉴스 보도

온라인 뉴스미디어들의 기사 주제나 기사 양식을 분석해보면 포털, 언론
사닷컴, 독립형 인터넷신문들이 나름의 특성을 보여준다. 네이버, 다음,
네이트 등 포털의 경우 스포츠/연예의 비중(25.7%)이 언론사닷컴이나 독립
형 매체보다 3배 이상 높다. 흥미성이나 오락성을 중시하고 있다는 설명이
가능하다. 조선, 중앙, 동아, 한겨레, 경향 등의 언론사닷컴(종속형)은 모기
업 오프라인에서와 마찬가지로 전통적 보도성향이 두드러진다. 사회(36.6%)
와 정치(24.0%)에 비중을 두는 경향이 포착된다. 반면 오마이뉴스, 노컷뉴
스, 데일리안, 프레시안 등의 인터넷신문(독립형)들은 정치(33.6%) 지향성을
강하게 드러냈다(한국언론진흥재단, 2011c).

기사 양식에서는 포털의 경우 해설/해석(17.1%)의 비중이 높았다. 또 사진
(7.1%)의 비중이 언론사닷컴이나 독립형의 3배를 넘어 시각성을 중시하는
것으로 나타났다. 이에 비해 언론사닷컴은 스트레이트(46.0%)나 스트레이
트 혼합형(26.3%)이 많아 전통 저널리즘의 특성이 그대로 반영됐다. 객관
보도에 충실하다는 해석이 가능하다. 정치지향성이 강한 독립형은 상대적

으로 의견(13.5%) 기사에 무게를 두고 있었다. 기획/특집(9.4%)의 비중도 높아 깊이 있는 보도에 주력하는 것으로 해석된다(한국언론진흥재단, 2011c).

3) 포털

포털은 보도에서 취재원 등 외부적 영향력 요인과 직접 접촉하는 일이 거의 없기 때문에 에디터들의 자율적 판단이 강조된다. 뉴스 에디터는 미디어 특성과 뉴스 속성에 맞게 제목을 달고 이용자의 편의성을 고려해 뉴스를 구성한다(김경희, 2009).

뉴스 서비스 현황 포털의 뉴스 서비스는 초기화면에서 주요 뉴스의 제목 등을 보여주는 뉴스 박스와 뉴스 콘텐츠를 전문적으로 서비스하는 뉴스 섹션으로 대별된다. 대부분의 뉴스 박스는 초기화면에서 가장 눈에 띄는 곳에 있다.

주요 포털에서 제공하는 뉴스 건수 통계는 일정하지 않다. 시기적인 문제와 통계처리 방법 등의 변수가 작용한 때문으로 보인다. 2005년 경우 네이버, 다음 등 주요 포털에서는 하루 50~70개 매체에서 들어오는 5,000~8,000건의 뉴스를 서비스하는 것으로 조사됐다. 이 중 500건 정도만 뉴스용으로 편집됐다. 조간신문, 블로그와 검색어 순위 자료, 기자 이름 검색 자료를 뉴스 선별법으로 활용했다(≪동아일보≫, 2005년 10월 26일자).

2010년 11월 네이버, 다음, 네이트, 야후코리아, 파란 등 5개 포털에 대한 서면조사(3개 포털만 응답)에서는 뉴스공급 매체가 74~94개로 늘어났으며,[1] 1일 유입되는 기사는 1만 2,000~1만 5,000건이었다. 2005년 대비 2배 이상 늘어났다. 편집영역에 배열되는 기사는 500~1,500건으로

---

1) 2011년 11월 미디어 다음의 홈페이지는 기사 제공, 제휴 언론사를 126개로 소개하고 있었다.

역시 큰 폭으로 증가했다. 1일 평균 뉴스 박스와 뉴스 홈(뉴스 섹션의 첫
화면) 기사 게재 건수는 200~300건이었다. 뉴스 업데이트 시간은 오전
6~11시, 낮 12시 전후, 오후 6~10시 등 신문, 방송의 제작 시간에 맞춰졌
다. 오전은 조간신문, 낮 12시는 석간신문, 오후는 방송 제작과 대응한다(한
국언론진흥재단, 2010c).

보도 성향 관련 연구2)에 의하면 포털은 ① 독자적 의제설정, ② 인물에
초점 맞추기, ③ 가치 판단적 기술 강조 등의 보도성향을 보였다. 이용자의
흥미성을 자극해 접속을 늘리려는 의도를 보인 것으로 판단된다. 의제설정
측면에서 포털에 대한 신문의 제공기사 비율이 45%인 데 비해 포털과
신문의 이슈 일치도는 8~11%에 머물렀다(인터넷 언론사 제공기사는 27%,
통신사는 19%, 방송사는 9%였다). 포털이 종이신문의 이슈를 별로 반영하지
않는다는 것을 방증한다. 포털 간 뉴스 일치도는 30~31%였다. 주제 분야
분석의 경우 종이신문은 정치뉴스가 52%를 차지했던 반면 포털에서는
사회·교육, 스포츠, 정치 등이 공동 선두권을 형성했다. 이슈 초점에서는
종이신문(16%)에 비해 인물을 강조하는 경향성(23~29%)이 있었다. 이슈
기술방식에서는 가치 판단적 기술이 종이신문(9%)의 2배를 넘는 것으로
(20~22%) 나타났다(김경희, 2009).

4) 인터넷신문

언론사닷컴이나 독립형 인터넷신문의 근무나 제작방식은 전통언론과
크게 다를 것이 없다. 온라인에서는 신문, 방송의 마감 시간이라 할 수
있는 뉴스 업데이트 시간이나 횟수가 정해진 게 없다는 것이 차이점이라면

2) 네이버, 다음 프런트 페이지 뉴스와 ≪조선일보≫ 1면 뉴스의 이슈 일치도, 주제
분야(10개) 유사성, 이슈 초점(인물/사건 또는 사안), 이슈 기술방식(가치판단/묘사)
을 헤드라인 분석한 것이다.

차이점이다. 밤에만 여러 차례 마감하는 신문(조간)보다 전일에 걸쳐서 여러 차례 마감하는 방송과 제작체제가 비슷하다. 그러나 실제상황에서는 오전, 오후, 저녁 하루 3번 정도의 마감이 일반적이다. 24시간 계속 업데이트할 내용도 없거니와 그럴 필요성도 크지 않기 때문이다. 가용 인력과도 맞물려 있는 문제다.

뉴스 서비스 실태 전반적으로 2008년(「2009 한국의 인터넷신문」)과 2010년(「2011 신문산업 실태조사」) 사이에 큰 변화가 없었다. 「2011년 신문산업 실태조사」에 따르면 776개 인터넷신문의 주간 평균 기사 게재 건수는 342.0건이었다. 업계 전반의 영세성을 반영하듯 100건 미만이 68.4%를 차지했다. 100건 이상 응답은 인터넷 종합신문이 44.2%로 가장 많았고, 인터넷 전문신문이 32.3%, 인터넷 지역신문이 20.1%였다. 기사 업데이트는 수시(리얼타임)가 주류(77.1%)를 이뤘고, 하루 2~3회(9.7%), 하루 1회(7.2%)가 다음 순이었다. 기사생산 주체는 모회사를 포함한 자사 소속 기자가 2008년 66.3%에서 2010년 64.8%로 줄어든 반면 외부기고자, 시민기자, 객원기자, 제휴 블로그는 15.4%, 연합뉴스, 뉴시스 등 통신사 기사는 5.4%, 제휴기사 및 구매 기사는 4.9%로 각각 늘어났다. 전체 인터넷신문의 주간 자체 생산 평균 기사 건수는 144.8건이었다(한국언론진흥재단, 2011d; 한국언론재단, 2009c).

5) 시민 저널리즘

온라인 미디어는 전통매체에 위임된 보도의 권한을 일정 부분 시민들에게 되돌려줬다. 2000년 무렵 독립형에서 불이 붙은 국내의 시민 저널리즘은 매개형, 블로그형, 종속형, 소셜미디어형은 물론 오프라인으로까지 확대되고 있다. 일반 시민들이 저널리즘 주체로 등장한 사실은 이제 되돌릴 수 없는 현실이 됐다. 이런 언론환경 변화에 부응해 시민기자들의 윤리성과 보도 기술성을 강화하는 일이 사회적 과제로 떠오르고 있다.

오마이뉴스 온라인 시민 저널리즘을 세계적으로 선도한 것은 독립형 매체인 ≪오마이뉴스≫[3]다. 창설자인 오연호는 1990년대 후반 미국 저널리즘 석사과정에 있을 때 이 사이트에 대한 아이디어를 생각해냈다. 자신이 다니던 저널리즘 스쿨의 재학생 4명과 함께 2000년 2월 22일 오후 2시 22분에 사이트를 공식 출범시켰다. 주된 발상은 시민기자제의 도입과 뉴스 작성법칙을 깨버리는 것의 2가지였다(앨런, 2008). ≪오마이뉴스≫는 2011년 현재 50여 명의 전속 인력과 시민 리포터 3만 명(초기 700명)으로 조직을 구성하고 있다. 하루 기사 게재량 170여 건 중 시민기자들이 75~80%를 충당한다. 기사의 길이나 작성양식에 특별한 제약을 두고 있지 않다(박진용, 2011).

시민 저널리즘의 강점 시민 저널리즘이 주류 언론의 보도를 보강할 수 있는 요인은 안에서 바깥을 내다보는 인사이드 - 아웃 방식 보도가 가능하기 때문이다. 전통매체들은 돌발적 취재 사안이 있을 때 현장으로 불쑥 뛰어드는 패러슈트(헬리콥터) 저널리즘[4]에 의존해왔다. 현실과 유리된 사실을 전달하기 십상이었다. 이에 비해 시민기자들이 만들어 보낸 텍스트나 이미지 등은 뉴스 이용자들의 가슴과 머릿속을 파고드는 현실을 전달해주고 있다. 2005년 7월 7일 750여 명의 사상자를 낸 런던의 지하철·버스 자살 폭탄 테러사건에서는 방송들이 시민기자들의 동영상에 의존할 수밖에 없었다. 현장의 시민기자들이 휴대전화로 찍어 보낸 상당수의 이미지는 보도의 현장감과 현실감을 높였다(앨런, 2008). 시민 저널리즘이 보편화되고

---

3) 블로그와 신문의 장점을 결합한 ≪오마이뉴스≫는 대안언론인 인디미디어와 공통점이 있으나 기업적 경영기반을 가진다는 데 차이가 있다. '오마이뉴스'는 인기 코미디언이 유행시킨 '오마이갓'에서 따온 이름이다.

4) 특파원들이 낙하산을 타고 현장으로 뛰어드는 방식의 취재보도를 꼬집는 용어다. 아웃사이드 - 인의 보도방식이다.

있는 현 상황에서는 인사이드 - 아웃 방식을 확대시킬 필요가 있어 보인다.

4. 온라인 기사

새 미디어의 등장은 문화 양식의 변화를 가져온다. 전신의 발명은 역피라
미드 기사를 탄생시켰고, 라디오는 뉴스를 더 짧게 만들었다. 사람을 바라볼
수 있는 TV에서는 기사에 의문형을 사용하기 시작했다(박금자, 2001). 온라
인의 출현은 매체의 통합적 성격으로 인해 기사의 형식, 문체, 적합한 길이
에 대한 정형을 없애버렸다. 무정형이 변화의 핵심이다.

1) 기사의 유형

라디오, TV가 뉴스쇼를 고안해낸 것처럼 인터넷도 특성에 맞는 형식과
내용을 개발할 필요가 있다. 그러나 대규모적인 성장에도 불구하고 오프라
인 의존성이 강해 뉴스 형식에서 새로운 패러다임을 제시하지 못하고 있다
(김경희, 2009). 반면 뉴스 내용에서는 온라인 미디어의 몇 가지 강점들이
발견된다. 역사 학습, 인물 탐구, 재난 취재, 시리즈 보도에서 비교우위를
보여주고 있다. 이러한 분야는 종이신문의 물리적 한계 때문에 만족스러운
보도를 할 수 없었던 공통점이 있다(서정우, 2002). 온라인 기사의 유형은
크게 5가지로 구분할 수 있다. 실제 보도에서는 상호 연결과 조합이 가능하
다(김경희·이재경·임영호, 2003).

웹사이트 취재기사 2012년 6월 현재의 kr 도메인 수는 109만 9,754개다
(ISIS인터넷통계정보시스템, http://isis.nic.or.kr/). 이들 도메인을 대상으로 하
는 웹사이트 취재기사는 온라인 기사의 일반적인 유형으로 취재에 앞서
사이트의 성격을 정확히 이해하는 일이 중요하다. 신뢰성이 떨어지거나

홍보, 선전을 목적으로 하는 사이트의 경우 신중한 접근이 필요하다.

이메일 인터뷰 기사 가장 자주 사용되는 온라인 취재기사다. 부담 없이 질문을 보낼 수 있으나 답변 가능성이 낮은 게 흠이다. 시간 여유를 갖고 질문과 자기소개, 기획취지 등을 보내 협조를 얻어야 한다.

온라인 조사 기사 불특정 다수의 응답을 분석해 기사로 만들거나, 전문가 집단이나 기자, 조사패널을 활용하는 방법이 있다. 조사 패널은 인구통계적 자료에 근거해 언론사에서 미리 선정한 조사대상자를 말한다. 어떤 방식이 됐든 조사의 과정과 결과 해석에 대한 투명성이 확보돼야 한다.

통계자료 분석기사 2차 자료를 활용하는 기사 유형이다. 데이터 처리에 대한 이해와 소프트웨어 활용능력이 필요하다.

온라인 사회현상 기사 오프라인과 마찬가지의 광범하고 다양한 취재장르가 있다. 손쉽게 주제에 접근할 수 있는 장점이 있지만 정보의 신빙성을 일일이 확인해야 하는 번거로움이 있다(김경희·이재경·임영호, 2003).

2) 기사 간 구성

온라인뉴스와 신문, TV 뉴스의 가장 큰 차이점은 뉴스 구성방식이다. 신문, TV에서는 묶음으로 기사를 처리할 때도 있지만 대개 한 꼭지로 뉴스를 완성한다. 반면 온라인에서는 본문기사에 여러 개의 관련 기사를 합쳐 하나의 뉴스를 구성한다. 하이퍼텍스트를 활용해 여러 기사를 신문 스크랩을 펼쳐놓은 것처럼 조직화할 수 있다. 이 때문에 기사 간 조직화는 기사를 작성하는 일만큼이나 중요해졌다. 편집자의 역할도 상대적으로 강조된다. 기사 간 정보조직화의 방법은 ① 선형, ② 위계형, ③ 확산형, ④ 체계화된 확산형의 4가지로 구분할 수 있다(김경희, 2009).

선형 전통매체들처럼 본문기사와 관련 기사들을 순서대로 제시하는 방식이다. 하이퍼텍스트의 특성이 활용되지 않는다. 상호작용적이라기보다 일방적 전달 - 수용관계여서 이용자가 기사에 대한 통제감을 느낄 수 없다. 주의를 집중시키기도 어렵다. 끝까지 검색해봐야 기사 간의 관계를 파악할 수 있어 정보처리가 효율적이지 못하다.

위계형 의미를 계층적으로 구분해 본문 기사에서 2차 기사, 3차 기사로 점점 세분화하는 방식이다. 하이퍼텍스트의 특성을 일부 살리고 있지만 편집자가 제시한 위계구조 안에서 이용자가 기사를 선택하는 제한점이 있다.

확산형 정보들의 관계를 의미의 관련성에 따라 그물처럼 연결하는 방식이다. 하나의 본문 기사에 여러 관련 기사들을 한꺼번에 연결해 전체 흐름을 파악할 수 있도록 해준다. 큰 사건을 다룰 때 유용성이 있다. 위계적 정보조직보다 이용자들의 선택의 폭을 늘려준다.

체계화된 확산형 원인, 배경, 의견 등 비슷한 성격의 관련 기사들끼리 한데 모아 기사 간의 관계를 정리한 뒤 본문기사에 바로 연결시키는 방식이다. 기사들을 확산적 정보조직으로 연결하되 하나의 기사묶음 안에 위계적 정보조직을 적용시킨다(김경희, 2009).

3) 기사 내 구성

온라인에서는 기사를 쓰는 것도 중요하지만 어떻게 제시하느냐가 의미 전달에 적지 않은 비중을 차지한다. 기사 내 조직화는 이용자가 기사를 이해하기 쉽도록 해주는 데 초점을 맞춰야 한다.

기사의 제시 온라인에서는 중요하지 않은 기사를 걸러내는 필터링이 아니라 브라우징 방식으로 기사를 읽는다. 웹페이지를 읽는 방식에 대한 실험 연구는 79%가 대충 훑어보고, 16%만이 세세하게 읽어나가는 것으로 나타났다. 일련의 정보를 대충 읽다가 기호에 맞거나 필요하다고 판단되는 정보를 선택해서 읽는 방식이다. 흥미에 맞으면 기사 길이는 문제 되지 않는다. 그러나 지루함을 느끼지 않도록 기사를 덩어리로 쪼개 스크롤 하지 않고 한 모니터 안에서 한 덩어리를 모두 읽을 수 있도록 하는 것이 좋다. 각각의 덩어리는 그 자체로 논리적 독립성을 갖추도록 해야 한다. 설명적 기사는 항목들을 링크시킨다(김경희, 2009; 홀츠, 2002; 박금자, 2001).

제목의 활용 본문을 읽기 쉽게 하고 지루함을 덜어주려면 소제목을 사용해 여러 부분으로 나누는 것이 바람직하다. 기사의 덩어리마다 중간 제목, 소제목을 달면 읽기가 편해진다. 많은 연구는 이용자들이 재미나거나 기민한 제목보다 직설적인 제목을 선호하는 것으로 나타났다. 생각하게 만드는 제목은 기사 내용을 알리지 못하고, 이용자의 클릭 욕구를 저하시킨다.

보조 상자의 활용 용어나 배경 설명, 정의와 요약 등은 보조 상자에 담는 방법을 생각해볼 만하다. 관련 자료를 첨부할 때 글자나 바탕색깔을 달리할 수 있다. 그러나 변화가 너무 심하면 시각적 피로감을 주게 된다.

게시판의 활용 많은 내용을 열거할 경우 게시판 식 글쓰기가 효과적이다. 중요한 사실 혹은 내용을 아이템별로 나누고 이를 하이픈과 같은 기호를 사용해 훑어보기 좋게 한다. 기사 목록의 개요는 간결하면서 밀도 있게 요점 중심으로 써야 한다.

시청각 자료 신문과 방송의 시청각 자료들을 모두 활용할 수 있다. 정보 요소를 도표, 리스트, 그래픽으로 처리하면 전달 효율이 높아진다. 모니터가 신문, TV화면보다 작기 때문에 시각 요소들은 단순화하는 것이 바람직하다. 사진이나 동영상은 복잡한 구도를 피하고 평범한 배경을 사용하는 것이 좋다. 인터뷰 기사는 참고용으로 녹음테이프를 함께 제시할 수 있다(김경희, 2009; 홀츠, 2002; 박금자, 2001).

4) 기사 쓰기 요령

온라인에서는 뉴스가치의 평가 기준이 다르듯 기사 쓰기 방식도 달라져야 한다. 미디어의 특성, 이용자의 미디어 접촉성향과 태도가 다르기 때문이다. 모니터 크기, 글 읽는 속도, 사용자 인터페이스(User Interface: UI)[5] 등이 1차적 고려대상이다(김경희, 2009). 기사 쓰기법 일반에서는 신문과 방송의 경우를 그대로 적용할 부분이 많다. 그러나 온라인의 특성으로 인해 신문, 방송의 기사 쓰기 지침이나 표준을 무시해야 할 때도 있다.

기사의 길이 온라인 미디어에는 2가지의 제약이 있다. 하나는 모니터라는 제한된 크기의 채널을 통해 정보가 전달된다는 점이고, 다른 하나는 이용자들이 화면 넘기기나 스크롤을 싫어한다는 사실이다. 한마디로 긴 글을 읽기에 불편하다는 이야기다. 일반적으로 한 화면 또는 두 화면 정도의 분량이 적당하다. 편집체제와 글씨 크기에 따라 다르겠지만 대략 20~25행(200자 원고지 4, 5매)의 길이다. 종이신문기사를 대중소로 구분하면 중간 크기에 해당한다. 2단 편집방식을 사용하면 기사 처리에 좀 더 융통성을 가질 수 있다. 길이가 문제 되지 않는다는 의견도 있다. 너무 길어지면 일부는 링크로 분산시킬 수 있기 때문이다.

간결성 연구자들은 온라인에 실리는 글이 신문보다 더 간결해야 한다고 말한다. 이용자들이 신속하게 정보를 얻고자 하고, 글 읽는 속도는 25% 정도 느리기 때문이다. 문단을 짧게 끊고, 문장은 간결하게 하는 것이 정보 전달에 유리하다.

설명성 온라인 시대가 되면서 미디어의 속보성은 비교우위의 요건으로 보기 어렵게 됐다. 특종이 드물어진 데다, 있다 해도 순식간에 사라져 매체 간 속보경쟁은 오십보백보가 됐다. 뉴스를 가장 잘 설명해주는 매체가 경쟁에서 살아남는 구조로 바뀌고 있다. 최신뉴스에 집착하기보다 기사에 대한

---

5) 사람(사용자)과 컴퓨터 프로그램 등과의 사이에서 의사소통할 수 있도록 만들어진 물리적·가상적 매개체를 일컫는다. 사용자가 시스템을 조작하는 입력과 시스템이 반응하는 출력으로 나눌 수 있다. 좋은 인터페이스는 사용자가 필요한 요소를 쉽게 찾아 사용하며, 그 요소로부터 간단하고 명확한 결과를 얻어낼 수 있어야 한다.

깊이 있는 설명과 해석이 필요한 이유다.

흥미성 온라인 미디어는 매스미디어인 동시에 대인미디어라는 점 때문에 흥미성이나 이면성이 강조된다. 신문, 방송과 달리 온라인 이용자는 컴퓨터를 상호작용의 상대자로 인식한다. 신문, 방송과 차원이 다른 개인미디어로 받아들이는 것이다. 이런 특성은 온라인뉴스에서 사적 관계에 기반한 흥미성이나 이면성을 중시하게 만든다(김경희, 2009; 홀츠, 2002; 박금자, 2001).

5) 온라인 기사체

온라인 미디어에서 나타난 변화 중 하나는 멀티미디어적 특성을 살린 기사체의 개발이다. 온라인에서는 신문의 구어적 문어체나 방송의 문어적 구어체가 두루 사용된다. 이와 더불어 온라인 특유의 대화용 구어체와 편지체가 일반화되고 있다. 2가지 기사체는 이용자들에게 친근감을 주는 공통점을 가진다(김경희, 2009).

대화용 구어체 신문은 구어체를 지향하는 문어체를 쓴다. 방송에서는 문어체를 가미한 구어체가 표현의 전형이다. 의외로 문어적 표현이 많다. 온라인은 여기에 대화용 구어체라는 특유의 표현방식을 추가시켰다. 대화용 구어체는 신문의 문어체, 방송의 구어체가 담아낼 수 없는 감정들을 표현할 수 있는 장점이 있다. 대화용 구어체가 역으로 신문기사 쓰기에 영향을 미치고 있다.

편지체 편지체는 자신의 경험이나 생각을 친구에게 전달하듯 있는 그대로 표현하는 쓰기 방식이다. 자유롭고 일정한 형식이 없으며, 객관성 원칙에도 구애받지 않는다. 사건 순서나 시간 순서대로 또는 기자의 생각대로 기사를 이어간다. 다른 사람의 말을 인용하기보다 기자의 주장과 느낌을 그대로 전달하는 경우가 많다. 편지체는 이해의 편의성, 친근성, 글쓰기의 용이성, 현장성이 강점이다. 이용자들은 편지체 기사가 뉴스를 쉽게 이해하는 데 도움이 된다는 반응을 보인다. 기자와 대화하는 것 같은 친근감이 조성돼 기자 개인의 독자층이 형성되기도 한다. 기자 입장에서는 기사 쓰기가 수월해져 단위 기사의 분량을 채우는 데 걸리는 시간이 적게 든다. 또 현장감을 느끼게 해주는 생생한 뉴스 전달이 가능하다. 그러나 중립적이지 못하고 상업적·정치적 의도가 개입될 수 있는 등의 문제점이 지적된다(김경희, 2009).

5. 온라인 제작

디지털 기술이 뉴스미디어에 줄 수 있는 이익으로는 이종 미디어 간 시너지 효과, 인력감축, 비용절감 등이다. 2000년대 이후의 매체통합은 디지털화라는 기술적 이유도 있지만 저비용의 경제적 동기에서 비롯됐다는 지적도 있다(김춘옥, 2006).

1) 미디어 디자인

온라인 이용자들은 오래 기다려주지 않는다. 미국 미네소타 대학교의 연구에 따르면 웹사이트가 8초 안에 관심을 끌지 못하면 이용자들은 다른 사이트로 이동해버린다고 한다. 미디어 디자인이나 기사 편집에 세심한 배려를 해야 하는 이유다. 웹 미디어 디자인은 구조설계, 내비게이션, 타이포그래피(인쇄체제)의 3가지 측면으로 접근해볼 수 있다(김병철, 2005).

구조설계 구조설계는 콘텐츠를 조직하는 방법으로 건물의 설계도와 같은 것이다. 목표 수용자의 특성을 잘 추적해 그 성향을 반영해야 한다. 설계에서는 텍스트, 이미지, 사운드, 비디오 등 사이트에 포함될 가능성이 있는 모든 콘텐츠의 목록을 작성하고 각 섹션별로 분류해서 체계화하는 작업이 선행돼야 한다. 특정 페이지에 들어갈 것과 모든 페이지에 들어갈 것을 나누는 작업도 필요하다. 사이트 구조는 콘텐츠 체계화 뒤에 알맞은 것을 선택하거나 미리 구조를 정해놓고 체계화 작업을 구조에 맞추기도 한다. 가계도와 같은 계층구조가 일반적이지만 순차적 구조, 격자 형태의 그리드 (grid) 구조, 거미줄 구조, 네트워크 구조 등이 사용된다. 한 사이트 내에 2개의 서로 다른 구조를 병용하는 것도 가능하다. 사용자 인터페이스 차원에서 기능성과 유용성을 점검하는 절차를 거쳐야 한다.

내비게이션 디자인 내비게이션 체계는 메뉴방식, 검색방식, 링크방식의 3가지가 있다. 이용자가 각 섹션을 쉽게 찾아갈 수 있도록 일관성 있는 내비게이션을 제공해야 한다. 섹션 내, 사이트 내, 다른 사이트와의 연결에 대한 고려가 두루 필요하다. 디자인에서는 위치 정보 피드백 장치, 사이트 맵, 검색창, 메뉴명, 아이콘 등이 검토돼야 한다. 위치 정보 피드백은 지나간 자리에 밑줄 또는 변색 반응토록 하는 것이 일반적이다. 검색창 제공은 사이트 접근성을 높이기 위한 것이다. 메뉴명이나 아이콘은 명확하고 이해하기 쉬운 것이어야 한다.

타이포그래피 타이포그래피, 즉 인쇄체제는 웹페이지의 안정감과 편안함을 좌우하는 핵심 요소다. 머리로 의식하지 못하는 요소들을 눈은 알아차린다. 전체 패키지를 효율적으로 제시하는 데 신경을 써야 한다. 중요 고려사항들은 다음과 같다.

먼저, 화면에 적합한 서체(font)와 글자 크기를 찾아내야 한다. 인쇄 신문과 달리 컴퓨터 화면은 해상도가 낮아 명확성이 떨어진다. 돋움체, 굴림체 등 고딕 계열이 유리하다. 가독성이 떨어지므로 종이신문보다 글자 크기를 조금 키우는 것이 낫다.

다음으로 적절한 행 길이와 줄 간격을 유지하도록 해야 한다. 통상적인 독서에서 눈의 가시초점 영역은 8cm 정도의 폭이다. 행 길이가 이보다 길면 머리를 움직이거나 눈의 근육에 힘을 줘야 한다. 가시초점 영역 이내로

행 길이를 통제하면 읽기가 편해진다. 행 간격은 160% 이상이 권장된다. 왼쪽 정렬 방식이 무난하다.

색상의 사용은 뉴스 전달을 방해하지 않는 것이어야 한다. 강한 색상의 사용은 명료해 보이지만 눈이 쉽게 피로해진다. 그만큼 가독률이 떨어진다. 지나치게 많은 색상이나 너무 화려한 색상을 사용하는 것도 좋지 않다(김병철, 2005).

2) 온라인 편집

컴퓨터를 통해 책 한 권을 모두 읽는 사람은 없다. 주어진 화면에 담긴 텍스트나 시각부호가 **빽빽**한 정도, 즉 정보밀도가 높아 불편함을 느끼기 때문이다(김경희, 2009). 온라인 기사는 종이신문보다 정보밀도가 높을 뿐 아니라 눈의 피로감이 커서 가급적 시원한 편집이 되도록 해야 한다(박금자, 2001).

화면 디자인 웹페이지는 대칭, 비대칭, 방사 모양의 시각적 균형과 일관성을 확보하는 것이 중요하다. 다음 사항들이 고려돼야 한다.

콘텐츠와 내비게이션(이하 내비)의 특성을 감안해 디자인(레이아웃) 형태를 결정한다. 뉴스 사이트의 경우 L자형(뒤집힌 L자형), I자형(종종 T자형) 디자인을 사용하는 경우가 많다. L자형(뒤집힌 L자형)은 눈에 잘 띄는 많은 양의 내비가 필요할 때 유리하다. 왼편에 내비 요소들을 수직으로 배치하고 하단에 광고와 추가 내비를 제공하는 형태를 취한다. I자형이나 T자형은 전달해야 할 콘텐츠의 양이나 메뉴가 많을 때 경제적이다.

가장 중요한 정보, 그래픽, 링크는 웹페이지 화면 상단에 모으는 것이 좋다. 잘 정리된 여백은 이용자들에게 여유를 주고 편집요소들의 균형, 비율, 조화와 대조를 만족시킨다. 어디에서 한 섹션이 끝나고 다음 섹션이 시작되는지를 여백으로 알려야 한다.

신문보다 컴퓨터 화면이 작아 편집요소들을 좀 더 단순화시켜야 한다. 작은 화면에 이것저것 많은 요소들을 배치하면 시선을 방해하고 혼란을 줄 뿐이다. 신문편집에서 원용할 부분들이 많다. 사진이나 동영상은 배경이 복잡하지 않은 것을 사용해야 한다. 같은 맥락에서 한 페이지 안에 너무 많은 것을 담으려 해서는 안 된다. 이용자에게 부담을 주거나 그래픽 과다 사용으로 다운로드 속도가 떨어진다. 웹의 핵심기능은 간편하고 빠른 것이다.

기사의 길이가 길면 페이지를 나누는 게 좋다. 기사 한 꼭지가 3개 화면을 넘어서는 것은 무리다. 페이지를 나눌 때는 링크를 써서 나뉜 페이지를 쉽게 찾을 수 있도록 해야 한다(김병철, 2005).

표제달기 온라인 미디어의 한 화면에서 접하는 뉴스 건수는 신문 한 쪽보다 훨씬 많다. 프런트 페이지의 경우 표제 또는 표제와 리드만으로 이용자를 안내한다. 표제가 기사의 내용을 잘 요약하고 있을 때 이용자들의 선택이 쉬워진다. 잘 정리된 표제는 정보 과잉에서 비롯되는 선택의 어려움과 불확실성을 감소시킨다(김경희, 2009).

온라인에서는 책이나 신문과 같은 사고과정의 개입이 제한되기 때문에 직설적인 표제를 사용하는 것이 좋다. 읽으면 금방 이해되도록 해야 한다. 글자 수는 큰 제목, 중간 제목, 작은 제목으로 나눌 때 12자, 15자, 20자를 상한선으로 본다(김병철, 2005). 모호한 암시적 제목이나 호기심과 흥미를 자극하는 낚시용 제목, 선정적 제목은 바람직하지 않다(김경희, 2009).

제10장

소셜미디어
저널리즘

1. 소셜미디어

2010년 홍보 전문 매체인 The PR이 국내 200개 주요 기업 홍보담당 임직원 200명을 대상으로 설문조사를 한 결과, 응답자의 51.5%가 소셜미디어를 영향력이 가장 높은 매체로 꼽았다. 인터넷 커뮤니티는 38.0%, 모바일 35.5%, 포털 33.5%, 방송 16.5%, 신문 8.0%였다(설진아, 2011). 언론의 지형이 격변하고 있다는 사실을 보여준다. 포털의 영향력 퇴조는 충격적이다. 저널리즘을 생활로 호흡하고 있는 홍보담당 임직원들의 응답이어서 의미가 가볍지 않다.

1) 소셜미디어의 등장

소셜미디어에 선행한 소셜 네트워크 서비스(Social Network Service)는 개개인들이 오프라인의 사회적 관계를 유지 강화하고 의견이나 생각 등을 공유하기 위해 만들어진 개방적 미디어 플랫폼이다. 한국의 경우 소셜미디어라는 말이 세계적으로 유행하기 전부터 싸이월드와 같은 토종 소셜 네트워크 서비스들이 붐을 이뤘다. 싸이월드는 전성기 때 20대 인구의 90%가 가입할 정도로 인기를 끌었다(박한우, 2011).

소셜미디어로의 발전 인터넷에서는 1990년대부터 홈페이지 열풍이 불었고, 곧이어 블로그 서비스가 확산됐다. 1999년 한국에서 싸이월드로 대변되는 미니홈피 서비스가 시작된 이래, 2000년대 중반부터 페이스북, 마이스페이스 같은 SNS가 전 세계를 풍미했다. SNS가 가상 개인공간을 뛰어넘어 소셜미디어로 발전한 것은 웹2.0의 기술적 진전에 힘입은 바 크다. 오라일리 미디어(O'Reilly Media)가 2004년 컨퍼런스에서 소개한 웹2.0의 핵심 개념[1]은 이용자들 간의 정보공유 및 참여적 콘텐츠 생산이다(박한우, 2011). 이는 SNS의 용도를 자기표출과 관계 맺기에서 콘텐츠 공동생산과 유통으로 확장시킨다는 의미를 가진다. 2000년대 중반 인맥관리 사이트인 페이스북과 2000년대 후반 마이크로 블로그 사이트인 트위터(Twitter)의 성공이 이 용어를 보편화시키는 계기가 됐다. 웹2.0이 포괄적이고 추상적인 기술적 아이디어를 나타낸 말이라면 소셜미디어는 그 전형 또는 현실화된 실체로 이해할 수 있다(최민재·양승찬, 2009).

소셜미디어의 개념 소셜미디어란 용어는 2004년 IT기업을 중심으로 등장하고 성장했다. 소셜미디어의 범주와 의미는 보편적으로 규정돼 있지 않다(소셜미디어 연구포럼, 2012). 소셜미디어가 계속 진화하고 있기 때문에 고정된 정의를 내리기도 쉽지 않다(설진아, 2011). 일반적으로 웹2.0 개념을 바탕으로 사회 구성원들이 자유로이 참여해 정보를 제공 또는 교환하면서 사회적 상호작용을 하도록 만들어진 미디어로 설명된다. 개방, 참여, 공유의

---

1) 정보 전달에 중점을 두는 단순한 웹사이트의 집합체를 웹1.0, 웹 애플리케이션을 제공하는 하나의 완전한 플랫폼으로의 발전을 웹2.0이라 지칭한다.

정신을 바탕으로 한다. 기술적으로는 인터넷에 기반한 일단의 애플리케이션을 지칭하며 참여적 형식을 통해 이용자에 의해 내용과 애플리케이션이 지속적으로 수정될 수 있는 속성이 있다. 누군가 주체가 돼 운영하지 않더라도 스스로 네트워크를 확장하고 정보를 축적하는 자체 생명력을 가진다. 인터넷이 기관 또는 조직 중심으로 정보를 유통시킨다면 소셜미디어는 개별 사용자(정확히는 개별 계정)들이 맺는 관계가 네트워크로 작동하면서 정보를 유통시키는 차이점이 있다(소셜미디어 연구포럼, 2012).

소셜미디어의 성장 미국에서 매체 이용자가 5,000만 명을 넘어서는 데 걸린 시간은 라디오가 38년, TV가 13년, 인터넷이 4년이었던 데 비해 트위터는 2년, 페이스북은 9개월(1억 명 기준)에 불과했다고 한다(설진아, 2011에서 재인용). 소셜미디어의 압축 성장을 가져온 결정적 요인은 스마트폰과 태블릿PC의 확대 보급이었다. 모바일 환경이 소셜미디어의 이용을 폭발시키는 도구 역할을 한 것이다. 소셜미디어의 성장을 알려주는 가장 확실한 지표는 광고다. eMarketer 조사에 따르면 세계 단위의 SNS 광고수입은 가파른 상승세에 있으며, 2011년 경우 전체 온라인 광고수입의 8.7%를 차지한 것으로 나타났다(소셜미디어 연구포럼, 2012).

2) 소셜미디어 이용자

소셜미디어의 사회적 파급효과는 정치와 행정, 산업과 시장, 일상생활 전반으로 확대되고 있다. 일례로 소셜미디어는 신입사원 선발에서 개인의 대인관계 네트워크를 보여주는 지표로 활용된다. 직장생활의 고과점수 예측, 오케스트라 단원 선발, 범죄 예방과 추적, 비행기 옆자리 승객 선택에까지 소셜미디어가 무소불위로 개입된다.

세계 이용자 인터넷에서는 개인이 조직의 일부가 돼 동호회, 커뮤니티, 카페, 포털 등의 단위를 구성해 활동하는 편이었다면 소셜미디어에서는 개인 자격(계정)으로 활동하는 것이 일반적이다. eMarketer에 따르면 전 세계 SNS 이용자는 2007년 3억 7,000만 명에서 2010년 7억 7,000만 명, 2011년 9억 400만 명, 2012년에는 10억 명을 돌파할 것으로 전망되고 있다. 2011년 8월 현재 페이스북 사용자는 7억 4,000만 명, 트위터 사용자는 1억 4,000만 명을 넘어섰다. 미국의 한 소비자 리포트에 따르면 미국인들의 2011년 온라인 시간 점유율은 소셜미디어가 22.5%로 게임 9.8%, 이메일 7.2% 등을 크게 앞서는 것으로 나타났다(소셜미디어 연구포럼, 2012에서 재인용).

국내 이용자 소셜미디어 이용은 포털의 블로그 서비스와 커뮤니티 서비스, 비포털의 블로그 서비스와 소셜 네트워크 서비스를 통해 이뤄진다. 닐슨코리안클릭에 따르면 2010년 11월 현재 7세 이상 인터넷 이용자의 91.7%인 2,958만 명(비포털 이용자 2,324만 명)이 소셜미디어를 이용하는 것으로 나타났다. 전체적으로 인터넷 이용자 10명 중 9명 이상은 소셜미디어 이용자인 것으로 조사됐다(한국언론진흥재단, 2010e). 2011년 말 현재 국내의 페이스북 이용자는 400만 명, 트위터는 500만 명 정도로 추산되고 있다. SNS 이용 목적은 정보 습득과 교류, 커뮤니케이션, 교제 등으로 나타났다. 향후 SNS는 다양한 서비스와의 융합과 연계를 통해 인터넷 접속의 관문으로 자리 잡게 될 가능성이 커 보인다(설진아, 2011). 2011년 글로벌 전략컨설팅회사인 맥킨지가 국내 인터넷 사용자 6,000명을 대상으로 조사한 바에 따르면 스마트폰을 이용해 SNS를 하고 있다고 응답한 비율은 67%였다(소셜미디어 연구포럼, 2012).

이용 전망 미디어는 수용, 확산된 뒤 쇠퇴한다. 싸이월드가 그랬듯이 이미 페이스북도 이용 감소에 직면하고 있다. 미디어 시장조사 기관인 Comscore(2011)에 따르면 페이스북 이용자 수와 이용시간은 계속 줄어들 가능성이 높은 것으로 나타났다. 트위터 역시 지난 2009년 이후 1년 반 동안 사용자당 페이지 뷰가 10회에서 6.5회로, 사이트 사용 시간도 하루

10분에서 8분 이하로 줄어들었다고 한다(박한우, 2011). 트위터는 가까운 장래에 다른 미디어로 대체될 수 있다. 이미 더 짧은 내용으로 더 자주 접속하는 블리퍼(Bleeper, 호출기 같은 류)가 개발된 상태다.

3) 소셜미디어의 의미

소셜미디어는 소통 채널의 중심축으로 부상하고 있다. 인터넷을 통한 정보수집과 연락은 포털, 카페, 웹사이트 등에 흩어져 있었으나 소셜미디어 서비스는 정보와 연락의 일원화된 창구기능을 하고 있다. 소셜미디어는 인터넷 사용자 개인의 정보 허브일 뿐 아니라 인터넷 전체의 허브가 되면서 사람들의 일상과 더욱 가까워지고 있다.

소통 방식의 변화 소셜미디어의 확산은 누구나 정보생산자 및 유통자, 소통의 주체가 될 수 있는 가능성을 열었다. 이는 미디어 기업들의 영역이었던 정보의 생산과 유통이 상당 부분 일반 개인에게 넘어왔다는 것을 의미한다. 매스미디어 중심의 일방적 소통구조가 개인 중심으로 바뀌고, 미디어콘텐츠의 생산과 분배에서도 개인들의 역할이 커지고 있다는 것이다. 트위터에서 유명인들의 사회적 영향력이 부각되는 것은 이런 상황을 압축적으로 보여준다. 소셜미디어는 정치인, 연예인, 스포츠 스타 등이 일반대중과 쉽게 소통할 길을 열었다. 파워 트위터러 또는 소셜 캐스터들도 특정 사안이나 이슈에 대한 자신의 견해를 밝힘으로써 대중의 지지를 얻고 여론 형성에 큰 영향을 미치고 있다.

정보 장벽의 해체 소셜미디어는 정보 장벽을 해체하는 대안 미디어로서의 잠재력을 보여준다. 상업화된 포털의 검색서비스는 이용자가 되도록 광고 주변에 머물도록 유도한다. 검색서비스가 상업화될수록 개인들은 필요한 정보를 신속히 찾기가 어려워진다. 반면에 소셜미디어의 정보제공자는 대부분 상업적 이해관계가 없는 개인들이다. 포털과 검색엔진이 찾아주지 못하는 정보를 링크를 통해 연결해줄 수 있다(소셜미디어 연구포럼, 2012). 정보검색의 유효성 측면에서 우위를 가진다.

정보 과잉의 여과장치 인터넷 등장 이후 언론 소비는 정보 과잉이 큰 문제가 되고 있다. 소셜미디어는 이런 정보 과잉의 여과장치 역할을 해준다. 지금까지는 주로 기성언론이 정보의 선별과 해석 창구 역할을 했으나 소셜미디어가 광범한 네트워크를 통해 그 역할을 일부 대신하고 있다. 전문가의 전문성에 일반인들의 다양성을 조화시킨 소셜미디어의 크라우드 소싱이 전통언론의 인소싱 또는 아웃소싱 기반을 대체하는 것이기도 하다(이성춘, 2010).

4) 소셜미디어의 유형

소셜미디어는 그 종류가 수백 개에 이르러 이를 포괄할 수 있는 분류 기준을 설정하기가 쉽지 않다. 이용되는 소재, 콘텐츠, 이용주체, 기능, 목적 등에 따라 다양한 구분이 가능하다(설진아, 2011).

기본유형 유튜브(YouTube), 플리커(Flickr), 위키피디아, 소셜 북마킹 등은 네트워크적 성격과 콘텐츠 생산 및 유통기능을 결합시킨 초기단계의 소셜미디어들이다. 개념의 외연이 넓어지면서 다른 블로그들과 활성화된 교류를 하는 블로그, 마이스페이스, 페이스북도 소셜미디어의 범주에 들어왔다. 트위터, 미투데이 등 마이크로 블로그 또한 사회적 네트워크의 중심 공간을 차지하면서 주류 소셜미디어로 자리매김했다. 소셜미디어의 유형은 커뮤니케이션, 콘텐츠 협력생산, 콘텐츠 공유 등의 부류로 나눠볼 수 있다(최민재·양승찬, 2009).

소셜 뉴스미디어 유형에 관계없이 소셜미디어들은 부분적으로 저널리즘 기능을 수행한다. 위키뉴스,[2) 인디미디어센터[3)처럼 저널리즘 자체가 주목적인 소셜미디어들도 있다(앨런, 2008). 한국에서도 소셜 뉴스 사이트인

〈표 10-1〉소셜미디어의 유형

구분	서비스유형	해외 사이트	국내 사이트
커뮤니 케이션	Blog	Blogger, LiveJournal	포털 블로그, 티스토리
	Micro Blog	Twitter, Plurk	네이버 me2day, 다음 yozm
	소셜 네트워킹	Bebo, facebook, Myspace	cyworld.com
콘텐츠 협력생산	Wikis(백과사전)	Wikipedia, PBwiki	-
	소셜 북마킹(태깅)	Delicious, Google	mar.gar.in, 네이버북마크
	소셜 뉴스	Digg	다음뷰
	Review & opinion	Yelp, epinions	dcinside.com, 아고라
	커뮤니티 Q&A	Yahoo!, WikiAnswers	네이버 지식iN, 네이트 Q&A
콘텐츠 공유	Photo sharing	Flickr, Zooomr	-
	Video sharing	YouTube, Vimeo	pandora.tv, mgoon.com
	livecasting	Justin.tv, Ustream.tv	afreeca.com
	Audio & Music Sharing	imeem	벅스뮤직 bugs.co.kr

자료: 최민재·양승찬(2009)에서 관련 내용 요약 및 추가.

위키트리(wikitree.co.kr)가 등장해 관심을 끌고 있다. 위키트리는 부산일보가
80%의 지분을 투자하고 지역신문들이 제휴사로 참여해 설립한 소셜 뉴스

---

2) 위키뉴스(Wiki news)는 시민 저널리즘의 기치 아래 등장한 무료 뉴스 소스다. 이
   사이트의 핵심목표는 시민기자들이 독자 보도할 수 있는 환경을 조성하는 것이다.
   미국 플로리다 주 세인트피터즈버그에 있는 비영리 위키미디어 재단의 주도로 설립
   됐다. 위키뉴스의 활동방식은 전통 저널리즘의 그것과 비슷하다(앨런, 2008).
3) 인디미디어센터는 사회개혁을 외치는 프로와 아마추어 언론인들의 시민자치조직이
   다. 1999년 11월 세계무역기구 회의가 열린 시애틀에서의 반자유무역 언론투쟁이
   시발점이 됐다. 시애틀 사태 이후 많은 사회단체와 개인들은 인디미디어센터를 미국
   곳곳에 만들었다. 영국, 캐나다, 멕시코, 체코, 벨기에, 프랑스, 이탈리아에도 미디어
   센터가 모습을 드러냈다. 이용자들의 소액 기부금으로 재정을 충당한다. 편집방침을
   준수한다는 것 외에는 견해 표명에 대한 어떤 제한도 없다(앨런, 2008).

(회사명)가 운영하는 사이트다. 2010년 2월 출범한 위키트리는 시민들이 적접 뉴스를 생산하는 시민 저널리즘을 표방한다. 뉴스 제공은 소셜 네트워크 서비스에 기반을 두고 있다. 누구든지 회원 가입만 하면 위키 기자가 되며, 사이트에 노출되는 뉴스는 다른 위키 기자들에 의해 개정, 수정된다. 거의 모든 컨텐츠가 시민기자들이 올린 기사들로 채워지고 있다. 위키 기자는 이용자들의 추천에 따라 평가를 받고 최고등급을 받으면 자신만의 인터넷신문을 발행할 수 있다. 소셜 뉴스 서비스를 제공하는 여타 인터넷 사이트로는 다음뷰, 오마이뉴스 등이 있다. 소셜 뉴스미디어의 운영주체들은 시민들이기 때문에 시민 저널리즘과 불가분의 관계를 가진다(설진아, 2011).

5) 소셜미디어의 특성

소셜미디어는 상호 신뢰성에 바탕을 둔 저비용 실시간의 무제한적이고도 다양한 직접 소통이 핵심 특성이다. 주고받는 텍스트, 사진, 음성, 동영상 등의 멀티미디어 정보들은 사안에 따라 강한 전파력과 영향력을 보여준다. 권력이나 경제력에 의한 간섭과 통제가 어렵다(소셜미디어 연구포럼, 2012).

직접성 개인이나 기관, 기업 등 커뮤니케이션의 주체들은 매스미디어의 개입 없이 대중과의 소통을 시도할 수 있게 됐다. 평범한 시민들도 사회적 의제설정 권한을 갖게 된 것이다. 소통의 직접성은 개인들이 현장에서 체험하고 목격한 사실들을 있는 그대로 전달되게 해준다. 기존의 직접소통은 맞춤형 정보 제공과 신뢰성 측면에 장점이 있으나 비용이 많이 들고 소통범위가 제한되는 단점이 있었다.

즉각성 소셜미디어는 실시간으로, 무제한적이고도 다양한 대상과 소통할 수 있다. 조사에 따르면 트위터 정보의 50%는 8분 이내(글로벌 차원에서는 1시간 이내)에 확산되며, 평균 4명을 거치면 대부분의 사람들과 연결된다고 한다. 이른바 폭포 소통(cascade communication)이다. 소셜미디어에서는 정보

주고받기가 즉각적으로 이뤄져 신문, 방송은 물론 온라인 미디어조차도
이를 따라잡는 것이 불가능하다. 전통매체와 달리 사실 확인을 거치는 과정
이 없기 때문이다. 소셜미디어의 즉각적이고도 광범한 전파력은 정제되지
않은 정보들이 이용자들을 선동하거나 감성을 뒤흔들어 놓을 우려를 남긴
다.

지속성 소셜미디어는 정보의 동기적 전파와 영향력의 지속성을 특징으로
한다. 신뢰성에 기반한 정보 공유가 소통의 고리 역할을 한다. 모종의 동기
가 정보 전파의 바탕이 되며, 정보 확산도 관계의 네트워크를 통해 순식간에
이뤄진다. 사안에 따라 전통매체보다 정보 파급력이 더 강력할 수 있다.
정보의 영향력 측면에서도 전통매체보다 지속적 효과를 가진다. 장기적인
우호관계를 형성하는 데 적합한 미디어다.

저비용성 소셜미디어는 인터넷 접속만 되면 언제 어디서나 사용이 가능
하고, 비용이 거의 들지 않거나 무료다.[4] 전통매체와 달리 목표 집단에
정보를 직접 전달할 수 있어 비용 낭비가 없다. 개인의 일상 측면에서
스마트폰에 소셜미디어 앱만 설치하면 무료 문자 서비스, 무료 통화 서비스
를 제공받을 수 있다.

2. 소셜미디어 저널리즘

소셜미디어는 기업조직인 신문, 방송, 온라인 미디어와 달리 웹과 앱

---

4) 2011년 2월 아이돌 그룹 빅뱅의 컴백 앨범 타이틀곡이 발표 10일 만에 빌보드
차트 3위를 기록한 것은 소셜미디어 덕분이었다. 빅뱅은 미국에 간 적도, 미국시장에
프로모션을 한 적도 없었다. 타이틀곡의 뮤직 비디오 일부를 유튜브에, 노래를 아이튠
스에 올렸을 뿐이다. 곡 다운로드가 폭발적으로 늘면서 이 곡은 빌보드 차트에 재킷
사진조차 없이 3위에 올랐다(≪조선일보≫, 2012년 1월 7일자, A18면).

서비스에 기반한 개인들의 집합체 또는 개인미디어라는 차이점을 가진다. 소셜미디어의 보급으로 과거 조직체가 아니면 불가능했던 보도활동은 이제 개인 단위로 확장됐다. 개인들은 협력관계를 통해 직접 뉴스를 생산하거나 뉴스의 수집, 가공, 유통에 참여하고 있다. 정보파급도 조직체 일방향에서 조직체 및 개인들의 네트워크 방식으로 바뀌었다.

1) 소셜 저널리즘의 발전

소셜미디어의 확산은 전통매체의 영역을 잠식 또는 대체하는 양상으로 발전하고 있다. 거시적으로 볼 때 뉴스 열독에서 절대적 우위를 보여왔던 포털 등의 역할은 줄어들고, 뉴스 매개체로서의 소셜미디어의 영향력은 커질 것으로 보인다. 뉴스의 유통 채널이 바뀜으로써 기성 언론의 입지가 그만큼 축소되게 된 것이다(소셜미디어 연구포럼, 2012; 설진아, 2011; 최민재·양승찬, 2009).

소셜 저널리즘의 발전 신문, 방송 등의 매스미디어는 오랜 기간 사회의 정보제공자, 의제 설정자, 권력의 감시자 역할을 해왔다. 이 기능은 2000년대 들면서 부분적으로 아프리카 같은 동영상 UCC 사이트나 블로그, 인터넷 카페 등 소셜 미디어들에게 넘겨졌다. 2000년대 중반 이후에는 트위터, 페이스북 등의 소셜미디어가 국내에 확산되면서 저널리즘의 무게중심에 큰 변화가 일어났다. 사람들이 소셜미디어를 통해 의견, 정보를 주고받는 것은 물론 전통매체가 생산한 뉴스를 추천을 통해 읽거나 전달하면서 소셜미디어의 저널리즘 기능이 갑작스레 부각된 것이다. 특히 트위터는 여론형성이나 사회적 이슈의 생산, 확대에 큰 영향을 미치고 있다.

사회적 여파 저널리즘의 주요 활동 무대는 권력 작용이 일어나는 사회 공공의 장이다. 매스미디어는 그동안 권력 작용의 현장에서 국민과 정부·기업·시민 등의 상호작용을 매개하거나 대변해왔다. 그러나 소셜미디어를 통한 직접 소통이 가능해지면서 권력지도가 바뀌는 것은 물론 정부·기업·시민과 매스미디어 간의 전통적 긴밀관계도 해체 또는 약화되는 현상이 나타나고 있다. 소셜미디어가 양자관계의 중간지대에 진입함으로써 전통매체의 영향권이 축소된 것이다. 2020년 이후에는 소셜 뉴스가 주된 소통형태가 될 것이라는 전망까지 나와 전통매체의 위축은 급속히 진행될 가능성도 없지 않다(소셜미디어 연구포럼, 2012; 설진아, 2011).

2) 소셜 저널리즘의 성격과 한계

소셜미디어 저널리즘은 대화, 협력, 평등을 추구하는 네트워크 공동체에 의해 구현된다. 소셜미디어를 통한 새 저널리즘은 주체에서의 참여 저널리즘, 방식에서의 대화 저널리즘, 기능에서의 대안 저널리즘이란 성격을 드러낸다(최민재·양승찬, 2009).

참여 저널리즘 전통매체가 객관주의 저널리즘을 지향한다면 소셜미디어는 일반 시민들이 정보생산의 주체가 되는 참여 저널리즘을 표방한다. 뉴스나 정보의 생산에서 일반 시민들이 판단의 주체가 돼 게이트키핑과 뉴스의제를 설정한다(최민재·양승찬, 2009). 현장 중심으로 편집과정 없이 생생하게 만들어진 시민 생산정보는 시민들에 의해 확산되고 공유된다. 참여 저널리즘은 권력과 자본의 지배로부터 독립성을 유지하기가 용이하다(소셜미디어 연구포럼, 2012).

대화 저널리즘 대화 저널리즘은 다양한 개인의 대화와 협력을 통해 정보와 뉴스를 생산한다. 대화방식의 정보생산은 집단의 합리성에 대한 믿음을 전제로 한다. 또한 네트워크로 연결된 이용자들 중에 특정주제에 대한 전문가가 있다는 가정을 가진다. 대화 저널리즘은 다양한 사례와 경험을 공유하면서 특정 주제를 더 큰 맥락에서 바라보게 하는 강점이 있다. 비공식적인 정보원으로부터 주류 미디어가 제공하기 어려운 정보의 배경과 맥락을 얻을 수도 있다. 전통 저널리즘에서는 제작의 여과과정을 중시했지만 대화 저널리즘에서는 정보의 발표를 강조한다(최민재·양승찬, 2009).

대안 저널리즘 소셜미디어는 전통매체의 관행적 보도에 대해 대안적인 시각과 정보를 제공하고자 한다. 전통매체는 대체로 정책결정자나 파워 엘리트의 담론을 전달하는 데 치중해왔다. 또한 광고주의 압력으로 대표되는 자본의 영향력에서 자유롭지 못했다. 이에 비해 소셜미디어는 권력이나 자본과 거리를 둔 시민 중심 콘텐츠를 기반으로 하고 있어 전통매체와 같은 부담이 없다(최민재·양승찬, 2009). 주류 매체들이 다루지 않는 내용, 보도 시각의 차별화 등 대안적 접근을 가능하게 한다(소셜미디어 연구포럼, 2012).

소셜 저널리즘의 한계 소셜미디어의 확산으로 전문성을 갖춘 시민기자들이 영향력 있는 여론 주도자로 등장하고 있다. 이들 소셜미디어는 주류 미디어의 기능과 역할을 보완하는 한편 주류 미디어에 대한 견제와 감시 기능을 한다. 그러나 시민들의 뉴스 생산 참여는 정확성, 객관성, 공정성 등 언론윤리에 대한 의문을 피해 갈 수가 없다. 사적이면서 동시에 공적인 소셜미디어 공간에서의 인격권 침해도 우려되는 문제의 하나다. 특정 담론이 공간을 지배하거나 허위사실이 번져나갈 가능성도 배제할 수 없다. 소셜미디어가 대안적 공론장으로 기능하기 위해서는 시민기자에 대한 미디어 교육의 제도화가 있어야 할 것으로 보인다(소셜미디어 연구포럼, 2012).

3) 소셜 저널리즘의 특성

전통매체와 소셜미디어의 특성이 다르듯 저널리즘에서도 뉴스와 정보원, 게이트키핑, 뉴스 채널, 메시지 내용 등에서 현저한 차이를 보인다(박한우, 2011; 최민재·양승찬, 2009).

뉴스와 정보원 전통매체에서의 뉴스는 상업주의적 입장에서 대상물들을 여과해 일방향으로 내보내는 내용물이다. 반면 소셜미디어에서의 뉴스는 사회적 네트워크를 통해 다양한 참여자들이 만들어내는 구성물이다. 낮은 단계로부터 출발해 점차 완성도를 높여나간다. 정보원 측면에서는 주류 미디어가 특정 영역의 엘리트에 의존하는 반면 소셜미디어는 현실적인 시민 전문가들을 활용한다.

게이트키핑 신문은 글자 크기나 지면이라는 비언어적 단서를 이용해 각 기사의 상대적 중요성을 부각시키지만 소셜미디어는 이용자들의 선호에 따라 중요성을 결정한다. 소셜미디어에서는 기사들의 외양이 동질화돼 신문과 같은 비언어적 단서들을 활용할 수 없다. 뉴스의 중요성은 특정 기사의 '좋아요' 버튼이나 댓글을 다는 정도로 평가될 뿐이다. 이용자들의 참여적 게이트키핑을 통해 각 기사의 중요성이 집단적인 시각으로 재구성되는 것이다.

뉴스 채널 소셜미디어는 애플리케이션 또는 앱의 형태로 다변화된 플랫폼을 활용한다. 뉴스 전달과 피드백의 채널이 이전보다 훨씬 다양해졌다. 사람들은 언제 어디서나 노트북, 태블릿PC, 스마트폰 등을 통해 소셜미디어의 업데이트 내용을 읽어볼 수 있다. 이런 즉각성과 편재성은 재난 관련 정보 공유에서 위력을 발휘한다. 2011년 여름, 다수의 인명 피해를 낸 경인지방 폭우 때 사람들은 스마트폰을 이용해 사진이나 비디오를 트위터에 올림으로써 정보의 확산을 도왔다. 정보전파의 과정은 불과 몇 분에서 몇 시간이 소요되었을 뿐이다.

메시지 내용 소셜미디어는 새로운 뉴스거리를 만들어내는 생산자로서의 역할보다 기존 매체의 링크를 포스팅하고 많은 이들이 이를 공유하는 시스템으로서의 의미가 크다. 페이스북이나 트위터에서 처음 생성된 뉴스거리가 전통매체에 의해 채택되는 확률보다 전통매체의 기사를 페이스북이나 트위터의 이용자들이 링크하면서 자신의 견해를 표출하는 사례가 훨씬 많다. 뉴스 공유는 소셜미디어 이용자들의 일상적 행위를 구성하는 중요한 부분이다(박한우, 2011; 최민재·양승찬, 2009).

4) 전통매체의 대응

소셜미디어의 등장은 전통매체의 취재보도와 뉴스 유통의 의미를 근본적으로 변화시키고 있다. 취재보도에서는 어떤 형태로든 소셜미디어와의 협력이 불가피해졌으며, 뉴스유통에서는 시민들이 뉴스를 찾아오게 하는 것이 아니라 시민들을 찾아가야 하는 형태로 바뀌고 있다. 뉴스 소비자들이 원하는 콘텐츠를 찾아내기보다 어디서 어떻게 뉴스를 소비하고 싶어 하느냐를 파악하는 것이 더 중요해질 것이라는 전망이 나오는 이유다(설진아, 2011).

취재보도 소셜미디어의 장점은 실시간으로 뉴스 이용자들의 정보, 의견 등의 확인 및 공유가 가능하고, 이들의 욕구를 파악해 뉴스 생산과 조직 운영에 반영할 수 있다는 점이다. 전통매체들은 특히 소셜미디어 이용자들의 정보 생산자로서의 잠재력을 취재보도에 활용하고 있다. 재난 정보나 온라인상의 현상들이 주류 미디어의 보도를 통해 널리 알려지는 일들은 그런 변화와 연결된다. 국내 언론들도 부분적이지만 취재계획을 알리고 의견을 구하거나 보도 현장 상황을 트위터 속보로 올린 뒤 이용자 반응을 묶어 기사를 만들어내기도 한다. 그러나 외국의 주류언론들처럼 소셜미디어의 여파를 아직 심각하게 받아들이지 않고 있다. 여전히 전통적인 뉴스 생산방식과 여론조성 매체로서의 위상을 고수하려는 입장이다. 소셜미디어 전담 에디터를 두고 소통의 질을 높여야 한다는 지적이 있다(설진아, 2011).

뉴스 유통 미국에서는 뉴욕 타임스를 비롯한 주요 언론사들이 트위터, 페이스북 같은 소셜미디어를 겨냥한 뉴스 유통경쟁을 본격화하고 있다. 자사 닷컴이나 포털에 뉴스를 공급하는 것으로 정보제공자 역할을 끝낼 수 없게 된 것이다. 국내 언론사들은 2010년부터 기사 하단에 트위터와 페이스북 등의 소셜 아이콘을 배치해 뉴스의 확산을 꾀하고 있다. 그러나 일방적인 뉴스 홍보에 머물거나 기사 공유와 트래픽 늘리기에 치중하는 편이다. 소셜미디어가 활성화될수록 매체 영향력과 광고수입이 감소되는 이율배반적 상황으로 인해 어정쩡한 입장을 보이고 있다. 부산일보가 그나마 트위터에서 왕성한 활동을 펼쳐 2010년 4월 첫 트윗을 시작한 이래 일간지 최대의 팔로워를 확보하고 있다. 사세가 영세해 매체의 입지에 영향을 받지 않는 지역언론, 주간지들의 트위터 활용은 비교적 활발한 편이다(설진아, 2011).

기자들의 소셜미디어 활용 전략적 소극성을 보이고 있는 언론사들에 비해 일선 기자들은 소셜미디어에 비교적 자유로운 접근을 하고 있다. 이용자들과의 소통, 의견 제시, 취재, 정보 확인, 뉴스 홍보, 취재원 관리 등으로 활용 영역을 넓히고 있다(설진아, 2011). 기자들은 스스로 1인 미디어가 돼 정보가 될 만한 내용들에 자신의 생각을 덧붙여 전하거나 정보를 얻는 창구로 소셜미디어를 활용하고 있다. 특히 트위터는 향후 대형 사건의 현장 영상이나 사진 등을 제공받고 이슈에 대한 시민들의 반응이나 여론을 전해 듣는 주요 정보원이 될 것으로 보인다(소셜미디어 연구포럼, 2012).

5) 전통 · 소셜 저널리즘의 결합

전통매체와 온라인, 그리고 소셜미디어는 이제 사회적 의제를 탐색하고 공유하는 데 서로를 활용하는 단계로 접어들었다. 매체들은 역할을 번갈아 가며 의제의 생성과 소멸에 개입한다. 이 과정에서 언론의 의제 설정 기능은 전통매체와 온라인 그리고 소셜미디어 사이의 협력과 경쟁 관계로 전환되고 있다(박한우, 2011).

의제 협력 소셜미디어 이용자들은 사회적으로 중요한 이슈에서 자생적으로 정보를 조직하는 경향이 강하다. 과거 신문이 했던 동원적 기능을 트위터나 페이스북이 대신하고 있는 것이다. 중동의 민주화 시위에서 트위터나 페이스북은 여론 형성의 씨눈을 만들었다. 민주화 여론이 눈덩이처럼 커질 수 있었던 것은 전통매체들이 소셜미디어의 의제를 적극적으로 보도했기 때문이다. 이런 측면에서 전통매체와 소셜미디어는 서로의 역할을 대체 또는 보조하고 있다고 할 수 있다. 전통매체와 온라인 그리고 소셜미디어는 의제의 발원지에 관계없이 서로의 정보를 게이트키핑 하는 양상을 보이고 있다(박한우, 2011).

오픈/협력 저널리즘 전통매체와 소셜미디어 간의 의제 협력은 일상적 보도활동으로도 연장된다. 오픈 소스 저널리즘, 오픈 퍼블리싱, 소셜 뉴스와 같은 오픈 저널리즘이다(제2장 74쪽 오픈 저널리즘 참조). 오픈 소스 저널리즘에서는 기자가 취재과정부터 각종 정보를 이용자들에게 공개하고 이를 공유한다. 예컨대 기자가 블로그에 글감의 주제를 올려놓은 뒤 이용자 반응과 논평을 참고해 기사를 완성하는 식이다. 오픈 퍼블리싱은 뉴스 생산과정뿐 아니라 뉴스 수정까지도 시민들에게 개방한다. 소셜 뉴스는 기자들을 거치지 않고 뉴스원으로부터 여과되지 않은 정보를 그대로 유통시키는 뉴스 생산방식이다. 미국의 정치 전문 뉴스 블로그인 허핑턴포스트는 페이스북이나 트위터를 통해 소셜 뉴스를 유통시키고 있다(설진아, 2011; 김사승·김효동·김광제, 2006). 지금은 뉴스 이용자들의 평가가 언론사 영향력의 기준이 되는 네트워크 저널리즘 시대다(설진아, 2011). 전통매체들로서는 오픈 저널리즘 또는 협력 저널리즘의 중요성을 간과할 수 없는 입장이다. 소셜미디어를 접점으로 한 협력 저널리즘에서 기자는 정보정리, 정보조직, 조정 등의 새로운 역할을 떠맡게 된다(김사승·김효동·김광제, 2006).

뉴스 생산과 유통의 협력 규모가 영세한 알자지라 방송의 경우 현장에서 기자들이 뉴스를 만들면 시민들이 트위터, 유튜브, 페이스북을 통해 뉴스를 퍼뜨린다. 전통매체와 소셜미디어가 뉴스 생산과 유통을 분업화시킨 일종의 협업체제라 할 수 있다(소셜미디어 연구포럼, 2012). 국내에서는 이런 모델이 알려지지 않았지만 실제로는 응용되고 있을 개연성도 없지 않다.

3. 블로그

블로그(Blog)는 개인 또는 그룹, 조직 미디어로 활용할 수 있는 소셜 네트워크 서비스(SNS)의 하나다. 자기표현, 자료관리 및 기록, 정보공유, 커뮤니케이션, 마케팅 등 다면적 기능을 가진다. 최근 다양하게 나타나고 있는 소셜미디어의 원형이다.

1) 블로그의 등장

1997년 11월 로봇위즈덤닷컴을 개설한 미국 시카고의 존 버거(John Barger)는 블로그의 초기 명칭인 웹로그(weblog)란 말을 처음 사용했다. 웹로그는 월드 와이드 웹의 웹(web)과 항해일지란 뜻의 로그(log)를 합친 말이다. 1999년 초반까지만 해도 웹로그의 수는 20여 개에 지나지 않았다. 1999년 봄 웹로거인 메르홀즈는 웹로그를 더 줄여 블로그라는 용어를 만들어냈다. 또 블로그의 생성과 운영을 지원하는 서비스에서 이를 운영하거나 이용하는 사람을 블로거(blogger), 글 쓰는 행위를 블로깅(blogging)이라 했다(앨런, 2008).

한국의 블로그 국내에서는 2001년 12월 블로그 사용자 모임인 웹로그인코리아(www.wik.ne.kr)가 생겼고, 이때부터 블로그가 네티즌에게 알려지기 시작했다. 이듬해인 2002년 에이블클릭이 국내 최초의 상업용 블로그(www.blog.co.kr) 플랫폼을 열었고, 2003년 4월에는 포털인 한미르가 블로그 서비스를 시작하며 붐을 일으켰다(김병철, 2005). 포털 파란(KTH)이 블로그 타깃 수익모델(애드박스 수익 배분)을 도입하면서 2007년 중반부터 전업 블로거들이 등장했다(한국언론재단, 2008a). 2007년 12월에는 전국 인터넷 이용자의 40.4%가 자신의 블로그를 운영할 정도로 폭발적 반응을 일으켰다(한국인터넷진흥원, 2008). 블로그가 늘어나면서 블로그를 검색 또는 중계하는 메타블로그도 함께 발전했다. 국내의 메타블로그로는 위드블로그 (withblog.net), 블로그코리아(blogkorea.net), 포털의 다음뷰(Daum view) 등이 있다(설진아, 2011). 2008년에는 야후코리아, 블로그칵테일, 티엔엠미디어, 블로터앤미디어, 위자드웍스, 에델만코리아 등 블로그 중심의 인터넷 개인 미디어 서비스 업체 20여 개가 한국 블로그산업협회를 발족시켰다(한국언론진흥재단, 2010e).

블로그의 기능과 콘텐츠 블로그는 웹 게시판과 개인 홈페이지의 기능을 혼합한 미디어다. 웹 게시판은 집단적으로 글을 올리나 블로그에서는 개인이나 소수의 사람만이 게시판에 자료를 올려 소통이 긴밀화된다. 개인 홈페이지에 없는 관계 맺기 기능도 활용할 수 있다(설진아, 2011). 정보생산에서는 보도, 논평 등의 직접생산과 자신의 블로그에 선택된 정보를 옮겨놓는 필터형 생산의 2가지가 있다. 필터형 생산은 다른 웹사이트나 출판된 텍스트를 옮겨오는 방식으로 펌('퍼 옴'의 줄인 말)이나 스크랩 정보 생산까지를 포함한다(김경희, 2009). 초기 블로그에는 주로 텍스트가 게시됐으나 사진, 음악, 동영상으로 표현영역이 넓어졌다.

블로그 운영 일지 형태로 올린 블로그의 게시물(포스트)들은 최근 글부터 역순으로 배열된다. 첫 화면에서 제목과 본문 전체를 확인할 수 있다. 일대일, 일대다, 다대다 커뮤니케이션이 가능하다. 서핑을 통해 자신의 관심에 맞는 웹페이지만 찾아 링크할 수 있다. 블로거는 게시글 작성과 ① 조회, ② 답글, ③ 스크랩, ④ 엮인 글 달기 등을 통해 사회적 연결망을 형성한다. 조회는 외부 블로그의 게시글 읽기, 답글은 게시글에 대해 자신의 의견을 남기는 활동이다. 스크랩하기는 게시글의 내용을 복사해 자신의 블로그에 등록하는 일이며, 엮인 글 달기는 게시글과 연관된 새로운 내용을 자신의 블로그에 올리는 행위다. 스크랩하기와 엮인 글 달기를 통해 재생산된 게시글은 일반 게시글과 마찬가지로 조회, 답글, 스크랩, 엮인 글 달기 등의 행동을 일으킨다. 블로그는 광범한 연결망 속에서 매스미디어에 준하는 정보 확산력과 사회적 영향력을 가지게 됐다(한국언론진흥재단, 2010e).

2) 블로그의 특성

블로그에서는 RSS(Really Simple Syndication), 트랙백(track back), 태그(Tag) 등의 간편하고 표준화된 기술이 사용된다. RSS는 블로그들의 통일된 주소 체계로, 이를 등록하면 해당 블로그에 새롭게 업데이트 되는 내용을 자신의 블로그에서 확인할 수 있다. 트랙백은 멀리 떨어진 댓글 기능이다. 누군가의 블로그를 읽고 그에 대한 의견을 자신의 블로그에 써놓은 후 트랙백을 주고받으면 원래 글 아래에 새로운 글로의 역방향 링크가 자동으로 생성된다. 블로그들은 포스트의 고유주소에 대한 링크(고유링크)를 통해 하나의 거대한 네트워크를 형성한다. 태그는 블로거가 자신의 포스트에 키워드를 설정하면 다른 블로거가 키워드 검색을 통해 해당 포스트를 찾을 수 있게 하는 장치다(한국언론진흥재단, 2010e).

다면적 미디어 블로그는 개인·대인·매스미디어 기능을 함께 가진다. 개인 미디어로서 일기나 감상의 기록, 자유로운 자아 표출이 가능하다. 자신이 원하는 정보를 수집해서 모아두거나 자신의 관심사 등을 모아 정보를 생산할 수 있다. 답글, 방명록, 쪽지, 이메일 등의 기능을 통해 대인 미디어로 활용할 수도 있다. 개인적 관점에서 뉴스를 직접 생산하거나 기존 저널리즘의 뉴스를 필터링하는 방식으로 저널리즘 기능을 수행하기도 한다. 매스미디어로서의 블로그는 기존 미디어보다 빠르고 생생한 소식을 전하는 특징이 있다. 특정 집단이나 불특정 다수에게 정보를 내보낼 수 있다(앨런, 2008).

사적·공적 미디어 블로그의 다면적 기능은 블로그에 사적이면서 동시에 공적인 성격을 부여한다. 공적 성격만 가진 신문, 방송이나 기존의 온라인 미디어와 구분되는 특성이다(김병철, 2005). 개인의 생활담 등을 적어두는 개인 블로그는 공공기관·단체가 운영하는 블로그와 달리 사적 성격이 강하다. 그러나 블로그의 공표적 기능으로 인해 공적 공간으로서의 의미가 보태진다. 개인 홈페이지는 해당 주소를 알아야 방문할 수 있지만, 블로그는 누구에게나 개방돼 있다. 메타블로그 또는 포털의 블로그 페이지를 통하면 소재 확인 및 게재물 내용을 알아볼 수 있다. 2008년 대법원의 명예훼손 관련 판결은 블로그에서 이뤄진 비공개 대화에 공연성을 적용하고 있다. 일반적으로 공연성은 '불특정인 또는 다수인이 인식할 수 있는 상태'를 의미하며 공표성이 그 기반이 된다. 이 판결은 블로그가 매스미디어에 준하는 메시지의 대량배포 능력 즉, 공표성을 가진 것으로 보고 있다(한국언론진흥재단, 2010e).

3) 블로그의 유형

블로그는 독자적 디자인과 독립적 도메인을 사용할 수 있는 설치형과 블로그 서비스에 가입만 하면 되는 서비스형으로 구분된다(설진아, 2011). 참여 블로거 숫자별로는 개인 블로그와 그룹 블로그(팀 블로그), 조직 블로그로 나뉜다. 개인 블로그에서 그룹 블로그로 확대되면서 뉴스미디어로서의 성격이 강해졌다(김병철, 2005).

운영주체별 운영주체별로 보면 ① 포털 블로그, ② 전문 블로그, ③ 메타 블로그, ④ 언론사 블로그, ⑤ 뉴스미디어 블로그로 구분된다. 네이버, 다음, 야후 코리아, 싸이월드, 네이트, 드림위즈 등에 입주한 블로그를 포털 블로그, 티스토리(tistory.com), 이글루스(egloos.com) 같은 블로그 전문 사이트(블로그 포털)에 입주한 블로그를 전문 블로그라 한다. 메타블로그[7])는 전문

---

7) 메타블로그(metablog)는 그리스어 '함께'라는 의미의 meta에 blog가 결합돼 만들어진 합성어다. 블로그 운영자들이 자신의 블로그에서 제공되는 RSS 주소를 등록하면 글과 관련 정보를 수집해 하나의 사이트로 보여주는 서비스 혹은 그 형식을 가진

블로그와 성격이 비슷하다. 언론사 블로그는 조인스닷컴, 조선닷컴 등 언론
사닷컴에 주소를 둔 블로그로 직업기자 블로그와 이용자(비언론인) 블로그
로 양분된다. 뉴스미디어 블로그는 드러지 리포트(제2장 65쪽 온라인 미디어
의 성장 참조)나 허핑턴포스트[8])처럼 조직화된 뉴스미디어이면서 블로그인
경우를 말한다.[9]) 미니 홈피류 블로그는 블로그 고유의 특성을 갖추지 못해
엄밀한 의미에서 블로그라 할 수 없다(설진아, 2011; 김경희, 2009).

성격별 블로그 이용 동기와 포스트의 성격을 중심으로 사적 블로그와
공적 블로그로 구분할 수 있다. 사적 블로그는 하루 생활 정리, 타인과의
커뮤니케이션, 유용한 정보와 지식의 획득 등 이용 동기를 가진다. 자기
또는 대인 지향성을 드러낸다. 처한 상황에 따라 미디어 블로그로 기능할
수도 있다. 공적 블로그는 사회 현안에 대해 의견을 개진하거나 사회적
관심사를 취재해 작성한 글을 게재하는 블로그다. 미디어 블로그, 뉴스
블로그, 수용자 지향 블로그 등으로 불린다. 미디어 블로그는 개인의 시각을
담은 미디어로 발전된 블로그라는 의미를, 뉴스 블로그는 미디어 블로그보
다 저널리즘 관점에서의 접근을, 수용자 지향 블로그는 수용자를 의식한
콘텐츠 생산에 강조점을 두고 있다. 공적 블로그는 정보추구적 동기, 소속

사이트다. 블로그 포털 또는 블로그 허브라고도 한다.

8) 허핑턴포스트(www.huffingtonpost.com)는 미국 10대 블로그의 하나이면서 뉴스미
디어 블로그 1위인 정치 중심의 뉴스 사이트다. 2005년 여류 작가 허핑턴이 창설했으
며 3,000명이 넘는 블로거 시민기자 제도를 운영하는 등 블로그와 전통언론의 기자
시스템을 결합해 미디어의 새 전형을 만들어냈다. 외부 사이트와의 연결(link)을
통해 지배력을 확장해왔으며 2008년 미국 대통령선거를 계기로 급성장했다. 2011년
현재 직원 수는 200여 명이며 링크를 통해 다방면의 뉴스 소스, 블로그, 칼럼니스트,
단체와 조직을 연결하고 있다.

9) 미국에서는 기업형 뉴스미디어 블로그의 위상이 확고해졌다. 허핑턴포스트(Huffing-
tonpost), 워치블로그(WatchBlog), 데일리코스(DailyKos), 데일리디쉬(The Daily
Dish), 레드스테이트(RedState), 폴리틱스데일리(Politics Daily) 등의 정치 블로그들
이 잘 알려져 있다.

감 등 사회적 동기를 가지며 비슷한 관심자들을 대상으로 특정 주제의 콘텐츠를 생산, 제공한다. 직업기자와 유사한 기사 생산 패턴을 보인다(김경희, 2009).

4) 파워 블로그

파워 블로그는 한국에서만 사용되는 독특한 용어다. 미국에서는 빅 블로그(big blog), 스타 블로그(star blog) 또는 엘리트 블로그라 한다. 학문적으로 엄밀하게 정립된 개념은 아니다. 인지도와 방문자 수, 전문성을 파워의 속성에 포함시킨다(한국언론진흥재단, 2010e).

파워 블로그의 위상 국내 파워 블로그의 위상은 자생적인 것이 아니라 인터넷 기업들의 비즈니스 정책에 의해 인위적으로 부여된 측면이 강하다. 자신이 파워 블로거라는 데 부정적인 태도를 보이는 경우도 많다. 네이버, 다음, 티스토리 등의 블로그 서비스 업체들은 2007년 무렵부터 이용자 콘텐츠의 생산 기반을 넓히기 위해 파워 블로그 프로그램을 운영 중이다. 트래픽과 광고 노출을 늘리는 데 프로그램의 목표가 있다. 이들 인터넷 업체들은 블로그 메인페이지에서 소속 블로그에 다양한 주목성 부여 장치들을 제공하고 있다(한국언론재단, 2008b).

파워 블로그 현황 2011년 현재 국내 최대 포털인 네이버의 입주 블로그는 2,850만 개로 이 중 786개가 이른바 파워 블로그다. 8개 분야 중 사진·창작·수집이 138개, 문화·예술 리뷰가 134개, 가정이 133개, 여행·레저·지역이 112개로 숫자가 많은 편이었다(≪조선일보≫, 2011년 11월 15일자, A6면). 2위 포털인 다음의 파워 블로그는 500여 개 수준이다. 한국블로그산업협회가 2009년에 선정한 전체 파워 블로그는 213개(213명)였다. 소규모의 운영 수익이 있는 파트타임 블로거(118명)와 수익이 전혀 없는 취미 블로거(69명)가 대부분이었다. 회사나 조직을 위한 전업 블로거(직업·프리

랜서)는 11명에 그쳤다. 블로그의 주제는 비시사 분야가 대부분이었다(한국
언론진흥재단, 2010e).

파워 블로그의 운영 개설 유형별로는 가입형 블로그와 설치형 블로그가
각각 50.0%를 차지했으며, 운영비용은 거의 들이지 않는 것으로 나타났다.
블로그 운영의 첫 동기는 정보를 공유하고 생각 등을 기록하는 개인미디어
적인 것이 많았다. 시사 관련 블로그 운영자들은 전통 뉴스미디어에 대한
보완 또는 대안미디어 수립의 동기를 보였다. 전체적으로 파워 블로그를
대체미디어보다는 보완미디어로 생각하는 경향이 강했다. 5분의 3 이상은
언론과 같은 영향력을 가진 것으로 평가했다. 여타 소셜미디어 및 플랫폼의
등장으로 파워 블로그의 성장이 둔화될 가능성이 큰 것으로 전망했다(한국
언론진흥재단, 2010e).[10]

5) 블로그 이용자

한국인터넷진흥원의 2007년 조사에 따르면, 국내 전체 인터넷 이용자
중 블로그 운영자는 30.2%였다. 블로그만 운영이 9.4%, 미니홈피만 운영
이 17.9%, 블로그와 미니홈피 모두 운영이 2.9%로 나타났다. 2010년
조사에서는 블로그 운영이 83.2%, 미니홈피 운영이 68.1%로 늘어났다.
마이크로 블로그는 11.6%의 비율을 보였다.

이용 동향 국내 블로그는 2009년 무렵부터 이용량이 포화상태에 이르렀
다는 관측이 제기됐다. 코리안클릭 자료에 따르면 네이버와 다음의 2009년
9월 이용 순 방문자는 2007년 동기보다 정체 또는 감소세인 2,680만 명과
2,010만 명이었다. 티스토리는 1,756만, 이글루스는 952만, 코리안 야후는

---

10) 시장조사 기관인 eMarketer(2010)에 따르면 소셜미디어의 급성장에도 불구하고
   미국의 블로그 인구는 2010년 전체 인터넷 인구의 11.9%인 2,620만 명에서 2014년
   13.3%인 3,340만 명이 될 것으로 예측됐다.

834만을 기록했다. 미니홈피 서비스인 싸이월드는 1,991만으로 다음과 비슷한 수준이었다(설진아, 2011).

포털 블로그 인터넷 트래픽의 절대다수는 콘텐츠와 서비스에서 앞서는 포털에서 발생한다. 블로그 이용에서도 마찬가지다. 포털이 제공하는 블로그 서비스의 가입자가 비포털 가입자보다 압도적으로 많다. 2010년 11월 한 달 동안의 7세 이상 포털 블로그 이용자는 총 2,840만 명(추정)으로 인터넷 이용자의 88.0%나 됐다. 이용자 1인의 평균 체류시간은 85.5분이었다. 포털 블로그 이용자는 전체 소셜미디어 이용자와 큰 차이를 보이지 않는다. 따라서 전체 소셜미디어 이용자의 거의 대부분이 포털 블로그 이용자라고 볼 수 있다(한국언론진흥재단, 2010e).

파워 블로그 웹로그 데이터 산출이 가능한 파워 블로그 182개를 대상으로 한 조사에서 2010년 11월 한 달 동안 7세 이상 이용자는 인터넷 인구의 7.2%인 233만 명(추정)이었다. 평균 체류시간은 4.6분으로 나타났다. 사회적 영향력을 감안하면 파워 블로그의 이용은 예상보다 낮았다. 이는 웹로그 데이터 수집이 해당 파워 블로그 이용에만 국한됐기 때문이기도 하다. 파워 블로그의 콘텐츠는 다른 인터넷 미디어나 플랫폼을 통해 확대 재생산되는 경우가 많다는 점을 고려해야 한다(한국언론진흥재단, 2010e).

4. 블로그 저널리즘

블로그 가운데 포털이나 언론사닷컴 등에 입주한 개인 뉴스미디어를 뉴스 블로그 또는 미디어 블로그라 한다. 이들 블로그는 블로거가 발행인이자 편집국장이고 기자인 미디어다. 여기서 비롯된 블로그 저널리즘은 온라인 저널리즘의 새 장르를 열면서 소셜미디어 저널리즘을 선도하고 있다(김병철, 2005). 뉴스 블로그나 미디어 블로그와 구별되는 뉴스미디어 블로그는 블로그의 기술적 특성을 보도제작에 활용하는 기업 형태의 온라인 미디어를 말한다. 소셜미디어 저널리즘의 대상으로 보기 어렵다.

1) 블로그와 시민 저널리즘

블로그가 저널리즘 미디어로서 세계적인 관심을 끌게 된 것은 2003년 이라크 전쟁 때 바그다드의 일상을 소개한 필명 '살람 팍스(평화라는 의미의 아라비아어와 라틴어)'로부터다. '라에드는 어디 있는가'라는 제목의 이 블로그는 요르단으로 유학 간 친구 라에드에게 접촉하기 위해 블로깅을 시작했다. 그는 바그다드 교외의 중산층 거주 지역에 사는 당시 29세의 건축사로 알려져 있는데 이라크 전쟁 보도로 세계적 인물이 됐다(앨런, 2008; 김병철, 2005).

블로그 저널리즘의 등장 뉴스미디어 홈페이지에서 비롯된 시민 저널리즘은 블로그가 활성화되면서 뉴스 영역을 확대하기 시작했다. 블로그를 중심으로 한 시민 저널리즘이 처음으로 주목을 받은 것은 2001년 미국 9·11 테러사건 즈음이었다(도준호·심재웅·이재신, 2010). 그러나 시민 저널리즘의 위력을 제대로 보여준 것은 2005년의 영국 자살 폭탄 테러 사건과 미국의 허리케인 카트리나 때였다. 750여 명의 사상자를 낸 영국 런던의 지하철·버스 자살 폭탄 테러 사건에서 런던 블로그 커뮤니티 가입자들은 뉴스와 정보를 널리 전하는 활동에 총동원됐다. 개인 체험을 기록한 포스트는 언론인들이 경험할 수 없었던 것들이어서 높은 뉴스가치를 평가받았다. 같은 해 미국 뉴올리언스에서 1,300여 명의 사상자를 낸 허리케인 카트리나 때도 시민기자들은 비슷한 활동을 했다. 일부 블로그는 실종가족 찾기 창구로 활용됐다(앨런, 2008).

블로그의 저널리즘성 개인 블로그가 언론이냐 아니냐에 대해서는 논란이 없지 않다. 블로그는 일정 부분 저널리즘 기능을 해왔으나 전통 저널리즘 관점에서 볼 때 주관적이며 정확성이 떨어지는 등의 문제점을 드러내고 있다(김사승·김효동·김광제, 2006). 이를 이유로 저널리즘을 부정하는 사람들도 있다(김병철, 2005). 그러나 블로그가 웹에서 이용할 수 있는 정보와 뉴스의 중요한 부분이 될 수 있다는 점에서 새로운 형태의 저널리즘으로 간주하는 것이 다수 의견이다. 블로그들은 독자 기사를 올리는 것은 물론 주류 미디어 정보에 추가정보나 상세정보를 덧붙이고 오류를 밝히는 등 다양한 차원에서 기여를 하고 있다(김경희, 2009). 특히 신뢰성을 갖는 블로그들을 대상으로 게이트키핑 과정을 거치는 메타블로그의 경우 저널리즘 미디어로 볼 여지가 충분하다(김병철, 2005). 수용자 역시 개인 블로그를 뉴스미디어로 이용하기 시작했다.

2) 블로그 저널리즘의 발전

영국에서는 블로거들이 저널리즘 공간으로 편입되면서 점차 속보 영역으로까지 발을 들여놓고 있다. 개인 블로그들이 만들어내는 리포팅도 계속 발전하고 있다. 휴대기기를 이용하는 모바일 블로깅, 즉 모블로깅(moblogging), 주로 사진을 올리는 포토블로깅, 비디오 콘텐츠 중심인 비블로깅(vblogging) 또는 비로깅(vlogging), 오디오 블로깅까지 활동영역을 확대하고 있다(앨런, 2008).

미국 미국의 경우 전통 미디어의 우려와 부정적 입장에도 불구하고 블로그 저널리즘이 이미 제도권으로 진입한 상태다. 2004년 미국 민주당은 전당대회 취재 블로거 35명에게 기자출입증을 발급했다. 블로그가 뉴스미디어로 인정받은 최초의 사례였다. 2005년에는 백악관이 블로거에게 기자출입증을 발급했다. 2006년 8명의 연방검사가 해고되는 초유의 사건을 특종 보도한 것은 토킹포인트메모(Talking Point Memo)라는 뉴스 블로그였다. 미국 연방항소 법원은 2006년 블로거를 포함한 웹 출판인에게도 취재원 보호법이 적용되는 것으로 판결함으로써 블로거들에게 법적인 언론인 지위를 부여했다(한국언론진흥재단, 2010e).

한국 국내 포털에 블로그 기자단이 등장하고 언론사닷컴의 입주 블로그들이 활성화되면서 블로거들의 위상 또한 눈에 띄게 높아졌다. 일부 파워 블로거는 전통매체 언론인 이상의 취재 예우를 받기도 한다. 국방부는 2010년 6월 파워 블로거 23명을 따로 초청해 천안함 브리핑을 했다.

지난 2008년 언론사 사이트의 직업기자 블로그와 이용자 블로그를 비교 분석한 연구에서는 이용자 블로그들이 취재 아이템 발굴, 포스트의 완성도, 취재원 관리 등 부문에서 직업기자와 유사한 방식으로 활동하는 것으로 조사됐다. 이용자 블로그는 기자 블로그와 차이가 없을 만큼 공적 정보를 생산하고 있어 저널리즘에 대한 기대를 높였다(유재천 외, 2010). 그러나 국내 블로거들은 아직까지 저널리즘 역할보다 콘텐츠 생산동력을 확보하고 이용자 트래픽을 늘리는 데 역점을 두는 편이다. 인터넷 포털 역시 언론 매체 역할보다 블로거들의 생산정보를 유통시키는 데 집중하고 있다(설진아, 2011).

블로그 저널리즘의 명암 블로그가 뉴스미디어에 준하는 영향력을 갖게 되면서 영향력에 상응하는 우려가 동시에 제기되고 있다. 전문성과 규범성의 부족, 상업성 등의 문제점이 지속적으로 지적되고 있다. 느닷없이 브랜드를 헐뜯고, 개인을 공격하며, 정치적 극단주의를 내세우거나, 선거운동을 혼탁하게 만들고 있다는 비판을 받기도 한다(앨런, 2008). 국내에서도 블로그들이 기업들과 연계, 상품 판매의 브로커 노릇을 하거나, 악질적 협찬 요구, 블로거지(블로그+거지) 행각을 벌인다는 보도들이 이어지고 있다.

3) 블로그 저널리즘의 성격

블로그 등 소셜미디어 저널리즘은 내용 측면에서 연성 저널리즘, 스토리텔링 저널리즘, 대안 및 감시 저널리즘의 특성을 보인다(최민재·양승찬, 2009).

연성 저널리즘 블로그들은 여행, 외식, 취미, 스포츠 등 연성 장르에서 강한 면모를 보인다. 취재 접근이 용이하다는 점이 작용했을 수 있다. 이 분야에서 파워 블로거의 활동은 정보적 차원에서 이용자 신뢰를 얻고 있다. 이런 활동은 주류 저널리즘의 라이프스타일이나 생활정보 영역에 접목될 여지가 크다.

이야기체 저널리즘 역피라미드식 기사 쓰기는 정보 전달의 직진성은 높지만 정보 이용자들의 관심을 끄는 데는 한계가 있다. 블로그의 자유로운 글쓰기는 이야기체 기사 쓰기 방식에서 강조하는 요인과 유사하다. 사건보다는 인물의 성격, 설명보다는 묘사, 사건의 발생보다 전개과정을 중시하는 점 등이 그러하다. 심각한 사안을 친근하게 대화하듯 펼쳐나가면서, 개인의 관찰을 중심으로 이슈와 사건의 전개에 초점을 맞추는 방식은 기존 저널리즘에서도 참고할 만하다.

대안 및 감시 저널리즘 주류 미디어가 다루지 못하는 사각지대의 이슈 제기에서 블로그의 역할이 강조된다. 기업과 뉴스미디어에 대한 감시는 소셜미디어에서 가장 활성화되고 있는 부분이다. 상향식의 역의제 설정은 전통매체와 블로그 같은 소셜미디어가 협력할 수 있는 접점을 마련해주고 있다(최민재·양승찬, 2009).

4) 블로그 저널리즘의 여파

블로그 저널리즘이 주류언론의 보도활동에 대한 인식과 형식, 내용에 영향을 미치고 있다는 점에는 의문의 여지가 없다. 블로거의 존재는 직업기자들이 방심하지 않게 만들면서 이들의 실수를 막는 자극제 구실을 한다. 또한 블로그의 정보나 의견은 직업기자들의 취재보도 활동에서 필수적인 점검대상이 되고 있다(앨런, 2008).

취재 변화(미국) 미국의 신문사 기자들은 블로그를 열어보는 것으로 하루

일과를 시작한다. 블로그를 통해 대중의 의향, 정치적 사태나 상황의 영향, 기사 누락 등을 점검한다. 직업기자들은 블로그 정보를 무시하거나 외면하는 것이 위험하다는 사실을 잘 인식하고 있다(앨런, 2008). 온라인 저널리즘 분석 전문 사이트(OnlineJournalism.com)에 따르면 기자들은 뉴스 출처나 취재 정보 탐색수단으로 수용자 블로그를 활용하는 빈도를 늘리고 있는 것으로 나타났다. 이마케터(eMarketer) 조사에서도 같은 결과가 나왔다. 구글 검색엔진과 보도 대상 기관 및 기업의 웹사이트 활용은 줄어든 반면 조직 블로그, 개인 블로그, SNS 등의 경우는 모두 늘어났다(한국언론진흥재단, 2010e).

전통매체의 대응 뉴스미디어로서 블로그의 영향력이 증대되자 위기감을 느낀 전통매체들은 기자가 운영하는 블로그 서비스를 자사 뉴스사이트에 경쟁적으로 도입했다. 직업기자들이 블로그 활동에 열을 올리면서 온라인을 통한 시민 저널리즘과 일정 부분 중첩되는 현상도 나타나고 있다. 직업기자 블로그는 신문, 방송에 내보낼 수 없는 관점이나 통찰을 별 제약 없이 펼쳐놓는다. 일부는 장시간의 인터뷰 내용을 웹 전용으로 편집 없이 올려놓기도 한다. 전통 저널리즘과 직업기자들의 블로그 저널리즘이 서로 어우러지는 양상이 나타나고 있다(앨런, 2008).

국내서도 블로그를 저널리즘으로 인식한 다수의 기성언론이 다양한 실험을 계속하고 있다. 2008년 6월 개설된 시사주간지 ≪시사인≫의 독설닷컴은 1년간 누적 방문자가 1,300만 명에 이르는 성과를 올렸다. 저널리즘과 블로그의 플랫폼 결합서비스도 실험되고 있다. 종이신문들은 파워블로거 양성, 블로그 서비스의 포털 유료 독점 제공 등을 시도하고 있다(한국언론재단, 2009e).

5. 트위터 저널리즘

한국 전국종합지 3사의 발행 부수는 130만~180만 부 정도다. 여타 전국지들은 10만에서 30만 부 정도를 찍는다. 2011년 말 현재 국내 지명도 1위 트위터의 팔로워 숫자는 100만 명 이상이다. 전국적으로 알려진 명사들이나 연예인의 팔로워 숫자는 10만 명을 넘기는 일이 드물지 않다. 트위터 운영자 한 사람이 개인 신문사 하나를 차린 것이나 마찬가지다. 물론 팔로워 숫자를 신문 부수와 같은 영향력으로 연결시킬 수는 없다. 정기구독과 같은 개념인 리스트(list) 숫자는 팔로워 숫자의 몇 %에 지나지 않기 때문이다. 그렇다 하더라도 트위터가 개인 여론매체로 등장했다는 사실은 부인하기가 어려워졌다.

1) 트위터의 등장

매체의 변화는 사람들의 커뮤니케이션 참여방식을 변화시킨다. 웹사이트의 개설은 개인과 조직들이 자신들의 입장과 수행 업무에 대한 정보를 일반 대중에게 알려야 할 의무감을 키웠다. 블로그는 온라인상의 상호 연결에 대한 심리적 부담감을 증가시켜 사회적 연결망을 강화시켰다. 트위터는 대중 직접 소통을 가능하게 함으로써 소통에 나서지 않으면 안 된다는 강박감을 심어주고 있다(박한우, 2011).

트위터의 확산 트위터는 이용자가 웹사이트나 휴대전화를 통해 최대 140자의 문자메시지를 주고받을 수 있는 '블로그+문자' 서비스다. 2006년 여름 미국에서 처음 등장해 본격적으로 이용된 것은 2007년 3월부터다. 한국에서는 2010년 5월까지 한글 트위터 계정이 13만 개에 불과했다. 이 숫자가 1년여 만인 2011년 9월 430만 개를 돌파했다(≪조선일보≫, 2011년 11월 5일자, A35면). 트위터 통계사이트 오이코랩(twitter.com/#!/

oikolab)에 따르면 2011년 11월 현재의 트위터 이용인구는 530만 명을 넘어선 것으로 보고 있다. 국내 페이스북 이용자 448만 명을 능가하는 숫자다. 이용자 중 20, 30대들의 비중이 90%에 가깝다.

트위터 이용 페이스북과 트위터 등 SNS는 여론 형성, 정보 전달은 물론 각종 집회를 주도하거나 동창 모임 등을 실시간으로 전달할 수 있어 그 사용범위가 넓어지고 있다. 명함에도 트위터 계정을 넣는 것이 보편화되고 있다. ≪중앙일보≫가 2011년 4월 트위터 이용자 689명을 조사한 결과 56%가 SNS를 통해 기부, 서명, 공동구매에 참여하고 있었다. 트위터와 같은 마이크로 블로그 이용 목적은 정보 습득과 교류가 가장 많았고, 커뮤니케이션, 친교 및 교제, 오락 여가, 개인 홍보가 다음 순이었다(소셜미디어 연구포럼, 2012).

트위터 서비스 사이트 트위터 확산에 따른 서비스 사이트, 즉 트윗믹스도 함께 활성화되고 있다. 상위 5개 도메인은 Twitpic, twitaddons, 4sq.com, 유튜브, Twipl 등이다. 토종 트위터 부가서비스 트윗애드온즈(Twitaddons. com)의 경우 온라인 커뮤니티가 그랬듯이 특정 주제에 관심이 있는 이용자들이 커뮤니티를 형성하고 있다. 이 커뮤니티를 정치정당에 비유하여 당이라고 칭한다. 한국어로 소통하는 트위터 사용자 모임인 당은 2010년 8월 현재 1만 5,120개나 됐다. 하루 평균 150개 모임이 간판을 새롭게 내건다고 한다(http://twitaddons.com/docs/#about). 2011년 당원 100명 이상인 12개 당을 네트워크 분석한 연구에 따르면 트윗당을 만든 이용자(당주)는 정보 수요자라기보다 정보 유포자에 가까웠던 것으로 나타났다. 정치 관련 트윗당 당주들은 다른 당 당주들보다 정보 유포자의 역할이 두드러졌다. 임원 등 위계까지 갖추고 있어 정보가 수평은 물론 수직적으로도 유포되는 것으로 조사됐다(박한우, 2011).

2) 트위터의 특성

웹사이트나 블로그에서는 정보의 송수신자가 개개의 플랫폼에 분리돼 있지만 트위터에서는 동일한 플랫폼에 동시에 존재한다. 트위터상의 유명인들은 대중소통의 정보 배포자인 동시에 참여자 중 한 명으로 다른 이용자들과 연결된다. 이처럼 송수신자 모두가 동일한 공간에 있다 보니, 공간에 들어서는 순간 관계 맺기의 사회적 압력을 받게 된다. 트위터에서의 팔로잉 연결망은 호혜성에 바탕을 둔 의례적 성격을 띤다(박한우, 2011).

3가지 특성 트위터는 ① 간편성, ② 개방성, ③ 집중성 등의 특성을 가진다. 트위터는 웹사이트나 블로그와 달리 주로 스마트폰을 이용해 140자라는 짧은 공간에서 핵심 정보를 간편하고 신속하게 전달한다(≪매일경제≫·인터넷 ≪한국일보≫ 외 검색자료). 전통 저널리즘에서 찾아보기 어려운 간결하고 압축적인 언어의 짧은 메시지를 통한 정보 전달이다(소셜미디어 연구포럼, 2012). 이용자들은 PC나 모바일 기기를 통해 시간과 장소에 구애받지 않고 실시간으로 글을 올리고 확인하는 것이 가능하다. 대화를 나누기에 최적의 매체다. 인터넷 카페도 댓글을 통해 대화를 주고받긴 하지만 트위터에는 미치지 못한다. 이처럼 단순한 서비스 구조가 많은 사람들을 트위터링에 끌어들이는 요인이다.

인터넷 카페가 가입회원들끼리 정보를 주고받는 공간이라면, 트위터의 당(카페 또는 커뮤니티)은 모두에게 열려 있는 개방적 공간이다. 모임 내부 정보가 차단돼 있지 않다. 회원이 아니어도 당원들 사이에 오가는 대화를 엿보거나, 자신의 얘기를 적어 넣고 상대의 반응도 살펴볼 수 있다.

인터넷 카페가 관련 정보를 모아두는 데 강점을 가진다면, 트위터는 한 가지 사안에 대해 의견을 주고받고 분석하는 집중성에서 강한 면모를 보인다. 피라미드식 정보 축적도 가능해 순식간에 수많은 사람들에게 다양한 정보들을 접하게 해준다(≪매일경제≫·인터넷 ≪한국일보≫ 외 검색자료).

3) 트위터 저널리즘

트위터는 정보의 확인이나 게이트키핑 과정이 없고 게시 내용이 단문에 그쳐 블로그보다 저널리즘 미디어로서의 조건이 취약하다. 뉴스 전광판과 비슷한 제목 서비스를 주고받는 매체를 뉴스미디어로 볼 수 있겠느냐는 의문도 생긴다. 그러나 블로그가 뉴스미디어로 수용된 것처럼 트위터 역시 같은 경로를 밟고 있다. 특히 파워 트위터러의 경우 트위터를 뉴스미디어로 기능하게 할 여지가 충분하다. 선전과 선동 등 트위터의 사회적 역기능이 역설적으로 뉴스미디어로서의 기능을 방증하고 있는지도 모른다.

트위터의 저널리즘성 2009년 8월 피어 애널리틱스(Pear Analytics)사(社)가 2,000명의 트위터 이용을 분석한 결과 쓸데없는 지저귐이 41%, 대화가 38%, 가치 있어 보관하거나 리트윗 하는 내용이 9%, 자기홍보 6%, 스팸과 뉴스가 각각 4%였다(etnews.com/news/international에서 재인용). 다시 말해 트위터 커뮤니케이션의 대부분은 하찮은 일상의 이야기들이라는 것이다. 트위터의 저널리즘적 기능은 몇 %에 불과했다. 그러나 사회적 이슈나 사건이 있을 때 트위터는 돌발적 저널리즘 미디어가 될 가능성이 아주 높다. 140자 이내의 단문 서비스라는 미디어의 성격이 유동성, 신속성, 광범성을 고도로 높여주기 때문이다. 2010년 세종시 수정안에 대한 트위터 연구에서 개인이용자 집단 간의 상호 커뮤니케이션 정도는 온라인 미디어가 주도하는 정보 유포보다 더 활발한 것으로 나타났다. 트윗당 활동에 대한 연구 역시 소셜미디어의 메시지들이 조직적으로 유포돼 오프라인 활동으로까지 확산될 수 있음을 확인시켰다(박한우, 2011).

트위터의 저널리즘 기능 트위터의 저널리즘 기능은 여타 미디어와 비교했을 때 5가지에서 차이를 보인다. 첫째, 실시간 뉴스 요약 기능이다. 트위터는 전 세계에서 일어나는 방대한 정보의 흐름 중 꼭 알아야 할 뉴스를 실시간으로, 쉽게 받아들일 수 있는 크기로 요약해서 전달해준다. 뉴스에 대한 상호작용도 가능하다. 둘째, 긴급한 사회적 현안의 발굴 기능이다. 많게는 수백만의 이용자들이 트위터 공간에 거의 동시적으로 참여해 정보 교환을 하면서 긴급현안들을 찾아낸다. 대중의 중압성이 현안들의 사회의 제화를 촉진한다. 셋째, 긴급소통 및 동원기능이다. 트위터는 천안함 사건이나 연평도 피격과 같은 비상상황 또는 재난상황에서 특급 소통 미디어로서의 가치를 가진다. 소통능력은 선거투표 독려와 같은 동원기능으로도 연결된다. 넷째, 뉴스정보의 확인과 검증기능이다. 전통매체에서 거의 불가능했거나 시일이 걸리던 뉴스정보에 대한 피드백이 트위터에서는 즉각적으로 오고 간다. 이 과정에서 정보의 확인과 검증이 이뤄진다. 다섯째, 광범한 뉴스 전파의 기능이다. 트위터의 간편성은 매스미디어 뉴스정보의 촉진 또는 파일럿 기능을 가능하게 한다. 직업기자들은 자신들의 팔로워들을 정보 확산 창구로 활용할 수 있다(최진순, http://onlinejournal ism.co.kr/).

뉴스의 역류현상 2010년 1월 진도 7.0의 아이티 지진과 2009년 중국 위구르의 유혈 사태를 가장 먼저 전한 것은 트위터였다. 2009년 1월 뉴욕 허드슨 강의 여객기 비상착륙 때도 트위터가 전하는 소식이 가장 빨랐다. 방송사에서는 기자들이 현장에 도착할 때까지 여행객이 스마트폰으로 찍은 트위터 사진을 내보낼 수밖에 없었다. 뉴스의 역류현상이 일어난 것이다. 전통매체들이 트위터의 기사를 받아쓰거나 시민들이 생산한 뉴스나 정보를 보도에 활용하는 일이 심심찮게 일어나고 있다. 일반 시민들이 뉴스원이자 생산자, 유통자 역할을 하게 되면서 생겨난 현상이다. 국내에서도 이와 유사한 일이 벌어지고 있다. 2011년 신라호텔 뷔페식당에서 일어났던 한복차림 거부소동과 부산 해운대 아파트 화재사건은 트위터가 1보를 전했다. 전통매체들은 현장에 있던 시민들의 트위터 기사와 사진을 보도에 사용하지 않을 수 없었다(설진아, 2011; ≪조선일보≫, 2012년 1월 7일자, A18면).

정파 저널리즘의 부상 2010년 6월 지방선거에서 점화된 트위터를 통한 정치 커뮤니케이션은 2011년 11월 서울시장 보궐선거에서 그 영향력을 확인시켰다. 두 선거 때의 트위터 사용률은 인터넷 인구의 1.3%와 9.0%에 불과했으나 전통매체, 포털, 온라인 미디어를 통한 뉴스의 재확산이 트위터의 파괴력을 키웠다. 향후 정치적 파장이 더 커질 수 있음을 시사한다(≪조선일보≫, 2012년 1월 7일자 A18면; 박한우, 2011). 한 가지 주목되는 점은 트위터를 통해 19세기적 정파 저널리즘이 재현되고 있다는 사실이다. 수만, 수십만 명의 팔로워를 갖는 파워 트위터러는 1인 미디어의 소유주나 다름없다. 그가 가진 가치나 성향, 주장, 의견을 트윗에 여과 없이 드러낸다. 이 과정에서 전통언론의 정당성 기반인 객관성이나 공정성은 무시되거나 외면될 수 있다. 트위터가 선전·선동적 정파 저널리즘의 도구로 이용될 수 있다는 것이다. 이에 따라 불필요한 사회적 갈등의 증폭 등 역기능이 우려되고 있다.

4) 트위터 저널리즘의 파장

미국의 CNN, 뉴욕타임스, 영국의 이코노미스트 같은 유력 언론사들은 트위터를 통한 새 취재방식을 개발하고 있다. 블로거와 트위터를 결합한 새로운 형태의 매체가 등장해 미디어 환경변화를 앞당기고 있다(설진아, 2011). 국내에서도 과거 기자들이 출입처를 돌며 취재했던 것처럼 트위터에서 유통되는 정보를 검색해서 뉴스거리를 만들어내는 새로운 취재방식이 등장했다(한국언론진흥재단, 2011b). 또한 ≪연합뉴스≫, ≪조선일보≫, SBS, ≪한겨레≫ 등 전통매체들은 2009년부터 잇따라 트위터 계정을 개설, 소통의 창구로 활용하고 있다. 그러나 트위터 활용 정도는 뉴스 배포, 홍보 등의 수준에 그치고 있다. 부분적이지만 제작변화도 불러오고 있다.

뉴스의 협력생산 전통매체의 객관주의 저널리즘은 공식적 정보원 외에 일반 시민이 어떤 생각을 하고 있는가를 기사에 반영하기가 어려웠다. 이런 측면에서 직업기자들은 트위터나 블로그의 가능성을 높이 평가하고 있다.

소셜미디어를 활용하면 발표 저널리즘의 제약을 어느 정도 해소할 수 있기 때문이다. 실제로 트위터 등장 이후 직업기자와 트위터 이용자가 협력해 뉴스를 생산하는 현상이 포착되고 있다. 의사소통의 입체화, 다층화를 통해 뉴스가 집단적 구성물로 발전하고 있는 것이다. 뉴스의 협력생산으로 전통 매체들의 뉴스룸이 개방화, 탈권위화되고 있는 것도 특기할 만하다. 시민참여의 제작방식은 뉴스룸의 직제나 업무내용까지 재편시키고 있다(최민재·양승찬, 2009).

취재의 변화 트위터로 대표되는 소셜미디어는 기자들의 취재환경이나 취재방식에 큰 변화를 가져왔다. 소셜미디어를 통해 새 뉴스원 발굴, 활동공간 확대, 뉴스가치 접근, 공중의 관심사 포착 등과 같은 혜택을 누리고 있다.

트위터를 통한 직접소통은 시의성 있는 인터뷰를 다양한 방식으로 짧은 시간 내에 마칠 수 있게 해준다. 제한된 범위지만 취재원의 의도나 발언을 있는 그대로 반영할 수 있다. 취재원과 일반 시민들의 반응을 동시에 확보할 수 있으며, 설문조사도 가능하다. 취재 영역도 넓어진다. 기존 출입처의 벽을 허물고 정치인, 경제인, 공무원, 교수, 기업인, 인기인 등과 인맥을 쌓을 수 있다. 유력 취재원에게 비공개 메시지를 보내 답변을 받거나 맞춤형 정보를 얻을 수도 있다(설진아, 2011; 한국언론진흥재단, 2010d)

역기능 트위터는 즉각적이고 대규모적인 사회적 소통을 촉진할 수 있다는 점에 긍정적 측면이 있다. 그러나 루머의 확산, 선전, 선동, 인신공격의 도구가 될 위험성이 크다. 의도적 소수에 의해 여론이 조작, 왜곡될 수 있다. 트위터 이용자들의 동질감이나 집단 동조성이 감성적으로 휘둘리기 쉬운 약점을 드러낸다. 140자짜리 토막정보는 정보조작을 가능하게 하는 또 다른 요인이다. 저널리즘 측면에서 오보의 생산, 유통, 재확산은 일상적 문제가 될 수 있다. 정치인, 경제인, 연예인 등이 트위터를 철저하게 자기 이익과 홍보수단으로 활용할 가능성도 없지 않다. 취재원과 일반 국민 간의

〈표 10-2〉 2011년 10월 말 현재 국내 뉴스 앱 현황

(단위: 개)

구분 유형	신문				잡지		방송			통신사	인터넷신문	종합	계
	전국지	지역지	특수지	기타지	일반	특수	지상파	지역민방	보도전문				
앱	18	7	33	2	7	5	7	2	5	5	11	2	104

자료: 한국언론진흥재단(2011c).

단문기사 패턴이 일반화될 경우 기자가 매개되는 정통적 저널리즘의 기능을 제약할 수 있다(설진아, 2011; ≪조선일보≫, 2011년 11월 10일자, A39면).

6. 모바일 저널리즘

모바일 저널리즘은 소셜미디어 저널리즘과 중첩되는 현상이다. 신문, 방송, 온라인 저널리즘과도 연계된다. 하지만 저널리즘의 발전단계상 소셜미디어 저널리즘 다음에 위치시키는 것이 적절해 보인다. 저널리즘에 무소부재의 기능을 추가시킨 모바일은 앞으로의 저널리즘 발전을 추동하게 될 것으로 보인다. 향후 제5의 저널리즘으로 다뤄져야 할 내용이다.

1) 모바일 개황

모바일 환경의 확대는 언론의 경계를 시공간 제약이 없는 일상 안으로 넓혀놓았다. 또 웹과 플랫폼 중심의 온라인 저널리즘을 앱(application의 준말, 컴퓨터 응용 프로그램)과 네트워크 중심으로 바꿔놓았다. 웹은 한때 모든 정보를 통합하는 단일 애플리케이션이 될 것으로 여겨졌으나 스마트폰과

앱의 등장으로 이런 예상은 빗나갔다. 웹은 2000년 전체 인터넷 트래픽의 절반 이상을 차지했으나 2010년 23%선으로 떨어졌고, 하락추세는 지속되고 있다(≪조선일보≫, 2010년 8월 20일자, A18면). 반면 신문 리더(reader), 이메일, 트위터, 페이스북 등 각각의 앱들을 통한 트래픽은 계속 확대되고 있다. 국내 무선 인터넷 데이터 사용량의 91%(2011년 1월 현재)는 스마트폰에 의한 것이다.

모바일과 앱 2010년 도입기에 이어 2011년 대대적 보급이 이뤄진 모바일(스마트) 미디어는 뉴스 접근 통로를 기존의 PC버전 웹페이지에서 모바일버전 웹페이지, 전용 앱, 통합 앱 등으로 다양화시켰다. 스마트폰, 태블릿PC 등 모바일 미디어 보급은 뉴스 이용자들이 언제 어디서나 특정 플랫폼을 거치지 않고 앱을 통해 간편하게 뉴스미디어 정보를 이용할 수 있게 된 것이다. 모바일 미디어의 대표적인 운영체제는 구글의 안드로이드와 애플의 iOS다(한국언론진흥재단, 2011b, 2011c). 2011년 10월 현재 국내에 보급된 뉴스 앱은 총 104건으로 iOS운영체제가 67개(애플의 아이폰, 아이패드용), 안드로이드 운영체제가 37개(안드로이드폰, 안드로이드패드용)다. 경제지와 스포츠지 등 특수지의 이용사례가 33건으로 가장 많다(한국언론진흥재단, 2011c).

모바일 환경에 최적화된 소셜 네트워크 서비스도 모바일 저널리즘에 직간접의 영향을 미치고 있다. 앱의 발전은 뉴스분야의 전문성 장벽까지 허물고 있다. 다양한 앱들이 취재원의 전문성을 대신하고 있기 때문이다. 전문성의 붕괴는 뉴스뿐 아니라 의료, 회계, 금융, 예술 등 사회 전 분야에서 일어나고 있다.

앱의 이용 이동통신 업계에 따르면 2012년 5월 현재, 전체 이동전화 가입자 5,255만 명의 절반이 넘는 2,672만 명(50.9%)이 스마트폰 사용자인 것으로 집계됐다. 국내에 스마트폰이 발매된 2009년 11월 이후 2년 6개월만의 일이다. SK텔레콤이 1,330만 명, KT가 880만 명, LG U+가 462만 명의 분포였다(≪문화일보≫, 2012년 5월 14일자, 14면).

조사에 따르면 스마트폰 사용자의 91.3%가 스마트폰을 통해 인터넷을 이용하는 것으로 나타났다(한국인터넷진흥원, 2010a). 닐슨코리안클릭에 따르면 스마트폰 보급 이후 전체 인터넷 이용자의 유선 인터넷 월평균 이용시간은 현저히 줄어든 것으로 나타났다. 유선 인터넷 정점기인 2009년 말~2010년 초의 월간 이용시간은 42.2시간이었으나 2011년 9월에는 33.7시간으로 감소했다(한국언론진흥재단, 2011c). 스마트폰 사용자 중 72.9%는 앱의 사용 목적이 뉴스이용에 있다고 응답했다. 사용자의 13.9% (뉴스 앱 10.5%, 웹 3.4%)는 신문사 뉴스를 보는 주된 매체로 스마트폰을 꼽았다. 스마트폰에서는 신문사 앱이 방송사 앱보다 설치 정도가 많은 것으로 나타나 신문사들에게 새로운 가능성을 시사했다(한국언론진흥재단, 2010d). 실제로 2010년의 국내외 언론사 앱 이용률은 KBS(5.9%), MBC(5.2%), 조선일보(3.5%), 매일경제(2.5%), YTN(2.4%) 순이었으나 2011년에는 조선일보 (6.2%), 중앙일보(3.8%), YTN(2.9%), 동아일보(2.1%) 순으로 바뀌었다. 한국광고주협회가 2011년 9월 전국 성인남녀 1만 명을 대상으로 면접 조사한 결과다.

모바일과 웹 모바일을 통한 웹 이용은 포털에 집중되고 있었다. 「안드로이드 스마트폰 이용행태 보고서」(닐슨코리안클릭)에 따르면 2011년 9월 3대 포털이 이용시간에서 차지하는 비중은 65.1%에 달했다. 네이버 32.0%, 네이트 27.0%, 다음 6.1%의 비중이었다. 페이지뷰의 3대 포털 비율은 네이버가 29.2%, 네이트가 29.3%, 다음이 6.8%를 차지했다(「한국의 뉴스 미디어 2011」). 뉴스이용도 거의 비슷한 경향을 보일 것으로 추정된다.

태블릿PC의 잠재력 2010년 11월 출시된 아이패드와 갤럭시탭 등 태블릿 PC는 종이신문을 대체할 미디어로 각광받고 있다. 갤럭시탭의 텍스토어에서는 조선, 국민, 한겨레, 전자신문과 코리아 해럴드, 스포츠 조선 등 국내신문을 종이신문 편집판 그대로 볼 수 있다. 본격적인 보급이 이뤄지지 않았지

만 태블릿PC는 멀티미디어 가운데 종이신문에 최적화된 미디어여서 종이
신문을 대체할 가능성이 큰 것으로 평가된다(한국언론진흥재단, 2010d).

2) 모바일 저널리즘

2000년대에 본격화된 국내 온라인 저널리즘은 4단계의 변화를 겪고
있다. 처음 웹사이트 기반의 온라인 저널리즘에서 블로그 저널리즘으로,
다시 소셜미디어 저널리즘으로 영역을 넓혀왔다. 2010년 들어서는 모바일
저널리즘이 활성화되고 있다. 모바일 환경이 일상화되면서 언론사들은 스
마트폰과 태블릿PC의 특성을 살린 앱을 개발, 최적화된 뉴스 콘텐츠를
서비스하는 데 관심을 쏟고 있다. 그러나 아직은 뉴스의 생산과 소비에서
오프라인이나 비이동식 인터넷 매체에 대한 의존도가 훨씬 높다(한국언론진
흥재단, 2010d).

뉴스 앱의 의미 국내 신문사들은 스마트폰, 태블릿PC 대중화와 함께
PC의 브라우저로 비견되는 자사 뉴스 전용 앱을 직접 배포하고 있다. 앱이
신문사의 휴대용 뉴스 단말기 역할을 하게 된 것이다. 이전까지 모바일
이용자들은 뉴스를 보기 위해 특정 무선 인터넷 포털에 접속한 뒤 해당
신문 서비스를 찾아가야 했다. 그러나 앱의 등장으로 이용자 - 신문사가
직접 연결되면서 신문사들이 주도적으로 편집권을 행사할 수 있게 됐다.
모바일 뉴스는 포털이 지배하고 있는 인터넷 언론시장의 판도를 바꿀 가능
성이 없지 않다(한국언론진흥재단, 2010d).

신문 2011년 9월 현재 스마트폰이나 태블릿PC 뉴스 앱을 서비스하고
있는 신문사는 모두 34개다. 기종별로는 iOS체제를 사용하는 아이폰이
34개사, 아이패드가 16개사, 안드로이드폰이 20개사, 안드로이드패드가
10개사다.

모바일 대응전략을 처음 마련한 언론사는 매일경제신문으로 2009년 10

월 아이폰용 뉴스 앱을 개발해 제공했다. 중앙일보는 2010년 1월 뉴스 앱 모바일중앙을 개설했고, 조선일보는 2010년 3월 종합, 경제, 섹션, 면별 보기, 실시간 뉴스 등 5개 범주의 스마트 뉴스페이퍼 서비스를 시작했다(한 국언론진흥재단, 2011b). 하루 1,000여 건의 뉴스, 200여 건의 해설, 400여 건의 사진을 내보내고 있다(≪조선일보≫, 2011년 11월 21일자, A10면). 경향 신문은 2010년 3월 신문과 멀티미디어 기능을 결합시킨 QR(Quick Response) 코드 서비스를 이용할 수 있는 앱을 배포했다(한국언론진흥재단, 2011b).

한편 종합일간, 경제지 등 12개 신문사의 닷컴 단체인 한국온라인신문협 회는 온뉴스(OnNews)라는 세계 최초의 신문사 뉴스 포털 앱을 개발해 2010 년 5월부터 서비스를 개시했다(한국언론진흥재단, 2010d). 2011년 8월에는 비플라이소프트(주)가 파오인(paoin)이라는 iOS 및 안드로이드 태블릿PC(스 마트패드)용 앱을 출시했다. 50개 신문(전국종합일간 6, 지역종합일간 25 등)과 96개 잡지를 서비스하고 있다. 그동안 태블릿PC용 앱 서비스를 못했 던 지역종합지들이 파오인 서비스에 대거 참여했다(한국언론진흥재단, 2011b).

방송 모바일 추세와 함께 방송에서도 앱TV가 전 세계적으로 보편화되고 있다. 종합유선방송인 CJ헬로비전이 2010년 11월 선보인 스마트폰, 태블 릿PC용 앱은 불과 6개월 만에 99만 건과 11만 5,000건의 다운로드를 기록했다. KT도 2011년 4월 말 앱TV 서비스를 시작했다. 이들은 수십 개의 채널을 방송사에서 전송받아 이를 실시간으로 무선 랜에 접속한 스마 트폰, 태블릿PC로 보내주고 있다(한국언론진흥재단, 2010d). 앱과 웹의 미래 를 속단할 수는 없지만 작동과 서비스의 편의성 측면에서 앱이 인터넷 이용 플랫폼의 중심이 될 것이라는 전망은 계속되고 있다(한국언론진흥재 단, 2011b).

참고문헌

국내문헌

강성철. 1999. 『정보취재수첩』. LG상남언론재단.

강태완 외. 2001. 『아카데미식 토론의 방법』. 커뮤니케이션북스.

국립국어원. 2002. 『한국어문규정집』. 크리홍보.

국립국어원·MBC. 2008. 『보도가치를 높이는 TV뉴스 문장쓰기』. 시대의 창.

그루닉·헌트. 2006a. 『PR의 역사와 개념』. 박기순 외 옮김. 커뮤니케이션북스.

_____. 2006b. 『PR의 기능과 운영』. 박기순 외 옮김. 커뮤니케이션북스.

_____. 2006c. 『PR의 원칙과 책임』. 박기순 외 옮김. 커뮤니케이션북스.

그리핀. 2010. 『첫눈에 반한 커뮤니케이션 이론』. 김동윤 옮김. 커뮤니케이션북스.

기든스. 2010. 『현대사회학』. 김미숙 외 옮김. 을유문화사.

김경희. 2009. 『한국사회와 인터넷 저널리즘』. 한울.

김경희·이재경·임영호. 2003. 『인터넷 취재보도』. 한울.

김구철. 2006. 『방송뉴스 이렇게 쓴다』. 커뮤니케이션북스.

김병철. 2005. 『온라인 저널리즘의 이해』. 한국외국어대출판부.

김사승·김효동·김광제. 2006. 「디지털 시대 신문의 새로운 뉴스비지니스 전략」. 한국신문
협회.

김영규 외. 2008. 『법학개론』. 박영사.

김창룡. 2007. 『인터넷시대 실전취재보도론』. 커뮤니케이션북스.

김춘식 외. 2010. 『저널리즘의 이해』. 한울.

김춘옥. 2006. 『방송 저널리즘』. 커뮤니케이션북스.

나은영. 2009. 『인간 커뮤니케이션과 미디어』. 한나래.

뉴섬 외. 2007. 『PR: 공중합의 형성과정과 전략』. 박현순 옮김. 커뮤니케이션북스.

도준호·심재웅·이재신. 2010. 「소셜미디어 확산과 미디어 이용행태 변화」. 한국언론진흥
재단.

마이어스. 2008. 『심리학개론』. 신현정·김비아 옮김. 시그마프레스.

맥퀘일. 2008. 『매스 커뮤니케이션 이론』. 양승찬·이강형 옮김. 나남.

밀러. 2006. 『조직 커뮤니케이션』. 안주아 외 옮김. 커뮤니케이션북스.

박금자. 2001. 『인터넷 미디어 읽기』. 커뮤니케이션북스.

박기동·박주승. 2006. 『경영학원론』. 박영사.

박진용. 2004. 『실전기자론 2판』. 나남.

_____. 2005. 2011. 『언론과 홍보』. 커뮤니케이션북스.

박한우 편. 2011. 『인터넷 소셜미디어 개론』. 영남대 출판부.

배규한 외. 2006. 『매스미디어와 정보사회』. 커뮤니케이션북스.

배정근. 2007. 『저널리즘 글쓰기』. 커뮤니케이션북스.

보턴·해즐턴. 2010. 『PR이론Ⅱ』. 유재웅 외 옮김. 커뮤니케이션북스.

서명석·안영배. 2000. 『인터넷신문·방송 길라잡이』. 씨엔마.

서정우 편. 2002. 『현대신문학』. 나남.

서정우·차배근·최창섭. 1986. 『언론통제이론』. 법문사.

설진아. 2008. 『방송기획 제작의 기초 개정판』. 커뮤니케이션북스.

_____. 2011. 『소셜미디어와 사회변동』. 커뮤니케이션북스.

소셜미디어 연구포럼. 2012. 『소셜미디어의 이해』. 미래인.

송종현. 2011. 「KBS/서울대 2010 국민생활시간 조사」. ≪신문과 방송≫ 6월호.

슈메이커. 2001. 『게이트키핑의 이해』. 최재완 옮김. 커뮤니케이션북스.

스튜어트. 2008. 『미디어 트레이닝』. 프레인앤리(주) 옮김. 커뮤니케이션북스.

스티븐스. 1999. 『뉴스의 역사』. 이광재·이인희 옮김. 황금가지.

쑤쑤. 2009. 『국제 커뮤니케이션 개정판』. 배현석 옮김. 한울.

안광호 외. 2004. 『광고관리』. 법문사.

앨런. 2008. 『온라인뉴스 저널리즘의 신세계』. 홍수원 옮김. 한국언론재단.

SBS·양철훈 외. 2008. 『방송뉴스쓰기』. 랜덤하우스코리아(주).

MBC 문화방송. 2002. 『보도기사 가이드북』. 삼보문화사.

오미영·정인숙. 2005. 『커뮤니케이션 핵심이론』. 커뮤니케이션북스.

유재천 외. 2010. 『매스 커뮤니케이션의 이해 개정판』. 커뮤니케이션북스.

윤석민. 2007. 『커뮤니케이션의 이해』. 커뮤니케이션북스.

윤석홍·김춘옥. 2000. 『신문 방송, 취재와 보도』. 나남.

윤희중·신호창 편저. 2000. 『PR 전략론』. 도서출판 책과길.

이명천·김요한. 2010. 『광고학 개론』. 커뮤니케이션북스.

이상기·이은주. 2011. 「2010년 신문·방송 경영실적」. ≪신문과 방송≫ 6월호.

이상철. 1999. 『신문의 이해』. 박영사.

이성춘. 2010. 「소셜 미디어 해외사례」. ≪신문과 방송≫ 9월호.

이승재 외 편저. 1999. 『한국어와 한국문화』. 새문사.

이재경. 2003. 『한국 저널리즘 관행 연구』. 나남출판.

이현택 외. 2012. 『언론고시, 하우 투 패스』. 커뮤니케이션북스.

임영주 외. 2003. 『기자가 말하는 기자』. 도서출판 부키.

임태섭. 2003. 『스피치 커뮤니케이션』. 커뮤니케이션북스.

정인태. 2006. 『PR캠페인 기획과 실무』. 커뮤니케이션북스.

정희모·이재성. 2006. 『글쓰기의 전략』. 도서출판 들녘.

조삼섭 외. 2007. 『광고홍보실무 특강』. 커뮤니케이션북스.

조수선. 2003. 『다매체 환경과 뉴스 수용자의 미래』. 도서출판 이채.

주은수. 2011. 「한국 인쇄매체 경영추이분석」. 한국미디어경영학회 2011년 봄철 정기학술대
회 발표 논문.

천소영. 2007. 『한국어와 한국문화』. 우리책.

최민재·양승찬. 2009. 『인터넷 소셜미디어와 저널리즘』. 한국언론재단.

최윤희. 2008. 『현대PR론』. 나남.

추광영. 1999. 『컴퓨터 활용 보도론』. LG상남문고.

태윤정. 2007. 『미디어 트레이닝』. 커뮤니케이션북스.

프랫카니스·아론슨. 2005. 『프로파간다 시대의 설득전략』. 윤선길 외 옮김. 커뮤니케이션
북스.

필립스. 2004. 『온라인 PR』. 이종혁 옮김. 커뮤니케이션북스.

하컵. 2012. 『저널리즘 원리와 실제』. 황태식 옮김. 명인문화사.

한국언론학회 편. 1994. 『언론학원론』. 범우사.

한균태 외. 2008. 『현대사회와 미디어』. 커뮤니케이션북스.

한미정. 2002. 『인터넷으로 PR하기』. 커뮤니케이션북스.

한진만 외. 2008. 『방송학 개론』. 커뮤니케이션북스.

할러. 2008. 『인터뷰』. 강태호 옮김. 커뮤니케이션북스.

함주한. 2005. 『마케팅 무작정 따라 하기』. 길벗.

허용 외. 2008. 『외국어로서의 한국어교육학 개론』. 박이정출판사.

홀츠. 2002. 『인터넷 PR론』. 안보섭 옮김. 나남출판사.

홍승희. 2002. 『인터넷 뉴스미디어 해부』. 현대정보문화사.

국내자료

문화체육관광부. 2010. 「2010 콘텐츠산업백서」(culturestat.mcst.go.kr).

방송통신위원회. 2010a. 「2010 방송매체 이용행태조사」.

_____. 2010b. 「2010 방송산업 실태조사」.

_____. 2011a. 「2011 방송매체 이용행태조사」.

_____. 2011b. 「2011 방송산업 실태조사」

제일기획. 2003. 「2002 광고현황」. ≪제일기획 사보≫ 2003년 3월호.

_____. 2011. 「2010 광고현황」. ≪제일기획 사보≫ 2011년 3월호.

_____. 2012. 「2011 광고현황」. ≪제일기획 사보≫ 2012년 3월호.

한국신문협회. 2008. 「2008 전국 신문독자 프로파일 조사보고서」.

한국언론재단. 2001. 「한국의 인터넷신문-실태와 과제」.

_____. 2003a. 「한국신문방송연감 2003/2004」.

_____. 2003b. 「한국의 언론인 2003」.

_____. 2004a. 「2004 언론수용자 의식조사」.

_____. 2004b. 「2004 한국의 인터넷신문」.

_____. 2004c. 「한국신문방송연감 2004/2005」.

_____. 2006. 「잡지 경영실태분석」.

_____. 2007. 「2007 언론 경영실태 분석」.

_____. 2008a. 「2008 신문방송연감」.

_____. 2008b. 「2008 언론수용자 의식조사」.

_____. 2009a. 「2009 언론 경영성과 분석」.

_____. 2009b. 「2009 언론수용자 의식조사」.

_____. 2009c. 「2009 한국의 인터넷신문」.

_____. 2009d. 「한국신문방송연감 2009」.

_____. 2009e.「2009 한국신문방송연감」.

_____. 2009f. 「전국언론인명록 2009/2010」.

_____. 2009g. 「한국의 언론인 2009」.

_____. 2010a. 「국민의 뉴스 소비 2010」.

_____. 2010b. 「전국언론인명록 2010/2011」.

_____. 2010c. 「한국의 인터넷 뉴스 서비스」.

_____. 2011. 「스마트 미디어 시대의 모바일 뉴스 이용」.

한국언론진흥재단. 2010a. 「2010 언론산업 통계조사」.

_____. 2010b. 「2010 언론수용자 의식조사」.

_____. 2010c. 「소셜미디어 확산과 이용행태 변화」.

_____. 2010d. 「한국언론연감 2010」.

_____. 2010e. 「한국의 파워블로거」.

_____. 2011a. 「2011 언론수용자 의식조사」.

_____. 2011b. 「한국언론연감 2011」.

_____. 2011c. 「한국의 뉴스미디어 2011 PDF파일」.

_____. 2011d. 「2011 신문산업 실태조사」.

_____. 2011e. 「2011 언론산업 통계조사」.

한국인터넷진흥원. 2008. 「2008 인터넷 이용실태조사」.

_____. 2010a. 「2010 인터넷 이용실태조사」.

_____. 2010b. 「2010 무선인터넷 이용실태 요약 PDF 파일」.

_____. 2011. 「2011 한국인터넷 백서」.

한국ABC협회. 2010. 「신문부수공사보고서」.

_____. 2011. 「신문부수공사보고서」.

「방송법」(시행 2010년 9월 23일, 언론의 정의)

「신문 등의 진흥에 관한 법률」(시행 2010년 2월 1일, 언론의 정의)

해외문헌

Clarence Jones. 2001. *Winning with the news media*. Video Consultants.

"2011 Statistical Abstract". U.S. Census Bureau. 2011.

"State of the News Media 2012". Pew Research Center. 2012

"Views of the News Media: 1985-2011 PDF file". Pew Research Center. 2011.

온라인자료

구글(http://www.google.co.kr/intl/ko/about/corporate/company/) 회사 소개

국가법령정보센터(http://www.law.go.kr/) 방송법, 방송법 시행령

국가통계포털(http:// kosis.kr/)

네이버(http://www.nhncorp.com/nhn/company/businessTerritory.nhn) 회사 소개

네이트(http://corp.skcomms.co.kr/services_nate.jsp) 회사 소개

뉴스1코리아(http://news1.kr/companyinfo) 회사소개

닐슨코리안클릭(http://www.koreanclick.com/information/)뉴스미디어 방문순위

다음(http://search.daum.net/search?) 용어 검색

다음 백과사전(http://100.daum.net/encyclopedia/view.do) 용어 검색

대한상의(http://www.korcham.net/EconNews/KcciReport/) 1,000대 기업

동아일보(http://www.donga.com/docs/ilbo/) 회사소개

매일경제(http://news.mk.co.kr/outside/view) 소셜미디어(2011)

머니 투데이(http://www.mt.co.kr/view/mtview) 트위터

문화체육관광부(http://culturestat.mcst.go.kr/StatisticsPortal) 정간물 등록, 신문법

미디어경영연구소(http://www.media21.or.kr/) 신문산업 현황

미디어다음(http://media.daum.net/?nil_profile =title&nil_src =media) 뉴스 처리현황

미국통계청(http://www.census.gov/compendia/statab/2011/tables/11s1134.pdf) 신문현황

방송통신위원회(http://www.kcc.go.kr/user.do)

오이코랩(http://twitter.com/#!/oikolab) 트위터 사용인구 통계(2011)

ISIS인터넷통계정보시스템(http://isis.nic.or.kr/)

IT통계포털(http://www.itstat.go.kr/)

위키피디아(http://en.wikipedia.org/wiki/News#) 뉴스

이코노믹 리뷰(http://er.asiae.co.kr/erview) 트위터(2010)

인터넷트렌드(http://trend.logger.co.kr/trendForward.tsp?) 포털 방문자 순위

인터넷 한국일보(http://economy.hankooki.com/lpage/society/) 트위터(2010)

전자신문(http://www.etnews.com/news/international/2153517_1496.html) 트위터

조선일보(http://news.chosun.com/site/data/) 트위터(2010)

중앙선거관리위원회(http://www.nec.go.kr/) 역대 대선 투표율

최진순 블로그(http://onlinejournalism.co.kr) 트위터 저널리즘

퓨 리서치센터(http://pewresearch.org/) 시사정보원 순위

퓨 리서치센터(http://pewresearch.org/pubs/2104/news-organizations) 각종 보고서

트윗애드온즈(http://twitaddons.com/docs/#about) 사이트 소개(2011)

프레시안(http://www.pressian.com/info/staff_editor.asp) 회사 소개

한국데이터베이스진흥원(http://www.kdb.or.kr/)

한국방송공사(http://www.kbs.co.kr/openkbs/) 기구표

한국언론진흥재단(http://www.kinds.or.kr/)

한국언론진흥재단(http://mediasis.kpf.or.kr/)

한국ABC협회(http://www.kabc.or.kr/) 신문 발행 부수 (2011)

한국인터넷진흥원(http://www.kisa.or.kr/main.jsp)

한국케이블TV 방송협회(http://www.kcta.or.kr/) 가입자 현황

허핑턴 포스트(http://www.huffingtonpost.com/politics/#blog) 회사 소개

380

오프라인 자료

≪동아일보≫, 2005년 10월 26일자(포털의 뉴스서비스)
≪동아일보≫, 2012년 5월 7일자, A14면(MSP)
≪문화일보≫, 2011년 1월 1일자, 1면(종편 사업자 선정)
≪문화일보≫, 2012년 5월 14일자, 14면(스마트폰 가입자 수)
≪조선일보≫, 2005년 1월 21일자, A6면(포털)
≪조선일보≫, 2005년 3월 16일자, B1면(포털 매출액)
≪조선일보≫, 2005년 3월 21일자, A27면(방송3사 뉴스시청률)
≪조선일보≫, 2009년 6월 26일자, D1면(트위터)
≪조선일보≫, 2010년 8월 20일자, A18면(모바일 앱이 대세다)
≪조선일보≫, 2011년 6월 6일자, A20면(DMB 경영현황)
≪주간한국≫, 2009년 7월 29일자(김중태, 정치 블로그와 기존 신문의 교훈)
≪중앙일보≫, 2005년 4월 1일자, 23면(포털)

저자 소개

박진용

    강산이 네 번 바뀌도록 언론 외길을 걷고 있다. 경북대 재학 중 학보사 기자를 했던 것이 인연이 돼 ≪매일신문≫ 기자로 언론계에 발을 들여놓았다. 사회부 및 편집부 기자로 일하던 초급 기자 시절 한국언론연구원의 해외 장기 연수(덴마크)를 다녀왔다. 이후 문화재, 교육, 의료, 도시 행정, 경제 분야 기사를 썼다. 일선 취재를 마친 뒤 사회2부장, 사회1부장, 사회과학부장, 체육부장, 경제부장, 중부본부장, 편집부국장을 역임했다. 체육부장 재직 중인 1998년 수습기자 업무 매뉴얼인 『기자학 입문』을 첫 저술했다. 같은 해 경북도문화상을 수상했고, 이듬해 계명대 대학원 신문방송학과를 졸업했다. 이후 계명대, 경운대, 대구대, 경일대 등에서 강사, 겸임교수로 교양언론과 저널리즘을 강의했다. 『기자학 입문』은 2002년과 2004년에 체제를 완전히 바꿔 『실전기자론』이란 이름으로 두 차례 더 출판됐다. 국장 승진과 함께 논설위원, 문화사업국장, 독자국장, 제작국장, 논설실장, 윤전국장 등 보직을 거쳤다. 편집과 비편집을 오가며 IMF 사태와 경영난 시대를 힘겹게 보냈다. 논설위원 재임 중 언론 분야를 담당하며 세 번째 저술인 『언론과 홍보』를 출간했다. 신문사 최선임이 되면서 영남대 언론정보학과 객원교수(산학협력 파견교수)로 자리를 옮겼다. 퇴임 후 2년간 겸임교수로 교양언론, 저널리즘, 홍보론을 강의했다. 미디어 글쓰기반을 따로 지도해왔다. 지금도 계속하고 있다. jspkk1206@hanmail.net

한울아카데미 1479

메타저널리즘

ⓒ 박진용, 2012

지은이 ┃ 박진용
펴낸이 ┃ 김종수
펴낸곳 ┃ 도서출판 한울
편집책임 ┃ 이교혜
편집 ┃ 조수임

초판 1쇄 인쇄 ┃ 2012년 8월 27일
초판 1쇄 발행 ┃ 2012년 9월 10일

주소 ┃ 413-756 경기도 파주시 파주출판도시 광인사길 153 한울시소빌딩 3층
전화 ┃ 031-955-0655
팩스 ┃ 031-955-0656
홈페이지 ┃ www.hanulbooks.co.kr
등록번호 ┃ 제406-2003-000051호

Printed in Korea.
ISBN 978-89-460-5479-0 03070 (양장)
ISBN 978-89-460-4632-0 03070 (반양장)

* 책값은 겉표지에 표시되어 있습니다.
* 이 도서는 강의를 위한 학생판 교재를 따로 준비했습니다. 강의 교재로 사용하실 때에는
  영업부로 연락해 주십시오.